Leaver-, Vesting und Shoot-Out-Klauseln

Forum Unternehmens-, Steuer- und Bilanzrecht

Deutsche, europäische und internationale Rechtsfragen

Herausgegeben von Oliver Fehrenbacher / Michael Stöber

Band 6

PETER LANG

Christian Hornung

Leaver-, Vesting und Shoot-Out-Klauseln

Eine Untersuchung zu den rechtlichen Grenzen privatautonomer Abfindungsbeschränkungs- und Ausschlussklauseln

PETER LANG

Bibliografische Information der Deutschen Nationalbibliothek
Die Deutsche Nationalbibliothek verzeichnet diese Publikation in der Deutschen Nationalbibliografie; detaillierte bibliografische Daten sind im Internet über http://dnb.d-nb.de abrufbar.

Zugl.: Kiel, Univ., Diss., 2018

D 8
ISSN 2366-293X
ISBN 978-3-631-75818-2 (Print)
E-ISBN 978-3-631-75881-6 (E-PDF)
E-ISBN 978-3-631-75882-3 (EPUB)
E-ISBN 978-3-631-75883-0 (MOBI)
DOI 10.3726/ b14247

Peter Lang – Berlin · Bern · Bruxelles · New York · Oxford · Warszawa · Wien

Diese Publikation wurde begutachtet.

www.peterlang.com

Vorwort

Die vorliegende Arbeit wurde im Wintersemester 2017/2018 an der juristischen Fakultät der Christian-Albrechts-Universität zu Kiel als Dissertation angenommen. Danach ergangene Rechtsprechung und Literatur konnte bis zum Januar 2018 berücksichtigt werden.

Mein Dank gilt an erster Stelle meinem Doktorvater, Herrn Prof. Dr. Michael Stöber, der den Anstoß zum Thema dieser Arbeit gegeben hat, mir als Gesprächspartner zur Verfügung stand und mich bei der Anfertigung dieser Arbeit in einem Umfang unterstützt hat, der weit über das für eine Betreuung übliche Maß hinausgeht.

Herrn Prof. Dr. Joachim Jickeli danke ich für die Übernahme und die äußerst zügige Erstellung des Zweitgutachtens.

Dank schulde ich ferner Dr. Hauke Thilow, der mir ebenfalls Anregungen zum Thema dieser Arbeit unterbreitet hat und mir als Gesprächspartner mit Ratschlägen zur Seite stand.

Des Weiteren bin ich dem Land Schleswig-Holstein zu Dank verpflichtet, welches die Erstellung der Arbeit durch ein Stipendium nach der Landesverordnung über die Förderung des wissenschaftlichen und des künstlerischen Nachwuchses (StpVO) finanziell gefördert hat.

Meinen Freunden und Studienkollegen danke ich für viele fruchtbare Gespräche und Diskussionen mit Hinweisen und Korrekturvorschlägen.

Mein größter Dank gebührt meinen Eltern. Durch die Unterstützung während meines Studiums und der Promotionszeit haben sie diese Arbeit überhaupt erst möglich gemacht.

Kiel, im Januar 2018 — Christian Hornung

Inhaltsübersicht

Inhaltsverzeichnis

Abkürzungsverzeichnis

a.A.	andere(r) Ansicht
a.F.	alte Fassung
a.M.	am Main
ABl EG	Amtsblatt der Europäischen Gemeinschaften
AG	Aktiengesellschaft
AG	Die Aktiengesellschaft (Zeitschrift)
AGB	Allgemeine Geschäftsbedingungen
AGG	Allgemeines Gleichbehandlungsgesetz
AktG	Gesetz betreffend die Aktiengesellschaft
Anh.	Anhang
AnwBl	Anwaltsblatt
AP	Arbeitsrechtliche Praxis
APS	Ascheid/Preis/Schmidt
ArbRB	Arbeitsrecht-Rechtsberater
Art.	Artikel
AT	Allgemeiner Teil
BAG	Bundesarbeitsgericht
BayOLG	Bayrisches Oberstes Landesgericht
BB	Der Betriebs-Berater
BFH	Bundesfinanzhof
BGB	Bürgerliches Gesetzbuch
BGH	Bundesgerichtshof
BGHSt	Entscheidungen des Bundesgerichtshofs in Strafsachen
BGHZ	Entscheidungen des Bundesgerichtshofs in Zivilsachen
Beck Hdb-AG	Beck'sches Handbuch der Aktiengesellschaft
Beck Hdb-PersGes	Beck'sches Handbuch der Personengesellschaften
BeckOK-ArbR	Beck'scher Online Kommentar Arbeitsrecht
BeckOK-BGB	Beck'scher Online Kommentar zum Bürgerlichen Gesetzbuch
BeckOK-GmbHG	Beck'scher Online Kommentar zum Gesetz betreffend die Gesellschaft mit beschränkter Haftung
BeckOK-HGB	Beck'scher Online Kommentar zum Handelsgesetzbuch
BeckRS	Beck-Online Rechtsprechung
Begr.	Begründer
BetrVG	Betriebsverfassungsgesetz
BKR	Zeitschrift für Bank- und Kapitalmarktrecht
BStBl II	Bundessteuerblatt Teil II

BT-Drs.	Bundestag-Drucksache
BVerfG	Bundesverfassungsgericht
BVerfGE	Entscheidungen des Bundesverfassungsgerichts
BVerwGE	Entscheidungen des Bundesverwaltungsgerichts
Cal. L. Rev.	California Law Review
Clev. St. L. Rev.	Cleveland State Law Review
Co.	Compagnie
Colo. L. Rev.	Colorado Law Review
Colum. L. Rev.	Columbia Law Review
DB	Der Betrieb
DBW	Die Betriebswirtschaft
DCGK	Deutscher Corporate Governance Kodex
ders.	derselbe
dies.	dieselbe(n)
DStR	Deutsches Steuerrecht (Zeitschrift)
EBIT	earnings before interest and taxes
EBITD	earnings before interest, taxes and depreciation
EBITDA	earnings before interest, taxes, depreciation and amortization
EBJS	Ebenroth/Boujong/Joost/Strohn
ECFR	European company and financial law review
EG	Europäische Gemeinschaft
EGGmbHG	Einführungsgesetz zum Gesetz betreffend die Gesellschaft mit beschränkter Haftung
Einl.	Einleitung
ErfK	Erfurter Kommentar zum Arbeitsrecht
EStG	Einkommenssteuergesetz
EU	Europäische Union
EuGH	Europäischer Gerichtshof
EUV	Vertrag über die Europäische Union
EWG	Europäische Wirtschaftsgemeinschaft
EWIV	Europäische Wirtschaftliche Interessenvereinigung
FG	Finanzgericht
Fn.	Fußnote
GbR	Gesellschaft bürgerlichen Rechts
gem.	gemäß
GG	Grundgesetz
GmbH	Gesellschaft mit beschränkter Haftung
GmbHG	Gesetz betreffend die Gesellschaft mit beschränkter Haftung
GmbHR	GmbH-Rundschau
GmbH-StB	GmbH-Steuerberater

GroßKomm-AktG	Großkommentar zum Aktiengesetz
GWR	Gesellschafts- und Wirtschaftsrecht
Ham. L. Rev.	Hamline Law Review
Hdb Joint Venture	Handbuch Joint Venture
Hdb MBO	Handbuch Management Buy-Out
Hdb UB	Handbuch des Unternehmens- und Beteiligungskaufs
Hdb VorstandsR	Handbuch des Vorstandsrechts
HGB	Handelsgesetzbuch
h.M.	herrschende Meinung
h.L.	herrschende Lehre
HRB	Handelsregister Abteilung B
Hrsg.	Herausgeber
Hs.	Halbsatz
i.S.d.	im Sinne des
i.S.e.	im Sinne einer(s)
i.V.m.	in Verbindung mit
JuS	Juristische Schulung
JW	Juristische Wochenschrift
JZ	Juristen-Zeitung
KKRM	Koller/Kindler/Roth/Morck
Kompendium GesR	Kompendium Gesellschaftsrecht
KostO	Kostenordnung
KölnKomm-AktG	Kölner Kommentar zum Aktiengesetz
KR	Gemeinschaftskommentar zum Kündigungsschutzrecht und sonstigen kündigungsschutzrechtlichen Vorschriften
KStG	Körperschaftssteuergesetz
KSzW	Kölner Schriften zum Wirtschaftsrecht
LAG	Landesarbeitsgericht
LG	Landgericht
lit.	littera
m.w.N.	mit weiteren Nachweisen
MAHdb PersGesR	Münchener Anwaltshandbuch Personengesellschaftsrecht
MarkG	Markengesetz
MDR	Monatsschrift für Deutsches Recht
MittBayNot	Mitteilungen des Bayrischen Notarvereins
MittRhNotK	Mitteilungen der Rheinischen Notarkammer

MünchHdb GesR I	Münchener Handbuch des Gesellschaftsrechts Band I
MünchHdb GesR II	Münchener Handbuch des Gesellschaftsrechts Band II
MünchHdb GesR III	Münchener Handbuch des Gesellschaftsrechts Band III
MünchHdb GesR IV	Münchener Handbuch des Gesellschaftsrechts Band IV
MünchKomm-BGB	Münchener Kommentar zum Bürgerlichen Gesetzbuch
MünchKomm-HGB	Münchener Kommentar zum Handelsgesetzbuch
MünchKomm-GmbHG	Münchener Kommentar zum Gesetz betreffend die Gesellschaften mit beschränkter Haftung
NJOZ	Neue Juristische Online-Zeitschrift
NJW	Neue Juristische Wochenschrift
NJW-RR	Neue Juristische Wochenschrift Rechtsprechungs-Report
NotBZ	Zeitschrift für die notarielle Beratungs- und Beurkundungspraxis
NZA	Neue Zeitschrift für Arbeitsrecht
NZA-RR	Neue Zeitschrift für Arbeitsrecht Rechtsprechungs Report
NZG	Neue Zeitschrift für Gesellschaftsrecht
o.g.	oben genannte
OLG	Oberlandesgericht
PWW	Prütting/Wegen/Weinreich
RdA	Recht der Arbeit
RGZ	Entscheidungen des Reichsgerichts in Zivilsachen
RHN	Rödding/Herlinghaus/Neumann
RL	Richtlinie
Rn.	Randnummer
RNotZ	Rheinische Notar-Zeitschrift
ROCE	Return on Capital Employed
Rspr.	Rechtsprechung
S.	Seite
S.	siehe
S. Cal. L. Rev.	Southern California Law Review
SGB VI	Sozialgesetzbuch VI
SJZ	Schweizerische Juristenzeitung
Slg.	Sammlung
sog.	sogenannte
SSV	Schleusener/Suckow/Voigt

st. Rspr.	ständige Rechtsprechung
Stan. L. Rev.	Stanford Law Review
StGB	Strafgesetzbuch
Sudhoff-FamU	Sudhoff Familienunternehmen
Sudhoff-PersGes	Sudhoff Personengesellschaften
Syst. Darst.	Systematische Darstellung
u.a.	unter anderem
U. Chi. L. Rev.	University of Chigaco Law Review
U. PA. L. Rev.	University of Pennsylvania Law Review
UHdb FamGes	Unternehmenshandbuch Familiengesellschaften
UHL	Ulmer/Habersack/Löbbe
UKEAT	United Kingdom Employment Appeal Tribunal
UmwG	Umwandlungsgesetz
Urt.	Urteil
Utah L. Rev.	Utah Law Review
v.	von
v.	vom
Vand. L. Rev.	Vanderbilt Law Review
vgl.	vergleiche
Vorbem.	Vorbemerkung
VorstAG	Gesetz zur Angemessenheit der Vorstandsvergütung
Wake Forest L. Rev.	Wake Forest Law Review
Wash. U. L. Q.	Washington University Law Quarterly
Wis. L. Rev.	Wisconsin Law Review
WM	Wertpapier-Mitteilungen
Wm & Mary L. Rev.	William & Mary Law Review
WPg	Die Wirtschaftsprüfung
WuB	Entscheidungsanmerkungen zum Wirtschafts- und Bankrecht
z.B.	zum Beispiel
ZAkDR	Zeitschrift der Akademie für Deutsches Recht
ZESAR	Zeitschrift für europäisches Sozial- und Arbeitsrecht
ZfA	Zeitschrift für Arbeitsrecht
ZGR	Zeitschrift für Unternehmens- und Gesellschaftsrecht
ZHR	Zeitschrift für das gesamte Handels- und Wirtschaftsrecht
Ziff.	Ziffer
ZInsO	Zeitschrift für das gesamte Insolvenzrecht
ZIP	Zeitschrift für Wirtschaftsrecht

A. Einführung

„Zu Konflikten kommt es, wenn gegenüber schon geäußerten Erwartungen von der Möglichkeit des Nein Gebrauch gemacht wird. Dabei kann man mit verstecktem Ausweichen Konflikte vermeiden. Sobald jedoch das Nein zurückkommuniziert wird, gewinnt der Konflikt soziale Existenz."

Luhmann, Rechtssoziologie, S. 92, 100.

Konflikte sind der Nährboden für die Existenz der Rechtsordnung. Sie entstehen überall dort, wo Menschen miteinander interagieren und von erwartetem Verhalten abweichen. Gäbe es keine Konflikte, bestünde auch kein Bedarf für Gesetze, Verordnungen und Satzungen, die uns Verhaltensweisen, Normen und Leitlinien bereitstellen, mit denen wir unseren Alltag überwiegend konfliktfrei bewältigen können.

Betroffen ist dabei nicht nur der strafrechtliche Bereich, sondern in einem großen Maße auch der zivilrechtliche Bereich des Gesellschaftsrechts. Hier addieren sich die möglichen Reibungspunkte: Emotionen, finanzielle Engagements, Meinungsverschiedenheiten und enttäuschte Erwartungen. Hinzu kommt die rechtliche Komponente, da das Gesellschaftsrecht und Gesellschaftsverträge von Personen- und Kapitalgesellschaften – ausgenommen die AG – wie kein zweites Rechtsgebiet von der Privatautonomie geprägt sind. Die Vielzahl der Reibungspunkte bei Mehrheiten von Gesellschaftern haben oft existenzbedrohliche Folgen für die Gesellschaft selbst. Insbesondere in zweigliedrigen Gesellschaften ziehen Meinungsverschiedenheiten in der Regel die Handlungsunfähigkeit der Gesellschaft nach sich, welche zwangsläufig mit ernsten wirtschaftlichen Konsequenzen verbunden ist. Um diese existenzgefährdenden Resultate zu vermeiden, haben Wissenschaft und Praxis – letztere teilweise unter Rückgriff auf die anglo-amerikanische Beratungspraxis – diverse Möglichkeiten entwickelt, der Entstehung und Auflösung solcher Konflikte schon im Vorfeld vorzubeugen, denn die Beteiligten scheuen oft den Gang vor Gericht. Verfahrensdauer, Kosten und der nicht absehbare Ausgang eines Verfahrens haben dazu geführt, diese Entwicklung noch zu begünstigen.[1] In der Beratungspraxis ist die verlässliche Verwendung alternativer Streitbeilegungsregelungen unabdingbar, um nicht den Schritt gehen zu müssen, der durch sie gerade vermieden werden soll. Trotz der mittlerweile weiten Verbreitung dieser Regelungen gibt es hierzu kaum Rechtsprechung.

1 *Dendorfer/Krebs*, MittBayNot 2008, 85, 85.

So existierte zunächst von keinem deutschen Gericht eine Stellungnahme zu den in der Beratungspraxis in den Vordergrund gerückten Shoot-Out-Klauseln. Diese werden – in den unterschiedlichsten Varianten – in den Gesellschaftsvertrag aufgenommen, um geschäftslähmende Entscheidungsblockaden, sog. deadlocks, aufzulösen. Grundidee ist, dass beim Vorliegen vertraglich konkret festgelegter kritischer Situationen (trigger oder deadlock events) es den Gesellschaftern freisteht, ein ebenfalls vorab vereinbartes Verfahren einzuleiten, welches zwingend zur Übertragung aller Gesellschaftsanteile an einen der beiden Gesellschafter führt. Eine Gestaltungsvariante – die sog. Russian-Roulette-Klausel – sieht beispielsweise die Verpflichtung des Initiators vor, seinem Mitgesellschafter die Anteile zum Kauf anzubieten. Nimmt dieser das Angebot nicht innerhalb einer bestimmten Frist an, muss er seine Geschäftsanteile dem Initiator zu demselben Preis pro Anteil verkaufen, den ihm dieser zuvor angeboten hat.[2] Vor der Initiierung ist aber weder vorhersehbar, welcher der beiden Gesellschafter die Anteile an der Gesellschaft übernimmt, noch, welchen Kaufpreis jener für die übergehenden Anteile zu zahlen hat.[3] Ende 2013 hat sich jedoch erstmals mit dem OLG Nürnberg ein deutsches Obergericht mit der Zulässigkeit einer solchen Klausel beschäftigt[4] und diesem Themengebiet in der Literatur zu größerer Beachtung verholfen.

Ebenfalls in den rechtswissenschaftlichen Fokus gerückt ist der Bereich des Venture Capital und des Private Equity. Risikokapitalgeber statten Start-Ups mit hohen Geldbeträgen aus und sichern sich im Gegenzug eine Beteiligung an ebendiesen. Private Equity-Investoren erwerben (angeschlagene) Unternehmen und erhoffen sich nach Ablauf des Beteiligungszeitraumes die Versilberung ihres Engagements im Wege eines sog. Exit. Die Beteiligung an jungen Wachstumsunternehmen birgt eine Reihe besonderer Problemkonstellationen, die mit unserem herkömmlichen Gesetzesrecht nur unzureichend adressiert werden, wie die Informationsasymmetrie zwischen Gründern und Investoren, die unberechenbare Zukunft des jungen Unternehmens sowie natürlich die Absicherung der ambitionierten Renditeziele der Investoren. Vergleichbare Probleme bringt die Investition in ein Unternehmen im Rahmen einer Private

---

2 Beisel/Klumpp/*Beisel*, § 8 Rn. 110; *Fleischer/Schneider*, DB 2010, 2713, 2714; Schmolke, ZIP 2014, Schulte/Schwindt/*Kuhn*, § 8 Rn. 98; *Schulte/Sieger*, NZG 2005, 24, 25; *Wedemann*, Gesellschafterkonflikte in geschlossenen Kapitalgesellschaften, S. 495; *Wilms/Bicker*, BB 2014, 1347, 1347.

3 *Fleischer/Schneider*, DB 2010, 2713, 2713; Beisel/Klumpp/*Klumpp*, § 8 Rn. 109; *Weidmann*, DStR 2014, 1500, 1501.

4 OLG Nürnberg, NZG 2014, 222 ff.

Equity-Transaktion mit sich. Um das Management des Unternehmens zu einer nachhaltigen, langfristigen Unternehmensführung anzuhalten, wird dieses als Minderheitsgesellschafter beteiligt. Für den Fall des Zerwürfnisses zwischen Minderheitsgesellschafter-Geschäftsführer und Mehrheitsgesellschafter haben sich in den Beteiligungsverträgen sog. Leaver- und Vesting-Klauseln etabliert, welche die Modalitäten des Ausscheidens des Minderheitsgesellschafter-Geschäftsführer regelt und einen möglichst reibungslosen sowie kostensparenden Wechsel innerhalb der Gesellschafter- und Geschäftsführungsstruktur ermöglichen sollen. Der Hauptinvestor erhält das Recht, die Gesellschaftsanteile des ausscheidenden Geschäftsführers (sog. leaver) zu erwerben. Dies erfolgt mittels einer im Vorfeld gewährten Call-Option, die die Gesellschafterstellung an den Bestand der Stellung als Geschäftsführer knüpft. Der Preis für den Erwerb der Gesellschaftsanteile beträgt beim good leaver typischerweise das Höhere aus Einstiegskosten und Marktpreis, während der bad leaver das Niedrigere aus Einstiegskosten und Marktpreis erhält. Good leaver sind Manager, die unverschuldet aus dem Unternehmen ausscheiden (gängige Kriterien sind Berufsunfähigkeit, Tod, Kündigung durch Manager aus wichtigem Grund, Pensionierung), während ein bad leaver jemand ist, der aufgrund eigenen Verhaltens ausscheidet (gängige Kriterien sind Eigenkündigung des Managers, ordentliche Kündigung durch die Gesellschaft, Kündigung durch Gesellschaft aus wichtigem Grund).[5] Das Prinzip des vesting unterscheidet sich nur auf der Tatbestandsebene von einer Leaver-Klausel: Auch hier hat der Private Equity-Investor das Recht, die Geschäftsanteile des ausscheidenden Managers zu erwerben. Der Erwerbspreis bemisst sich in diesem Fall allerdings danach, wie lange der Manager im Unternehmen gearbeitet hat. Mit zunehmender Tätigkeitsdauer wächst er in seine Gesellschafterstellung hinein, für die er zum Verkehrswert abgefunden wird.[6] Die Zulässigkeit dieser Klauseln ist in der rechtswissenschaftlichen Literatur umstritten[7] und wurde bisher nur unter Teilaspekten einer kritischen Würdigung unterzogen.

---

5 *Kästle/Heuterkes*, NZG 2005, 289, 290; Eilers/Koffka/*Mackensen*, IV Rn. 43; *Rödding*, DStR 2017, 437, 438; *Weitnauer/Grob*, GWR 2015, 633, 633.

6 *Kästle/Heuterkes*, NZG 2005, 289, 290; Eilers/Koffka/*Mackensen*, IV Rn. 54; *Weitnauer/Grob*, GWR 2015, 633, 633.

7 *Gärtner*, Der unfreiwillige Verlust der Gesellschafterstellung von ausgeschiedenen Managern und Mitarbeitern; *Wackerbeck*, Die Grenzen der Zulässigkeit des Gesellschafterausschlusses unter besonderer Berücksichtigung freier Hinauskündigungsklauseln.

I. Zielsetzung

Ziel dieser Arbeit ist es, den rechtlichen Rahmen für eine Lösung von Gesellschafterkonflikten mit Hilfe von Leaver-, Vesting- und Shoot-Out-Klauseln zu untersuchen. Da jeder Konflikt mit einer der genannten Klauseln lösbar ist, stellt sich die im Schrifttum bisher nur vereinzelt behandelte Frage, ob die Vereinbarung solcher Klauseln nach dem geltenden (Richter-)Recht überhaupt möglich ist. Somit müssen die besagten Klauseln einer ausführlichen Zulässigkeitsprüfung unterzogen werden. Maßstab sind dabei die geltenden gesellschaftsrechtlichen Grundprinzipien, gesetzesvertretendes Richterrecht des BGH und des BAG, die Vorschriften der §§ 305 ff. BGB sowie das AGG.

II. Gang der Untersuchung

Zu Beginn der Arbeit (B.) werden die Arten von Interessenkonflikten innerhalb einer Gesellschaft erörtert (B.I.) sowie die typischen Gesellschafterkonflikte in Personen- und Kapitalgesellschaften und deren Folgen für die betroffene Gesellschaft dargestellt (B.II.). Sodann wird sich die Arbeit auf die Ebene der Ursachenforschung begeben: Ursachen von Konflikten, die Streitbeilegungsregelungen überhaupt erst erforderlich machen. Die Arbeit differenziert dabei zwischen Strukturmerkmalen von personalistisch geprägten Gesellschaften (B.III.1.), strukturellen Problemen des Gesellschaftsrechts (B.III.2.) sowie verhaltensökonomischen Ursachen (B.III.3.). Im Rahmen der Darstellung zu B.III.1. und B.III.2. lässt sich eine gewisse Konzentration auf den Gesellschaftstyp der GmbH angesichts seiner weiten Verbreitung nicht vermeiden, auch wenn die hier zu besprechenden Klauseln nicht ausschließlich dort zum Zuge kommen.

Der zweite Teil (C.-E.) der Arbeit konzentriert sich auf den Prüfungsmaßstab sowie die konkrete Ausgestaltung eines Management Equity Program, in dessen Rahmen Leaver- und Vesting-Klauseln regelmäßig zum Einsatz kommen. Kapitel C. befasst sich zunächst mit dem Sinn einer Managementbeteiligung (C.II.) und seiner gesellschaftsrechtlichen Struktur. Sodann werden die gesellschaftsrechtlichen Grundsätze skizziert (D.), anhand derer der BGH die Zulässigkeit eines Gesellschafterausschlusses sowie die Kompetenzübertragung auf Dritte misst. Innerhalb dieses Maßstabes ist wiederum zwischen allgemeingültigen Grundsätzen und solchen, die speziell der Kontrolle von Gesellschaftsverträgen dienen, zu unterscheiden. Ein eigenes Kapitel wird sodann dem gesellschaftsrechtlichen Abfindungsanspruch und den Möglichkeiten seiner Beschränkung gewidmet (E.), da gerade der letztere Aspekt entscheidend für die Beurteilung der Zulässigkeit der hier behandelten Klauseln ist. Im Unterschied zu anderen

Arbeiten[8], die sich bisher mit vergleichbaren Problemen beschäftigt und dabei die Rechtsprechung des BGH gestreift haben, soll diese in dieser Arbeit nur dann kritisch hinterfragt werden, wenn sie für die Beurteilung der Klauseln zu gänzlich unvertretbaren Ergebnissen führt. Ansonsten soll sie – ebenso wie die einschlägige Rechtsprechung des BAG – als gegeben und geltender Prüfungsmaßstab angesehen werden.

Der Hauptteil der Arbeit (F.-H.) überprüft dann schließlich Leaver-, Vesting- und Shoot-Out-Klauseln auf ihre rechtliche Zulässigkeit. Begonnen wird – nach einer kurzen Einführung in den Inhalt von Leaver- und Vesting-Klauseln (F.I.) mit dem Verhältnis von Leaver-Klauseln zu den einzelnen Aspekten des sog. Managermodells[9] des BGH (F.III.1 und F.III.2.). An diese Prüfung schließt sich die Frage an, ob es sich nicht insbesondere bei der Bad Leaver-Klausel um eine Kündigungserschwerung i.S.d. § 723 Abs. 3 BGB handelt (F.III.3.) Im Rahmen dieser Beurteilung wird sich die Arbeit auch mit einer Entscheidung des LAG Rheinland-Pfalz auseinandersetzen (F.III.3.b.aa.), welcher ein ähnlich gelagerter Sachverhalt zugrunde lag, die im kommentierenden Schrifttum allerdings keinerlei Beachtung gefunden hat. Auf schuldrechtlicher Ebene stellt sich eine ähnliche Frage: Stellen Leaver- und Vesting-Klauseln oder Teile dieser Klauseln unzulässige Kündigungserschwerungen im Sinne der Rechtsprechung des BAG gem. §§ 134, 622 Abs. 6 BGB dar (F.III.4.)? Dies wird mittels zahlreicher Vergleiche mit ähnlichen, als zulässig erachteten Konstellationen aus dem Bereich der Aktienoptionen beantwortet. Da Leaver- und Vesting-Klauseln zum Teil unterschiedliche Rechtsfolgen an das Ausscheiden aus Altersgründen knüpfen, müssen sie sich zuletzt am Allgemeinen Gleichbehandlungsgesetz messen lassen (F.III.5 und F.III.6).

Kapitel G befasst sich mit einer weiteren Verwendungsmöglichkeit von Leaver-Klauseln, nämlich im Rahmen der variablen Vorstandsvergütung. Nach einem kurzen Abriss über die Grundsätze (G.I.) und Arten der variablen Vergütung von Vorständen (G.II.) folgt eine ausführliche Auseinandersetzung mit der Frage, ob die Anknüpfung der Auszahlung des aufgeschobenen Teils der variablen Vergütung an andere als in § 87 AktG genannte Gründe AGB-rechtlich bestand hat (G.III.1.). Zum Schluss (G.III.2.) wird – wie auch schon im Kapitel F. – der

8 *Erttmann*, Die Beteiligung von Mitarbeitern am Stammkapital einer GmbH; *Gärtner*, Der unfreiwillige Verlust der Gesellschafterstellung von ausgeschiedenen Managern und Mitarbeitern; *Wackerbeck*, Die Grenzen der Zulässigkeit des Gesellschafterausschlusses unter besonderer Berücksichtigung freier Hinauskündigungsklauseln.

9 S. BGHZ 164, 98 ff.

Frage nachgegangen, wie sich Leaver-Klauseln im Rahmen der Vorstandsvergütung zum AGG verhalten.

Den letzten Prüfungspunkt bilden Shoot-Out-Klauseln (H.). Zunächst erfolgt die Darstellung der einzelnen Shoot-Out-Klauseln (H.I.2.) inklusive der Herkunft des Grundmechanismus (H.I.1.), der Vor- und Nachteile dieser Verfahren (H.II.1.) sowie eines kurzen Exkurses zur ökonomischen (Un-)Sinnhaftigkeit (H.II.2.). Inhaltlich ist die Auslösung von Shoot-Out-Klauseln an das Vorliegen bestimmter Umstände geknüpft. Regelmäßig handelt es sich hierbei um den Entscheidungsstillstand, sog. deadlock. Um einen zweckmäßigen Einsatz der Shoot-Out-Verfahren zu gewährleisten, müssen dem deadlock Konturen verliehen werden. Die vorhandenen Vorschläge werden analysiert und um eine eigene Lösung ergänzt (H.III.). Sodann wird sich die Arbeit mit der rechtlichen Zulässigkeit dieser Verfahren auseinandersetzen. Im Fokus stehen dabei insbesondere das Urteil des OLG Nürnberg und die Frage, ob Shoot-Out-Klauseln als Hinauskündigungsklauseln nach freiem Ermessen sittenwidrig gem. § 138 Abs. 1 BGB sind (H.IV.1.). Als weitere Schranken kommen zum einen das Verbot der Kündigungserschwerung gem. § 723 Abs. 3 BGB in Betracht (H.IV.2.) sowie bei der Ausübung der Klausel die gesellschaftsrechtliche Treuepflicht (H.IV.3.). Zuletzt wird der Frage nachgegangen, in welchen Grenzen eine Variante der Shoot-Out-Klauseln – das sog. Blind-Bid-Verfahren – vereinbart werden kann, ohne gegen das Abspaltungsverbot gem. § 717 S. 1 BGB zu verstoßen (H.IV.4.).

Im Schlussteil der Arbeit (I.) werden die gefundenen Ergebnisse der Untersuchung in Thesenform zusammengefasst.

B. Typische Konflikte innerhalb einer Gesellschaft

I. Konfliktfelder

1. Gesellschafter - Geschäftsleiter

Eher selten anzutreffen sind in personalistisch geprägten Gesellschaften Interessenkonflikte auf der Ebene Gesellschafter – Geschäftsleiter. Dies liegt zum einen daran, dass von der Möglichkeit der Fremdorganschaft in etwa 4/5 aller deutschen GmbHs schon kein Gebrauch gemacht wird.[10] Ein kleiner Kreis von Gesellschaftern kann seine Handlungen gegenüber Geschäftsleitern leichter koordinieren und somit seine Absichten effektiver durchsetzen.[11] Etwas Anderes gilt jedoch für die Aktiengesellschaft und nicht personalistisch organisierte Gesellschaften. Hier gehört es zu den zentralen Erkenntnissen der Principal-Agent-Theorie[12], dass bei unüberwachten Geschäftsleitern der Hang zu opportunistischem, für den Prinzipal langfristig schädlichem Verhalten besteht, er jedoch aufgrund der besonderen Fähigkeiten und Kenntnisse des Agenten auf diesen nicht verzichten kann.

2. Gesellschafter - Gesellschafter

Bedeutsamer und konfliktanfälliger ist das Verhältnis der Gesellschafter untereinander. Auch wenn die Konfliktanfälligkeit nicht zwangsläufig von der Beteiligungshöhe abhängt, bilden Interessenunterschiede von Mehrheits- und Minderheitsgesellschaftern eine der Hauptquellen für Streitigkeiten innerhalb einer Gesellschaft.[13] Dies hat seinen Grund[14] vor allem darin, dass der Minderheitsgesellschafter dem Mehrheitsgesellschafter in vielerlei Hinsicht ausgeliefert ist. Die Wehrlosigkeit äußert sich zunächst durch die Bindung des Minderheitsgesellschafters an die Gesellschaft. Eine Veräußerung der Beteiligung zum Marktpreis ist nahezu unmöglich, da für GmbH-Anteile ein der deutschen Börse

10 MünchKomm-GmbHG/*Fleischer*, Einl. Rn. 203.

11 *Bachmann/Eidenmüller/Engert/Fleischer/Schön*, S. 7.

12 Grundlegend hierzu *Jensen/Meckling*, Journal of Financial Economics 3 (1976), 305 ff.; darüber hinaus *Baker/Jensen/Murphy*, Journal of Finance 43 (1988), 593 ff.; *Jensen/Murphy*, Journal of Political Economy 98 (1990), 225 ff.

13 *Bachmann/Eidenmüller/Engert/Fleischer/Schön*, S. 7.

14 Zur Ursachenforschung ausführlich unter III.

entsprechender Markt mit vergleichbarer Liquidität und einem vergleichbaren Preisbildungsmechanismus nicht existiert. Zwar wird seit dem Jahr 2011 versucht, dieser Problematik mit der privatrechtlich organisierten Deutschen Unternehmerbörse[15] entgegenzuwirken. Ob mit dieser Plattform die Verkehrsfähigkeit von GmbH- oder Personenhandelsgesellschaftsanteilen merklich gesteigert werden kann, erscheint fraglich. Auch dort muss auf betriebswirtschaftliche Bewertungsmethoden zurückgegriffen werde, die mit Unsicherheiten verbunden sind.

Umgekehrt ist es aber auch den Minderheitsgesellschaftern möglich, unternehmerische Entscheidungen über eine satzungsmäßige Sperrminorität lahmzulegen. Diese Problematik wird in der Regel dadurch abgemildert, dass auch der Minderheitsgesellschafter aufgrund seines Kapitaleinsatzes ein Investitionsrisiko trägt und er somit an der Handlungsfähigkeit und dem Fortschreiten der Unternehmensentwicklung ein ureigenes Interesse hat. Zuletzt bergen auch identische Beteiligungsverhältnisse aufgrund der Gefahr einer Pattsituation erhebliches Konfliktpotential.[16]

II. Ausgewählte Gesellschafterkonflikte

Auch in Kapitalgesellschaften sind Konflikte allgegenwärtig und beschäftigen seit jeher Wissenschaft, Praxis und Rechtsprechung. Die hier zu untersuchenden Klauseln könnten in ihrer Ausgestaltung zwar verschiedener nicht sein, lassen sich aber auf den gemeinsamen Nenner der Konfliktlösung respektive der Konfliktvermeidung bringen. Daher soll für jede der Klauseln der „passende“ Konflikt herausgearbeitet werden.[17]

1. Das Patt (Shoot-Out-Klauseln)

Die erste Gruppe der Gesellschafterkonflikte bildet der Eintritt einer Pattsituation, hauptsächlich aufgrund der Nichterreichung einer entscheidungsfähigen Mehrheit in Bezug auf einen bestimmten Beschlussgegenstand. Die Pattsituation kann einerseits bei Gesellschaften mit paritätischer Beteiligungsstruktur eintreten, bei entsprechenden Mehrheitserfordernissen allerdings auch im Verhältnis Mehrheitsgesellschafter – Minderheitsgesellschafter.

---

15 Abrufbar unter http://www.dub.de.

16 *Bachmann/Eidenmüller/Engert/Fleischer/Schön*, S. 9.

17 Ebenfalls ausführlich zu Gesellschafterkonflikten mit zahlreichen Beispielen aus der Rechtsprechung *Bachmann/Eidenmüller/Engert/Fleischer/Schön*, S. 32 ff.; *Wedemann*, Gesellschafterkonflikte in geschlossenen Kapitalgesellschaften, S. 46 ff.

a) *Pattsituation bei Gesellschaften mit paritätischer Beteiligungsstruktur*

Bei Gesellschaften mit paritätischer Beteiligungsstruktur, bei denen beide Gesellschafter gleichmäßig in den jeweiligen Gesellschaftsorganen repräsentiert sind, ist die Gefahr eines Patts besonders stark ausgeprägt.[18] Dies liegt nicht zuletzt daran, dass hinsichtlich jedes Beschlussgegenstandes der Gesellschafterversammlung ein permanenter Einigungszwang im Sinne eines faktischen Einstimmigkeitserfordernisses besteht, um die Handlungsfähigkeit der Gesellschaft sicherzustellen.[19] Prägnant spricht das OLG Hamm davon, dass

> *„eine Pattsituation bei der mit gleichberechtigten Gesellschaftern versehenen Zweimann-GmbH zu einstweiligen Stagnationen mit der Gefahr eines wirtschaftlichen Desasters für das Unternehmen führen kann.“*[20]

In der zitierten Entscheidung des OLG Hamm befand sich die Gesellschaft – eine GmbH – in einem gefährlichen Abwärtstrend und schrieb zuletzt Verluste jenseits der sechs Millionen DM. Einer der paritätisch beteiligten Gesellschafter verweigerte der vom Mitgesellschafter vorgeschlagenen, dringend notwendigen Umstrukturierung die Zustimmung und ließ das Unternehmen damit unaufhaltsam auf ein wirtschaftliches Desaster zusteuern.

Auch der BGH räumt ein, dass das gegenseitige Blockieren der Gesellschafter, insbesondere wenn es sich auf die Geschäftsführungsebene auswirkt, eine *„unmittelbare Gefahr für das Gedeihen der Gesellschaft“*[21] darstellt. Das Patt hat häufig einen familiären Hintergrund, der wie kein anderer den potentiellen Konflikt in sich trägt.[22] Dieses Problem ist nicht nur eine theoretische Gedankenspielerei, denn in deutschen, personalistisch organisierten GmbHs ist die Fremdgeschäftsführung nach statistischen Erhebungen[23] die Ausnahme. Oftmals führt das Patt zu einem deadlock, d.h. zur vollständigen Lähmung der Geschäftstätigkeit der Gesellschaft.[24]

---

18 *Knies*, Das Patt zwischen den Gesellschaftern der zweigliedrigen GmbH, S. 5.

19 *Immenga*, GmbHR 1971, 107, 111; *Scholz*, GmbHR 1958, 34, 34; *Wolfram*, US-amerikanischer Deadlock und Selbstblockade der GmbH-Organe, S. 37.

20 OLG Hamm, NJW-RR 2001, 105, 107; so auch *Knies*, Das Patt zwischen den Gesellschaftern der zweigliedrigen GmbH, S. 5.

21 BGH, NJW 1985, 1901, 1901.

22 *Bachmann/Eidenmüller/Engert/Fleischer/Schön*, S. 8.

23 MünchKomm-GmbHG/*Fleischer*, Einl. Rn. 203; *Kornblum*, GmbHR 1995, 505, 507.

24 *Elfring*, NZG 2012, 895, 895; MAHdb PersGesR/*v. Unger*, § 12 Rn. 15; *Wedemann*, Gesellschafterkonflikte in geschlossenen Kapitalgesellschaften, S. 56.

b) Pattsituation durch Blockade der Mehrheit durch die Minderheit

Die zweite Konstellation der Herbeiführung einer Pattsituation ist die Möglichkeit einer Gesellschafterminderheit, eine Entscheidung der Mehrheit zu blockieren. Diese Problematik ist immer dann einschlägig, wenn gesetzlich oder im Gesellschaftsvertrag eine qualifizierte Mehrheit von beispielsweise 75 % oder gar Einstimmigkeit für einen Gesellschafterbeschluss vorausgesetzt wird oder den Minderheitsgesellschaftern für bestimmte Beschlussgegenstände ein Vetorecht eingeräumt wurde. Bei entsprechender Verteilung der Stimmrechte stellt es so für die Minderheitsgesellschafter ein Leichtes dar, die Beschlussfassung unmöglich zu machen.[25]

aa) AG

Berühmt geworden ist in diesem Zusammenhang das für die AG ergangene *Girmes*-Urteil[26]:

Die Girmes-AG steckte in wirtschaftlichen Schwierigkeiten und drohte überschuldet zu werden. Daraufhin entwickelte der Vorstand mit diversen Banken ein Sanierungskonzept, welches einen Forderungsverzicht der Gläubiger-Banken und zum Zwecke der Kapitalerhöhung eine Herabsetzung des Grundkapitals im Verhältnis 5:2 zum Inhalt hatte. Der Herausgeber des Effecten-Spiegels, Bolko Hoffmann – selbst nicht Aktionär der Girmes AG –, war der Ansicht, dass die Beteiligung der Aktionäre bei der Herabsetzung im Verhältnis 5:2 zu stark verwässert werde. Er befand lediglich ein Verhältnis von 5:3 für akzeptabel. Daher forderte er die Aktionäre auf, ihm als Stimmrechtsbevollmächtigtem das Stimmrecht zu übertragen, damit er auf der entscheidenden Hauptversammlung gegen eine Herabsetzung im Verhältnis 5:2 stimmen konnte. Dieses Vorgehen war erfolgreich: Auf der Hauptversammlung war Hoffmann mit 39,7 % des in der Hauptsammlung vertretenen Kapitals präsent und damit Inhaber einer Sperrminorität. Er stimmte gegen die Kapitalherabsetzung im Verhältnis 5:2. Nach gescheiterten weiteren Verhandlungen um eine Kapitalherabsetzung im Verhältnis 5:3 wurde schlussendlich der Anschlusskonkurs eröffnet.[27] Die

---

25 *Wedemann*, Gesellschafterkonflikte in geschlossenen Kapitalgesellschaften, S. 53; *Wolfram*, US-amerikanischer Deadlock und Selbstblockade der GmbH-Organe, S. 38.

26 BGHZ 129, 136.

27 *Wilhelm*, Kapitalgesellschaftsrecht, Rn. 868.

Erkenntnisse der *Girmes*-Entscheidung des BGH wurden in der Folgezeit auch für die GmbH fruchtbar gemacht.[28]

bb) GmbH[29]

Ebenso wie im *Girmes*-Urteil betrafen Blockaden der Mehrheit durch die Minderheit in GmbHs in der bisherigen Rechtsprechung fast ausschließlich Umstrukturierungsmaßnahmen:

Due Diligence: Die Minderheitsgesellschafter eines Familienunternehmens weigerten sich beim von der Gesellschaftermehrheit beschlossenen Verkauf der Gesellschaft an einen Wettbewerber, der Durchführung einer im Kaufvertrag vorgesehenen Due Diligence zuzustimmen. Nach Ansicht des Gerichts konnte der Beschluss zur Vorbereitung und Durchführung der Due Diligence nur einstimmig ergehen.[30]

Blockade der Veräußerung eines Unternehmensbereichs: In einem Fall des OLG Stuttgart blockierten die Minderheitsgesellschafter eines Raumfahrtunternehmens mittels eines gesellschaftsvertraglich eingeräumten Vetorechts die Veräußerung eines Unternehmensbereichs, den der Mehrheitsgesellschafter in eine Partnerschaft mit französischen und britischen Wettbewerbern einbringen wollte, um die Fortführung des Lebenswerks des Firmengründers zu bewahren.[31]

Blockade der Erhebung einer Ausschlussklage: Drei Minderheitsgesellschafter einer GmbH waren gleichzeitig Mitglieder eines Familienkonsortiums. Gegenüber zweien der Minderheitsgesellschafterinnen bestanden aufgrund des Konsortialvertrags umfassende Stimmrechtsvollmachten und Weisungsbefugnisse zugunsten des dritten Minderheitsgesellschafters. Als dieser aus wichtigem Grund aus der Gesellschaft ausgeschlossen werden sollte – die Satzung enthielt keine abweichende Regelung –, blockierten die Konsortinnen mit ihren Stimmen den Gesellschafterbeschluss.[32]

---

28 *Häsemeyer*, ZHR 160 (1996), 109 ff.; *Henze*, ZHR 162 (1998), 186, 192; *Lutter*, ZHR 162 (1998), 164, 170.

29 Darstellung nach *Wedemann*, Gesellschafterkonflikte in geschlossenen Kapitalgesellschaften, S. 53, 54.

30 LG Köln, GmbHR 2009, 261.

31 OLG Stuttgart, NZG 2000, 490.

32 BGHZ 153, 285.

2. Höhe der Abfindung eines ausgeschiedenen Gesellschafters (Leaver- und Vesting-Klauseln)

Ein Dauerbrenner in der Rechtsprechung ist die Höhe der Abfindung eines ausgeschiedenen Gesellschafters – unabhängig davon, ob es sich um eine Kapital- oder Personengesellschaft handelt.[33] Das juristische und betriebswirtschaftliche Schrifttum hat über die Jahre diverse Möglichkeiten entwickelt, den Wert des Geschäftsanteils zu ermitteln[34]; in der Regel ist ein Schiedsgutachten erforderlich.[35] Allein die Gutachterkosten dieser Verfahren erreichen nicht selten sechsstellige Beträge[36], und sind mit großen Unsicherheiten verbunden.[37] Dies macht die Auseinandersetzung mit dem ehemaligen Gesellschafter unattraktiv: Die Verfahren sind langwierig und es entstehen zusätzlich zur Abfindung Kosten für deren sachgerechte Ermittlung.

3. Höhe der Vergütung eines Vorstands (Leaver-Klauseln)

Die Höhe der Vergütung eines Vorstands bietet nicht nur in kurzen Abständen Diskussionsstoff für Talkshows, sondern hat es mit dem *Mannesmann*-Prozess sogar in die amtliche Entscheidungssammlung des BGH für Strafsachen geschafft.[38]

Inhaltlich ging es um die Frage, ob durch Gewährung von Sonderzahlungen, sog. „appreciation awards", an Teile des Vorstands der *Mannesmann AG* im Rahmen einer Übernahme der Mannesmann AG durch *Vodafone Airtouch plc.* von Organvertretern der *Mannesmann AG* – hauptsächlich dem Aufsichtsratsausschuss für Vorstandsangelegenheiten (Präsidium) – das Vermögen der *Mannesmann AG* im Sinne der Untreue gem. § 266 StGB geschädigt worden war. Teilen

---

33 S. dazu BGHZ 116, 359; 138, 371; 144, 365; DNotZ 2002, 305; OLG Naumburg, NZG 2000, 698; OLG Köln, NZG 1998, 779; NZG 1999, 1222; *Fölsing*, ZInsO 2013, 1325, 1326; *Heckschen*, NotBZ 2002, 200, 203; Sudhoff-PersGes/*Masuch*, § 20 Rn. 1; MAHdb PersGesR/*v. Unger*, § 12 Rn. 105; *Weidmann*, DStR 2014, 1500, 1501.

34 *Coenenberg/Schultze*, DBW 2002, 597 ff.; Baumbach/Hueck/*Fastrich*, § 34 Rn. 23; *Fleischer/Schneider*, DStR 2013, 38; *Hachmeister/Ruthardt/Lampenius*, WPg 2011, 519 ff.; Oetker/*Kamanabrou*, § 131 Rn. 52–67; EBJS/*Lorz*, § 131 Rn. 69–73; MünchKomm-HGB/*Schmidt*, § 131 Rn. 138–147; Michalski/*Sosnitza*, § 34 Rn. 66–77; MünchKomm-GmbHG/*Strohn*, § 34 Rn. 209–214b.

35 BGHZ 116, 359, 371; Baumbach/Hueck/*Fastrich*, § 34 Rn. 23; Michalski/*Sosnitza*, § 34 Rn. 66–77; MünchKomm-GmbHG/*Strohn*, § 34 Rn. 209–214b.

36 *Heckschen*, NotBZ 2002, 200, 203.

37 *Bachmann/Eidenmüller/Engert/Fleischer/Schön*, S. 30.

38 BGHSt 50, 331 ff.

des Vorstandes der *Mannesmann AG*, den Begünstigten der Sonderzahlungen, von denen einige erst seit wenigen Tagen dem Vorstand angehörten, wurde Beihilfe zur Untreue gem. §§ 27, 266 StGB vorgeworfen, da sie durch mehrere Handlungen die Beschlüsse zur Festsetzung und Auszahlung der Prämien vorbereitet hätten.[39]

III. Ursachen für die Entstehung von Konflikten

1. Strukturmerkmale von personalistischen Gesellschaften als Konfliktkatalysator

Der Begriff der personalistischen Gesellschaft wird vom Gesetzgeber nicht definiert[40], orientiert sich allerdings an dem der Personengesellschaft. Dieser ist ebenfalls nicht legaldefiniert, wird allerdings vom Gesetzgeber in § 14 BGB, § 7 Nr. 3 MarkG und in den §§ 228 ff. UmwG verwendet.[41] Hierunter fallen als Rechtsformen die GbR, OHG, KG, die stille Gesellschaft, die Partenreederei, die Partnerschaftsgesellschaft und die Europäische Wirtschaftliche Interessenvereinigung.[42] Einen ersten Ansatzpunkt für die Strukturmerkmale einer personalistischen Kapitalgesellschaft bietet die Legaldefinition des § 5 Abs. 4 der Zweiten Verordnung zur Durchführung der Dividendenabgabeverordnung von 1942:

> *„Personenbezogene Kapitalgesellschaften sind:*
> *Kapitalgesellschaften, deren Satzung bestimmt, dass die Anteilseigner einem Kreis von Personen angehören müssen, die miteinander durch Ehe, Verwandtschaft, Schwägerschaft oder Annahme an Kindes statt verbunden sind. Mindestens eine der Personen dieses Kreises muss hauptberuflich als gesetzlicher Vertreter der Kapitalgesellschaft tätig sein.*
> *Kapitalgesellschaften mit nicht mehr als fünf Anteilseignern (einschließlich Einmanngesellschaften), wenn die Anteilseigner natürliche Personen sind und mindestens ein Anteilseigner hauptberuflich als gesetzlicher Vertreter der Kapitalgesellschaft tätig ist. Die hauptberuflich für die Gesellschaft tätigen Anteilseigner müssen mindestens 60 vom Hundert des Gesellschaftskapitals besitzen.“*

Die vorangegangene Definition hat trotz ihres mittlerweile fortgeschrittenen Alters nichts an Aktualität eingebüßt, sondern sieht sich in ihrer Funktion über Jahrzehnte bestätigt. In statistischen Erhebungen der Jahre 1965 bis 2014 bewegte sich der Anteil von personalistischen Kapitalgesellschaften mit zwei bis

---

39 BGHSt 50, 331, 332 ff.

40 Michalski/*J. Schmidt*, Syst. Darst. 1 Rn. 7; UHL/*Ulmer*, Einl. A Rn. A1.

41 *Wiedemann*, Gesellschaftsrecht II, S. 4.

42 Beck Hdb-PersGes/*Schiffers*, § 1 Rn. 17; MünchHdb GesR I/*Schücking*, § 46 Rn. 6; *Wiedemann*, Gesellschaftsrecht II, S. 4.

fünf Gesellschaftern im Durchschnitt bei rund 50 %.[43] Der überwiegend kleine Kreis von Gesellschaftern wird durch die persönliche Komponente des gegenseitigen Kennens oder sogar durch eine Verwandtschaft ersten Grades ergänzt.[44] Vorwiegend sind die Gesellschafter selbst im Unternehmen tätig, sei es, dass sie die Geschäfte eigenhändig führen, Aufgaben unterhalb der Geschäftsführungsebene wahrnehmen oder Mitglied in optionalen Organen wie dem Beirat sind.[45]

Handelt es sich bei dem ins Gewand einer personalistischen Kapitalgesellschaft eingekleideten Unternehmen um ein Familienunternehmen, finden sich in Gesellschaftsverträgen oftmals Vinkulierungsklauseln.[46] Sie machen die Veräußerung eines Geschäftsanteils von der Zustimmung der Mitgesellschafter abhängig und dienen so dem Schutz vor Fremdkörpern in der Gesellschaft.[47] Da die GmbH als solche im Innenverhältnis aufgrund des Vorrangs des Gesellschaftsvertrags gegenüber dem gesetzlichen Normalstatut sehr flexibel ist, findet in ihrer personalistisch geprägten Variante oftmals eine Annäherung an Personengesellschaften statt. Beispielsweise sieht der Gesetzgeber in § 6 Abs. 3 S. 1 GmbHG das Prinzip der Dritt- beziehungsweise Fremdorganschaft vor, herrschend ist in personalistischen GmbHs jedoch das an sich personengesellschaftsrechtliche Prinzip der Selbstorganschaft.[48]

---

43 *Bayer/Hoffmann*, GmbHR 2014, 12, 13; *Kornblum/Hampf/Naß*, GmbHR 2000, 1240, 1245; UHL/*Ulmer*, Einl. A. Rn. A110; *Wedemann*, Gesellschafterkonflikte in geschlossenen Kapitalgesellschaften, S. 13.

44 MünchKomm-GmbHG/*Fleischer*, Einl. Rn. 38; *Grunewald*, Gesellschaftsrecht, § 13 Rn. 3; *Immenga*, Die personalistische Kapitalgesellschaft, S. 14; Michalski/*J. Schmidt*, Syst. Darst. 1 Rn. 7; *Wedemann*, Gesellschafterkonflikte in geschlossenen Kapitalgesellschaften, S. 16.

45 *Immenga*, Die personalistische Kapitalgesellschaft, S. 16; Michalski/*J. Schmidt*, Syst. Darst. 1 Rn. 7; *Raiser/Veil*, Recht der Kapitalgesellschaften, § 4 Rn. 31; *Wedemann*, Gesellschafterkonflikte in geschlossenen Kapitalgesellschaften, S. 17, 18.

46 MünchKomm-GmbHG/*Fleischer*, Einl. Rn. 38; MünchHdb GesR III/*Griwotz*, § 1 Rn. 31; *Immenga*, Die personalistische Kapitalgesellschaft, S. 16; *Kalss*, FS Binz, 343, 352; *Wedemann*, Gesellschafterkonflikte in geschlossenen Kapitalgesellschaften, S. 19 f.

47 *Binz/Mayer*, NZG 2012, 201, 201; *Lange/Sabel*, NZG 2015, 1249, 1249; *Loritz*, NZG 2007, 361, 362; *Mayer*, FS Binz, 446, 447; *Wedemann*, Gesellschafterkonflikte in geschlossenen Kapitalgesellschaften, S. 20 f.

48 *Wedemann*, Gesellschafterkonflikte in geschlossenen Kapitalgesellschaften, S. 17 mit statistischen Nachweisen.

Durch das Prinzip der Selbstorganschaft[49], welches die Vertretung der Gruppe durch einen oder mehrere Mitgesellschafter erfordert, ist die Bereitstellung von Kapital im Idealfall an wesentlichen Einfluss in der Gesellschaft gekoppelt.[50] Charakteristisch ist weiterhin die Gleichrangigkeit der Gesellschafterrechte sowie das Fehlen einer eindeutigen Mehrheitsbeteiligung.[51] Insoweit wird die personalistische GmbH auch als „Personengesellschaft mit beschränkter Haftung“ bezeichnet[52] oder es wird von einer „inkorporierten Personengesellschaft“ gesprochen.[53]

2. Strukturelle Ursachen des Gesellschaftsrechts

a) Mehrheitsverhältnisse

aa) Recht der Personengesellschaften: Einstimmigkeits- und Mehrheitsprinzip

Im Recht der Personenhandelsgesellschaften ist die Blockademöglichkeit von Minderheitsgesellschaftern aufgrund des Einstimmigkeitsprinzips nach § 119 Abs. 1 HGB praktisch gesetzlich vorgesehen.[54] Das Einstimmigkeitsprinzip hat seinen Ursprung im gesetzlichen Leitbild der OHG[55]: In der OHG als personalistischer Arbeits- und Haftungsgemeinschaft dient es der Gleichbehandlung der Gesellschafter und soll jene vor dem Hintergrund des Gleichlaufs von Herrschaft und Haftung vor einer Selbstentmachtung bewahren.[56] Zustimmungsklagen bergen die Gefahr der Verzögerung und der Rechtsunsicherheit und vermögen unternehmerische Meinungsverschiedenheiten nur bedingt zu lösen.[57]

---

49 Ausführlich zum Prinzip der Selbstorganschaft: *Schürnbrand*, Organschaft im Recht der privaten Verbände, 2007; *Bergmann*, Die fremdorganschaftlich verfasste offene Handelsgesellschaft, 2002.

50 BGHZ 26, 330, 332; 51, 198, 200; Beck Hdb-PersGes/*Schiffers*, § 1 Rn. 17; MAHdb PersGesR/*v. Unger*, § 12 Rn. 1; *Wiedemann*, Gesellschaftsrecht II, S. 6.

51 MünchKomm-GmbHG/*Fleischer*, Einl. Rn. 38; Michalski/*J. Schmidt*, Syst. Darst. 1 Rn. 4; UHL/*Ulmer*, Einl. A. Rn. A8.

52 *Immenga*, Die personalistische Kapitalgesellschaft, S. 17.

53 Michalski/*J. Schmidt*, Syst. Darst. 1 Rn. 5.

54 Heymann/*Emmerich*, § 119 Rn. 1; Henssler/Strohn/*Finckh*, § 119 HGB Rn. 2; Schwerdtfeger/*Lehleiter*, § 119 HGB Rn. 12; Heidel/Schall/*Psaroudakis*, § 119 Rn. 6.

55 MünchKomm-HGB/*Enziger*, § 119 Rn. 3; Oetker/*Lieder*, § 119 Rn. 2.

56 EBJS/*Goette*, § 119 Rn. 44; KKRM/*Kindler*, § 119 Rn. 1; Schlegelberger/*Martens*, § 119 Rn. 2; MünchKomm-HGB/*Enzinger*, § 119 Rn. 3; Oetker/*Lieder*, § 119 Rn. 2.

57 Henssler/Strohn/ *Finckh*, § 119 HGB Rn. 36; Schlegelberger/*Martens*, § 119 Rn. 14; Heidel/Schall/*Psadourakis*, § 119 Rn. 6.

Allerdings hat auch der historische Gesetzgeber erkannt, dass der durch das Prinzip der Einstimmigkeit erforderliche permanente Einigungszwang die Handlungsfähigkeit der Gesellschaft behindern kann.[58] Daher ist in § 119 Abs. 2 HGB die Möglichkeit der Mehrheitsentscheidung vorgesehen. Mehrheitsbeschlüsse können entweder ursprünglich in den Gesellschaftsvertrag in Form einer Mehrheitsklausel aufgenommen werden oder aber nachträglich durch einstimmigen Beschluss oder langjährige Übung eingeführt werden.[59] Allerdings bergen insbesondere die Reichweite der Mehrheitsklausel und das mit ihr verbundene Stimmverhalten Risiken im Hinblick auf den im Recht der Personengesellschaften nicht gesetzlich statuierten Minderheitenschutz.[60] Die vom BGH entwickelte Kernbereichslehre[61], nach der in einen bestimmten Bereich der Mitgliedschaft nicht oder nicht ohne Zustimmung eingegriffen werden kann, vermag hier nur bedingt Abhilfe zu verschaffen. Denn das, was als Kernbereich angesehen werden soll, wird seit jeher nicht einheitlich beurteilt. Hinzu kommt, dass der BGH die Existenz dieser Rechtsfigur in jüngeren Judikaten in Frage gestellt, sich bisweilen sogar von ihr distanziert hat[62], was die Lösung dieses strukturellen Problems über die Kernbereichslehre noch weiter in Frage stellt.

bb) Recht der GmbH: Majoritätsprinzip

§ 47 Abs. 1 GmbHG ist Ausdruck des Majoritäts- oder Mehrheitsprinzips, demzufolge für Gesellschafterbeschlüsse grundsätzlich die einfache Mehrheit genügt.[63] Derjenige, der 51 % der Geschäftsanteile besitzt, kann seinen Willen bei der überwiegenden Anzahl der Gesellschafterbeschlüsse nahezu immer durchsetzen.[64] Hinzu kommt, dass dieses Prinzip an das Prinzip der Kapitalmehrheit nach § 47 Abs. 2 GmbHG gekoppelt ist und dass der Posten des Geschäftsführers vom Mehrheitsgesellschafter oftmals in Personalunion wahrgenommen wird. Da die so getroffenen Gesellschafterbeschlüsse keine Gewähr für eine hundertprozentige Richtigkeit leisten, besteht die Gefahr, dass die Gesellschaft nur im

---

58 Oetker/*Lieder*, § 119 Rn. 41.

59 *Lutz*, Prot. 198 ff.

60 MünchKomm-HGB/*Enzinger*, § 119 Rn. 60.

61 BGHZ 20, 363, 368.

62 BGHZ 170, 283, Rn. 9 f.; 203, 77, Rn. 86.

63 MünchKomm-GmbHG/*Drescher*, § 47 Rn. 2; UHL/*Hüffer*/*Schürnbrand*, § 47 Rn. 1; Michalski/*Römermann*, § 47 Rn. 2; Scholz/*K. Schmidt*, § 47 Rn. 3; *K. Schmidt*, Gesellschaftsrecht, § 16 II 1; UHL/*Ulmer*, Einl. A. Rn A22.

64 *Bachmann*/*Eidenmüller*/*Engert*/*Fleischer*/*Schön*, S. 28.

Interesse des Mehrheitsgesellschafters geführt wird und Minderheitsgesellschafter übergangen werden.[65] Denn *„der herrschende Gesellschafter beschließt nicht, er ordnet an"*.[66]

b) Kein liquider Sekundärmarkt für Geschäftsanteile

Eine weitere Ursache für das Entstehen von Gesellschafterkonflikten ist das Fehlen eines Sekundärmarktes für Anteile an GmbHs, Personen- und Personenhandelsgesellschaften, an dem ein Minderheitsgesellschafter seine Geschäftsanteile mit der gebotenen Schnelligkeit im Wege einer sog. „homemade dividend"[67] monetarisieren kann.[68] Auch wenn es nicht an Vorschlägen zur Steigerung der Fungibilität von GmbH-Geschäftsanteilen[69] gemangelt hat, konnten sich diese bisher nicht durchsetzen.[70] Darüber hinaus dürften die in personalistisch geprägten Gesellschaften häufig vorhandenen Vinkulierungsklauseln einem solchen Vorhaben ebenso abträglich sein wie die Tatsache, dass sich Investoren für Minderheitsbeteiligungen an personalistischen Gesellschaften wohl kaum begeistern dürften.[71] Zwar wurde im Jahre 2011 auf Start-Up-Ebene die „Deutsche Unternehmerbörse" gegründet, sodass zumindest überhaupt eine Art „Marktplatz" für nicht-börslich gehandelte Geschäftsanteile existiert. Indes kann hier von einem börsenähnlichen Zustand keine Rede sein, vielmehr gleicht die Idee des Start-Ups eher einer Art Maklerbroschüre im Internet, nur nicht für Immobilien, sondern für Unternehmen. Darüber hinaus fungiert die „Deutsche Unternehmerbörse" schwerpunktmäßig als ein Portal für die Suche nach einem geeigneten Unternehmensnachfolger.

---

65 *Bachmann/Eidenmüller/Engert/Fleischer/Schön*, S. 28; *Hommelhoff*, GmbHR 1979, 102, 107; *Immenga*, FS GmbH-Gesetz, 189, 191; UHL/*Ulmer*, Einl. A Rn. A37; anders noch das Reichsgericht in der *Hibernia*-Entscheidung RGZ 68, 235: *„Die Mehrheit befinde darüber, was im Interesse der Gesellschaft und ihrer Aktionäre zu tun oder zu lassen ist"*.

66 *Wiedemann*, Gesellschaftsrecht I, S. 406.

67 *Easterbrook/Fischel*, The Economic Structure of Corporate Law, S. 231.

68 *Lange*, BB 2005, 2585, 2588; *Weller*, ZGR 2012, 386, 393 f.

69 *Heindl*, Die Börseneinführung von GmbH-Geschäftsanteilen, 1987.

70 *Bachmann/Eidenmüller/Engert/Fleischer/Schön*, S. 28; Michalski/*Fleischer*, Syst. Darst. 5 Rn. 112.

71 *Bachmann/Eidenmüller/Engert/Fleischer/Schön*, S. 29; *Wedemann*, Gesellschafterkonflikte in geschlossenen Kapitalgesellschaften, S. 77.

c) *Kein zuverlässiger Wertmesser für Gesellschaftsbeteiligungen*

Das Fehlen liquider Sekundärmärkte führt ebenfalls dazu, dass Gesellschaftern und Gerichten bei einer Auseinandersetzung über die geschuldete Abfindung kein zuverlässiger Wertmesser zur Verfügung steht.[72] Neben den bereits angesprochenen Gutachterkosten für eine Bewertung des Geschäftsanteils kommt erschwerend hinzu, dass diese oft fehleranfällig ist. Insbesondere fraglich ist, ob es für den Mangel an Kontrollrechten sowie die eingeschränkte Veräußerbarkeit einen „discount" geben sollte. Dies erschwert die endgültige Beilegung eines Gesellschafterkonflikts.[73]

d) *Konzeption des GmbHG*

Während sich im Aktiengesetz ein in allen Einzelheiten austariertes, institutionalisiertes Verfahrenssystem findet, welches Minderheits- und Mehrheitsinteressen in einen angemessenen Ausgleich bringt, weist das GmbHG keinen vergleichbar hohen Standard auf.[74] Nicht das Gesetz, wie § 23 Abs. 5 AktG bei der AG, sondern der Gesellschaftsvertrag bildet die Primärquelle für die interne Organisation der GmbH.[75] Dies wird insbesondere in § 45 Abs. 1 GmbHG deutlich: Die Rechte, welche den Gesellschaftern in den Angelegenheiten der Gesellschaft zustehen, bestimmen sich nach dem Gesellschaftsvertrag, soweit nicht gesetzliche Vorschriften entgegenstehen. Nur in Ermangelung besonderer Angaben finden über § 45 Abs. 2 GmbHG die §§ 46–51 GmbHG Anwendung. Diese Gestaltungsfreiheit im Binnenrecht führt dazu, dass das bereits erwähnte Majoritätsprinzip in der GmbH weitaus stärkere Bedeutung als im Aktienrecht hat.[76] Es ermöglicht ein „Hineinregieren" des Mehrheitsgesellschafters in die Gesellschaft. Auch wenn die „*Staatsferne*"[77] des GmbH-Rechts unstreitig zum Siegeszug der GmbH beigetragen hat[78], dürfen seine Risiken in Bezug auf

---

72 *Bachmann/Eidenmüller/Engert/Fleischer/Schön*, S. 29.

73 *Bachmann/Eidenmüller/Engert/Fleischer/Schön*, S. 29, 30.

74 *Martens*, GmbHR 1984, 265, 265; *ders.*, FS GmbH-Gesetz, 609, 616; UHL/*Ulmer*, A. Rn. 37.

75 *Bachmann/Eidenmüller/Engert/Fleischer/Schön*, S. 28; *Immenga*, Die personalistische Kapitalgesellschaft, S. 91; *Langenfeld*, FS Spiegelberger, 809, 812; *Martens*, GmbHR 1984, 265, 265; *ders.*, FS GmbH-Gesetz, 609, 629.

76 *Martens*, GmbHR 1984, 265, 265; *ders.*, FS GmbH-Gesetz, 609, 616.

77 *Lutter*, GmbHR 1990, 377, 379.

78 *Schippel*, GmbHR 1992, 414, 415.

Gesellschafterstreitigkeiten nicht verkannt werden[79]: Zur Lösung von materiellrechtlichen Gesellschafterkonflikten muss auf gesetzlich nicht normierte Grundsätze wie den gesellschaftsrechtlichen Gleichbehandlungsgrundsatz, das Verbot der Verfolgung gesellschaftsfremder Sondervorteile sowie die gesellschaftsrechtliche Treuepflicht zurückgegriffen wird. Dies resultiert wiederum in einer mittlerweile nur noch schwer überschaubaren Einzelfallkasuistik[80], die mit erheblicher Rechtsunsicherheit behaftet ist.

3. Verhaltensökonomische Ursachen

Eine weitere Ursache für Gesellschafterkonflikte liegt in dem Umstand, dass Gesellschaftsverträge, insbesondere von kleineren Gesellschaften, häufig „technisch" schlecht oder nicht mehr zeitgemäß sind.[81] Dies rührt daher, dass die finanziellen Ressourcen zur Einholung (teuren) externen Rechtsrats begrenzt oder nicht vorhanden sind.[82] Ein „vollständiger Vertrag" im ökonomischen Sinne, der nach Ansicht nicht weniger Ökonomen opportunistisches Verhalten der Vertragsparteien ausschließen würde[83], wird nur in den allerseltensten Fällen geschlossen.[84] Vielmehr gilt der Gesellschaftsvertrag als *„Prototyp des unvollständigen Vertrages"*.[85] Für die Annahme eines vollständigen Vertrages müssten sich die Parteien rational verhalten, über alle vertragsrelevanten Informationen verfügen, keinen Transaktionskosten ausgesetzt sein und alle relevanten Punkte unter fairen Bedingungen vorab regeln.[86] Dieser Idealtyp des Vertrages birgt Probleme auf den verschiedensten Ebenen: Mögliche Konfliktpunkte müssen unter Berücksichtigung aller Eventualitäten zunächst als solche identifiziert und entsprechend vertraglich statuiert werden. Gelingt dies, müssen die Regelungen aber auch überwacht und durchgesetzt werden.[87] Darüber hinaus müssten auch

79 In diese Richtung auch UHL/*Ulmer*, Einl. A Rn. A37, A135.

80 Vgl. hierzu MünchKomm-GmbHG/*Merkt*, § 13 Rn. 110–182; UHL/*Raiser*, § 14 Rn. 76–112.

81 *Sigle*, FS Rowedder, 459, 469.

82 *Bachmann/Eidenmüller/Engert/Fleischer/Schön*, S. 29; UHdb FamGes/*Hennerkes/Kirchdörfer*, 3. Kap. S. 63; *Wedemann*, Gesellschafterkonflikte in geschlossenen Kapitalgesellschaften, S. 62 f.

83 *Williamson*, Die ökonomischen Institutionen des Kapitalismus, S. 56.

84 *Wedemann*, Gesellschafterkonflikte in geschlossenen Kapitalgesellschaften, S. 62.

85 *Kalss*, Selbstverantwortung, 359, 366 f.; *Weller*, ZGR 2012, 386, 396; *Wiedemann*, Gesellschaftsrecht II, S. 94 f.

86 *Schäfer/Ott*, Lehrbuch der ökonomischen Analyse des Zivilrechts, S. 401, 422.

87 *Bachmann/Eidenmüller/Engert/Fleischer/Schön*, S. 43; *Weller*, ZGR 2012, 386, 396.

diejenigen Konfliktlösungsregelungen, die tatsächlich vereinbart werden, den Grundsätzen eines vollständigen Vertrages gerecht werden. Mit *Karsten Schmidt* lässt sich pointiert feststellen, dass *„der gesellschaftsvertragliche Griff in die Zukunft schwer beherrschbares Hexenwerk ist und irgendwann an natürliche Grenzen stößt.“*[88]

a) bounded rationality

Das Vorliegen eines unvollständigen Vertrages und diverser Klauseln ist, abgesehen von den tatsächlichen Hindernissen, oftmals auf Rationalitätsdefizite der Gesellschafter zurückzuführen.[89] Diese Arbeit greift das Konzept der bounded rationality in Anlehnung an dessen geistigen Vater *Herbert A. Simon*[90] auf. Dabei soll es auf Gesellschafterkonflikte und – soweit möglich – auf die Rationalitätsdefizite bei der Vereinbarung der hier zu untersuchenden Shoot-Out- und Leaver-/Vesting-Klauseln übertragen werden.

aa) over-confidence and self serving bias

Diverse Studien belegen, dass Menschen ihre eigene Leistungsfähigkeit systematisch überschätzen, gleichzeitig aber davon ausgehen, dass sie von Gefahren nur spärlich betroffen sind, sog. „over-confidence bias“.[91] Bei der Befragung von Lebenspartnern zur Höhe ihres prozentualen Anteils an der Haushaltsarbeit erreicht die Summe regelmäßig über 100 %.[92] Berühmt geworden ist in diesem Zusammenhang eine Studie zur maßlosen Selbstüberschätzung der eigenen Autofahrfähigkeiten, nach der sich die Hälfte der Befragten zu den 20 bis 30 % der sichersten Autofahrer in Schweden und den USA zählten.[93]

Nicht minder populär ist eine in den USA durchgeführte Studie, nach der die Teilnehmer das Risiko einer Scheidung einer beliebigen Ehe auf zutreffende

---

88 *K. Schmidt*, GmbHR 2011, 1289, 1296.

89 *Wedemann*, Gesellschafterkonflikte in geschlossenen Kapitalgesellschaften, S. 63, 64.

90 *Simon*, The Quarterly Journal of Economics 99 (1955), S. 99 ff; *ders.*, The American Economics Review 49 (1959), 253 ff.

91 *Camerer/Lovallo*, The American Economic Review 89 (1999), 306 ff.; *DellaVigna*, Journal of Economics and Literature 47 (2009), 315, 341 ff.; *Jolls/Sunstein/Thaler*, Stan. L. Rev. 50 (1998), 1471, 1482; *Kahneman/Lovallo*, Management Science 39 (1993), 17, 26 ff.; *Korobkin/Ulen*, Cal. L. Rev. 88 (2000), 1051, 1124; *Weinstein*, Science 246 (1989), 1232, 1232; *Schäfer/Ott*, Lehrbuch der ökonomischen Analyse des Zivilrechts, S. 67.

92 *Sunstein*, U. Chi. L. Rev. 64 (1997), 1175, 1182.

93 *Svenson*, Acta Psychologica 47 (1981), 143, 146.

50 % einschätzten, das Risiko der Scheidung ihrer eigenen Ehe indes mit 0 % angaben.[94] Diese Selbstüberschätzung wird durch zwei Faktoren verstärkt: Sobald Menschen zu der Einschätzung gelangen, sie hätten bestimmte Ereignisse unter Kontrolle, unterschätzen sie deren Eintrittswahrscheinlichkeit, obwohl die Kontrolle in Wirklichkeit nicht gegeben ist, sog. „illusion of control".[95] Treten dennoch Erfolge im eigenen Handeln ein, werden diese in erster Linie den eigenen Fähigkeiten zugeschrieben, Misserfolge hingegen werden äußeren, nicht beeinflussbaren Umständen angedichtet.[96] Dies äußert sich beispielsweise in Studien zu Krisenursachen. Sie lassen sich in endogene und exogene Ursachen unterteilen.[97] Studien[98] ergaben, dass als wesentliche interne Krisenursachen u.a. autoritärer Führungsstil und mangelhaftes Controlling angesehen werden, als externe Krisenursachen u.a. schlechte Zahlungsmoral der Kunden sowie das Arbeits- und Sozialrecht. Ein signifikanter Unterschied besteht jedoch in der Wahrnehmung der von einer Krise betroffenen Parteien: Während Unternehmer überwiegend die externen Ursachen, auf die sie selbstverständlich keinerlei Einfluss haben, für die Krise verantwortlich machen, berufen sich Banken und andere Geschäftspartner auf die Defizite im Unternehmen als Krisenauslöser.[99]

Überoptimismus existiert auch im Rahmen der Gründung einer Kapital- oder Personenhandelsgesellschaft. Damit ist nicht zwangsläufig überschwängliche Begeisterung für das eigene Projekt gemeint, denn ohne eine „gesunde Portion" Enthusiasmus wäre jede Unternehmung von vornherein zum Scheitern verurteilt. Vielmehr geht es um das Verhältnis der Gesellschafter zueinander und die Fähigkeit, konfliktstiftendes Verhalten von vornherein zu vermeiden. Aufgrund der „over-confidence bias" wird diese Fähigkeit systematisch überschätzt,

---

94 *Baker/Emery*, Law & Human Behavior 17 (1993), 439, 443.

95 *DellaVigna*, Journal of Economics and Literature 47 (2009), 315, 341 ff.; *Kahneman/Lovallo*, Management Science 39 (1993), 17, 26 ff.; *Korobkin/Ulen*, Cal. L. Rev. 88 (2000), 1051, 1124; *Weinstein*, Science 246 (1989), 1232, 1232.

96 *Babcock/Loewenstein*, Journal of Economic Perspectives 11 (1997), 109, 111; *Eidenmüller*, JZ 2005, 216, 218; *Fleischer*, FS Immenga, 575, 581; *Fleischer/Schmolke/Zimmer*, Beitrag der Verhaltensökonomie (Behavioral Economics) zum Handels- und Wirtschaftsrecht, 9, 37; *Wedemann*, Gesellschafterkonflikte in geschlossenen Kapitalgesellschaften, S. 69.

97 K. Schmidt/Uhlenbruck/*Sinz*, Rn. 1.20.

98 K. Schmidt/Uhlenbruck/*Sinz*, Rn. 1.20.

99 *Crone/Werner*, Modernes Sanierungsmanagement, 1.3; Schmidt/Uhlenbruck/*Sinz*, Rn. 1.23.

was darin resultiert, dass entsprechende Regelungen nicht in den Gesellschaftsvertrag aufgenommen werden.[100] Dies geschieht getreu dem Motto „streiten tun sich nur die Anderen."[101] Auf der anderen Seite kann der „over-confidence bias" dazu führen, dass Gesellschafter sich auf eine Vertragsgestaltung einlassen, die für sie unvorteilhaft ist[102] (beispielsweise die Vereinbarung einer Bad Leaver-Klausel), gleichwohl aber davon ausgehen, von den negativen Folgen ohnehin nicht getroffen zu werden. Ebenso besteht die Gefahr, dass bei der Aufnahme einer Shoot-Out-Klausel in den Gesellschaftsvertrag das trigger event grob fahrlässig viel zu weit gewählt wird.[103]

bb) sunk cost fallacy

Irrationales Verhalten äußert sich auch in der „sunk cost fallacy": Aufwendungen zeitlicher, finanzieller oder ideeller Art beeinflussen zukünftige Entscheidungen, obwohl sie auf deren Auswirkungen überhaupt keinen Einfluss mehr haben.[104] Die jedem Buchhalter bekannte Regel, dem schlechten Geld nicht noch das Gute hinterherzuwerfen, wird gerade aufgrund der „sunk cost fallacy" vielfach missachtet.[105] Eine Person entscheidet sich auf dem Nachhauseweg, am Fitnessstudio vorbeizuschauen, weil er dafür zu Anfang des Jahres einen Mitgliedsbeitrag bezahlt hat, obwohl eigentlich nur ausschlaggebend sein sollte, ob der Nutzen des Workouts größer ist als der Nutzen, früher nach Hause zu kommen; der Theater- oder Kinobesuch wird trotz größtmöglichen Missfallens der gebotenen Darstellung fortgesetzt, um das Geld für den Besuch nicht verschwendet zu haben, obwohl es schon unwiederbringlich verloren ist.[106] Dieses Phänomen lässt sich auch im Bereich des Gesellschaftsrechts beobachten: Eine Gesellschaft wird durch nimmer enden wollende Nachschüsse der Gesellschafter auf Gedeih und

---

100 *Eisenberg*, Stan. L. Rev. 47 (1995), 211, 249, 251 f.; *Means*, Fordh. L. Rev. 79 (2010), 1161, 1174 f., 1176 ff.; *O'Neal*, Clev. St. L. Rev. 35 (1987), 121, 124.

101 Vgl. die Schilderung von *Rau*, FS Binz, 536, 537.

102 So für Buchwertklauseln *Fleischer*, FS Immenga, 573, 581 f.

103 So geschehen in dem dem Urteil des OLG Nürnberg, NZG 2014, 222 ff. zugrundeliegenden Gesellschaftsvertrag, wonach die Einleitung des Verfahrens *jederzeit* möglich sein sollte.

104 *Arkes/Blumer*, Organizational Behavior and Human Decision Processes 35 (1985), 124, 126; *Eidenmüller*, JZ 2005, 216, 219; *Eisenführ/Weber/Langer*, S. 441; *Goldberg/v. Nitzsch*, S. 94 ff.; *Jolls/Sunstein/Thaler*, Stan. L. Rev. 50 (1998), 1471, 1482; *Korobkin/Ulen*, Cal. L. Rev. 88 (2000), 1051, 1124; *Schäfer/Ott*, Lehrbuch der ökonomischen Analyse des Zivilrechts, S. 69; *Ulen*, Ham. L. Review 12 (1989), 385, 395.

105 So das Beispiel bei *Eidenmüller*, JZ 2005, 216, 219.

106 So die Beispiele bei *Korobkin/Ulen*, Cal. L. Rev. 88 (2000), 1051, 1124.

Verderb fortgesetzt, um irgendwann doch noch das bereits investierte und verlorene Geld zu retten. Steht ein geplantes Projekt kurz vor dem Abschluss und haben die Gesellschafter bereits Aufwendungen zur Realisierung getätigt, werden Ratschläge, die von der Durchführung des Projekts abraten, häufig ignoriert.[107]

cc) omission bias

Regelmäßig bevorzugen es Menschen eine Handlung zu unterlassen, obwohl die Vornahme einer bestimmten Handlung objektiv besser wäre.[108] Ursächlich hierfür ist einerseits, dass Nachteile aus dem Nichtstun leichter zu ertragen sind als die aus einer aktiven Handlung herrührenden. Andererseits mag auch eine persönliche Hemmschwelle vorliegen, unangenehme Themen überhaupt erst anzusprechen, beispielsweise um den zukünftigen Geschäftspartner nicht zu verprellen.[109] Bei der Ausgestaltung von Gesellschaftsverträgen werden daher Regelungen unterlassen, die potentiellen Konflikten vorbeugen könnten. Im Bereich der Shoot-Out-Klauseln kann dies dazu führen, dass trotz des Vorliegens eines trigger event und Stillstandes der Gesellschaft das Shoot-Out-*Verfahren* nicht eingeleitet wird. Des Weiteren werden naturgemäß sensible Themen wie Dividendenausschüttungen, Schiedsklauseln, Informationsrechte, Vetorechte sowie Regelungen zu Mehrheitsquoren im Hinblick auf bestimmte Beschlussgegenstände gar nicht erst thematisiert.[110] Denn die Parteien wollen zum einen „bloß nichts falsch machen“ und zum anderen besteht eine Hemmschwelle zum Ansprechen von bestimmten Themen, um es nicht schon zu Anfang zum Konflikt kommen zu lassen.[111]

dd) Ausblenden kognitiver Dissonanzen

Die menschliche Verarbeitung von Informationen ist vielfach selektiv. Informationen, die den eigenen Vorstellungen und Interessen zuwider sind, werden entweder nicht wahrgenommen oder in ihren Auswirkungen stark untergewichtet.[112] Wer ein bestimmtes Produkt erwerben möchte, wird sich im Vorfeld

---

107 So das Beispiel bei *Wedemann*, Gesellschafterkonflikte in geschlossenen Kapitalgesellschaften, S. 74.

108 *Eisenführ/Weber/Langer*, S. 441; *Wedemann*, Gesellschafterkonflikte in geschlossenen Kapitalgesellschaften, S. 72.

109 *Utset*, Utah L. Rev. 2003, 1329, 1348.

110 *Ebel*, FS Binz, 171, 172.

111 *Moll*, Wake Forest L. Rev. 40 (2006), 883, 914.

112 *Goldberg/v. Nitzsch*, S. 59 ff., 117 ff.; *Ulen*, Haml. L. Rev. 12 (1989), 385, 394; ferner *Eidenmüller*, JZ 2005, 216, 218, 219; *Wedemann*, Gesellschafterkonflikte in geschlossenen Kapitalgesellschaften, S. 73.

überwiegend positive Testberichte zum Produkt durchlesen, um die eigene Auswahl bestätigt zu wissen. Negative Produktberichte werden entweder nicht gründlich gelesen oder aber relativiert.[113] So verhält es sich auch im Gesellschaftsrecht: Ist der Entschluss, eine Gesellschaft zu gründen, unumstößlich gefasst, sträuben sich die Beteiligten oftmals, dieses Vorhaben wieder aufzugeben. Obwohl die Aufnahme eines bestimmten Gesellschafters oder die Gründung der Gesellschaft als solche von unterschiedlichsten Seiten nicht empfohlen wird, halten die Gesellschafter an ihrem Entschluss fest.[114]

ee) Reziprokes Verhalten

Ein weiteres konfliktschürendes Verhalten von Menschen liegt in der Neigung, unfaires oder unkooperatives Verhalten überproportional zu bestrafen, obwohl die Bestrafung ebenfalls nur Nachteile mit sich bringt.[115] Ein Beispiel hierfür bietet in der Verhaltensforschung das sog. „ultimatum game".[116] Bei diesem wird Spieler 1 vom Versuchsleiter zunächst ein bestimmter Geldbetrag angeboten. Spieler 1 macht einen Vorschlag, wie der Geldbetrag zwischen ihm und Spieler 2 aufgeteilt werden soll. Daraufhin entscheidet Spieler 2, ob er diesen Vorschlag annimmt oder ablehnt. Nimmt Spieler 2 den Vorschlag an, wird der Geldbetrag entsprechend ausbezahlt. Lehnt Spieler 2 den Vorschlag ab, so erhalten beide nichts. Bei rationalem Verhalten müsste Spieler 2 jeden Vorschlag annehmen, bei dem ihm überhaupt ein Geldbetrag zuteil wird. Spieler 1 hingegen wird bei rationalem Verhalten den Betrag so aufteilen, dass er fast alles und Spieler 2 fast nichts erhält. Die Forschungsergebnisse des an Probanden durchgeführten „ultimatum game" stützen diese These keineswegs. Sie belegen, dass sich Menschen nicht nur von bloßem Nutzdenken leiten lassen, sondern auch soziale Gesichtspunkte wie Altruismus, Fairness, mitunter aber auch Gehässigkeit und Rache eine Rolle spielen.[117] 30 % der Versuchspersonen in der Rolle des Spielers 1 nahmen eine gerechte Aufteilung des Betrags vor. Außerdem nahmen Personen in der Position des Spielers 2 niedrige Angebote oft nicht an, obwohl dies für sie nur Nachteile

113 *Eidenmüller*, JZ 2005, 216, 218; *Wedemann*, Gesellschafterkonflikte in geschlossenen Kapitalgesellschaften, S. 73.

114 *Wedemann*, Gesellschafterkonflikte in geschlossenen Kapitalgesellschaften, S. 73.

115 *Schäfer/Ott*, Lehrbuch der ökonomischen Analyse des Zivilrechts, S. 69.

116 Grundlegend *Güth/Schmittberger/Schwarze*, Journal of Economic Behaviour and Organization 3 (1982), 366, 367; *Englerth*, Economic Methods for Lawyers, 177, 181; *Fehr/Gächter*, American Economic Review 90 (2000), 980 ff. *Jolls/Sunstein/Thaler*, Stan. L. Rev. 50 (1998), 1471, 1489.

117 *Eidenmüller*, JZ 2006, 216, 219, *Englerth*, Economic Methods for Lawyers, 177, 182.

brachte. An den vorgenannten Versuchsergebnissen änderte sich auch nichts, als das Verhältnis von Spieler 1 und 2 anonymisiert wurde, eine Art Racheakt für das vormals ungerechte Angebot also gar nicht möglich war.[118]

Das Gegenstück des „ultimatum game" ist das sog. „dictator game". Bei diesem erhält der zweite Spieler nicht die Möglichkeit, das ihm gemachte Angebot abzulehnen. Obwohl Spieler 1 bei völlig rationalem Handeln Spieler 2 ein Angebot machen müsste, welches gerade über 0 liegt, zeigen auch hier die Forschungsergebnisse, dass Spieler 1 nicht den größten Teil für sich behält, sondern einen substantiellen Teil Spieler 2 überlässt.[119]

Ähnlich strukturiertes Verhalten findet sich zwischen Gesellschaftern insbesondere im Rahmen der Auseinandersetzung über die Höhe der zu zahlenden Abfindung eines ausgeschiedenen Gesellschafters. Sind die Fronten bereits verhärtet, neigen beide Parteien dazu, das jeweils unterbreitete Angebot des anderen kategorisch als zu niedrig abzulehnen. Empirische Studien belegen, dass von negativen Emotionen beeinflusste Personen sich als weniger einigungsbereit erweisen als andere.[120] Wohl wissend, dass Angebote in der Nähe des Verkehrswerts des Anteils die Gesellschaft in der Regel vor erhebliche Liquiditätsprobleme stellen, werden unwesentlich niedrigere Angebot abgelehnt und auf der Auszahlung des Verkehrswerts beharrt.[121] Dies führt häufig dazu, dass der Streit vor Gericht ausgetragen werden muss, was diverse weitere Kosten verursacht und für das Schicksal der Gesellschaft keinesfalls förderlich ist.

ff) Überbewertung zeitnaher Konsequenzen

Menschen bewerten gegenwärtige Vorteile und Kosten vielfach höher als zukünftige und messen den zukünftigen Kosten eine zu geringe Bedeutung bei.[122] Dieses Rationalitätsdefizit kann im Bereich des Gesellschaftsrechts dazu führen, dass sich ein Gesellschafter von der Gründung kurzfristig Vorteile verspricht, künftige Nachteile aber vernachlässigt. Beispielsweise ist die Aufnahme

118 Geschildert bei *Schäfer/Ott*, Lehrbuch der ökonomischen Analyse des Zivilrechts, S. 69.

119 Grundlegend *Kahneman/Knetsch/Thaler*, The Journal of Business 59 (1986), 285, 290.

120 *Baron/Fortin/Frei/Hauver/Shack*, International Journal of Conflict Management 1 (1990), 133, 142; *Pillutla/Murnighan*, Organizational Behavior and Human Decision Processes 68 (1996), 208, 219.

121 So auch *Binz*, Unternehmermagazin 9/10 (2011), 38, 38.

122 *Eisenberg*, Stan. L. Rev. 47 (1995), 211, 228; *Feldstein*, The Quarterly Journal of Economics 100 (1985), 303, 307; *Loewenstein/Thaler*, Journal of Economic Perspectives 3 (1989), 181, 182 ff.; *Posner*, Economic Analysis of Law, S. 22.

eines Gesellschafters zur Gründung zwingend notwendig, weil dieser entweder dringend erforderliches Know-How mitbringt oder als „letzter Kapitalgeber" unverzichtbar ist.[123] So verhält es sich auf beiden Seiten für die Vereinbarung eines Management Equity Program mit einer Leaver- oder Vesting-Klausel. Der Private Equity-Investor benötigt das Know-How der Manager, während diese wiederum auf den Investor als Kapitalgeber angewiesen sind. Dabei wirkt sich eine Chancen-Risiken-Analyse eindeutig zulasten der Manager aus, da der möglichen Chance – Realisierung der Beteiligung im Wege eines Exits – multiple Risiken – Ausscheiden als bad leaver zum Nennwert; keine sonstigen Boni oder Tantiemen; keine Möglichkeit der anderweitigen Verwendung des Gehalts als zur Tilgung des Erwerbsdarlehns – gegenüberstehen.[124]

gg) Fehleinschätzung künftiger eigener Präferenzen

Bei der Beurteilung zukünftiger Präferenzen unterliegen Menschen ebenfalls Rationalitätsdefiziten.[125] In der englischsprachigen Literatur als „hyperbolic discounting" beschrieben, wird als Ursache die Instabilität zeitlicher Präferenzen ausgemacht, da Menschen in der Zukunft liegende Kosten in der Regel stark abfallend diskontieren.[126] Daher ist es möglich, dass sich eine vor etlichen Jahren getroffene Entscheidung kurz vor Eintritt ihrer Konsequenzen nun in einem anderen Licht darstellt und den Entscheider diese reut.[127] Deutlich wurde dies im sogenannten „Schokoladen-Experiment".[128] In diesem mussten die in zwei Gruppen aufgeteilten Probanden ein Rätsel lösen. Ein Teil der Probanden musste vorab entscheiden, ob sie als Belohnung für die Lösung des Rätsels lieber einen Geldbetrag oder eine Tafel Schokolade erhalten wollten. Die zweite Gruppe durfte nach der Lösung des Rätsels zwischen der Schokolade und dem

---

123 *Oesterle*, Colo. L. Rev. 66 (1995), 881, 893.

124 Siehe hierzu ausführlich unter F.

125 *Englerth*, Recht und Verhalten, 60, 80; *Jolls/Sunstein/Thaler*, Stan. L. Rev. 50 (1998), 1471, 1539; *Kahneman*, Journal of Institutional and Theoretical Economics 150 (1994), 18, 25 ff.; *Korobkin/Ulen*, Cal. L. Rev. 88 (2000), 1051, 1120; *Laibson*, The Quarterly Journal of Ecnonomics 112 (1997), 443, 443 f.; *Loewenstein/O'Donoghue/Rabin*, The Quarterly Journal of Economics 118 (2003), 1209, 1209 f.; *Means*, Fordh. L. Rev. 79 (2010), 1161, 1175; *Utset*, Utah L. Rev. (2003), 1329, 1334 f., 1369 ff.

126 *Eisenberg*, Stan. L. Rev. 47 (1995), 211, 252; *Laibson*, The Quartlery Journal of Economics 112 (1997), 443, 443.

127 *Bachmann/Eidenmüller/Engert/Fleischer/Schön*, S. 43; *Eidenmüller*, JZ 2005, 216, 219; *Englerth*, Recht und Verhalten, 60, 80; *Schmolke*, Grenzen der Selbstbindung im Privatrecht, S. 629.

128 Dargestellt bei *Englerth*, Recht und Verhalten, 60, 81.

Geldbetrag entscheiden. Die Studie zeigte, dass der Großteil der zweiten Gruppe sich nachträglich für die Schokolade entschied, während die Probanden der ersten Gruppe häufiger für den Geldbetrag votierten. Der Gesellschaftsvertrag ist als Dauerschuldverhältnis ebenfalls auf einen längeren Zeitraum angelegt. Abgesehen davon, dass die Gesellschafter bei der Gründung ohnehin nicht jede Eventualität beachten können, spielt die Fehleinschätzung künftiger Präferenzen schon bei fundamentalen Vertragspunkten eine Rolle, die sich im Verlauf der Zeit ändern können.[129]

b) Kritik am Konzept der bounded rationality

Die Forschung zum Konzept der bounded rationality hat, trotz ihres unbestreitbaren Beitrags zum Erkenntnisgewinn über menschliches Verhalten, im Allgemeinen und für die Fruchtbarmachung der Ergebnisse Kritik erfahren.[130]

aa) Generelle Kritik

Regelmäßig wird gegen die Forschungsergebnisse der Verhaltensökonomik eingewandt, dass sie in erheblichem Maße auf Laborexperimenten fußten, die an US-amerikanischen Psychologiestudenten durchgeführt wurden und somit für andere Staaten nur begrenzt aussagekräftig seien.[131] Darüber hinaus würden Rationalitätsdefizite durch Lerneffekte eliminiert oder dadurch, dass die Marktteilnehmer gerade aufgrund ihrer Defizite von den vorhandenen Märkten verschwänden. Schließlich müssten die gezeigten Rationalitätsdefizite auch bei der Mehrheit aller Marktteilnehmer auftreten, um überhaupt von einer signifikanten Beeinflussung sprechen zu können.[132]

---

129 *Eisenberg*, Stan. L. Rev. 47 (1995), 211, 252; *Means*, Fordh. L. Rev. 79 (2010), 1161, 1175; *Utset*, Utah L. Rev. (2003); 1329, 1330; ferner *Bachmann/Eidenmüller/Engert/Fleischer/Schön*, S. 43; *Schmolke*, Grenzen der Selbstbindung im Privatrecht, S. 629; *Wedemann*, Gesellschafterkonflikte in geschlossenen Kapitalgesellschaften, S. 72.

130 *Eidenmüller*, JZ 2005, 216, 219 f.; *Schmolke*, Grenzen der Selbstbindung im Privatrecht, S. 632 f.; *Wedemann*, Gesellschafterkonflikte in geschlossenen Kapitalgesellschaften, S. 64

131 *Arnett*, American Psychologist 63 (2008), 602, 603 ff.; *Henrich/Heine/Norenzayan*, Behavioral and Brain Science 60 (2010), 61, 76 f.; *Mitchell*, Wm & Mary L. Rev. 43 (2002), 1907, 1912; *Posner*, Stan. L. Rev. 50 (1998), 1551, 1570 f.

132 *Langevoort*, Wash. U. L. Q. 83 (2005), 1017, 1031; *Posner*, Stan. L. Rev. 50 (1998), 1551, 1556 f., 1570 f.; *Schäfer/Ott*, Lehrbuch der ökonomischen Analyse des Zivilrechts, S. 71.

bb) Gesellschaftsrechtliche Kritik

Für den Bereich des Gesellschaftsrechts wird angeführt, dass die Gründung einer Gesellschaft eine schwerwiegende Entscheidung darstelle, die mit erheblichen Vermögensdispositionen verbunden sei. Daher würde neben hinreichender Überlegung auch auf professionellen Rechtsrat zurückgegriffen.[133] Aufgrund der finanziellen Risiken würden die Gesellschafter bei der Ausgestaltung des Gesellschaftsvertrages ein erhöhtes Maß an Sorgfalt walten lassen.[134] Ferner sei zu bedenken, dass aus der Vereinbarung bestimmter vertraglicher Schutzmechanismen nicht ohne weiteres der Umkehrschluss gezogen werden könne, dass hierdurch nicht abgedeckte Risiken nicht bewusst in Kauf genommen worden seien.[135] Darüber hinaus wird angeführt, dass es mehrere Rationalitätsdefizite gebe, die sich mitunter diametral zueinander verhalten. Wer könne dann mit Sicherheit sagen, welches Defizit welchen Einfluss auf menschliches Verhalten habe?[136] Schließlich seien nicht nur Gesellschafter, sondern auch Richter von Rationalitätsdefiziten betroffen und trügen dazu bei, dass fehlerhafte Entscheidungen getroffen würden.[137]

Diesen Einwänden wird wiederum entgegnet, dass der Markt als positives Korrektiv kognitiver Defizite für Geschäftsanteile personalistisch geprägter Gesellschaften nicht existiere.[138] Der Einwand, Gesellschaftsgründer würden vor Gründung der Gesellschaft kompetenten Rechtsrat in Anspruch nehmen, entspreche schlicht und ergreifend nicht der Rechtswirklichkeit.[139] Darüber hinaus existiere auch bei Konsultierung eines Rechtsanwalts keine Garantie dafür, dass ein „maßgeschneiderter" Gesellschaftsvertrag entworfen werde, da nicht alle Rechtsanwälte über die erforderliche Expertise verfügten.[140] Die Fehleranfälligkeit der Richter stelle zudem nicht die These des unzureichenden Selbstschutzes der Gesellschafter in Frage, sondern habe nur für die Frage der

---

133 *Easterbrook/Fischel*, The Economic Structure of Coporate Law, S. 237; *Romano*, S. Cal. L. Rev. 59 (1986), 313, 314 ff.

134 *Easterbrook/Fischel*, The Economic Structure of Coporate Law, S. 237.

135 *Means*, Fordh. L. Rev. 79 (2010), 1169, 1179 in Replik auf *Easterbrook/Fischel*, The Economic Structure of Coporate Law, S. 238.

136 *Arlen*, Vand. L. Rev. 51 (1998), 1765, 1768.

137 *Thompson*, Journal of Corporate Law 15 (1990), 377, 378.

138 *Means*, Fordh. L. Rev. 79 (2010), 1169, 1177.

139 *Bachmann/Eidenmüller/Engert/Fleischer/Schön*, S. 43; *Schmolke*, Grenzen der Selbstbindung im Privatrecht, S. 633; *Wedemann*, Gesellschafterkonflikte in geschlossenen Kapitalgesellschaften, S. 75 f.

140 *Sneirson*, Wis. L. Rev. 5 (2008), 899, 916 Fn. 91.

rechtsparternalistischen Intervention der Gerichte Bedeutung.[141] Überdies bestehe zwischen den Rationalitätsdefiziten von Gesellschaftern nicht zwingend Kongruenz, da solche maßgeblich von den Entscheidungssituationen abhingen, die für Richter andere seien als für Gesellschafter.[142]

cc) Stellungnahme

Diese Arbeit begegnet der Übertragbarkeit der empirischen Befunde der bounded rationality auf den deutschen Rechtsraum mit erheblichen Bedenken. Der Ansatz beruht nahezu ausschließlich auf Studien, die in den USA durchgeführt wurden, um dort unter anderem eine nachträgliche Erklärung für Rechtsregelungen zu liefern. Im Gegensatz zum deutschen Gesellschaftsrecht existiert in den USA aber nicht „das eine" Recht der „coporation", sondern es gibt die einzelnen „coporation laws" der fünfzig Bundesstaaten.[143] Zwar regeln dort „corporation statues" die Grundzüge der „business corporation"; die Rechte und Pflichten der Mitglieder sowie diverse Einzelheiten werden aber durch das einzelstaatliche Richterrecht geprägt.[144] Dieser Rechtsrahmen lässt daran zweifeln, inwiefern Rationalitätsdefizite, die durch fehlende Beratung einschlägig qualifizierten Personals verursacht oder nicht ausgeräumt werden, auch in Deutschland auftreten. Beispielsweise muss im „Gesellschaftsrechtsstaat" Delaware im Vergleich zu Deutschland kein vergleichbar hoher Aufwand betrieben werden, um eine Kapitalgesellschaft zu gründen. Die Formalitäten und Gründungsaufgaben – eigentlich Sache der Gründungsgesellschafter – werden dort vornehmlich von einer privaten „coporation service organization" vorgenommen und beschränken sich wiederum auf ein absolutes Minimum.[145] Dem lässt sich auch nicht entgegenhalten, dass in Deutschland vermehrt auf das dem GmbHG beigefügte Musterprotokoll zur Gründung zurückgegriffen wird. Denn auch die vereinfachte GmbH-Gründung lässt die Pflicht zur notariellen Beurkundung nicht entfallen. Somit hat der beurkundende Notar noch die Gelegenheit, gewissen Fehlern und Rationalitätsdefiziten entgegenzuwirken. Ein derartiges Korrektiv im Sinne einer mit jener in Deutschland vergleichbaren fachkundigen notariellen Beurkundung

141 *Schmolke*, Grenzen der Selbstbindung im Privatrecht, S. 633.

142 *Coffee*, Colum. L. Rev. 89 (1989), 1618, 1622; *Means*, Fordh. L. Rev. 79 (2011), 1169, 1181.

143 *Merkt*, US-amerikanisches Gesellschaftsrecht, Rn. 216.

144 *Merkt*, US-amerikanisches Gesellschaftsrecht, Rn. 216.

145 *Merkt*, US-amerikanisches Gesellschaftsrecht, Rn. 313.

sieht das Gesellschaftsrecht in z. B. Delaware nicht vor[146], zumal es den Beruf des Notars nach deutschem Verständnis in den USA nicht gibt.

Die meisten Studien beinhalteten Sachverhalte, in denen Fragen regelmäßig mit „ja" oder „nein" beantwortet werden mussten. Geht man davon aus, dass der Gesellschaftsvertrag ein hochkomplexes Schriftstück bestehend aus vielen Einzelregelungen ist, stellt sich des Weiteren die Frage, inwieweit die doch sehr einfach gelagerten Sachverhalte der rezipierten Studien für das Gesellschaftsrecht aussagekräftig sind. Sie berücksichtigten zwischenmenschliche Konflikte, dagegen äußere, durch Gesellschafter nicht beeinflussbare, für das Schicksal der Gesellschaft(er) aber sehr gewichtige Umstände in keinster Weise. Gerade das „ultimatum game", dessen Ergebnisse mehrfach – auch in eklatant ärmeren Regionen, wo die aufzuteilenden Beträge teilweise einem Wochen- oder Monatslohn entsprachen[147] – bestätigt wurden, kann als überaus schlicht beschrieben werden; ein expliziter Bezug zum Gesellschaftsrecht fehlt in allen Studien. Darüber hinaus wurden eine Vielzahl der Studien an (Psychologie-)Studenten durchgeführt. Ist es nicht die erste Gründung der Gesellschafter, verfügen diese aber über sehr viel mehr Lebens- und Berufserfahrung als die Versuchspersonen und haben gegebenenfalls schon im Vorfeld Berater hinzugezogen. Dies führt entweder zum Entfallen von Rationalitätsdefiziten oder aber dazu, dass sich Fehler durch eingetretene Rationalitätsdefizite nicht wiederholen. Zuletzt stellt sich die Frage, inwiefern eine Kenntnis der dargestellten Defizite für beratende Notare oder Anwälte überhaupt notwendig ist: Möglichkeiten zur Konfliktlösung werden und wurden unabhängig vom Konzept der bounded rationality entwickelt. Dasselbe gilt für den Umstand, dass menschliche Interaktion überall dort, wo sie stattfindet, den potentiellen Konflikt in sich trägt. Überspitzt könnte man schlussfolgern, dass die bounded rationality nur das beschreibt, was wir ohnehin schon wissen, und ihm einen neuen Namen verpasst, ohne aber zumindest für das in Deutschland geltende Recht neue Lösungen bereitzuhalten.

Dem von den Kritikern der bounded rationality geäußerten Einwand des maßgeschneiderten Gesellschaftsvertrags trotz hohen finanziellen Einsatzes ist indes die Einführung des vereinfachten GmbH-Gründungsverfahrens entgegenzuhalten, wonach gem. § 41d KostO weniger Kosten für die Gründung anfallen, sofern das dem GmbHG beigefügte Musterprotokoll verwendet wird.[148] Dies lässt aber eine notarielle Beurkundung und Beratung nicht entfallen. Ebenso

146 Vgl. hierzu Section 101 bis 108 Delaware General Corporation Law, abrufbar unter http://delcode.delaware.gov/title8/c001/sc01/.

147 *Slonim/Roth*, Econometrica 66 (1998), S. 547 ff.

148 *Wedemann*, Gesellschafterkonflikte in geschlossenen Kapitalgesellschaften, S. 76.

wird aufgrund des großen Sparpotentials nicht in jedem Fall auf einen auf das Gesellschaftsrecht spezialisierten Anwalt zurückgegriffen. Dies mag bei entsprechender Reifung des Unternehmens dem Standard entsprechen, gerade aber Unternehmen in der Gründungsphase beauftragen zunächst den „single lawyer".

Unabhängig vom Für und Wider der einzelnen Argumente geht diese Arbeit nicht vom Absolutheitsanspruch der oben dargestellten Rationalitätsdefizite aus. Sie dürfen nicht dazu führen, dem Trugschluss zu erliegen, alle Gesellschafter würden bei jeder Handlung durch Defizite beeinträchtigt.[149] Auch wenn nicht mit absoluter Sicherheit festgestellt werden kann, welches Defizit zu exakt welcher Handlung führt, kann nicht bestritten werden, dass es Defizite gibt, die Gesellschafter davon abhalten, rationalere Entscheidungen zu treffen.[150] Vielmehr ist davon auszugehen, dass sich Gesellschafter – unabhängig von der Beteiligungshöhe[151] – in bestimmten Fällen irrational verhalten, in anderen wiederum nicht.[152] Dies *kann* in einer Vernachlässigung gesellschaftsvertraglicher Schutzmechanismen resultieren.[153] Das Konzept der bounded rationality, sofern es denn den bei der Gesellschaftsgründung beratenden Personen bekannt ist, *kann* dabei eine Hilfsstellung bieten, einschlägige Probleme durch Einführung von Schutzmechanismen realitätsnäher zu lösen.[154] Dennoch ist sich diese Arbeit der Schwächen dieses Ansatzes bewusst. Zuletzt sei angemerkt, dass die geschilderten Defizite in Teilen auch der persönlichen Erfahrung des Verfassers sowie weiterer Personen entsprechen, die sich in der Beratungspraxis mit Gesellschafterkonflikten auseinanderzusetzen hatten.[155]

---

149 So auch *Wedemann*, Gesellschafterkonflikte in geschlossenen Kapitalgesellschaften, S. 65.

150 *Hanson/Yosifon*, U. PA. L. Rev 152 (2003), 129, 142; *Means*, Fordh. L. Rev. 79 (2010), 1162, 1181.

151 *Eisenberg*, Stan. L. Rev. 50 (1995), 211, 252.

152 So auch *Wedemann*, Gesellschafterkonflikte in geschlossenen Kapitalgesellschaften, S. 65; in diese Richtung ebenfalls *Fleischer/Schmolke/Zimmer*, Beitrag der Verhaltensökonomie (Behavioral Law and Economics) zum Handels- und Wirtschaftsrecht, 9, 60.

153 *Schmolke*, Grenzen der Selbstbindung im Privatrecht, S. 633.

154 So auch *Heinemann*, FS Nobel, 21, 37.

155 S. *Ebel*, FS Binz, 171 ff.; *Sigle*, FS Rowedder, 459 ff.

C. Managementbeteiligungen im Bereich Private Equity

Die Bereitschaft von Private Equity-Gesellschaften zur Investition in den deutschen Mittelstand nimmt seit Jahren konstant zu.[156] Die Investoren lassen sich von Widrigkeiten aller Art, wie beispielsweise immer weniger zum Verkauf bereitstehenden, wachstumsstarken Zielgesellschaften oder unsicherer Zinssituation, nicht abschrecken.[157] Dabei ist die Investition in ein Unternehmen risikobehaftet und birgt eine Reihe besonderer Problemkonstellationen, die mit unserem herkömmlichen Gesetzesrecht bisher nur unzureichend adressiert wurden. Beispielhaft genannt sei die Informationsasymmetrie zwischen Management und Investoren, die unberechenbare Zukunft des Unternehmens sowie natürlich die Absicherung der ambitionierten Renditeziele der Private Equity-Gesellschat. Dies alles vor dem Hintergrund, dass das an der Transaktion beteiligte Management motiviert und dem Unternehmen treu bleibt. Dementsprechend gilt nicht nur bei anglo-amerikanischen Investoren:„We back jockeys not horses".[158] Was aber, wenn Management und Private Equity-Investor über die Ausrichtung des Unternehmens in Streit geraten und es schlussendlich zum Zerwürfnis kommt? Für diesen Fall halten Beteiligungsverträge in der Regel sog. leaver- und vesting-schemes bereit, die die Abfindungshöhe des am Unternehmen beteiligten Managers nach dem Grund seines Ausscheidens festlegen.

I. Festlegung der Begrifflichkeiten

Zunächst soll der Untersuchungsgegenstand dieser Arbeit mittels einer Abgrenzung eines verwandten, teilweise synonym verwendeten Begriffs[159], dem Venture Capital, näher charakterisiert werden. Dies ist deshalb von Bedeutung, da

156 *Rödl & Partner*, Die Deutsche Beteiligungsbranche 2016, S. 4; abrufbar unter http://www.roedl.de/de-de/de/medien/publikationen/studien/documents/beteiligungsstudie-2016-roedl-partner.pdf.

157 *Rödl & Partner*, Die Deutsche Beteiligungsbranche 2016, S. 4; abrufbar unter http://www.roedl.de/de-de/de/medien/publikationen/studien/documents/beteiligungsstudie-2016-roedl-partner.pdf.

158 *Hohaus*, BB 2005, 1291, 1291; *Sosnitza*, DStR 2006, 99, 99.

159 So – wenig überzeugend – *Stein*, Venture Capital-Finanzierungen: Kapitalstruktur und Exitentscheidung, S. 4.

im Bereich des Venture Capital bei der Bindung der Gründer den klassischen leaver-schemes ähnliche Klauseln verwendet werden, sog. vesting-schedules[160], die leaver-schemes in gewisser Hinsicht modifizieren. Allerdings ist die Verwendung von vesting-schedules und leaver-schemes nicht ausschließlich einem Einsatzbereich vorbehalten. Oftmals werden sie sowohl im Bereich des Private Equity als auch im Bereich des Venture Capital in Kombination verwendet.

1. Begriff des Venture Capital

Der englische Begriff Venture Capital wird mit Wagnis- oder Risikokapital gleichgesetzt[161], welches regelmäßig in der Frühphase der Unternehmensfinanzierung eingesetzt wird.[162] Im Gegensatz zu der üblichen Bankenfinanzierung, bei der der Venture Capital-Geber Gläubiger des Unternehmens wird, erklärt sich der Venture Capital-Geber ohne Stellung von Sicherheiten durch den Venture Capital-Nehmer langfristig zur Finanzierung des unternehmerischen Vorhabens („venture") in Form haftenden Eigenkapitals bereit.[163] Zu dessen Rückzahlung oder Verzinsung ist der Venture Capital-Nehmer nicht verpflichtet. Der Venture Capital-Geber ist somit nicht Gläubiger des Unternehmens, sondern wird mit seiner Einlage haftender Gesellschafter der gegründeten Gesellschaft und nimmt gleichberechtigt sowohl am Risiko des Scheiterns als auch an den Erträgen des Gelingens teil.[164]

2. Begriff des Private Equity

Der englische Begriff Private Equity bezeichnet zunächst als Oberbegriff den vor- und außerbörslichen Einsatz von Eigenkapital („equity") im Unterschied zum Public Equity, welches sich ein Unternehmen durch das „going public", also den Börsengang und damit den Zutritt zum öffentlichen Kapitalmarkt, erschließt.[165] Unter Private Equity mit eigenständiger Bedeutung wird gemeinhin die Eigenkapitalfinanzierung reiferer Unternehmen mit kleinerem

---

160 *Werner*, WM 2006, 213, 214.

161 Beck Hdb-AG/*Göckeler*, § 21 Rn. 107; Hdb VC/*Weitnauer*, Teil A Rn. 1.

162 Kompendium GesR/*Gabrysch*, § 1 Rn. 63.

163 Beck Hdb-AG/*Göckeler*, § 21 Rn 110; Hdb VC/*Weitnauer*, Teil A Rn. 1; *Winkler*, Rechtfragen der Venture Capital-Finanzierung, S. 30.

164 Kompendium GesR/*Gabrysch*, § 1 Rn. 22; *Leopold/Frommann/Kühr*, S. 3; *K. Nathusius*, S. 53; *Schefczyk*, S. 7; Hdb VC/*Weitnauer*, Teil A Rn 1.

165 Hdb UB/*Hölters*, Teil I Rn 86; *Leopold/Frommann/Kühr*, S. 6; Hdb VC/*Weitnauer*, Teil A Rn 3.

Risikopotential[166] verstanden, die sich auch durch eine längere Involvierung der Investoren in das Unternehmen und größerer Einflussnahme auf das Management kennzeichnet.[167] Der zu stemmende Finanzierungsaufwand ist aufgrund der im Vergleich zum Venture Capital spät anmutenden Beteiligungsphase deutlich höher.[168]

II. Ökonomischer Sinn einer Managementbeteiligung

„Die Beziehung des Geschäftsführers zu den Gesellschaftern ist ein klassisches Agency-Problem."[169]

1. Prinzipal-Agenten-Theorie

Die aus der Institutionenökonomik stammende Prinzipal-Agenten-Theorie[170] beschäftigt sich mit der Untersuchung des Verhältnisses zwischen dem Prinzipal (Geschäftsherr) und seinem Agenten (Geschäftsträger).[171] Kennzeichnend für diese Beziehung ist, dass der Geschäftsherr den Geschäftsträger mit der Wahrnehmung bestimmter Aufgaben betraut. Ursache hierfür ist, dass der Agent über einen Informationsvorsprung verfügt, den sich der Prinzipal gerne zu eigen machen möchte. Der Agent wiederum erhofft sich aus der Fremdgeschäftsführung, dass er für sein spezifisches Know-how entlohnt wird.[172] Grundstein dieser Beziehung ist die Hypothese rational handelnder, nutzenmaximierender Individuen.[173] Sie beinhaltet zugleich die Annahme, dass sich beide Seiten einen

---

166 Kompendium GesR/*Gabrysch*, § 1 Rn. 63; MünchHdb GesR II/*Levedag*, § 71 Rn. 200; *Spengler*, Managementbeteiligung im Rahmen von Institutional Buy-Out Transaktionen, S. 22; Hdb VC/*Weitnauer*, Teil A Rn. 2.

167 *Spengler*, Managementbeteiligung im Rahmen von Institutional Buy-Out Transaktionen, S. 22; Hdb VC/*Weitnauer*, Teil A Rn. 2.

168 Hdb VC/*Weitnauer*, Teil A Rn. 2.

169 *Werner*, WM 2006, 213, 213.

170 Grundlegend *Jensen/Meckling*, Journal of Financial Economics 3 (1976), 305 ff.; darüber hinaus *Baker/Jensen/Murphy*, Journal of Finance 43 (1988), 593 ff.; *Jensen/Murphy*, Journal of Political Economy 98 (1990), 225 ff.

171 *Rhein*, Der Interessenkonflikt der Manager beim Management-Buy-Out, S. 66; *Spengler*, Managementbeteiligung im Rahmen von Institutional Buy-Out Transaktionen, S. 79.

172 *Rhein*, Der Interessenkonflikt der Manager beim Management-Buy-Out, S. 67; *Spengler*, Managementbeteiligung im Rahmen von Institutional Buy-Out Transaktionen, S. 79.

173 Kritisch *Fezer*, JZ 1986, 817, 822.

Nutzen von einem derartigen Arrangement versprechen. Trotz partieller Interessenüberschneidung kann eine vollständige Kongruenz der Interessen aber dennoch nicht ohne Weiteres angenommen werden.[174] Da jedes Individuum primär seine eigenen Interessen verfolgt, muss der Prinzipal damit rechnen, dass sich der Agent zur eigenen Nutzenmaximierung opportunistisch verhält und unter Umständen sogar eine Schädigung des Prinzipal in Kauf nimmt.[175] Diese Prämisse führt für den Prinzipal zu Kontrollproblemen, welche nur bedingt lösbar sind: Erstens kann der Prinzipal schon aus tatsächlichen Gründen nicht stets neben dem Agenten stehen und seine Tätigkeiten überwachen. Zweitens würde eine ständige Überwachung zu einer Ausuferung der Kosten für ebendiese führen. Drittens könnte er bei dieser Sachlage die übertragenen Aufgaben auch selbst übernehmen, was den Einsatz des Agenten gänzlich obsolet machen würde.[176] Der Prinzipal hat daher ein gewichtiges Interesse daran, den Agenten durch die richtige Anreizsetzung dazu zu bewegen, in seinem Sinne zu handeln.[177]

2. Übertragung auf die Managementbeteiligung

Diese Überlegungen bieten ebenfalls einen Erklärungsansatz für die Beteiligung des Managements im Rahmen von Private Equity-Transaktionen.[178] Bei einer Private Equity-Transaktion geht es einem Finanzinvestor regelmäßig darum, Geld für einen absehbaren Zeitraum in eine Zielgesellschaft (Target) zu investieren, um den Unternehmenswert nachhaltig zu steigern und den Wertzuwachs dann im Wege eines sog. Exit, sei es durch Börsengang (IPO = „Initial Public Offering"), sei es durch Unternehmensverkauf („trade sale") oder Verkauf an

---

174 *Rhein*, Der Interessenkonflikt der Manager beim Management-Buy-Out, S. 67; *Spengler*, Managementbeteiligung im Rahmen von Institutional Buy-Out Transaktionen, S. 79.

175 *Rhein*, Der Interessenkonflikt der Manager beim Management-Buy-Out, S. 67; *Spengler*, Managementbeteiligung im Rahmen von Institutional Buy-Out Transaktionen, S. 79.

176 *Rhein*, Der Interessenkonflikt der Manager beim Management-Buy-Out, S. 67; *Spengler*, Managementbeteiligung im Rahmen von Institutional Buy-Out Transaktionen, S. 79.

177 *Rhein*, Der Interessenkonflikt der Manager beim Management-Buy-Out, S. 68; *Spengler*, Managementbeteiligung im Rahmen von Institutional Buy-Out Transaktionen, S. 80.

178 *Holstein*, Gesellschafter und Geschäftsführer im Transaktionskonflikt, S. 14; *Kästle/Heuterkes*, NZG 2005, 289, 289; *Spengler*, Managementbeteiligung im Rahmen von Institutional Buy-Out Transaktionen, S. 80.

einen anderen Finanzinvestor („secondary buy-out"), zu realisieren.[179] Zwar besitzt er die für den Erwerb erforderlichen finanziellen Mittel; die Bedeutsamkeit des Managements ergibt sich indes daraus, dass dem Private Equity-Investor im Gegensatz zum sog. „business angel"[180] kein eigenes Managementteam mit entsprechenden Branchenkenntnissen zur Verfügung steht.[181] Zudem hat er kein gesteigertes Interesse an der Teilnahme am operativen Tagesgeschäft, da sein Hauptaugenmerk auf der Wertsteigerung und deren Realisierung liegt.[182] Zur Herbeiführung dieser Wertsteigerung ist der Investor wiederum auf das Management angewiesen.[183] Die effektivste Anreizwirkung entfaltet in diesem Fall eine echte Kapitalbeteiligung. Alternativen wie Boni oder hohe Festgehälter sind nicht in gleichem Maße geeignet für die entsprechende Motivation zu sorgen. Sie würden lediglich dazu führen, dass der Manager Entscheidungen trifft, die ihm kurzfristig zur Erreichung der Boni-Zielvorgaben verhelfen.[184] Bei einer echten Kapitalbeteiligung hat der Manager hingegen die Gelegenheit, durch den Exit außerordentlich an der Wertsteigerung des Unternehmens zu profitieren.[185] Daher wird der Agent die Strategie des Unternehmens auf eine langfristige Wertsteigerung ausrichten, um wie der Prinzipal an ebendieser teilzuhaben.

---

179 *Gärtner*, Der unfreiwillige Verlust der Gesellschafterstellung von ausgeschiedenen Managern und Mitarbeitern, S. 118, 119; *Hohaus/Inhester*, DStR 2003, 1791, 1791; *Kästle/Heuterkes*, NZG 2005, 289, 289; *Sosnitza*, DStR 2006, 99, 102; *Spengler*, Managementbeteiligung im Rahmen von Institutional Buy-Out Transaktionen, S. 29, 30; *Wackerbeck*, Die Grenzen der Zulässigkeit des Gesellschafterausschlusses unter Berücksichtigung freier Hinauskündigungsklauseln, S. 270.

180 Ein *Business Angel* stellt dem Unternehmen neben Kapital auch sein eigenes Knowhow – regelmäßig auf Geschäftsführungs- oder Beratungsebene – zur Verfügung, vgl. Kompendium GesR/*Gabrysch*, § 1 Rn. 2; Hdb VC/*Weitnauer*, Teil A Rn. 10.

181 *Gärtner*, Der unfreiwillige Verlust der Gesellschafterstellung von ausgeschiedenen Managern und Mitarbeitern, S. 118.

182 *Spengler*, Managementbeteiligung im Rahmen von Institutional Buy-Out Transaktionen, S. 80.

183 *Kästle/Heuterkes*, NZG 2005, 289, 289; *Spengler*, Managementbeteiligung im Rahmen von Institutional Buy-Out Transaktionen, S. 80.

184 *Kästle/Heuterkes*, NZG 2005, 289, 289; *Spengler*, Managementbeteiligung im Rahmen von Institutional Buy-Out Transaktionen, S. 80; a.A. *Binz/Sorg*, GmbHR 2005, 893, 893.

185 *Kästle/Heuterkes*, NZG 2005, 289, 289; *Spengler*, Managementbeteiligung im Rahmen von Institutional Buy-Out Transaktionen, S. 80.

III. Merkmale einer Managementbeteiligung

1. Gesellschaftsrechtliche Struktur

Die folgende Struktur ist typisch für eine Managementbeteiligung in Deutschland[186]: Die Beteiligung des Managements ist grundsätzlich auf allen gesellschaftsrechtlichen Ebenen denkbar, erfolgt aber in der Regel auf Ebene der höchsten Zwischenholding (TopCo), die als GmbH firmiert.[187] Entweder werden die Manager direkt an der TopCo beteiligt, oder sie werden – auch zur Minimierung des Verwaltungsaufwandes – in einer eigenen Gesellschaft zusammengefasst, die wiederum an der TopCo beteiligt ist.[188] Hierbei handelt es sich regelmäßig um eine GbR oder KG, wobei die Manager an Letzterer die Stellung eines Kommanditisten innehaben.[189] Die einzelnen Rechtsverhältnisse zwischen dem Investor und dem Management regelt die Gesellschaftervereinbarung („shareholder agreement") der TopCo.[190]

2. Einzelheiten

a) Höhe der Beteiligung

Die vom Management an der TopCo gehaltene Quote am rechtlichen Eigenkapital beläuft sich auf 5 % bis 15 %[191] oder sogar auf bis zu 20 %[192]. Da zum wirtschaftlichen Eigenkapital noch Gesellschafterdarlehen und vergleichbare

---

186 Abbildung bei *v. Werder/Li*, BB 2013, 1376, 1377.

187 So die ganz überwiegende Ansicht in der Literatur, s. *Hohaus/Inhester*, DStR 2003, 1765, 1765; *Spengler*, Managementbeteiligung im Rahmen von Institutional Buy-Out Transaktionen, S. 27; *Wackerbeck*, Die Grenzen der Zulässigkeit des Gesellschafterausschlusses unter Berücksichtigung freier Hinauskündigungsklauseln, S. 271; Semler/Volhard/*Weber-Rey*, § 14 Rn. 31; Hdb MBO/*Weitnauer*, D Rn. 4; für die Firmierung als S.à.r.l. *v. Werder/Li*, BB 2013, 1736, 1738.

188 *Gärtner*, Der unfreiwillige Verlust der Gesellschafterstellung von ausgeschiedenen Managern und Mitarbeitern, S. 118; *Kästle/Heuterkes*, NZG 2005, 289, 290; *v. Werder/Li*, BB 2013, 1736, 1738.

189 *v. Werder/Li*, BB 2013, 1736, 1738.

190 *v. Werder/Li*, BB 2013, 1736, 1738.

191 *Hohaus/Inhester*, DStR 2003, 1765, 1765; Eilers/Koffka/*Mackensen*, IV Rn. 12; *Traugott/Grün*, AG 2007, 761, 762; *Wackerbeck*, Die Grenzen der Zulässigkeit des Gesellschafterausschlusses unter Berücksichtigung freier Hinauskündigungsklauseln, S. 271.

192 *Hohaus/Schulte-Koch*, FS Pöllath, 93, 95; *Kästle/Heuterkes*, NZG 2005, 289, 290.

Sachverhalte gezählt werden, umfasst die Beteiligung des Managements an diesem ca. 0,5 % bis 5 %.[193] Alternativ oder zusätzlich besteht die Möglichkeit, durch Gewährung sog. „ratchets" auf die Höhe der vom Management gehaltenen Beteiligung einzuwirken. Über ein positives „ratchet" wird bei Erfüllung bestimmter geschäftlicher Zielvorgaben die Beteiligung erhöht, während sie bei Verfehlen derartiger Ziele über ein negatives „ratchet" gesenkt werden kann.[194]

b) Finanzierung der Beteiligung

Die dafür erforderlichen Mittel bringt das Management zum Teil selbst auf. Sie belaufen sich regelmäßig auf ein bis zwei Bruttojahresgehälter.[195] Hier gilt es die Balance zu wahren: Zum einen muss die Beteiligung „spürbar" sein, um beim Exit den gewünschten Vermögenszuwachs zu erzielen. Zum anderen darf sie nicht zu hoch sein, da ansonsten die Gefahr besteht, dass risikoaverses Verhalten die Entscheidungen des Managements prägt.[196] Um die Effektivität des hinter der Beteiligung stehenden Motivationsmodells zu verstärken, muss das Management überproportional von der Gesamtkapitalrendite profitieren.[197] Um dies zu erreichen, werden dem Manager trotz Aufbringung eines substantiellen Eigenanteils vergünstigte Erwerbskonditionen gewährt.

aa) sweet equity

Die Ausstattung der TopCo mit Eigenkapital wird regelmäßig unter einer Kombination aus Stammkapital (bilanziell betrachtet gezeichnetes Kapital) und einer Kapitalrücklage, bestehend aus einem Agio, vollzogen.[198] Die Vergünstigung besteht hier darin, dass seitens des Managements im Verhältnis zur Beteiligung am

---

193 Eilers/Koffka/*Mackensen*, IV Rn. 12.

194 Eilers/Koffka/*Mackensen*, IV Rn. 67; *Spengler*, Managementbeteiligung im Rahmen von Institutional Buy-Out Transaktionen, S. 119; *Wackerbeck*, Die Grenzen der Zulässigkeit des Gesellschafterausschlusses unter Berücksichtigung freier Hinauskündigungsklauseln, S. 273.

195 *Eisinger/Bühler*, M&A Review 2008, 248, 249; *Gärtner*, Der unfreiwillige Verlust der Gesellschafterstellung von ausgeschiedenen Managern und Mitarbeitern, S. 118; *Hohaus/Inhester*, DStR 2003, 1765, 1765; *Rock*, M&A Review 2005, 64, 68; *Wackerbeck*, Die Grenzen der Zulässigkeit des Gesellschafterausschlusses unter Berücksichtigung freier Hinauskündigungsklauseln, S. 272.

196 *Gärtner*, Der unfreiwillige Verlust der Gesellschafterstellung von ausgeschiedenen Managern und Mitarbeitern, S. 119; *Hohaus/Inhester*, DStR 2003, 1765, 1765.

197 Semler/Volhard/*Weber-Rey*, § 14 Rn. 111.

198 Semler/Volhard/*Weber-Rey*, § 14 Rn. 112.

gezeichneten Kapital kein oder nur ein sehr geringes Agio aufgebracht werden muss. Der Finanzinvestor hingegen muss für einen vergleichbaren Geschäftsanteil ein erhebliches Aufgeld i.S.d. § 272 Abs. 2 Nr. 1 HGB oder eine Zuzahlung in die Kapitalrücklage gem. § 272 Abs. 2 Nr. 4 HGB leisten.[199] Dadurch, dass das Management nicht entsprechend seinem Anteil am gezeichneten Kapital in die Kapitalrücklage einzahlt, profitiert es überproportional von der Wertsteigerung des investierten Kapitals. Diese vergünstigten Erwerbskonditionen führen zu einem disquotalen Mitteleinsatz zum Vorteil des Managements und zum Nachteil des Private Equity-Investors, sog. „sweet equity", welches den Hebel („leverage") der Managementbeteiligung verstärkt.[200]

bb) Gesellschafterdarlehen

(1) Arten der Gewährung

Eine zweite Möglichkeit der Bevorzugung des Managements besteht in der Gewährung von Gesellschafterdarlehen. Der Anteil am Eigenkapital, der durch Eigenmittel aufzubringen ist, wird bewusst gering gehalten und der übrige Eigenkapitalbedarf durch Gesellschafterdarlehen gedeckt.[201] Folgende Möglichkeiten sind denkbar:

non-recourse loan: Bei einem „non-recourse loan" besteht für den Manager eine Pflicht zur Rückgewähr der Darlehensvaluta nur dann, wenn aus dem Verkauf der Beteiligung ausreichend Mittel zur Rückführung erzielt wurden.[202]

full-recourse loan: Beim „full-recourse loan" ist der Manager hingegen zur Rückführung des Darlehens einschließlich Zinslast auch dann verpflichtet, wenn die Beteiligung zum vollständigen Wertverlust führt.[203]

199 *v. Braunschweig*, DB 1998, 1831, 1832; *Hohaus/Schulte-Koch*, FS Pöllath, 93, 95; *Spengler*, Managementbeteiligung im Rahmen von Institutional Buy-Out Transaktionen, S. 32; *Wackerbeck*, Die Grenzen der Zulässigkeit des Gesellschafterausschlusses unter Berücksichtigung freier Hinauskündigungsklauseln, S. 272.

200 *Rosengarten/Burmeister/Klein*, S. 69; *Spengler*, Managementbeteiligung im Rahmen von Institutional Buy-Out Transaktionen, S. 119; Semler/Volhard/*Weber-Rey*, § 14 Rn. 112.

201 Eilers/Koffka/*Mackensen*, IV Rn. 19; Semler/Volhard/*Weber-Rey*, § 14 Rn. 114.

202 *Hohaus/Schulte-Koch*, FS Pöllath, 93 (95); *Rock*, M&A Review 2005, 64, 68; *Wackerbeck*, Die Grenzen der Zulässigkeit des Gesellschafterausschlusses unter Berücksichtigung freier Hinauskündigungsklauseln, S. 272.

203 *Spengler*, Managementbeteiligung im Rahmen von Institutional Buy-Out Transaktionen, S. 112; *Wackerbeck*, Die Grenzen der Zulässigkeit des Gesellschafterausschlusses unter Berücksichtigung freier Hinauskündigungsklauseln, S. 272.

limited-recourse loan: Bei dieser Mischversion ist das Darlehen lediglich teilweise zurückzuzahlen.[204]

(2) Steuerrechtliches Risiko

Die Gewährung eines Gesellschafterdarlehens fällt allerdings in den steuerrechtlich sensiblen Bereich der Beziehung zwischen Gesellschaft und Gesellschaftern. Vorgänge im Zusammenhang mit diesen Parteien, die Einfluss auf das Einkommen der Gesellschaft haben, können ihre Ursache entweder in den gesellschaftsrechtlichen Beziehungen oder aber in schuldrechtlichen Verträgen haben.[205] Im ersteren Fall handelt es sich um Gewinnausschüttungen oder Einlagen, die gem. § 8 Abs. 3 S. 1 KStG bei der Ermittlung des Einommens nicht einkommensmindernd berücksichtigt werden dürfen. Im letzteren Fall liegen Betriebsausgaben oder -einnahmen vor, da schuldrechtliche Verträge zwischen Anteilseigner und Gesellschaft aufgrund des Trennungsprinzips[206] grundsätzlich auch steuerrechtlich anerkannt werden.[207]

Die Regelung des § 8 Abs. 3 S. 1 KStG ist dann unproblematisch, wenn die Gewinnausschüttung auf einem gewöhnlichen Gewinnverteilungsbeschluss beruht. Schwierigkeiten bereiten aber Fälle, in denen einem Gesellschafter ein Vermögensvorteil über einen zivilrechtlichen Vertrag gewährt wird, der einem fremden Dritten nicht gewährt worden wäre und der seine Ursache im Gesellschaftsverhältnis hat. Es liegt dann der Schluss nahe, dass die schuldrechtliche Ausformung nur den Zweck hatte, eine Gewinnausschüttung zu tarnen. Diese sog. verdeckte Gewinnausschüttung[208] darf gem. § 8 Abs. 3 S.2 KStG bei der Einkommensermittlung ebenfalls nicht einkommensmindernd in Abzug gebracht werden, hat den Jahresüberschuss aber bereits tatsächlich gemindert.

---

204 *Spengler*, Managementbeteiligung im Rahmen von Institutional Buy-Out Transaktionen, S. 112; *Wackerbeck*, Die Grenzen der Zulässigkeit des Gesellschafterausschlusses unter Berücksichtigung freier Hinauskündigungsklauseln, S. 272.

205 *Birk/Desens/Tappe*, Steuerrecht, Rn. 1246.

206 Bei Kapitalgesellschaften folgt das Steuerrecht dem zivilrechtlichen Trennungsprinzip zwischen Gesellschaft und Gesellschafter. Das Ergebnis der Gesellschaft unterliegt zunächst bei dieser der Besteuerung, während das Ergebnis der Kapitalgesellschaft bei den Gesellschaftern erst im Zeitpunkt der Ausschüttung steuerlich erfasst wird, sog. Zuflussprinzip; vgl. hierzu Tipke/Lang/*Hey*, Steuerrecht, § 11 Rn. 1 ff.

207 *Birk/Desens/Tappe*, Steuerrecht, Rn. 1246; Tipke/Lang/*Hey*, Steuerrecht, § 11 Rn. 1, 45; RHN/*Neumann*, § 8 Rn. 131; Lüdicke/Sistermann/*Teufel*, Unternehmenssteuerrecht, § 2 Rn. 1.

208 Hierzu ausführlich *Oppenländer*, Verdeckte Gewinnausschüttung; *Lange/Janssen*, Verdeckte Gewinnauschüttungen.

Nach der st. Rspr. des BFH ist eine verdeckte Gewinnausschüttung „*eine Vermögensminderung oder unterlassene Vermögensmehrung, die durch das Gesellschaftsverhältnis veranlasst ist, sich auf den Unterschiedsbetrag gem. § 4 Abs. 1 S. 1 EStG auswirkt und in keinem Zusammenhang mit der offenen Gewinnauschüttung steht.*“[209] Darüber hinaus muss die Vermögensminderung der Gesellschaft die Eignung haben, beim Gesellschafter einen Beteiligungsertrag i.S.d. § 20 Abs. 1 Nr. 1 S. 2 EStG auszulösen, sog. Korrespondenzprinzip.[210] Entscheidendes Kriterium für die Annahme einer Betriebsvermögensminderung in Form einer verdeckten Gewinnausschüttung ist die Veranlassung durch das Gesellschaftsverhältnis. Für die Ermittlung der Veranlassung durch das Gesellschaftsverhältnis hat die Rechtsprechung mehrere Fallgruppen entwickelt[211], von denen hier der Fremdvergleich relevant ist: Nach diesem ist eine verdeckte Gewinnausschüttung zu bejahen, wenn ein ordentlicher und gewissenhafter Geschäftsleiter die Vermögensminderung oder verhinderte Vermögensmehrung gegenüber einer Person, die nicht Gesellschafter ist, unter sonst gleichen Umständen nicht hingenommen hätte.[212]

Die verdeckte Gewinnausschüttung zieht sowohl für die Gesellschaft als auch für den Gesellschafter Rechtsfolgen nach sich: Darf die verdeckte Gewinnausschüttung das Einkommen nicht mindern, ist sie aber gleichwohl bei der Gewinnermittlung in Abzug gebracht worden, muss sie gem. § 8 Abs. 3 S. 2 KStG außerhalb der Steuerbilanz[213] zum gem. § 8 Abs. 1 S. 1 KStG i.V.m. §§ 4 EStG ermittelten Einkommen der Körperschaft wieder hinzugerechnet werden, welches wiederum der Körperschaftssteuer nach § 23 Abs. 1 KStG unterliegt. Beim Empfänger der verdeckten Gewinnauschüttung führt sie zum Vorliegen von Einkünften aus Kapitalvermögen gem. § 20 Abs. 1 Nr. 1 S. 2 EStG, die der Abgeltungssteuer unterliegen.[214]

---

209 Erstmals BFH v. 16.03.1967 – I 261/63, BStBl II 1967, 626 ff.; v. 09.09.1989 – I R 4/84, BStBl II 1990, 237 ff.; v. 07.08.2002 – I R 2/02, BStBl II 2004, 131 ff.; v. 08.10.2008 – I R 61/07, BStBl II 2011, 62 ff.; v. 11.11.2015 – I R 26/15, BStBl II 2016, 426 ff.

210 BFH v. 07.08.2002 – I R 2/02, BStBl II 2004, 131 ff.; v. 08.09.2010 – I R 6/09, BStBl II 2013, 186 ff.; v. 11.11.2015 – I R 26/15, BStBl II 2016, 426 ff.

211 Vgl. hierzu *Birk/Desens/Tappe*, Steuerrecht, Rn. 1249 ff.

212 BFH v. 16.03.1967 – I 261/63, BStBl II 1967, 626 ff.; v. 03.05.2006 – I R 124/04, BStBl II 2011, 547 ff.; v. 08.10.2008 – I R 61/07, BStBl II 2011, 62 ff.; v. 11.11.2015 – I R 26/15, BStBl II 2016, 426 ff.

213 BFH v. 29.06.1994 – I R 137/93, BStBl II 2002, 366 ff.; v. 24.04.2002 – I R 43/01, BStBl II 2003, 416 ff.; v. 31.03.2004 – I R 65/03, BStBl II 2005, 664 ff.

214 *Birk/Desens/Tappe*, Steuerrecht, Rn. 1254 ff.; Tipke/Lang/*Hey*, Steuerrecht, § 11 Rn. 88; Lüdicke/Sistermann/*Teufel*, Unternehmenssteuerrecht, § 7 Rn. 143.

Vor diesem Hintergrund sind insbesondere das „limited"- sowie das „non-recourse loan" nur mit äußerster Vorsicht zu wählen, da hier die Gefahr, einem Fremdvergleich nicht standzuhalten, besonders hoch ist. Angesichts des Inhalts dieser Darlehensvarianten erscheint es nur schwer vorstellbar, dass ein ordentlicher und gewissenhafter Geschäftsleiter einem Dritten ebenfalls derart günstige Konditionen gewähren würde.

cc) Bedenken im Hinblick auf § 43a S.1 GmbHG

Bedenken bestehen hier, sofern es sich beim Target um eine GmbH handelt, hinsichtlich der Kapitalerhaltungsvorschrift des § 43a S. 1 GmbHG. Nach § 43a S. 1 GmbHG darf Geschäftsführern, anderen gesetzlichen Vertretern, Prokuristen oder zum Geschäftsbetrieb ermächtigten Handlungsbevollmächtigten kein Kredit aus dem zu der Erhaltung des Stammkapitals erforderlichen Vermögen gewährt werden. Ob dieser bei der Vereinbarung eines Management Equity Program überhaupt Anwendung findet, ist in Rechtsprechung und Literatur bisher nicht besprochen worden. Lediglich die Anwendbarkeit des § 43a S. 1 GmbHG für den Fall eines Management Buy-Outs wurde vereinzelt behandelt.[215] Dabei wird ein Eingreifen des § 43a S. 1 GmbHG bejaht, sofern die GmbH den für den Anteilserwerb geschuldeten Erwerbspreis als Darlehen an ihre Manager zahlt und die finanziellen Mittel nicht aus ihrem freien, ungebundenen Vermögen stammen, sondern sie auf Vermögen zurückgreifen muss, welches zur Erhaltung des Stammkapitals erforderlich ist.[216] Gründen die Manager für den Erwerbs- und Finanzierungsvorgang eine Holding, die die Geschäftsanteile erwirbt und dafür von der GmbH die notwendigen Kredite und Sicherheiten erhält und den Erwerbspreis an die Altgesellschafter zahlt, soll § 43a S. 1 GmbHG nach verbreiteter Meinung nicht anwendbar sein, da „Begünstigte" im Sinne der Vorschrift nicht das Geschäftsführungspersonal, sondern die neu gegründete GmbH ist. Über die Holdingkonstruktion sei das Geschäftsführungspersonal weder in den Erwerbs- noch in den Finanzierungsvorgang eingeschaltet.[217] Davon wird auch

---

215 *Kerber*, WM 1989, 473 ff.; 514 ff.; *Koppensteiner*, ZHR 155 (1995), 97 ff.; MünchKomm-GmbHG/*Löwisch*, § 43a Rn. 31; *Wittkowski*, GmbHR 1990, 544 ff.

216 MünchKomm-GmbHG/*Löwisch*, § 43a Rn. 31; *Wittkowski*, GmbHR 1990, 544, 545, 547, 549 f.; Baumbach/Hueck/*Zoellner*/*Noack*, § 43a Rn. 4.

217 *Koppensteiner*, ZHR 155 (1995), 97, 104, 105; MünchKomm-GmbHG/*Löwisch*, § 43a Rn. 31; Michalski/*Lieder*, § 43a Rn. 32; UHL/*Paefgen*, § 43a Rn. 13; *Wittkowski*, GmbHR 1990, 544, 550, 551; Baumbach/Hueck/*Zoellner*/*Noack*, § 43a Rn. 4; a.A. *Kerber*, WM 1989, 473 ff.; 514 ff.

von der h.M. eine Ausnahme gemacht, wenn das sog. „Holdingmodell" nur zu dem Zweck gewählt wurde, § 43a S. 1 GmbHG zu umgehen.[218]

Unter Zugrundelegung der hiesigen gesellschaftsrechtlichen Struktur eines Management Equity Program bestehen im Hinblick auf § 43 a S.1 GmbHG keine Bedenken, da sie nur Vorteile bietet, die dem Zweck des § 43a S. 1 GmbHG nicht entgegenstehen. Zunächst dient die gewählte Holding-Struktur der Verwaltungsvereinfachung. Dadurch, dass die Manager über ein gemeinsames Investitionsvehikel neben dem Investor an der Beteiligungsgesellschaft beteiligt sind, existieren dort nur noch zwei Gesellschafter. Dies führt zu einer Vereinfachung von Gesellschafterentscheidungen, insbesondere wenn der Investor auch noch an der Manager-KG/Manager-GmbH & Co. KG beteiligt ist. Weiter führt dies dazu, dass Gesellschafterversammlungen der Investitionsgesellschaft ohne Tagesordnungen und Einladungsfristen abgehalten werden können.[219] Zuletzt bietet diese Struktur auch größere Flexibilität beim Austausch der Geschäftsanteile, da die Anteile der Manager-KG formlos an neu eintretende Manager abgetreten werden können, während bei einer direkten Beteiligung an der Ziel-GmbH bei jedem Gesellschafterwechsel eine Beurkundung gem. § 15 Abs. 3 GmbHG erforderlich ist.[220]

IV. Exkurs: Sonstige Mittel der nachhaltigen Managementincentivierung

Neben der direkten Kapitalbeteiligung hat die Beratungspraxis insbesondere für die AG eine Vielzahl alternativer Möglichkeiten der nachhaltigen Mitarbeiter- und Managementincentivierung hervorgebracht. Die gängigsten Gestaltungsformen sind „nackte" Bezugsrechte (Aktienoptionen), die mit Aktien aus bedingtem Kapital, aus genehmigtem Kapital oder mit eigenen Aktien bedient werden, Wandel- oder Optionsanleihen und „virtuelle" Aktien oder Aktienoptionen (Phantom Stocks/Stock Appreciation Rights).[221]

218 MünchKomm-GmbHG/*Löwisch*, § 43a Rn. 31.

219 Eilers/Koffka/*Mackensen*, IV Rn. 30.

220 Eilers/Koffka/*Mackensen*, IV Rn. 32.

221 Beck Hdb-AG/*Janssen*, § 23 Rn. 7; MünchKomm-AktG/*Fuchs*, § 192 Rn. 76 ff.; Spindler/Stilz/*Rieckers*, § 192 Rn. 51 ff.; *Seyfarth*, Vorstandsrecht, § 5 Rn. 126 ff.

1. Stock Option Plan und Naked Warrants

Die Vereinbarung von Aktienoptionsplänen erfolgt in der Praxis von Unternehmen zu Unternehmen anders. Das Grundmodell eines Stock-Option-Planes sieht allerdings wie folgt aus: Die Hauptversammlung beschließt die Ausgabe einer bestimmten Anzahl von Bezugsrechten auf Aktien innerhalb eines Zeitraum von drei bis fünf Jahren. Die Optionszusage selbst ist ein schuldrechtlicher Vertrag, der das bindende Angebot der Gesellschaft an den Bezugsberechtigten enthält, innerhalb eines bestimmten Zeitraums Aktien zu einem vorab festgelegten Preis kaufen zu dürfen. Die Optionsausübung durch das Vorstandsmitglied ist regelmäßig an das Erreichen bestimmter Erfolgsziele geknüpft. Sofern die Option ausgeübt wird, kann der Vorstand die Aktien nach Ablauf einer Sperrfrist entweder behalten oder verkaufen.[222]

Naked Warrants sind ebenfalls Optionsrechte, allerdings in Form reiner Aktienoptionen. Der Berechtigte erhält mit Annahme des Angebots das Recht, nach Erreichen vorab festgelegter Erfolgsziele und nach Verstreichen der Wartefrist die vereinbarte Anzahl an Aktien zum festgelegten Basispreis zu erwerben. Im Unterschied zu einem Stock Option-Plan muss sich das Vorstandsmitglied erst später entschließen, ob es in die Aktien des Unternehmens investieren möchte.[223]

2. Wandel- und Optionsanleihen

Die Wandelschuldverschreibung ist in § 221 Abs. 1 Hs. 1 AktG als „Schuldverschreibung, bei denen den Gläubigern oder der Gesellschaft ein Umtausch und Bezugsrecht auf Aktien eingeräumt wird (Wandelschuldverschreibung)“, legaldefiniert. Options- und Wandelanleihen sind verzinsliche Schuldverschreibungen i.S.d. §§ 793 ff. BGB – d.h. Fremdkapital –, die durch das beigefügte Options- bzw. Wandlungsrecht Eigenkapitalkomponenten beinhalten. Der Oberbegriff der Wandelschuldverschreibung umfasst die Wandelschuldverschreibung im eigentlichen Sinne und die Optionsanleihe.[224]

Bei der Wandelschuldverschreibung im eigentlichen Sinne gewährt die Gesellschaft dem Gläubiger ein sog. „Wandlungsrecht“: Gegen Hingabe der Schuldverschreibung kann er Aktien beziehen, also gleichsam die Schuldverschreibung

---

222 *Seyfarth*, Vorstandsrecht, § 5 Rn. 127; Hdb VC/*Weitnauer*, Teil G. Rn. 93.

223 *Seyfarth*, Vorstandsrecht, § 5 Rn. 128.

224 KölnKomm-AktG/*Florstedt*, § 221 Rn. 67; MünchKomm-AktG/*Habersack*, § 221 Rn. 24; Hüffer/*Koch*, § 221 Rn. 3; Lutter/K. Schmidt/*Merkt*, § 221 Rn. 15; Heidel/*Radlmayr*, § 221 Rn. 4; *Schanz*, BKR 2011, 410, 410.

gegen Aktien eintauschen. Charakteristisch für diese Ausgestaltung ist, dass der Gläubiger nur die Option hat, entweder die Schuldverschreibung zu behalten oder sie zugunsten des Aktienbezuges aufzugeben, d.h. auf die Rückzahlung des für den Erwerb der Anleihe eingesetzten Kapitals zu verzichten.[225]

Bei der Optionsanleihe liegt ebenfalls eine Kombination von Schuldverschreibung und Aktienbezugsrecht vor, allerdings nicht im Sinnes eines „entweder oder"-Verhältnisses, sondern kumulativ: Zusätzlich zu der Schuldverschreibung erhält der Gläubiger ein selbstständiges Recht zum Aktienbezug. Für den Aktienbezug muss der Gläubiger somit nicht die Schuldverschreibung hingeben, sondern er kann die Rechte aus der Schuldverschreibung und das Aktienbezugsrecht parallel geltend machen. Auf die Position aus der Schuldverschreibung hat die Ausübung des Bezugsrechts keinerlei Einfluss. Es kommt also gerade nicht zu einem „Umtausch" der Schuldverschreibung gegen die Aktien, sondern zu einem Erwerb.[226]

3. Phantom Stocks und Stock Appreciation Rights

Heutzutage dominieren aber vor allen Dingen Modifikationen der klassischen Aktienoption wie beispielsweise Phantom Shares, Virtual Stock Options und Stock Appreciation Rights. Daher ist der Bereich der Aktienoptionen um diese vergleichbaren Gestaltungen zu erweitern.[227] Bei den zuletzt genannten handelt es sich um schuldrechtliche Nachbildungen von Aktien bzw. Optionsrechten, daher auch der zuweilen verwendete Name „Virtual Stock Options". Aus ihnen fließt weder eine mitgliedschaftliche Rechtsstellung noch gewährleisten sie das Recht zum Bezug von echten Aktien. Vielmehr handelt es sich um einen rein schuldrechtlichen Anspruch im Sinne eines Geldzahlungsanspruchs auf Ausgleich der Differenz zwischen dem Aktienkurs im Zeitpunkt ihrer Einräumung und demjenigen im Zeitpunkt ihrer Ausübung.[228] Im Unterschied zu Stock

---

225 KölnKomm-AktG/*Florstedt*, § 221 Rn. 45; MünchKomm-AktG/*Habersack*, § 221 Rn. 29; Hölters/*Haberstock*/*Greitemann*, § 221 Rn. 10; Lutter/K. Schmidt/*Merkt*, § 221 Rn. 23; *Schanz*, BKR 2011, 410, 410.

226 KölnKomm-AktG/*Florstedt*, § 221 Rn. 67; MünchKomm-AktG/*Habersack*, § 221 Rn. 30; Hölters/*Haberstock*/*Greitemann*, § 221 Rn. 11; Lutter/K. Schmidt/*Merkt*, § 221 Rn. 30; *Schanz*, BKR 2011, 410, 410.

227 Spindler/Stilz/*Fleischer*, § 87 Rn. 42; *Hoffmann-Becking*, ZHR 169 (2005), 150, 164.

228 *Feddersen*, ZHR 161 (1997), 269, 285, 296; *Martens*, FS Ulmer, 399, 402 f.; MünchKomm-AktG/*Spindler*, § 87 Rn. 95.

Appreciation Rights enthalten Phantom Stocks zusätzlich eine Dividendenkomponente: Da den Mitarbeitern „virtuelle" Aktien gutgeschrieben werden, beinhalten sie in der Regel auch die seit dem Zeitpunkt ihrer Gewährung an die Aktionäre ausgeschütteten Dividenden. Phantom Shares und Stock Appreciation Rights haben keinen Einfluss auf die Kapitalstruktur und die Zusammensetzung des Gesellschafterkreises.[229]

229 *Baums*, FS Claussen, 3, 6; MünchKomm-AktG/*Fuchs*, § 192 Rn. 85; *Martens*, FS Ulmer, 399, 402 f.; MünchKomm-AktG/*Spindler*, § 87 Rn. 95.

D. Inhalts- und Ausübungskontrolle im Gesellschaftsrecht

Systemprägender Grundsatz des deutschen Gesellschaftsrechts ist die Privatautonomie.[230] Die überwiegende Anzahl der verfügbaren Gesellschaftsformen zeichnet sich durch eine außerordentliche Gestaltungsfreiheit hinsichtlich des Gesellschaftsvertrages aus. Jedoch ist auch die Freiheit des deutschen Gesellschaftsrechts nicht schrankenlos gewährleistet; es gilt der hergebrachte Grundsatz „*keine Freiheit ohne Grenze*"[231]. Die Anzahl der geschriebenen Regelungen, die die Gestaltungsfreiheit einzuschränken vermögen, ist überschaubar. Darüber hinaus haben sich – oftmals verbandsübergreifende – ungeschriebene Strukturprinzipien etabliert, die der Privatautonomie im Gesellschaftsrecht ebenfalls Grenzen setzen. Sie beschränken sich nicht nur auf den Inhalt des Gesellschaftsvertrages, sondern stellen zum Teil auch eine Art materielle Beschlusskontrolle dar. Die für diese Arbeit maßgeblichen Grundsätze – geschriebene wie ungeschriebene – sollen hier näher skizziert werden.

I. Das Abspaltungsverbot des § 717 S. 1 BGB

1. Inhalt des Verbots

Die wichtigste geschriebene Schranke stellt das in § 717 S. 1 BGB niedergelegte Abspaltungsverbot dar, welches aus der Einheitlichkeit der Mitgliedschaft erwächst. Es besagt, dass die Mitgliedschaftsrechte von der Mitgliedschaft nicht isoliert werden können[232], und ist dabei nicht auf Personengesellschaften beschränkt, sondern findet auch auf Kapitalgesellschaften und andere mitgliedschaftlich strukturierte Verbände Anwendung.[233] In seinem Urteil vom 10. November 1951 formuliert der BGH prägnant: „*Die Verwaltungsrechte sind*

230 *Lieder*, Die rechtsgeschäftliche Sukzession, S. 231.

231 Oetker/*Lieder*, § 109 Rn. 9.

232 BGHZ 3, 354, 457; 20, 363, 364; EBJS/*Born*, § 109 Rn. 8; MünchKomm-HGB/*Enzinger*, § 109 Rn. 12; Staudinger/*Habermeier*, § 717 Rn. 1; Soergel/*Hadding*/*Kießling*, § 717 Rn. 20; Oetker/*Lieder*, § 109 Rn. 9; Schlegelberger/*Martens*, § 109 Rn. 13; Staub/*Schäfer*, § 109 Rn. 25; MünchKomm-BGB/*Schäfer*, § 717 Rn. 7; *K. Schmidt*, Gesellschaftsrecht, § 19 III 4 a.

233 RGZ 132; 149 ff.; BGH, WM 1987, 70, 71 für die AG; BGH, BB 1977, 10 f. für die GmbH; KG, NJW 1962, 1917 für den Verein.

[...] mit dem Geschäftsanteil notwendig verbunden und können von ihm nicht losgelöst und selbstständig übertragen werden.“[234] Unter das Abspaltungsverbot fallen daher das Stimmrecht in Geschäftsführungs- und Grundlagenangelegenheiten, das Recht auf Mitwirkung bei der Handelsregisteranmeldung, das Recht zur Geschäftsführung und Vertretung, das Widerspruchsrecht in Bezug auf Geschäftsführungshandlungen von Mitgesellschaftern, das Informations- und Kontrollrecht, das Recht auf Rechenschaftslegung sowie das Liquidationsrecht.[235] Als ungeschriebenes Mitgliedschaftsrecht fällt die *actio pro socio* ebenfalls unter das Abspaltungsverbot.[236] Auch wenn das Abspaltungsverbot von der ganz h.M. in Rechtsprechung und Literatur als zwingend angesehen wird[237], besteht dennoch Streit über seinen Rechtsgrund.

2. Rechtsgrund der Norm

a) Ansicht des BGH

Der Bundesgerichtshof hat in seiner älteren Judikatur das Abspaltungsverbot aus dem „Wesen“ der Gesamthandsgemeinschaft hergeleitet. Die Verwaltungsrechte seien mit dem Gesellschafteranteil notwendig verbunden und könnten nicht von ihm losgelöst übertragen werden.[238]

b) Ansichten in der Literatur

Namentlich *Wiedemann*[239] entwickelte einen rein rechtstechnisch geprägten Ansatz. *Wiedemann* verweist auf den Rechtsgedanken des § 137 BGB, dessen erster Satz lautet: „Die Befugnis über ein veräußerliches Recht kann nicht durch Rechtsgeschäft ausgeschlossen oder beschränkt werden“. Verwaltungsbefugnisse der

---

234 BGHZ 3, 354, 357.

235 OLG Stuttgart, DStR 2013, 1138, 1140; Staudinger/*Habermeier*, § 717 Rn. 1; KKRM/*Kindler*, § 109 Rn. 3; BeckOK-HGB/*Klimke*, § 109 Rn. 8 f.; Oetker/*Lieder*, § 109 Rn. 18; Staub/*Schäfer*, § 105 Rn. 219; MünchKomm-BGB/*Schäfer*, § 717 Rn. 16 f.

236 Staudinger/*Habermeier*, § 717 Rn. 1; KKRM/*Kindler*, § 109 Rn. 3; BeckOK-HGB/*Klimke*, § 109 Rn. 8 f.; Oetker/*Lieder*, § 109 Rn. 18; Staub/*Schäfer*, § 105 Rn. 219; MünchKomm-BGB/*Schäfer*, § 717 Rn. 16 f.

237 BGHZ 3, 354, 357; Soergel/*Hadding*/*Kießling*, § 717 Rn. 20; Oetker/*Lieder*, § 109 Rn. 9; Staub/*Schäfer*, § 109 Rn. 25; MünchKomm-BGB/*Schäfer*, § 717 Rn. 7.

238 BGHZ 3, 354, 357.

239 *Wiedemann*, Die Übertragung und Vererbung von Mitgliedschaftsrechten bei Handelsgesellschaften, S. 283 ff.

Mitgliedschaft seien mit der Verfügungsbefugnis verwandt. Die Mitwirkungs- und Kontrollrechte eines Gesellschafters seien Rechtsbefugnisse, die durch die Mitgliedschaft vermittelt würden. Jedes Verwaltungsrecht räume dem Inhaber ähnliche Herrschafts- und Verwaltungsbefugnisse ein und garantiere ihm damit einen durch Normen geschützten Handlungsspielraum eigener Zuständigkeit. Allen materiellen Befugnissen aus dem Recht gemein sei aber die Verfügungsbefugnis. Für diese sei die Rechtslage mit § 137 BGB bekannt.[240]

Reuter[241] und *Teichmann*[242] begründen das Abspaltungsverbot im Grundsatz damit, dass außenstehenden Dritten Einfluss auf die Willensbildung der Gesellschaften und Körperschaften im öffentlichen Interesse versagt werden soll, wobei das Verständnis des öffentlichen Interesses variiert. Während *Teichmann* sich hierfür auf das „*Hineindringen demokratischer Selbstverständlichkeiten*" in die gesellschaftlichen Einrichtungen berufen hat[243], versuchte *Reuter* an die Bedeutung anzuknüpfen, die die Neutralisierung verbandsfremder Sonderinteressen für die Funktionsfähigkeit wichtiger Institutionen des Privatrechts hat.[244]

Flume[245] sieht im Abspaltungsverbot eine Schranke der Privatautonomie im Verbandsrecht um der Verhinderung einer Selbstentmündigung der Gesellschafter willen: Der Verband dürfe und könne sich nicht der durch die Mitgliedschaftsrechte gewährleisteten Selbstbestimmung begeben.

c) Stellungnahme

Der Ansicht des BGH, wonach die Übertragung von Verwaltungsrechten mit dem Wesen der Gesamthand unvereinbar ist, ist tendenziell der Vorzug zu gewähren, wenn auch die hiesige Begrüdung etwas abweicht. Zwar ist den Auffassungen *Teichmans* und *Reuters* zuzugestehen, dass fremde Sonderinteressen schon allein deshalb aus dem Verband herauszuhalten sind, weil deren Träger zu der Entstehung des Verbandes in der Regel nichts beigetragen haben. Allerdings muss es unbeteiligten Dritten nicht ausschließlich darum gehen, die Funktionsfähigkeit des Verbandes zu beeinträchtigen. Verfolgt der Dritte einen

240 *Wiedemann*, Die Übertragung und Vererbung von Mitgliedschaftsrechten bei Handelsgesellschaften, S. 283.

241 *Reuter*, Privatrechtliche Schranken der Perpetuierung von Unternehmen, S. 213, 154 ff.; *ders.*, ZGR 1978, 633, 634.

242 *Teichmann*, Gestaltungsfreiheit in Gesellschaftsverträgen, S. 191 ff.

243 *Teichmann*, Gestaltungsfreiheit in Gesellschaftsverträgen, S. 191.

244 *Reuter*, Privatrechtliche Schranken der Perpetuierung von Unternehmen, S. 213, 154 ff.; *ders.*, ZGR 1978, 633, 634.

245 *Flume*, Personengesellschaft, § 14 IV, VII.

ausgeklügelteren Plan, wäre es ihm möglich, für Gesellschaft und Gesellschafter nachteilige unternehmerische Entscheidungen zu treffen, ohne dass dazu die Funktionsfähigkeit einzelner gesellschaftsrechtlicher Institutionen in Frage gestellt wird. Vielmehr ist er in diesem Fall darauf angewiesen, dass die bestehenden Institutionen funktionieren und sich seine wahren Absichten erst hinterher herauskristallisieren. Wollte man das Abspaltungsverbot mit dem Rechtsgedanken des § 137 S. 1 BGB begründen, läge es zunächst nahe, dass dieser vor § 717 S. 1 BGB eingeführt worden ist. Dies ist aber nicht der Fall. Darüber hinaus scheint auch der Normzweck des § 137 S. 1 BGB nicht recht zum Abspaltungsverbot zu passen: Wenn ein Recht seinem Charakter nach veräußerlich ist, soll ihm diese Eigenschaft nicht durch Rechtsgeschäft entzogen werden können. Veräußerliche Rechte sollen kraft schuldrechtlicher Vereinbarung nicht „*extra commercium*" gestellt werden.[246] Dann müssten die unter das Abspaltungsverbot fallenden Rechte eigenständige, veräußerliche Rechte darstellen – um die Klärung dieser Frage geht es aber gerade. Zudem ist das Abstellen auf § 137 S. 1 auch unpraktikabel: Es sind Fälle denkbar und auch von der Rechtsprechung anerkannt, in denen die Übertragung der Verwaltungsrechte sinnvoll erscheint: beispielsweise an Vertretungspersonen für beschränkt geschäftsfähige oder geschäftsunfähige Gesellschafter.

Diese Arbeit sieht den Geltungsgrund des § 717 S. 1 BGB zwar auch im Wesen der Personen- und Personenhandelsgesellschaften, allerdings aus einer Haftungsperspektive: Personenhandelsgesellschaften zeichnen sich maßgeblich durch die persönliche, vollumfängliche Haftung der Gesellschafter aus. Wollten sich diese gewisser Mitwirkungsrechte entledigen, hätte es der Dritte nicht nur in der Hand, für eine Funktionsunfähigkeit des Verbands zu sorgen, sondern die Gesellschafter auch in den wirtschaftlichen Ruin zu treiben, ohne dabei eigene positive Interessen zu verfolgen (beispielsweise aus Rache). Denn Mitsprache-, Verwaltungs- und Geschäftsführungsrechte sollen nur demjenigen zustehen, der auch bereit ist, die daraus folgenden Konsequenzen zu tragen.[247] Die Wahrung der Verknüpfung von Verwaltungsrechten und dem Gesellschaftsanteil ist daher schon aus wirtschaftlichen Gesichtspunkten ureigenes Interesse der Gesellschafter; diesist nach der hier vertrenenen Auffassung der entscheidende Zweck des Abspaltungsverbots des § 717 S. 1 BGB.

---

246 BGHZ 56, 275, 278 f.; MünchKomm-BGB/*Armbrüster*, § 137 Rn. 4; Palandt/*Ellenberger*, § 137 Rn. 1; BeckOK-BGB/*Schöne*, § 137 Rn. 1.

247 So auch BeckOK-BGB/*Schöne*, § 717 Rn. 1.

II. Das Verbot der Kündigungserschwerung gem. § 723 Abs. 3 BGB

Das in § 723 Abs. 3 BGB geregelte Verbot der Kündigungserschwerung ist Ausdruck des auch in anderen Vorschriften (§§ 624, 671 Abs. 3 BGB) niedergelegten allgemeinen Rechtsgrundsatzes, dass aufgrund der persönlichen Vertrags- und Entschließungsfreiheit der Parteien Dauerschuldverhältnisse ohne die Möglichkeit der Kündigung nicht wirksam geschlossen werden können.[248] Die prophylaktische Beschränkung der Vertragsfreiheit dient daher gleichzeitig der Absicherung der zukünftigen Vertrags- und Entschlussfreiheit der Gesellschafter und daher wiederum der Privatautonomie.[249] Das Kündigungsrecht bildet ein von der Mitgliedschaft nicht abtrennbares Verwaltungsrecht[250], da der Gesellschafter nicht in eine *„babylonische Gefangenschaft“*[251] gezwungen werden soll. Aufgrund der weitreichenden Bedeutung der Norm ist ihre Anwendung auch auf die Personenhandelsgesellschaften anerkannt.[252] Obwohl der Gesetzesaufbau des § 234 Abs. 1 S. 2 HGB, der § 723 BGB auch auf Handelsgesellschaften für anwendbar erklärt, den Umkehrschluss zulässt, die ordentliche Kündigung unbefristeter Gesellschaften des Handelsrechts falle nicht unter das Verbot der Kündigungserschwerung, geht die ganz h.M. heute davon aus, dass § 723 Abs. 3 BGB auch für diesen Fall Geltung beansprucht.[253]

Mit § 723 Abs. 3 BGB unvereinbar sind nicht nur direkte, unangemessene Erschwerungen des Kündigungsrechts, sondern auch mittelbar wirkende, sofern sie nur geeignet sind, den Gesellschafter im Zeitpunkt der Kündigung von der Ausübung seines Kündigungsrechts abzuhalten. Hierunter fällt insbesondere eine zu starke Beschneidung des gesellschaftsrechtlichen Abfindungsanspruchs.[254]

---

248 BGHZ 50; 316, 322; 126, 226, 230; MünchKomm-HGB/*Enzinger*, § 109 Rn. 14; Staudinger/*Habermeier*, § 723 Rn. 20; Soergel/*Hadding/Kießling*, § 723 Rn. 55; MünchKomm-BGB/*Schäfer*, § 723 Rn. 61; *Wiedemann*, Gesellschaftsrecht I, S. 396 f.

249 MünchKomm-HGB/*Enzinger*, § 109 Rn. 14.

250 Staudinger/*Habermeier*, § 723 Rn. 3.

251 *Goette*, DStR 2006, 1006.

252 Für OHG und KG BGHZ 23, 10, 15; BGH, NJW 1985, 192 ff.; MünchKomm-HGB/*K. Schmidt* § 132 HGB Rn. 30; Staub/*Schäfer*, § 132 HGB Rn. 29.

253 BGHZ 23, 10, 15; BGH, NJW 1985, 192, 193; MünchKomm-HGB/*K. Schmidt* § 132 HGB Rn. 30; Staub/*Schäfer*, § 132 HGB Rn. 29; BeckOK-BGB/*Schöne*, § 723 Rn. 31; anders aber das Reichsgericht in RGZ 156, 129.

254 BGH, WM 1979, 1064, 1065; WM 1984, 1506; NJW 1989, 3272; NJW 1993, 2101; Staudinger/*Habermeier*, § 738 Rn. 25; Soergel/*Hadding/Kießling*, § 723 Rn. 62; Baumbach/

III. Die gesellschaftsrechtliche Treuepflicht

1. Inhalt und Umfang

Inhalt des Treuepflichtgedankens ist, dass dem Maß des Einflusses des Gesellschafters das Maß seiner Verantwortung mit der sich daraus ergebenden Pflicht zur Rücksichtnahme auf die Interessen der Gesellschaft und die gesellschaftsbezogenen Belange der Mitgesellschafter entsprechen muss.[255] Mit anderen Worten: Die Gesellschafter müssen auf die Interessen der Gesellschaft und die ihrer Mitgesellschafter in gewissen Maßen Rücksicht nehmen.

Die Intensität der Treuepflicht richtet sich nach der Enge des Zusammenschlusses und des Verhältnisses der Gesellschafter untereinander. Entscheidend ist, inwiefern personalistische und kooperative Elemente den Verband prägen, insbesondere ob der Gesellschafter als Unternehmer oder nur als Investor am Gesellschaftsleben teilnimmt. Je enger der persönliche Zusammenschluss ausgestaltet ist und über je weitergehende Mitspracherechte der einzelne Gesellschafter verfügt, desto höher ist die Bedeutung der Treuepflicht.[256]

a) Treuepflichten gegenüber der Gesellschaft

Maßgeblich für die Intensität der Treuepflicht gegenüber der Gesellschaft ist das Mitgliedschaftsrecht, welches im Verhältnis zu ihr ausgeübt werden soll. Unterschieden werden eigennützige und uneigennützige Mitgliedschaftsrechte.

Unter uneigennützigen Mitgliedschaftsrechten versteht man solche Befugnisse, die den Gesellschaftern im Sinne der Förderung des Gesellschaftszwecks zustehen. Werden diese Mitgliedschaftsrechte ausgeübt, ist den Interessen der Gesellschaft unbedingter Vorrang zu gewähren. Eigenen Interessen dürfen die

Hopt/*Roth*, § 131 HGB Rn. 64; Staub/*Schäfer*, § 131 Rn. 172 ff.; MünchKomm-BGB/*Schäfer*, § 723 Rn. 76; Erman/*Westermann*, § 723 Rn. 23.

255 RG, JW 1935, 1773; BGHZ 14, 25, 38; BGH, NJW 1986, 584; Staudinger/*Habermeier*, § 705 Rn 50; Soergel/*Hadding*/*Kießling*, § 705 Rn. 58; *Lutter*, AcP 180 (1980), 84 ff., 102 ff.; MünchKomm-GmbHG/*Merkt*, § 13 Rn. 88; UHL/*Raiser*, § 14 Rn. 77; Baumbach/Hopt/*Roth*, § 109 HGB Rn. 23; Scholz/*Seibt*, § 14 Rn. 51; Henssler/Stroh/*Servatius*, § 705 BGB Rn. 41.

256 BGHZ, 9, 157, 163; 14, 38; 65, 18; 98, 276, 279 f.; Staudinger/*Habermeier*, § 705 Rn. 50; Soergel/*Hadding*/*Kießling*, § 705 Rn. 59; MünchKomm-GmbHG/*Merkt*, § 13 Rn. 88; *Lutter*, AcP 180 (1980), 84, 102 ff., 105 ff.; UHL/*Raiser*, § 14 Rn. 78; Baumbach/Hopt/*Roth*, § 109 HGB Rn. 23; MünchKomm-HGB/*K. Schmidt*, § 105 Rn. 190; Scholz/*Seibt*, § 14 Rn. 50; *Winter*, Mitgliedschaftliche Treuebindungen im GmbH-Recht, S. 186 ff.

Gesellschafter nur insoweit nachgehen, als der Zweck der Gesamthand nicht entgegensteht. Zu den uneigennützigen Rechten zählen unter anderem das Geschäftsführungsrecht gem. § 709 BGB inklusive des Rechts zur Durchführung der Liquidation nach § 730 Abs. 2 BGB, das Zustimmungs- und Widerspruchsrecht in Geschäftsführungsangelegenheiten gem. §§ 709, 711 BGB sowie sonstige Befugnisse zur Einflussnahme auf Geschäftsführungsangelegenheiten.[257]

Eigennützige Rechte sind Mitgliedschaftsrechte, die dem Gesellschafter im eigenen Interesse verliehen sind. Dazu zählen beispielsweise die Vermögensrechte wie das Gewinnrecht, das Recht auf Aufwendungsersatz und das Recht auf Auseinandersetzungsguthaben. Des Weiteren gehören die nicht auf die Geschäftsführung bezogenen Verwaltungs- und Kontrollrechte wie das Stimmrecht des § 709 BGB, das Recht auf Information und Einsicht in die Geschäftsunterlagen nach § 716 BGB, das Recht auf Rechnungslegung gem. § 721 BGB sowie das Recht zur Kündigung zu den eigennützigen Mitgliedschaftsrechten.[258]

b) Treuepflichten gegenüber den Mitgesellschaftern

Im Verhältnis der Gesellschafter untereinander wirkt die Treuepflicht ebenfalls nur im mitgliedschaftlichen Bereich.[259] Private Interessen der Gesellschafter können nur dann berücksichtigt werden, wenn der persönliche Konflikt trotzdem in der Gesellschafterstellung wurzelt und sich so gravierend auf das Gesellschaftsverhältnis auswirkt, dass die Verwirklichung des Gesellschaftszwecks gefährdet erscheint.[260]

Inhaltlich verpflichtet sie den einzelnen Gesellschafter, bei der Wahrnehmung und Ausübung der ihm zustehenden Mitgliedschaftsrechte die Interessen seines Mitgesellschafters zu achten. Treuwidrig ist es insbesondere, ein Mitgliedschaftsrecht funktionswidrig nur zu dem Zweck auszuüben, um sich dadurch einen Sondervorteil gegenüber dem Mitgesellschafter zu verschaffen. Bezogen auf das Verhältnis der Gesellschafter untereinander ist die Treuepflicht ein Mittel zur Kontrolle von willkürlicher Ausübung der Mehrheitsmacht. Indes sind auch die

---

257 RGZ 158, 302, 310; 163, 35, 38; BGH, NJW 1973, 2198; Staudinger/*Habermeier*, § 705 Rn. 51; Baumbach/Hopt/*Roth*, § 109 HGB Rn. 25; MünchKomm-BGB/*Schäfer*, § 705 Rn. 226; Henssler/Strohn/*Servatius*, § 705 BGB Rn 42a.

258 Staudinger/*Habermeier*, § 705 Rn. 51; Soergel/*Hadding/Kießling*, § 705 Rn. 59; Baumbach/Hopt/*Roth*, § 109 HGB Rn. 25; MünchKomm-BGB/*Schäfer*, § 705 Rn. 227; Henssler/Strohn/*Servatius*, § 705 BGB Rn. 42b; Erman/*Westermann*, § 705 Rn. 49.

259 Soergel/*Hadding/Kießling*, § 705 Rn. 60.

260 Soergel/*Hadding/Kießling*, § 705 Rn. 60; *Lutter*, AcP 180 (1980), 84, 128 f.

Minderheitsgesellschafter gehalten, ihre Rechte nicht illoyal zu Lasten der Mehrheit einzusetzen.[261]

Eine weitere Fallgruppe ist der „vermögensrechtliche Schutz der Mitgliedschaft." Dazu gehört ganz maßgeblich die Konstellation, in der ein beherrschender Gesellschafter Einfluss auf die Geschäftsführung ausübt, um sie zu Maßnahmen zu veranlassen, die ihm selbst zum Vorteil gereichen.

Die Treupflicht findet ihre Grenzen an den eigenen berechtigten Interessen, die jeder neben der Berücksichtigung der Gemeinschaftsinteressen in billiger Weise verfolgen kann; der Gesellschafter ist nicht genötigt, auf grundsätzliche Gleichbehandlung zu verzichten oder schutzwürdige eigene Interessen zu opfern.[262]

2. Dogmatische Grundlage

a) Förderungspflicht aus § 705 BGB

Nach Auffassung einiger Teile der Literatur und insbesondere der des Reichsgerichts wird die Treuepflicht als Primärpflicht aus dem Gesellschaftsverhältnis im Sinne einer sich aus § 705 BGB ergebenden mitgliedschaftlichen Förderpflicht verstanden.[263] Begründet wird dies damit, dass spezielle gesellschaftsrechtliche Gesichtspunkte besser berücksichtigt würden, wenn man die Treuepflicht als Hauptpflicht aus dem Gesellschaftsverhältnis im Sinne einer sich aus § 705 BGB ergebenden Förderpflicht verstehe. Ohne die Heranziehung des Gesellschaftszweckes und des von Fall zu Fall zu bestimmenden Gesellschaftsinteresses bliebe die Treuepflicht hingegen inhaltlos.[264] Insbesondere seien die aus der Förderpflicht ableitbaren mitgliedschaftlichen Unterlassungspflichten stärker und tiefgreifender als die allgemeinen Sorgfaltspflichten und Missbrauchsverbote aus § 242 BGB.[265]

---

261 BGHZ 44, 40, 41; 64, 253, 257; 98, 276; 129, 136, 144; 183, 1, Rn. 23; MünchKomm-HGB/*K. Schmidt*, § 105 Rn. 188.

262 BGH, WM 1964, 1127; Soergel/*Hadding*/*Kießling*, § 705 Rn. 60.

263 RG, JW 1935, 1773; *Eichler*, Die Rechtslehre vom Vertrauen: privatrechtliche Untersuchung über den Schutz des Vertrauens, S. 31 Fn. 54; Soergel/*Hadding*/*Kießling*, § 705 Rn. 58; *Kort*, ZIP 1990, 294, 295; *Lettl*, AcP 202 (2002), 3, 13 ff., 17; *Lutter*, AcP 180 (1980), 84,102 ff.; Baumbach/Hopt/*Roth*, § 109 HGB Rn. 23.

264 Soergel/*Hadding*/*Kießling*, § 705 Rn. 58; *Winter*, Mitgliedschaftliche Treuebindungen im GmbH-Recht, S. 14.

265 *Lutter*, AcP 180 (1980), 84, 110 f.

b) Grundsatz von Treu und Glauben

Die wohl herrschende Meinung im Schrifttum vertritt einen generalisierenden Ansatz und leitet die Treuepflicht aus dem Gebot von Treu und Glauben gem. § 242 BGB ab.[266]

Aus der Pflicht, den gemeinsamen Zweck zu fördern, ließen sich keine Zustimmungspflichten zu zwingend erforderlichen Vertragsänderungen ableiten. Der Gesellschafter sei bei einer so verstandenen Treuepflicht nur dem aktuell vereinbarten Gesellschaftszweck verpflichtet. Vertragsänderungen aber würden nicht selten den ausgehandelten Gesellschaftszweck überschreiten.[267] Des Weiteren wird an der Begründung mit der Förderpflicht bemängelt, dass durch ein solches Verständnis die Pflicht zur Rücksichtnahme auf die Belange der Mitgesellschafter nicht erfasst würde. Es bestehe die Möglichkeit, dass Interessen der Mitgesellschafter beeinträchtigt würden, ohne dass zugleich das Verbandsinteresse nachteilig berührt werde.[268] Zudem bestehe insbesondere bei der Aktiengesellschaft keine Pflicht zur aktiven Förderung des Zwecks der AG, sondern die Förderpflicht beschränke sich im Wesentlichen auf die Leistung der Einlage.[269] Eine einheitliche gesellschaftsrechtliche Treuepflicht könne daher nur auf § 242 BGB gestützt werden.

c) Herleitung der Treuepflicht aus § 241 BGB

Eine dritte Ansicht ordnet die gesellschaftsrechtliche Treuepflicht § 241 BGB zu – dort allerdings unterschiedlichen Absätzen. *Grigoleit* qualifiziert die gesellschaftsrechtliche Treuepflicht als eine auf Zweckförderung gerichtete allgemeine Leistungspflicht gegenüber der Gesellschaft gem. § 241 Abs. 1 BGB.[270]

Stöber ordnet die Treuepflicht als allgemeine Rücksichtnahmepflicht gem. § 241 Abs. 2 BGB ein. Im Gegensatz zur allgemeinen Leistungspflicht aus § 241 Abs. 1 BGB sei die Treuepflicht gerade nicht auf ein konkretes und damit

---

266 *Becher*, NJW 1961, 1998; *Hennrichs*, AcP 195 (1995), 222, 228 f.; *Immenga*, Die personalistische Kapitalgesellschaft, S. 190; *Picot*, BB 1993, 13, 16; Roth/Altmeppen/*Roth*, § 13 Rn. 28 ff.; *Schaudewet/Paul*, GmbHR 1970, 5, 5; *Schmiedel*, ZHR 134 (1970), 173, 182; Erman/*Westermann*, § 705 Rn. 49; *Wiedemann*, Gesellschaftsrecht I, S. 431.

267 *Hennrichs*, AcP 195 (1995), 221, 231; *Lettl*, AcP 202 (2002), 3, 17; *Winter*, Mitgliedschaftliche Treuebindungen im GmbH-Recht, S. 13.

268 *Hennrichs*, AcP 195 (1995), 221, 232.

269 *Hennrichs*, AcP 195 (1995), 221, 231; *Kort*, ZIP 1990, 294, 296.

270 *Grigoleit*, Gesellschafterhaftung für interne Einflussnahme im Recht der GmbH, S. 300 ff.

einklagbares Tun oder Unterlassen gerichtet, sondern verpflichte den Gesellschafter abstrakt-generell und ohne Auferlegung eines konkreten Verhaltens zur Rücksichtnahme auf die Eigeninteressen der Gesellschaft. Dies sei aber der typische Inhalt einer Rücksichtnahmepflicht gem. § 241 Abs. 2 BGB. Auch spreche der BGH im *Trihotel*-Urteil[271] ausschließlich von einer Rücksichtnahmepflicht.[272]

d) Stellungnahme

Hinsichtlich der dogmatischen Herleitung der gesellschaftsrechtlichen Treuepflicht wird der Ansicht *Stöbers*[273] gefolgt. Dem Abstellen auf § 705 BGB wohnt das Problem der mangelnden Flexibilität inne. Belange der Gesellschafter untereinander können so ebenso wenig erfasst werden wie Zustimmungspflichten zur Änderung des Gesellschaftszwecks. Des Weiteren ist hervorstechendes Kennzeichnen der Treuepflicht mittlerweile eine schier unüberschaubare Einzelfallkasuistik, die zu einer gewissen Rechtsunsicherheit führt. Dies ist für die Annahme einer Primärpflicht untypisch. Zwar berücksichtigt § 242 BGB die Pflicht zur Rücksichtnahme der Gesellschafter untereinander, allerdings ist diese Norm als Rechtsgrundlage für die Treuepflicht zumindest seit der Schuldrechtsreform verfehlt: Die Existenz von Nebenpflichten ist seit jeher anerkannt.[274] Mit der Schaffung des § 241 Abs. 2 BGB sollte der etwas umständliche Rückgriff auf § 242 BGB gerade obsolet gemacht werden.[275] Ebenfalls passen die bei § 241 Abs. 2 BGB existente Abwägung im Einzelfall sowie das Vorhandensein einer umfangreichen Einzelfallkausistik eher zum Erscheinungsbild der gesellschaftsrechtlichen Treuepflicht.

IV. Das Verbot der Hinauskündigung

Als ungeschriebene Schranke der Vertragsfreiheit hat sich mittlerweile ebenfalls das Verbot der Hinauskündigung etabliert, welches die Rechtsprechung vom Reichsoberhandelsgericht über das Reichsgericht bis hin zum BGH bis heute beschäftigt. Das Verbot der Hinauskündigung stellt eine richterrechtliche, mittlerweile aber auf § 138 BGB gestützte Schranke für Klauseln dar, die es einem

---

271 BGHZ 173, 246.

272 *Stöber*, ZIP 2013, 2295, 2298.

273 *Stöber*, ZIP 2013, 2295, 2298.

274 MünchKomm-BGB/*Bachmann*, § 241 Rn. 46; *Larenz/Canaris*, Schuldrecht AT, S. 9–15.

275 MünchKomm-BGB/*Bachmann*, § 241 Rn. 46.

Gesellschafter ermöglichen, Mitgesellschafter ohne Angabe von Gründen, mithin nach freiem Ermessen, aus der Gesellschaft auszuschließen.

1. Rechtsprechung des Reichsgerichts

a) RGZ 38, 119; 109, 80

Das Reichsgericht stand der Rechtswirksamkeit einer – damals noch nicht als solche bezeichneten – Hinauskündigungsklausel zunächst kritisch gegenüber.[276] Unter Verweis auf die in der „Uhrmacher-Entscheidung"[277] des Reichsoberhandelsgerichts aufgestellte Doktrin stellte es fest, dass der Ausschluss eines Mitgesellschafters gegen dessen Willen ein schwerwiegender Eingriff in dessen Rechte sei und einen pönalen Charakter aufweise. Daher komme eine Ausschließung nur bei Vorliegen schwerwiegender Gründe in Betracht. Die Entscheidung über das Vorliegen solcher Gründe sei jedoch dem Richter zugewiesen und der Willkür der Parteien entzogen.[278]

b) RG, ZAkDR 1938, 818

Diese Bedenken verwarf das Reichsgericht unter ausdrücklicher Aufgabe der bereits dargestellten Grundsätze in einer Entscheidung vom 23.03.1938.[279]

Die Möglichkeit, den Ausschluss eines Gesellschafters in das Belieben eines oder mehrerer Gesellschafter zu stellen, stelle keinen Verstoß mehr gegen zwingende Vorschriften des Gesellschaftsrechts oder gegen öffentlich-rechtliche Belange dar. Dies gelte unabhängig davon, ob die Entfernung aus der Gesellschaft jederzeit und ohne einen weiteren, sie rechtfertigenden Grund erfolge oder sie nach bestimmter Dauer der Mitgliedschaft des Auszuschließenden das Vorliegen besonderer, in seiner Person gegebener Voraussetzungen erfordere. Lediglich dann, wenn die Vereinbarung den unverzichtbaren Erfordernissen der allgemeinen Rechtsordnung zuwiderlaufe, könne die Entscheidung, den Gesellschafter auszuschließen, unwirksam sein.[280]

---

276 RGZ 38, 119 ff; 109, 80 ff.
277 ROHG 21, 84 ff.
278 RGZ 38, 119, 120; 109, 80, 82.
279 RG, ZAkDR 1938, 818 ff.
280 RG, ZAkDR 1938, 818, 818.

2. Rechtsprechung des Bundesgerichtshofs

Der Bundesgerichtshof hat seine Rechtsprechung zur Zulässigkeit von Hinauskündigungsklauseln über die Jahrzehnte ebenfalls geändert. War er den Hinauskündigungsklauseln zunächst noch gewogen, änderte er seine Rechtsprechung zugunsten einer ablehnenden Haltung.

a) Frühere Rechtsprechung – Grundsätzliche Zulässigkeit

Diese freien Kündigungsrechte galten in der Rechtsprechung zunächst als unbedenklich.[281] Entsprechend verneinte der BGH in einer Entscheidung aus dem Jahre 1962 die Sittenwidrigkeit einer gesellschaftsvertraglichen Klausel, nach deren Inhalt es dem Komplementär möglich sein sollte, den der Kommanditistin schenkweise überlassenen Kommanditanteil nach seinem Verlangen abzukaufen.[282] Zur Begründung führte der BGH an:

> *„Wenn der Inhaber eines Einzelhandelsgeschäfts seine nahen Familienangehörigen unentgeltlich in sein Geschäft als Teilhaber aufnimmt und ihnen einen namhaften Kapitalanteil aus seinem Vermögen zuweist, so stellt es keine unbillige oder gar sittenwidrige Belastung dieser Familienangehörigen dar, wenn er sich dabei zugleich das Recht vorbehält, das Ausscheiden einzelner oder auch aller Mitgesellschafter gegen Zahlung eines vorgesehenen Entgelts zu verlangen. Das gilt namentlich dann, wenn die Familienangehörigen als Kommanditisten aufgenommen worden sind und ihre Hafteinlage von dem bisherigen Einzelinhaber geleistet worden ist, so daß eine persönliche Haftung der Familienangehörigen aus ihrem bisherigen privaten Vermögen nicht in Betracht kommt. Denn dann stellt sich ihre Aufnahme als Teilhaber in das Geschäft auch in Verbindung mit dem Ablösungsrecht des bisherigen Einzelinhabers als eine Zuwendung dar, die deshalb auch unter Berücksichtigung dieses Ablösungsrechts niemals eine sittenwidrige Benachteiligung der als Kommanditisten aufgenommenen Familienangehörigen sein kann. Die Familienangehörigen haben nämlich in jedem Fall aus einer solchen Aufnahme einen materiellen Vorteil.“*[283]

Diese Rechtsprechung vertiefte der BGH in einer Entscheidung aus dem Jahr 1973.[284] In Rede stand die Wirksamkeit einer Klausel, nach der die Kommanditisten der Gesellschaft aufgrund eines mit Dreiviertelmehrheit gefassten Gesellschafterbeschlusses und eines einstimmigen Beschlusses des Verwaltungsrats aus der Gesellschaft ausgeschlossen werden konnten, ohne dass sich der

281 BGHZ 34, 79 ff.; BGH, DB 1962, 537 ff.; DB 1973, 1445 ff.; *Kowalski/Bormann*, GmbHR 2004, 1438, 1439 m.w.N. aus der Rspr.

282 BGHZ 34, 79, 80.

283 BGH, NJW 1961, 504, 505; diese Ausführungen wurden in BGHZ nicht abgedruckt.

284 BGH, NJW 1973, 1606 f.

Hinauskündigende zuvor auf das Vorliegen eines wichtigen Grundes berufen musste. Der II. Zivilsenat verdeutlichte, dass der freie Ausschluss von Kommanditisten nicht nur in Fällen zulässig sei, in denen zu Lasten der betroffenen Kommanditisten von vornherein ein einseitiges Ausschlussrecht vereinbart war, die ausgeschlossenen Gesellschafter also bereits *qua* Gesellschaftsvertrag nur eine „minderberechtigte Stellung" innehatten. Vielmehr sei der Gesellschafterausschluss ohne wichtigen Grund auch dann möglich, wenn es sich um grundsätzlich gleichberechtigte Gesellschafter handelt, bei denen im Zeitpunkt des Vertragsschlusses noch ungewiss sei, wen von ihnen eine spätere Ausschließung treffe. Auch die allfällige Unzulässigkeit der Abfindungsregelung habe keine Bedeutung für die Wirksamkeit des Ausschlusses.[285]

b) Aktuelle Rechtsprechung – Grundsätzliche Sittenwidrigkeit

Im Jahr 1977 vollzog der BGH in einer die Kommanditgesellschaft betreffenden Entscheidung eine Kehrtwende und befand Hinauskündigungsregelungen nach freiem Ermessen für unwirksam.[286] Einerseits

> *„hätte es einer unzweideutigen gesellschaftsvertraglichen Regelung bedurft, wenn es die Ausschließung durch Gesellschafterbeschluss auch ohne den Nachweis eines wichtigen Grundes hätte zulässig sein sollen. Denn für eine solch außergewöhnliche Regelung mit ihrer weittragenden, in die Rechtsstellung des einzelnen Gesellschafters eingreifenden Bedeutung muß ein dahingehender Wille eindeutig feststellbar sein".*[287]

Diese lag aber offenkundig nicht vor. Andererseits könne ein

> *„derart von der gesetzlichen Regelung abweichendes und erweitertes, in so schwerwiegender Weise in die Gesellschafterstellung eingreifendes und wirtschaftliche und persönliche Freiheit einschränkendes Gestaltungsrecht [...] nur dann als zulässig angesehen werden, wenn wegen ganz besonderer Umstände Gründe bestünden, die für eine solch ungewöhnliche Regelung eine sachliche Rechtfertigung bilden könnten."*[288]

Diese Rechtsprechung hat der BGH in einer Grundsatzentscheidung vom 13.07.1981 nicht nur bestätigt, sondern er hat auch erstmals konkret Gründe für die Unwirksamkeit von Hinauskündigungsklauseln genannt.[289] Streitgegenständlich war die Wirksamkeit der Kündigung von Kommanditisten durch die Komplementäre auf Grundlage einer Klausel folgenden Wortlauts:

---

285 BGH, NJW 1973, 1606, 1607.
286 BGHZ 68, 212 ff.
287 BGHZ 68, 212, 215.
288 BGHZ 68, 212, 215.
289 BGHZ 81, 263 ff.

„Den persönlich haftenden Gesellschaftern steht das Recht der Kündigung gegenüber einem oder einigen Kommanditisten mit der Folge des Ausscheidens der gekündigten Kommanditisten zu.“[290]

Der BGH stellte fest, dass es seiner st. Rspr. entspreche, dass das gesetzlich vorgesehene Ausschließungsverfahren des § 140 HGB durch eine gesellschaftsvertragliche Klausel modifiziert werden könne. Bei der Festlegung im Einzelnen seien jedoch die der Vertragsfreiheit immanenten Grenzen zu beachten, die sich aus den „*allgemeinen Grundsätzen der Rechtsordnung (§ 138 BGB)*“ und „*den Grundprinzipien des Gesellschaftsrechts*“ ergäben. Vertragsklauseln, die einzelnen Mitgesellschaftern das Recht zur Ausschließung von Mitgesellschaftern gäben, dürften nicht so gestaltet sein, dass sie die nach dem Gesellschaftsvertrag erforderliche Zusammenarbeit der Gesellschafter im Kern träfen, die Erfüllung der dem einzelnen Gesellschafter obliegenden Aufgaben gefährdeten und die im Rahmen des gemeinsamen Unternehmens gebotene gesellschaftstreue Mitarbeit in Frage stellten. Eine derartige Klausel begründe nicht nur die Gefahr, dass die das gemeinsame Unternehmen mittragenden Gesellschafter aus sachfremden Gründen ausgeschossen würden.[291] Sie könne einer Willkürherrschaft einzelner Gesellschafter Vorschub leisten, was dazu führe, dass die übrigen Mitgesellschafter von den ihnen eingeräumten Rechten nicht mehr Gebrauch machen und somit in ihrer freien Willensbildung eingeschränkt seien.[292] Der BGH rekurrierte in diesem Zusammenhang auf die von *Schilling* geprägte Formulierung des „*Damoklesschwerts der Hinauskündigung*“[293], welches über dem vom Ausschluss bedrohten Gesellschafter auch dann schwebe, wenn von der Regelung letztlich kein Gebrauch gemacht werde. Bereits die Existenz einer derartigen Klausel führe zu den dargelegten Gefahren für ein gedeihliches Zusammenwirken in der handelsrechtlichen Personengesellschaft.[294] Hieran ändere auch die Vereinbarung einer angemessen Abfindung nichts, da sie den von der Kündigungsklausel ausgeübten Druck nur mindern, im Allgemeinen aber nicht ausschließen könne.[295]

Allerdings räumte der BGH ein, dass Fallgestaltungen denkbar seien, die die Aufnahme einer gesellschaftsvertraglichen Bestimmung über die Hinauskündigung nach freiem Ermessen als gerechtfertigt erscheinen ließen. Angesichts der dargelegten Gefahren könne dies aber nur bei Vorliegen außergewöhnlicher

290 BGHZ 81, 263, 264.
291 BGHZ 81, 263, 265 f.
292 BGHZ 81, 263, 267.
293 *Schilling*, ZGR 1979, 419, 426.
294 BGHZ 81, 263, 268.
295 BGHZ 81, 263, 268.

Umstände angenommen werden, die geeignet sein müssten, dem Ausschließungsrecht eine sachliche Rechtfertigung zu geben.[296]

Diese Rechtsprechung erweiterte der BGH später auch auf die personalistische GmbH[297] sowie die als atypische stille Gesellschaft organisierte Publikumsgesellschaft[298] und begründet die Unwirksamkeit seit einer Entscheidung aus dem Jahr 1985 mit einem Verstoß gegen § 138 Abs. 1 BGB.[299] Auch bei der personalistischen GmbH sei die Sachlage nicht anders, da die Mitwirkung an von der Gesellschafterversammlung zu treffenden Beschlüssen Ausfluss freier Willensbildung sei. Eine Beschlussfassung, bei der ein Gesellschafter immer damit rechnen müsse, er werde ohne Weiteres aus der Gesellschaft ausgeschlossen, und sich so den Willen der übrigen Gesellschafter aufzwingen lassen müsse, werde diesen Grundsätzen nicht gerecht.[300] Bei der Publikumsgesellschaft sei eine Hinauskündigungsklausel eine *„nicht hinnehmbare Möglichkeit, zu Lasten der das wirtschaftliche Risiko tragenden stillen Gesellschafter zu spekulieren.“*[301]

Dieselben Grundsätze sollen gelten, wenn statt auf eine Satzungsregelung auf eine schuldrechtliche Vereinbarung zwischen Gesellschaftern zurückgegriffen werde, da die Drucksituation in diesen Fällen identisch sei.[302]

c) Ausnahmsweise Gültigkeit einer Hinauskündigungsklausel

Von den dargestellten Grundsätzen hat der BGH allerdings dann Ausnahmen anerkannt, wenn die schuldrechtliche oder gesellschaftsvertragliche Hinauskündigungsregelung wegen besonderer Umstände des Einzelfalls sachlich gerechtfertigt ist[303]:

Persönliches Näheverhältnis: Das erste Mal hat der BGH eine ausnahmsweise sachliche Rechtfertigung einer Hinauskündigungsklausel für den Fall bejaht, dass der Berechtigte wegen enger persönlicher Beziehungen zu einem Mitgesellschafter die volle Finanzierung der Gesellschaft übernimmt und diesem eine Mehrheitsbeteiligung sowie die alleinige Geschäftsführungsbefugnis einräumt. Der Gesellschaftsanteil sei dem Betroffenen von vornherein nur für die Zeit eingeräumt gewesen, in der das Vertrauensverhältnis bestand. Da sich ein solcher

296 BGHZ 81, 261, 269.
297 BGHZ 112, 103 ff.
298 BGHZ 125, 74 ff.
299 BGH, NJW 1985, 2421, 2422 f.
300 BGHZ 112, 103, 108.
301 BGHZ 125, 74, 81.
302 BGHZ 112, 103, 107.
303 BGHZ 81, 263 ff.; 84, 11 ff.; 104, 50 ff.; 112, 103 ff.; 125, 74 ff.

Gesellschafter mit seinem in dem Unternehmen investierten Geld ganz in die Hand des Mitgesellschafters gebe, habe er ein berechtigtes Interesse, die Machtstellung des Mitgesellschafters in der Gesellschaft beenden zu können, wenn die persönliche Beziehung und das darauf gründende Vertrauen nicht mehr bestehe. Die Rechtsstellung des Mitgesellschafters unterscheide sich daher nicht wesentlich von der eines Treuhänders, der das Treugut nach Ende des Treuhandverhältnisses ebenfalls wieder herauszugeben habe.[304]

Gesellschafter auf Probe: Ein freies Ausschließungsrecht ist ferner dann sachlich gerechtfertigt, wenn ein neuer Gesellschafter in eine seit langer Zeit bestehende Sozietät von Freiberuflern aufgenommen wird und das Ausschließungsrecht allein dazu dient, den Altgesellschaftern die Prüfung zu ermöglichen, ob zu dem neuen Partner das notwendige Vertrauen hergestellt werden kann und ob die Gesellschafter auf Dauer in der für die gemeinsame Berufsausübung erforderlichen Weise harmonieren können.[305] Den Altgesellschaftern entstünden nämlich mit der Aufnahme eines weitgehend unbekannten Partners erhebliche Gefahren. Im Allgemeinen stelle sich erst nach einer gewissen Zeit der Zusammenarbeit heraus, ob zwischen den Gesellschaftern das notwendige Vertrauen bestehe und ob sie in ihrer Berufsauffassung harmonierten. Die „Probezeit" darf aber nicht beliebig lang festgesetzt werden, sondern muss angemessen sein. Eine überlange Dauer der Probezeit führe jedoch nicht zum Wegfall der Klausel, sondern zu einer geltungserhaltenden Reduktion.[306] Für die Festsetzung einer angemessenen Fristlänge ist nach der Rspr. zu berücksichtigen, dass diese sowohl den Zeitraum des gegenseitigen Kennenlernens, um Vertrauen fassen zu können, als auch noch ausreichend Zeit eröffnen muss, mögliche zwischen den Gesellschaftern auftretende Differenzen auszuräumen und zu für beide Seiten tragfähigen Kompromissen zu gelangen.[307]

Testierfreiheit: Die dritte Fallgruppe, für die der BGH eine Hinauskündigungsklausel als ausnahmsweise gerechtfertigt angesehen hat, ist die Kollision einer solchen mit der Testierfreiheit. Vererbe der Erblasser sein Einzelunternehmen unter der Auflage, dass es in eine KG eingebracht werde, deren Gesellschaftsvertrag eine Hinauskündigungsklausel enthalten müsse, sei diese gerechtfertigt, da sie auf der Testierfreiheit des Erblassers beruhe und dieser durch diese Gestaltung dem Erben eine bereits mit dem Kündigungsrecht belastete Beteiligung

304 BGHZ 112, 103, 110 ff.
305 BGH, ZIP 2004, 903, 905; ZIP 2007, 1309, Rn. 20 f.
306 BGH, ZIP 2007, 1309, Rn. 23 f.
307 BGH, ZIP 2007, 1309, Rn. 25.

vermacht habe.[308] In diesem Fall sei die freie Hinauskündbarkeit des Miterben eine in das rechtliche Belieben des Erblassers gestellte bloße Schmälerung der Erbeinsetzung und damit durch dessen Testierfreiheit sachlich gerechtfertigt.[309]

Gesellschafterstellung als Annex: Zuletzt hat die Rechtsprechung freie Hinauskündigungsrechte – für diese Fallgruppe konzipiert als Call-Option – als sachlich gerechtfertigt anerkannt, wenn die gesellschaftsrechtliche Bindung von gänzlich untergeordneter Bedeutung ist. Sei es, dass sie Partner eines Kooperationsvertrages sind und den vom Ausschluss bedrohten Gesellschaftern durch ihre Gesellschafterstellung keine Chancen eingeräumt sind, die nicht auch schon aufgrund des Kooperationsvertrages bestehen.[310] Sei es, dass Mitarbeitern/Managern durch die Gesellschafterstellung nur eine Gewinnteilhabe gesichert werden sollte und sie daher nicht anders stünden als ein Treuhänder. Nur durch die Möglichkeit der Rückübertragung könne der Geschäftsanteil in gleicher Weise nachfolgenden Geschäftsführern und Mitarbeitern angeboten werden und so das Geschäftsmodell erfolgreich fortgeführt werden.[311]

308 BGH, ZIP 2007, 862, Rn. 10–12.

309 BGH, ZIP 2007, 862, Rn. 12.

310 BGH, NZG 2005, 479.

311 BGHZ 164, 98 103; 164, 107, 114 f.; siehe F.I.1.,2.

E. Der gesellschaftsrechtliche Abfindungsanspruch

Zwar ist der gesellschaftsrechtliche Abfindungsanspruch thematisch Teil des Ausscheidens eines Gesellschafters aus der Gesellschaft. Aufgrund seiner großen Bedeutung für die in dieser Arbeit behandelten Klauseln soll ihm dennoch ein eigenes Kapitel gewidmet werden.

I. Herleitung des Abfindungsanspruchs

Scheidet ein Gesellschafter aus einer Personengesellschaft aus, „so wächst sein Anteil am Gesellschaftsvermögen den übrigen Gesellschaftern zu".[312] Obwohl nur im Recht der Gesellschaft bürgerlichen Rechts in § 738 Abs. 1 S. 2 BGB ausdrücklich geregelt, ist allgemein anerkannt, dass jedem Gesellschafter für den Verlust seiner Mitgliedschaft eine Abfindung zusteht.

1. Herleitung für andere Gesellschaftsformen

Für Gesellschaftsformen wie die GmbH, in deren Gesetz sich keine Verweisung auf § 738 Abs. 1 S. 2 BGB findet, wird die Existenz des Abfindungsanspruchs zwar von niemandem in Frage gestellt.[313] Über die genaue Herleitung besteht jedoch Uneinigkeit. Einige Autoren gehen von einer analogen Anwendung des §§ 738 Abs. 1 S. 2 BGB aus.[314] Der BGH wendet die von ihm zum Personengesellschaftsrecht entwickelten Grundsätze ohne Weiteres auf Sachverhalte an, in denen der Ausschluss eines Gesellschafters aus der GmbH in Frage steht, ohne

---

312 § 738 Abs. 1 S. 1 BGB, welche kraft Verweisung auch auf die OHG und KG anzuwenden sind (§§ 105 Abs. 3, 161 Abs. 2, 105 Abs. 3 HGB).

313 Henssler/Strohn/*Fleischer*, § 34 GmbHG Rn. 17; Michalski/*Sosnitza*, § 34 Rn. 46; MünchKomm-GmbHG/*Strohn*, § 34 Rn. 205.

314 *Casper/Altgen*, DStR 2008, 2319, 2319; Baumbach/Hueck/*Fastrich*, § 34 Rn. 22; Henssler/Strohn/*Fleischer*, § 34 GmbHG Rn. 17; Lutter/Hommelhoff/*Lutter/Kleindiek*, § 34 Rn. 86; Michalski/*Sosnitza*, § 34 Rn. 47; *Sörgel/Engelmann*, DStR 2003, 1260, 1260; *Stöber/Rafiqpoor*, GmbHR 2003, 872, 872; MünchKomm-GmbHG/*Strohn*, § 34 Rn. 205; UHL/*Ulmer/Habersack*, § 34 Rn. 72; Scholz/*Westermann*, § 34 Rn. 64.

diesen Gleichlauf zu kommentieren.[315] Andere Autoren stützen die Existenz des Anspruchs auf das Gewohnheitsrecht.[316]

2. Stellungnahme

Am überzeugendsten erscheint es, mit der wohl h.M. die Herleitung des Abfindungsanspruchs bei der GmbH auf § 738 Abs. 1 S. 2 BGB analog zu stützen. Das Recht der Gesellschaft bürgerlichen Rechts enthält in vielerlei Hinsicht Regelungen, die nicht auf die GbR beschränkt sind, sondern gleichsam als Grundvoraussetzungen für alle Gesellschaften zu betrachten sind. Für die analoge Anwendung[317] spricht zunächst, dass der Abfindungsanspruch innerhalb des GmbHG nicht geregelt ist, sodass das Vorliegen einer Regelungslücke zu bejahen ist. Diese Regelungslücke ist auch planwidrig. Zwar könnte gegen eine Planwidrigkeit sprechen, dass § 34 Abs. 3 GmbHG auf die Kapitalerhaltungsvorschriften des § 30 Abs. 1 GmbHG verweist und regelmäßig die Zahlung einer Abfindung vorausgesetzt wird. Unter dieser Prämisse läge es näher, den Abfindungsanspruch im Recht der GmbH auf Gewohnheitsrecht zu stütztten. Dies kann aber nicht vollends überzeugen: Den Rückgriff auf Gewohnheitsrecht bräuchte es nur, wenn es weder im Recht der Kapitalgesellschaften noch im Recht der Personengesellschaften eine Regelung zur Abfindung bei Ausscheiden aus der Gesellschaft gäbe. Das ist aber nicht der Fall. Zuletzt besteht auch eine vergleichbare Interessenlage: Das Recht des Gesellschafters, bei Ausscheiden eine Abfindung zu verlangen, gehört zu seinen Grundmitgliedschaftsrechten.[318] Diese grundlegende Bedeutung dieses Rechts ist rechtsformübergreifend anerkannt und findet ihren einfachgesetzlichen Ausdruck in § 738 Abs. 1 S. 2 BGB. Daran ändert auch die Tatache nichts, dass bei der GmbH regelmäßig die Gesellschaft auf Zahlung der Abfindung haftet und nicht, wie im unmittelbaren Anwendungsbereich des § 738 Abs. 1 S. 2 BGB, schlussendlich die Gesellschafter. Die Haftung der Gesellschafter ist vielmehr Ausdruck der Haftungsverfassung der Personengesellschaften und nicht Rechtsfolge des § 738 Abs. 1 S. 2 BGB.[319]

---

315 BGHZ 9, 157 ff.; 32, 17 ff.; 116, 359 ff.; BGH, NJW 1990, 2622; 1992, 892 ff.

316 *Kesselmeier*, Ausschließungs- und Nachfolgeregelungen in der GmbH-Satzung, S. 116 ff.; MünchKomm-GmbHG/*Strohn*, § 34 Rn. 205.

317 Ausführlich zu den Voraussetzungen einer Analogie *Larenz/Canaris*, Methodenlehre der Rechtswissenschaft, S. 133 ff.

318 BGHZ 201, 65, Rn. 12; BGH, DStR 2011, 2418, Rn. 8.

319 So auch UHL/*Ulmer/Habersack*, § 34 Fn. 249.

II. Berechnung des Abfindungsanspruchs

Inhaltlich ist der Anspruch auf eine Abfindung zum Verkehrswert, also zum vollen wirtschaftlichen Wert gerichtet.[320] Darunter ist der anteilige Betrag des Preises zu verstehen, den ein Dritter im Zeitpunkt der Wirksamkeit des Ausscheidens als Erwerber des gesamten Unternehmens bezahlen würde.[321] Mangels Bestehens eines Marktes zum Handel mit GmbH-Anteilen wird der Wert des Geschäftsanteils mittels betriebswirtschaftlicher Bewertungsmethoden ermittelt, indem der Unternehmenswert als Ganzer berechnet und auf den Geschäftsanteil umgelegt wird.

Den Regelfall bildet hierbei das Ertragswertverfahren, wobei der BGH keine der anderen Bewertungsmethoden als allein und uneingeschränkt maßgeblich angesehen hat. Entscheidend ist vielmehr, *„dass die jeweilige Methode in der Wirtschaftswissenschaft oder Betriebswirtschaftslehre anerkannt und in der Praxis gebräuchlich ist.“*[322]

Die Berechnung des Unternehmenswertes nach dem Ertragswertverfahren wird überwiegend nach der IDW-Verlautbarung IDW S1 vorgenommen. Das Ertragswertverfahren schließt auf Basis der in der näheren Vergangenheit tatsächlich erzielten Erträge sowie von (vorausschauenden) Planungsrechnungen auf die künftig nachhaltig erzielbaren Erträge und kapitalisiert diese. In dieser Prognose sind erkennbar positive sowie negative Aspekte zu berücksichtigen. Der Wert des nicht betriebsnotwendigen Vermögens ist hinzuzurechnen.[323] Nicht weniger geeignet ist das konzeptionell verwandte *Discounted Cash Flow*-Verfahren. Die Substanzwertmethode stellt nach heute einhelliger Meinung kein geeignetes Verfahren mehr dar, um die den Unternehmenswert zu ermitteln. Lediglich bei der Bewertung gemeinnütziger oder ertragsschwacher Unternehmen

---

320 BGHZ 9, 157, 168; 16, 317, 322; 65, 24; 116, 359, 364; Roth/Altmeppen/*Altmeppen*, § 34 Rn. 47; *Casper/Altgen*, DStR 2008, 2319, 2319; Henssler/Strohn/*Fleischer*, § 34 GmbHG Rn. 17; Michalski/*Sosnitza*, § 34 Rn. 46; MünchKomm-GmbHG/*Strohn*, § 34 Rn. 205.

321 BGHZ 9, 157, 168; 116, 359, 370; OLG Köln, NZG 1998, 769, 770; OLG Naumburg, NZG 2001, 658; *Casper/Altgen*, DStR 2008, 2319, 2319; Fleischer/Hüttemann/*Fleischer*, § 22 Rn. 10; Fleischer/Hüttemann/*Hüttemann*, § 1 Rn 26 f.; *Stöber/Rafiqpoor*, GmbHR 2003, 872, 872; UHL/*Ulmer/Habersack*, § 34 Rn. 77.

322 BGH, AG 2016, 110, Rn. 33; ZIP 2016, 666, Rn. 22.

323 Lutter/Hommelhoff/*Lutter/Kleindiek*, § 34 Rn. 80; MünchKomm-GmbHG/*Strohn*, § 34 Rn. 210.

spielt es eine Rolle. Als „*worst case*"-Szenario kann der Liquidationswert als Wertuntergrenze bei der Bewertung von Bedeutung sein.[324]

III. Abfindungsbeschränkungen

Die Satzungsautonomie ermöglicht es, den Abfindungsanspruch des Gesellschafters nach Einziehung, Ausschließung oder Austritt durch eine gesellschaftsvertragliche Regelung zu konkretisieren aber auch einzuschränken.[325] Regelmäßig wird bei der Beschränkung des Abfindungsanspruchs entweder die Höhe der Abfindung oder der Zeitraum der Abfindungsauszahlung modifziert.[326]

1. Sinn einer Abfindungsbeschränkung

Derartige Regelungen verfolgen regelmäßig mehrere Ziele:

Bestandsschutzfunktion: Zum einen dienen sie dem Bestandsschutz der Gesellschaft. Die Gesellschaft soll davor geschützt werden, dass in den häufig nicht voraussehbaren Fällen einer Einziehung oder eines sonstigen Ausscheidens eines Gesellschafters erhebliche Teile des Gesellschaftsvermögens für die Abfindung verwandt werden müssen und dadurch die Fortführung des Gesellschaftsunternehmens gefährdet wird.[327]

Konfliktvermeidung: Zum anderen geht es um die Streitvermeidung. Den oft langwierigen und komplizierten Streitigkeiten über die richtige Höhe der Abfindung, deren Ergebnisse dann auch noch mit großen Unsicherheiten behaftet ist, soll von vornherein der Boden entzogen werden.[328]

Disziplinierungsfunktion: Zuletzt sollen Abfindungsbeschränken den einzelnen Gesellschafter zu gesellschaftsfreundlichem Verhalten veranlassen und

---

324 Lutter/Hommelhoff/*Lutter*/*Kleindiek*, § 34 Rn. 80.

325 Allgemeine Meinung, siehe nur BGHZ 65, 22, 24; 116, 359, 368; *Casper*/*Altgen*, DStR 2008, 2319, 2319; Lutter/Hommelhoff/*Lutter*/*Kleindiek*, § 34 Rn. 81; *Stöber*/*Rafiqpoor*, GmbHR 2003, 872, 872; UHL/*Ulmer*/*Habersack*, § 34 Rn. 81 ff.

326 *K. Schmidt*, Gesellschaftsrecht, § 50 IV 2 a; MünchKomm-GmbHG/*Strohn*, § 34 Rn. 221.

327 *Casper*/*Altgen*, DStR 2008, 2319, 2319; EBJS/*Lorz*, § 131 Rn. 117; MünchKomm-HGB/*K.Schmidt*, § 131 Rn. 150; *K. Schmidt*, Gesellschaftsrecht, § 50 IV 2 a; *Stöber*/*Rafigpoor*, GmbHR 2003, 872, 873; MünchKomm-GmbHG/*Strohn*, § 34 Rn. 221; UHL/*Ulmer*/*Habersack*, § 34 Rn. 83; *Wangler*, DB 2001, S. 1763, 1764.

328 *Casper*/*Altgen*, DStR 2008, 2319, 2319; EBJS/*Lorz*, § 131 Rn. 117; MünchKomm-HGB/*K.Schmidt*, § 131 Rn. 150; *K. Schmidt*, Gesellschaftsrecht, § 50 IV 2 a; *Stöber*/*Rafigpoor*, GmbHR 2003, 872, 873; MünchKomm-GmbHG/*Strohn*, § 34 Rn. 221; UHL/*Ulmer*/*Habersack*, § 34 Rn. 83; *Wangler*, DB 2001, 1763, 1764.

seinen Verbleib in der Gesellschaft sichern, indem der Entschluss zur Kündigung unattraktiv gemacht wird.[329]

2. Abfindungsklauseln der Praxis

In der Beratungspraxis hat sich ein bunter Strauß an Beschränkungsklauseln herausgebildet, über die ein kurzer Überblick gegeben werden soll.

a) Buchwertklausel

Von einigen Autoren als herrschend in der Vertragspraxis bezeichnet[330], knüpft die Buchwertklausel die Abfindung an den in der Handelsbilanz ausgewiesenen Buchwert des Geschäftsanteils. Im Gesellschaftsvermögen vorhandene stille Reserven müssen ebenso unberücksichtigt bleiben wie der selbstgeschaffene Firmenwert. Mit einzubeziehen sind der anteilige Gewinn des laufenden Geschäftsjahres, die Guthaben des ausscheidenden Gesellschafters auf seinen Privatkonten bei der Gesellschaft, offene Rücklagen und alle sonstigen in der Bilanz ausgewiesenen Posten mit Rücklagencharakter.[331] Gerade die Nichtberücksichtigung stiller Reserven kann dazu führen, dass die Buchwertklausel eine beträchtliche, von der Rechtsprechung nicht akzeptierte Abfindungsbeschränkung beinhaltet.

b) Nennwertklausel

Eine deutlich schärfere Variante als die Abfindung zum Buchwert ist die Abfindung zum Nennwert. Bei dieser bestimmt sich die Abfindungshöhe nach der durch etwaige Verluste geminderten Stammeinlage. Offen ausgewiesene Rücklagen sind dabei genauso wenig zu berücksichtigen wie Gewinnvorträge.[332]

---

329 BayOLG, GmbHR 1983, 270, 271; *Casper/Altgen*, DStR 2008, 2319, 2319; EBJS/*Lorz*, § 131 Rn. 117; MünchKomm-HGB/*K.Schmidt*, § 131 Rn. 150; *Stöber/Rafigpoor*, GmbHR 2003, 872, 873.

330 *Binz/Sorg*, Die GmbH & Co. KG, § 6 Rn. 192; *Erttmann*, Die Beteiligung von Mitarbeitern am Stammkapital einer GmbH, S. 150; *Henze*, FS K. Schmidt, 619, 621; EBJS/*Lorz*, § 131 Rn. 118.

331 BGH, NJW 1979, 104; *Binz/Sorg*, Die GmbH & Co. KG, § 6 Rn. 192; Baumbach/Hueck/*Fastrich*, § 34 Rn. 35; EBJS/*Lorz*, § 131 Rn 118; BeckHdb PersGes/*Sauter*, § 7 Rn. 156; MünchKomm-BGB/*Schäfer*, § 738 Rn. 63; *K. Schmidt*, Gesellschaftsrecht, § 50 IV 2 a.

332 BGHZ 116, 359; OLG Hamm, DB 1997, 1612, 1613; Baumbach/Hueck/*Fastrich*, § 34 Rn. 35a; MünchKomm-BGB/*Schäfer*, § 738 Rn. 63; MünchKomm-GmbHG/*Strohn*,

c) *Substanzwertklausel*

Substanzwertklauseln ermitteln den Unternehmenswert als Summe der selbständig wieder beschaffbaren Vermögensgegenstände abzüglich aller Verbindlichkeiten. Anders als Buchwertklauseln führen sie zur Aufdeckung stiller Reserven des Anlagevermögens sowie zum Abzug nicht passivierter Verbindlichkeiten der Gesellschaft. Unberücksichtigt bleibt hingegen der selbstgeschaffene Geschäfts- und Firmenwert.[333] Der auf dieser Grundlage berechnete Wert wird lediglich als Teilreproduktion des Unternehmenswertes angesehen und gilt für die Unternehmensbewertung daher als nicht (mehr) geeignet.[334] Darüber hinaus erfordern Substanzwertklauseln die Erstellung einer eigenen Abfindungsbilanz, was mit einem zusätzlichen Zeitaufwand verbunden ist, der durch den Einsatz von Beschränkungsklauseln gerade vermieden werden soll.[335]

3. Rechtsprechung des BGH

Der BGH hat sich über die Jahrzehnte mit einer Vielzahl von Abfindungsbeschränkungen befassen müssen. Auch wenn die Rechtsprechung des BGH zu diesem Themenkomplex eine gewisse Konsistenz und Einheitlichkeit vermissen lässt, stand zumindest immer fest, dass die Beschränkung des Abfindungsanspruchs eines Gesellschafters grundsätzlich zulässig ist.[336]

a) *Entwicklung der Rechtsprechung*

In seiner früheren Rechtsprechung bejahte der BGH zwar die Zulässigkeit einer Abfindungsbeschränkung, knüpfte aber strenge Rechtsfolgen an den Fall der Unwirksamkeit. Bei einem groben Missverhältnis zwischen Abfindungsbetrag und tatsächlichem Anteilswert bejahte der BGH die Sittenwidrigkeit der Klausel und damit auch ihre Nichtigkeit gem. § 138 Abs. 1 BGB. Sodann war die Abfindung

---

§ 34 Rn. 258; Michalski/*Sosnitza*, § 34 Rn. 73; *Stöber/Rafiqpoor*, GmbHR 2003, 872, 872; UHL/*Ulmer/Habersack*, § 34 Rn. 85.

333 Baumbach/Hueck/*Fastrich*, § 34 Rn. 36; MünchKomm-BGB/*Schäfer*, § 738 Rn. 63; MünchKomm-GmbHG/*Strohn*, § 34 Rn. 258; Michalski/*Sosnitza*, § 34 Rn. 73; *Ulmer*, FS Quack, 477, 482.

334 Andeutungsweise BGHZ 65, 22, 29; Baumbach/Hueck/*Fastrich*, § 34 Rn. 36; MünchKomm-GmbHG/*Strohn*, § 34 Rn. 259; Michalski/*Sosnitza*, § 34 Rn. 71; *Ulmer*, FS Quack, 477, 482; UHL/*Ulmer/Habersack*, § 34 Rn. 85.

335 *Erttmann*, Die Beteiligung von Mitarbeitern am Stammkapital einer GmbH, S. 151; Michalski/*Sosnitza*, § 34 Rn. 71; *Ulmer*, FS Quack, 477, 482.

336 BGHZ 65, 22, 24; 116, 359, 368; 123, 281 ff.; 126, 241 ff.

gem. § 738 Abs. 1 S. 2 BGB (analog) zum Verkehrswert zu leisten.[337] Die h.M. in der Literatur lehnte diese Rechtsprechung hauptsächlich mit folgender Begründung ab: Einerseits sei die Schwelle für die Annahme ihrer Sittenwidrigkeit zu niedrig und ein unzulässiger Eingriff in die Privatautonomie.[338] Andererseits führe die Annahme einer Sittenwidrigkeit auch bei nachträglichem Auseinanderfallen von Abfindung und tatsächlichem Verkehrswert zu erheblicher Rechtsunsicherheit. Die Beschränkungsklausel könne nicht je nach wirtschaftlicher Entwicklung des Unternehmens abwechselnd wirksam oder unwirksam sein.[339]

In seinem Urteil vom 20.09.1993[340] gab der BGH unter ausdrücklicher Berücksichtigung der eben geschilderten Kritik seine Rechtsprechung auf. Nichtigkeit nach §§ 138 Abs. 1, 723 Abs. 3 BGB könne nur dann angenommen werden, wenn die Klausel die kündigungserschwerende Wirkung schon im Zeitpunkt des Gesellschaftsvertragsschlusses entfalte.[341] Entferne sich der tatsächliche Anteilswert im Laufe der Jahre immer weiter vom Abfindungsanspruch, bleibe die vertragliche Regelung als solche wirksam. Fraglich sei lediglich, welchen Inhalt sie unter Berücksichtigung der Grundsätze von Treu und Glauben habe und ob sie gegebenenfalls im Hinblick auf die geänderten Verhältnisse zu ergänzen sei.[342] Ob dem Betroffenen ein höherer, dem angemessenen Wert entsprechender Betrag zu zahlen ist, ist nach Ansicht des BGH nicht allein von dem groben Missverhältnis zwischen vertraglichem und wirklichem anteiligen Unternehmenswert abhängig, sondern von allen Umständen des Einzelfalls. Dazu zähle die Dauer der Mitgliedschaft des Ausgeschiedenen in der Gesellschaft, sein Anteil am Aufbau und Erfolg des Unternehmens, der Anlass des Ausscheidens, insbesondere ob die entsprechenden Umstände in seiner Person lägen und von ihm verschuldet seien oder nicht.[343]

Auch diese Rechtsprechung wurde in der Literatur als unbefriedigend empfunden. Insbesondere wurde die dogmatische Konstruktion beanstandet, da nach Ansicht der Literatur die vom BGH im Wege der Vertragsauslegung geschlossene

337 BGHZ 65, 22, 29; BGH, NJW 1985, 192.

338 *Büttner*, FS Nirk, 119, 124 f.; *Flume*, NJW 1979, 902, 904; *Gessler*, GmbHR 1984, 29 ff.; *Rasner*, NJW 1983, 2905, 2908; *Westermann*, AcP 175 (1975), 375, 381; *Wiedemann*, ZGR 1980, 147, 155.

339 *Büttner*, FS Nirk, 119, 124 f.; *Rasner*, NJW 1983, 2905, 2908; *K. Schmidt*, Gesellschaftsrecht, § 50 IV 2 c cc; Schlegelberger/*K. Schmidt*, § 138 Rn. 63, 70, 78.

340 BGHZ 123, 281 ff.

341 BGHZ 123, 281, 284.

342 BGHZ 123, 281, 284.

343 BGHZ 123, 281, 286.

Lücke gar nicht existiere.[344] Anstelle der ergänzenden Vertragsauslegung solle der Berufung auf eine der tatsächlichen Abfindung nicht mehr angemessenen Abfindungsklausel der Einwand der Rechtsmissbräuchlichkeit nach § 242 BGB entgegengehalten werden[345] oder das neu gefundene Abfindungsergebnis auf die Störung der Geschäftsgrundlage nach § 313 BGB gestützt werden.[346]

b) Abweichende Entscheidungen

In einigen jüngeren Entscheidungen ist der BGH von diesem Grundsatz abgewichen, ohne ausdrücklich eine Änderung seiner Rechtsprechung einzuläuten. In einer Entscheidung aus dem Jahr 2006 befand der BGH eine Klausel nach § 723 Abs. 3 BGB für unwirksam, die den Abfindungsanspruch auf den Ertragswert der Gesellschaft beschränkte, weil der *nachträglich festzustellende* Liquidationswert[347] der Gesellschaft um das Dreifache höher und damit ein grobes Missverhältnis vorhanden war, welches den Gesellschafter an der Ausübung seines Kündigungsrechts hinderte.[348]

In einer Entscheidung aus dem Jahr 2013[349], die wohlgemerkt die AG betraf, befand der BGH eine schuldrechtliche Abrede zwischen der AG und dem Aktionär für nichtig, nach der dem Aktionär, der die Aktien entgeltlich erworben hat, bei Einziehung von dessen Aktien keine oder nur eine unangemessen niedrige Abfindung gewährt werden sollte. Ansonsten werde sowohl gegen das Eigentumsgrundrecht des Aktionärs gem. Art. 14 Abs. 1 GG sowie gegen die guten Sitten verstoßen.[350] Eine ergänzende Vertragsauslegung gem. § 157 BGB komme nicht in Betracht, da nach der Rechtsprechung des BGH ein wegen eines sittenwidrigen Verhältnisses von Leistung und Gegenleistung nichtiges Rechtsgeschäft

---

344 *Büttner*, FS Nirk, 119, 128 ff.; *Dauner-Lieb*, ZHR 158 (1994), 271, 283 f.; *dies.*, GmbHR 1994, 836, 839; *Kort*, DStR 1995, 1961, 1966; *Müller*, ZIP 1995, 1561, 1569; *Rasner*, ZHR 158 (1994), 292, 298 f.; *K. Schmidt*, Gesellschaftsrecht, 50 IV 2 a; *Ulmer/Schäfer*, ZGR 1995, 134 ff.; *Volmer*, DB 1998, 2507, 2510.

345 *Kort*, DStR 1995, 1961, 1966; *Müller*, ZIP 1995, 1561, 1569.

346 *Büttner*, FS Nirk, 119, 128 ff.; *Ulmer*, FS Quack, 477, 489.

347 Der Liquidationswert umfasst den Barwert der Nettoerlöse aus der Veräußerung der Vermögensgegenstände eines Unternehmens abzüglich der Schulden, Liquidationskosten und latenter Steuern.

348 BGH, DStR 2006, 1005, 1006.

349 BGH, NZG 2013, 220 ff.

350 BGH, NZG 2013, 220, Rn. 16.

grundsätzlich nicht durch Anpassung der Leistungen auf ein noch vertretbares Maß aufrechterhalten werden könne.[351]

Im Jahr 2014 stellte der BGH fest, dass eine Abfindungsklausel dann unwirksam sei, wenn sie zu einem groben Missverhältnis zwischen dem Abfindungs- und dem Anteilswert zulasten der Gesellschafter führen, „*sei es, dass ein solches Missverhältnis von Vertragsbeginn an bestand, sei es, dass es sich im Laufe der Zeit entwickelt hat.*"[352]

c) *Zusammenfassung des derzeitigen Rechtsstandes zu Abfindungsbeschränkungen*

Trotz des Vorliegens einiger abweichender Entscheidungen hat der BGH bisher keine eindeutigen Anstalten gemacht, von seinen in BGHZ 123, 281 aufgestellten Grundsätzen abzuweichen. Auch wenn im Schrifttum vereinzelt vertreten wird, dass der Entscheidung aus dem Jahr 2013 allgemeine Bedeutung beigemessen werden könne[353], erscheint eine Ausweitung der dort getroffenen Aussagen auf Abfindungsbeschränkungen, die unter den Anwendungsbereich des § 723 Abs. 3 BGB fallen, aus mehreren Gründen unwahrscheinlich: Erstens handelte es sich bei der betroffenen Gesellschaftsform um eine AG, die sich im Gegensatz zur GmbH durch eine besondere Satzungsstrenge auszeichnet. Zweitens war die schuldrechtliche Abfindungsabrede zwar sittenwidrig, allerdings wird aus dem Urteil nicht deutlich, ob dies Aufgrund eines groben Missverhältnisses zwischen Verkehrswert und Abfindung anzunehmen ist oder aufgrund des Eingriffs in das Eigentumsgrundrecht des Art. 14 Abs. 1 GG, das über § 138 BGB mittelbare Drittwirkung entfaltet. Zuletzt betraf die konkrete Fallkonstellation die unentgeltliche Übertragung von entgeltlich erworbenen Aktien. Dies käme einem praktischen Abfindungsausschluss gleich, der auch im Recht der übrigen Kapital- und Personengesellschaften unzulässig ist.[354] Somit ist weiterhin davon auszugehen, dass eine nachträgliche Auseinanderentwicklung von Anteilswert und Abfindungsanspruch nicht zur Nichtigkeit der Abfindungsklausel gem. § 723 Abs. 3 BGB führt.

351 BGH, NZG 2013, 220, Rn. 19.

352 BGH, DStR 2014, 1404, Rn. 12.

353 *Weitnauer/Grob*, GWR 2013, 353, 355.

354 BGHZ 135, 387, 390; 201, 65, Rn. 12; Staudinger/*Habermeier*, § 738 Rn. 23, 30; Soergel/*Hadding/Kießling*, § 738 Rn. 52; MünchKomm-BGB/*Schäfer*, § 738 Rn. 60; MünchKomm-HGB/*K. Schmidt*, § 131 Rn. 166.

d) Stellungnahme

Die Rechtsprechung des BGH, welche die nachträgliche Nichtigkeit einer Abfindungsbeschränkung nicht zulassen will, begegnet erheblichen Bedenken.

Sie lässt sich schon nicht mit dem eindeutigen Wortlaut des § 723 Abs. 3 BGB vereinbaren, der als Rechtsfolge die Nichtigkeit anordnet. Das Abstellen auf den Zeitpunkt des Vertragsschlusses geht auch aus einem anderen Grund fehl: Die Konstellation, in der Anteilswert und Abfindungsanspruch schon bei Vertragsschluss unzumutbar weit auseinanderliegen, dürfte in der Praxis wohl kaum vorkommen, da die Wertentwicklung der Beteiligung gerade am Anfang noch völlig ungewiss ist. Vielmehr soll auf eine Wertsteigerung erst hingearbeitet werden. Die Rechtsprechung des BGH hat zur Folge, dass der Anwendungsbereich des § 723 Abs. 3 BGB praktisch gen Null geht, aber gerade in der Praxis zuhauf Fälle existieren, in denen geschuldete Abfindung und tatsächlicher Verkehrswert der Geschäftsanteile in ganz erheblichem Maße divergieren. Dies zeigen die in dieser Arbeit analysierten Entscheidungen des BFH[355] zur steuerlichen Behandlung von Managementbeteiligungen mit Leaver-/Vesting-Klausel: In der ersten Entscheidung des BFH aus dem Jahr 2013 lag der Nennwert der erworbenen Genussrechte bei 20.000,00 DM, den der Kläger als bad leaver erhalten hätte. Hingegen lag der Rückkaufswert der Genussrechte, den der Kläger als good leaver letztlich erhielt, bei 1.600.000,00 Euro.[356] Dies bedeutet ein Missverhältnis von circa 8.000 %, welches nach der Rechtsprechung des BGH zu § 723 Abs. 3 BGB aber weiterhin wirksam sein soll. Doch nicht nur dann, wenn Anteile zum Nennwert erworben werden, kann sich nachträglich ein grobes Missverhältnis entwickeln: In seiner jüngsten Entscheidung[357] zur steuerlichen Behandlung von Managementbeteiligungen lag dem BFH ein Sachverhalt vor, in dem Gesellschaftsanteile zum Marktwert i.H.v. 107.521,05 Euro erworben worden waren. Der später erzielte Veräußerungserlös lag bei 575.820,56 Euro, was einer Wertsteigerung von circa 537 % entspricht. Nur der Vollständigkeit halber sei erwähnt, dass *Goette*, seinerzeit Vorsitzender des II. Zivilsenats, in einer Anmerkung zur Entscheidung aus dem Jahre 2006 ausdrücklich – und entgegen der Rechtsprechung „seines" Senats – davon ausgeht, dass eine Buchwertklausel nach § 723 Abs. 3 BGB nichtig ist, wenn sich der wahre Wert der Beteiligung *nachträglich* zu sehr vom Buchwert entfernt hat. Ob eine Abfindungsbeschränkung mittelbar

---

355 BFH v. 05.11.2013 – VIII R 20/11, BStBl II 2014, 275 ff.; v. 04.10.2016 – IX R 43/15, BStBl II 2017, 790 ff.; vgl. F.V.2.a,b.

356 BFH v. 05.11.2013 – VIII R 20/11, BStBl II 2014, 275, Rn. 4.

357 BFH v. 04.10.2016 – IX R 43/15, BStBl II 2017, 790 ff.

kündigungserschwerend wirkt, wird nur im Zeitpunkt der Aussprache der Kündigung feststellbar sein, weil erst dann der Verkehrswert der Anteile ermittelt wird. Daher ist das Abstellen auf den Zeitpunkt des Vertragsschlusses verfehlt. Weiterhin eröffnet er einem Gesellschafter die Möglichkeit, eine vom Gesetz ausdrücklich missbilligte Rechtslage herbeizuführen, sofern sich der von der Abfindungsbeschränkung nachteilig betroffene Gesellschafter gegen diese nicht zur Wehr setzt. Da sich dies weder mit dem Wortlaut noch mit dem Sinn- und Zweck des § 723 Abs. 3 BGB vereinbaren lässt, ist die Rechtsprechung des BGH abzulehnen. Richtigerweise sollte eine Abfindungsbeschränkung, die aufgrund einer nachträglichen Auseinanderentwicklung von Abfindung und Anteilswert gegen § 723 Abs. 3 BGB verstößt, ebenfalls nichtig sein.

F. Zulässigkeit von Leaver- und Vesting-Klauseln

Die Zulässigkeit derartiger Klauseln im Private Equity-Bereich erscheint zweifelhaft. Diese Zweifel rühren unter anderem daher, dass leaver-schemes zum einen den nach st. Rspr. des BGH gem. § 138 Abs. 1 BGB sittenwidrigen Hinauskündigungsklauseln[358] ähneln, zum anderen aber auch Gemeinsamkeiten mit dem vom BGH als zulässig erachteten[359] Managermodell aufweisen.

I. Ausgestaltung von Leaver-/Vesting-Regelungen

Die oben[360] geschilderte Abhängigkeit des Investors und sein daraus folgendes Interesse, das Management langfristig zu binden, währen indes nicht ewig. Sie enden für gewöhnlich dann, wenn der Manager aus der Geschäftsführung ausscheidet. Ab diesem Zeitpunkt kann er nichts mehr zur Wertsteigerung des Unternehmens beitragen und würde mit seinem Verbleib in der Gesellschaft die Einsetzung eines neuen Managers blockieren.[361]

1. Rückübertragung

Für den Fall, dass die Organstellung des Managers an der Zielgesellschaft vor dem Exit beendet wird, lässt sich der Private Equity-Investor das Recht gewähren, dessen Anteile an der Manager-KG/GbR zu erwerben (Call-Option).[362] Die Möglichkeit der Einziehung bzw. Übertragung eines Gesellschaftsanteils über eine schuldrechtliche Nebenabrede begegnet nach gefestigter höchstrichterlicher Rechtsprechung keinen Bedenken, da die Gesellschafter Rechtsverhältnisse

---

358 BGHZ 68, 212 ff.
359 BGHZ 164, 98 ff.
360 C.II.
361 *v. Werder/Li*, BB 2013, 1736, 1742.
362 *Gärtner*, Der unfreiwillige Verlust der Gesellschafterstellung von ausgeschiedenen Managern und Mitarbeitern, S. 119; *Hohaus/Inhester*, DStR 2003, 1765, 1766; Eilers/Koffka/*Mackensen*, IV Rn. 43; *Sosnitza*, DStR 2006, 99, 102; Semler/Volhard/*Weber-Rey*, § 14 Rn. 187; *Spengler*, Managementbeteiligung im Rahmen von Intitutional Buy-Out Transaktionen, S. 224; *Wackerbeck*, S. 272; *v. Werder/Li*, BB 2013, 1736, 1742.

außerhalb des Gesellschaftsvertrags durch schuldrechtliche Nebenabreden, die grundsätzlich nur die Vertragsparteien binden, regeln können.[363]

a) Begriff der Option

Der Begriff der Option ist gesetzlich – abgesehen vom Vorkaufsrecht der §§ 456 ff. BGB – nicht definiert und wird daher synonym für verschiedene Konstellationen verwendet.[364] Sie gibt dem Optionsinhaber die Möglichkeit, mittels einer einseitigen Willenserklärung unmittelbar ein inhaltlich bereits fixiertes Vertragsverhältnis herbeizuführen oder zu verlängern.[365] Optionen lassen sich wiederum in zwei Gruppen aufteilen: Gewährt die Option das Recht auf einen Ankauf, spricht man von einer „Call-Option", während eine Put-Option das Recht auf einen Verkauf meint.[366]

b) Gestaltungsmöglichkeiten

In Wissenschaft und Praxis haben sich drei verschiedene Modelle zur Ausgestaltung einer Option etabliert:

Festofferte: Die erste Möglichkeit der Begründung einer Option ist die Festofferte, deren Zulässigkeit nach allgemeiner Ansicht aus § 148 BGB folgt. Hierbei unterbreitet der Verpflichtete dem Berechtigten ein Angebot, welches ihn längerfristig bindet. Der Optionsberechtigte wiederum hat die Möglichkeit die Offerte nach seinem Belieben anzunehmen.[367]

Optionsvertrag: Die zweite Möglichkeit ist die Begründung mittels eines Optionsvertrags im Sinne eines Angebotsvertrags. Hier schließen die Parteien einen Vertrag, der die bindende Offerte des Verpflichteten und die sonstigen Modalitäten regelt, unter denen der Berechtigte das Angebot annehmen kann.[368] Die Besonderheit des Vertrages liegt darin, dass auf Seiten des Berechtigten eine

363 BGH, NJW-RR 1993, 607; DStR 2008, 60 Rn. 13; NJW 2010, 3718, Rn. 7.

364 Staudinger/*Bork*, Vorbem. § 145 Rn. 70; MünchKomm-BGB/*Busche*, Vorbem. § 145 Rn. 70; *Mülsch*/*Penzel*, ZIP 2004, 1987, 1987.

365 Staudinger/*Bork*, Vorbem. § 145 Rn. 69; *Mülsch*/*Penzel*, ZIP 2004, 1987.

366 MünchKomm-BGB/*Busche*, Vorbem. § 145 Rn. 70.

367 Erman/*Armbrüster*, Vorbem. § 158 Rn. 14; Staudinger/*Bork*, § 145 Rn. 70; MünchKomm-BGB/*Busche*, *Mülsch*/*Penzel*, ZIP 2004, 1987, 1987; Vorbem. § 145 Rn. 73; *Weber*, JuS 1990, 249, 251.

368 *Allerkamp*, MittRhNotK 1981, 55, 59; Staudinger/*Bork*, Vorbem. § 145 Rn. 71; MünchKomm-BGB/*Busche*, Vorbem. § 145 Rn. 70; *Mülsch*/*Penzel*, ZIP 2004, 1987, 1987 f.; *Weber*, JuS 1990, 249, 253.

zweifache Willenserklärung vonnöten ist: erstens beim Abschluss des Angebotsvertrages und zweitens bei der Annahme der Offerte.[369]

Hauptvertrag mit Optionsvorbehalt: Zuletzt kann die Gewährung einer Option auch durch einen Hauptvertrag mit Optionsvorbehalt erfolgen. In dieser Gestaltungsvariante schließen die Parteien bereits den Hauptvertrag, vereinbaren aber gleichzeitig, dass er erst durch Erklärung des Optionsberechtigten wirksam werden soll. Die Ausübung der Option ist Potestativbedingung für die Herbeiführung der vertraglichen Rechtsfolgen.[370]

2. Höhe der Abfindung

Maßgeblich für die Modalitäten der Rückübertragung inklusive der Höhe der Abfindung ist der Grund des Ausscheidens. Hier haben sich die Begriffe good leaver respektive bad leaver etabliert.

a) Qualifikation als good oder bad leaver

Typisch für die Klassifizierung als good leaver ist das Ausscheiden bei Tod und krankheitsbedingter Arbeitsunfähigkeit, wegen Alters oder bei der Kündigung aus wichtigem Grund seitens des Managers.[371] Hingegen wird der Manager bei ordentlicher Kündigung, Kündigung aus wichtigem Grund i.S.d. § 626 BGB seitens des Private Equity-Unternehmers und bei Beendigung des Geschäftsführerdienstvertrages aufgrund einer verhaltens- oder personenbedingten Kündigung nach dem KSchG zum bad leaver.[372]

---

369 *Georgiades*, FS Larenz, 409, 423 f.

370 *Allerkamp*, MittRhNotK 1981, 55, 59; Staudinger/*Bork*, Vorbem. § 145 Rn. 71; MünchKomm-BGB/*Busche*, Vorbem. § 145 Rn. 74; *Mülsch*/*Penzel*, ZIP 2004, 1987, 1988; *Weber*, JuS 1990, 249, 253.

371 *Gärtner*, Der unfreiwillige Verlust der Gesellschafterstellung von ausgeschiedenen Managern und Mitarbeitern, S. 119; *Hohaus*/*Inhester*, DStR 2003, 1765, 1766; Eilers/Koffka/*Mackensen*, IV Rn. 43; *Rödding*, DStR 2017, 437, 438; *Sosnitza*, DStR 2006, 99, 102; *Spengler*, Managementbeteiligung im Rahmen von Institutional Buy-Out Transaktionen, S. 224; *Wackerbeck*, Die Grenzen der Zulässigkeit des Gesellschafterausschlusses unter Berücksichtigung freier Hinauskündigungsklauseln, S. 272; *v. Werder*/*Li*, BB 2013, 1736, 1742.

372 *Gärtner*, Der unfreiwillige Verlust der Gesellschafterstellung von ausgeschiedenen Managern und Mitarbeitern, S. 120; Eilers/Koffka/*Mackensen*, IV Rn. 45; *Rödding*, DStR 2017, 437, 438; *Wackerbeck*, Die Grenzen der Zulässigkeit des Gesellschafterausschlusses unter Berücksichtigung freier Hinauskündigungsklauseln, S. 272; *v. Werder*/*Li*, BB 2013, 1736, 1742; a.A. *Menzer*, GmbHR 2001, 950, 953.

b) vesting

Eine Vesting-Regelung sieht vor, dass dem operativ tätigen Gründungsgesellschafter über einen bestimmten Zeitraum, sei es monatlich oder jährlich, jeweils ein bestimmter Prozentsatz seiner Beteiligung zuwächst. Je länger er tätig wurde, um so sicherer wird seine Position als Gesellschafter; er muss sich seine Gesellschafterstellung mithin verdienen.[373] Für den Fall der Veräußerung der Beteiligung durch die Investoren vor Ablauf der Vesting-Periode kann ein vorzeitiger Eintritt des vesting vorgesehen werden, sog. „accelerated-vesting".[374]

aa) time vesting

Beim time-vesting hängt der zu zahlende Abfindungspreis vom Zeitablauf seit Beginn des Beteiligungsprogrammes bzw. Beitritt des Managers ab. So ist es beispielsweise möglich, dass sich der dem good leaver zu zahlende Kaufpreis über mehrere Jahre linear dem Marktwert annähert, sodass nach vier bis fünf Jahren der volle Marktwert auszuzahlen ist. Eine andere Gestaltungsoption ist, dass sich mit fortgeschrittenem Zeitablauf die Call-Option nicht mehr auf den gesamten Anteil des Managers bezieht, sondern nur auf einen Teil.[375]

bb) performance vesting

Weit weniger gängig ist das „performance-vesting". Hierbei wird die Ausübung der Call-Option und die Zahlung des Kaufpreises davon abhängig gemacht, inwiefern der Business-Plan erreicht wird. So kann beispielsweise vereinbart werden, dass nur bei Erreichen der Ziele im Business-Plan des Vorjahres der volle Good Leaver-Wert ausgezahlt wird oder sich die Kaufoption bei Erreichen des Business-Plans nicht auf den vollständigen Anteil des Managers bezieht.[376]

c) Abfindungshöhe

Hinsichtlich der Abfindungshöhe gilt, dass der good leaver das Höhere aus Einstiegskosten und Marktwert erhält, während die Abfindung des bad leaver auf das Niedrigere von Einstiegskosten und Marktwert beschränkt wird.[377] Im Rahmen

---

373 Hdb VC/*Weitnauer*, F. Rn. 210.

374 Hdb VC/*Weitnauer*, F. Rn. 210.

375 Eilers/Koffka/*Mackensen*, IV Rn. 54.

376 Eilers/Koffka/*Mackensen*, IV Rn. 55.

377 *Gärtner*, Der unfreiwillige Verlust der Gesellschafterstellung von ausgeschiedenen Managern und Mitarbeitern, S. 120; *Hohaus/Inhester*, DStR 2003, 1765, 1766; Eilers/Koffka/*Mackensen*, IV Rn. 50, 51; *Sosnitza*, DStR 2006, 99, 102; *Spengler*,

eines vestings soll für den Eintritt der Veräußerung oder des Ausscheidens als good leaver der einziehbare Anteil zum Verkehrswert abgefunden werden. Für bad leaver wird vereinzelt auch hier eine Abfindung zum Verkehrswert empfohlen.[378]

II. Das Managermodell - BGHZ 164, 98

Über eine den Leaver- und Hinauskündigungsklauseln als ähnlich geltende[379] gesellschaftsvertragliche Gestaltung, das sog. Managermodell, hatte der BGH schlussendlich am 19.09.2005 zu entscheiden.

1. Sachverhalt

In dem der Entscheidung zugrunde liegenden Sachverhalt handelte es sich um einen Einzelhandelskonzern, der mehrere Niederlassungen in der Rechtsform einer GmbH betrieb. Mehrheitsgesellschafter der GmbHs war die Holding des Einzelhandelskonzerns; Minderheitsgesellschafter mit bis zu 10 % des Stammkapitals war ein sog. „Vor-Ort-Geschäftsführer". Hintergrund des Konzeptes war die Motivationssteigerung des Geschäftsführers, der sich als Unternehmer fühlen und sich mit seinem Markt „identifizieren" sollte. Die Gesellschafterstellung des Geschäftsführers, der für das gesamte operative Geschäft vor Ort verantwortlich war, war so ausgestaltet, dass er nur am Gewinn, nicht aber an den Verlusten beteiligt wurde und seine Gesellschafterstellung aufgeben musste, sobald das organschaftliche bzw. dienstrechtliche Verhältnis beendet wurde. Die Beteiligung wurde zum Nennwert erworben, der Preis für die Rückübertragung wurde nach dem Einheitswert des Betriebes und einem dreijährigen Durchschnittsertrag ermittelt, wobei das Zehnfache des Nominalwerts nicht überschritten werden durfte. Zur Sicherstellung der Rückübertragung gab der Geschäftsführer bereits beim Erwerb der Beteiligung ein notariell beurkundetes Angebot über den Rückkauf und die Rückübertragung für den Fall der Abberufung als Geschäftsführer ab. Dieses konnte vom Mehrheitsgesellschaft nur innerhalb von zwei Monaten angenommen werden.[380]

Managementbeteiligung im Rahmen von Institutional Buy-Out Transaktionen, S. 224; *Wackerbeck*, Die Grenzen der Zulässigkeit des Gesellschafterausschlusses unter Berücksichtigung freier Hinauskündigungsklauseln, S. 272; *v. Werder/Li*, BB 2013, 1736, 1742.

378 Hdb VC/*Weitnauer*, Teil F. Rn. 210.

379 *Böttcher*, NZG 2005, 992, 992.

380 BGHZ 164, 98–100.

2. Kernaussagen der Entscheidung

Der BGH wertete die dargestellten Regelungen nicht als einen Verstoß gegen das Verbot der Hinauskündigung, da dessen *„tragender Gedanke, den Mitgesellschafter bei Wahrnehmung seiner Gesellschafterrechte nicht unangemessen unter Druck zu setzen, nicht berührt sei."*[381] Kernstück der Regelung sei lediglich die Möglichkeit, den Geschäftsführer ohne Grund aus seiner Organstellung abzuberufen. Der dadurch entstehenden Abhängigkeit von der Beklagten sei der Geschäftsführer schon durch § 38 Abs. 1 GmbHG ausgesetzt. Der damit verbundene Verlust der Gesellschafterstellung falle demgegenüber nicht so stark ins Gewicht, da diese nur Annex zur Geschäftsführerstellung sei.[382]

Auch eine unzulässige Kündigungserschwerung gem. §§ 622 Abs. 6, 134 BGB im Sinne der Rechtsprechung des BAG vermochte der BGH nicht zu erkennen. Es handele sich um eine ungünstige Reflexwirkung der Kündigung, welche nicht zu einer Einschränkung der Kündigungsfreiheit des Arbeitnehmers führe. Das mit der Gesellschafterstellung verbundene Gewinnbezugsrecht ähnele einer Tantiemenregelung, deren Wegfall bei Beendigung des Vertragsverhältnisses selbstverständlich sei.[383]

Die §§ 308 Nr. 1, 3, 307 Abs. 1 BGB und der gesellschaftsrechtliche Gleichbehandlungsgrundsatz führten ebenfalls nicht zur Unwirksamkeit des Managermodells. Zum einen sei schon zweifelhaft, ob zumindest die AGB-Vorschriften vor dem Hintergrund des § 310 Abs. 4 S. 1 BGB überhaupt anwendbar seien; jedenfalls seien die Tatbestandsvoraussetzungen nicht erfüllt.[384]

III. Rechtliche Bewertung von Leaver- und Vesting-Klauseln

Die Entscheidung des BGH zum Managermodell hat in der Literatur eine Diskussion darüber entfacht, ob und in welchem Umfang diese Rechtsprechung – genauer gesagt die sachliche Rechtfertigung – auch auf den Fall der Management-Beteiligung innerhalb einer Private Equity-Transaktion übertragen werden kann.[385] Die zuweilen geltend gemachten Bedenken sind Ergebnis von Zweifeln, *„die einer Subsumtion unter einen Rechtssatz anhaften, der für einen*

---

381 BGHZ 164, 98, 103.

382 BGHZ 164, 98, 102.

383 BGHZ 164, 98, 105, 106.

384 BGHZ 164, 98, 106, 107.

385 *Drinkuth*, NJW 2006, 410, 413; *Hohaus*, BB 2005, 1291, 1291; *Hohaus/Weber*, BB 2006, 2089, 2089; *dies.*, NZG 2005, 961, 962; *Kästle/Heuterkes*, NZG 2005, 289, 292; *Miesen*, RNotZ 2006, 522, 529; *Müller-Bonanni/Link*, Der Konzern, 2006, 159, 160;

konkreten Fall aufgestellt wurde“[386]. Grundlagen dieser Zweifel säte der BGH im zweiten Leitsatz seiner Entscheidung selbst, wo es heißt, dass eine Hinauskündigungsklausel dann sachlich gerechtfertigt ist, wenn einem Geschäftsführer im Hinblick auf seine Stellung eine Minderheitsbeteiligung eingeräumt wird, „*für die er nur ein Entgelt in Höhe des Nennwertes zu zahlen hat [...]*“[387]. Das Entgelt für die Managementbeteiligung bemisst sich aber im Rahmen einer Private Equity-Transaktion schon nach anderen Grundsätzen.[388]

1. Leaver-Klauseln als Hinauskündigungsklauseln nach freiem Ermessen

Für die rechtliche Würdigung von *Leaver*-Klauseln nach den vom BGH aufgestellten Maßstäben ist entscheidend, dass solche überhaupt als Hinauskündigungsregelungen nach freiem Ermessen anerkannt werden. Davon kann nur die Rede sein, wenn das die Rückgabeverpflichtung auslösende Ereignis im freien Ermessen des Finanzinvestors steht.[389]

a) Meinungsstand im Schrifttum

In der überwiegenden bisher zu diesem Thema erschienenen Literatur wird sich mit der Frage, ob Leaver-Klauseln die Voraussetzungen einer Hinauskündigungsklausel erfüllen, nicht auseinandergesetzt. Vielmehr wird in nahezu allen Veröffentlichungen ohne Begründung davon ausgegangen, dass Leaver-Klauseln als Hinauskündigungsklauseln anzusehen sind.[390]

Teilweise wird als Begründung für diese Qualifikation darauf verwiesen, dass die übliche Einräumung einer Call-Option der Hinauskündigung „*faktisch gleichkomme*“ und deshalb der Anwendungsbereich eröffnet sei.[391]

Schneider/Wiechers, DB 2005, 2450, 2451; *Sosnitza*, DStR 2006, 99, 102; *Zimmermann*, GmbHR 2006, 231, 233.

386 *Hohaus/Weber*, BB 2006, 2089, 2089.

387 BGHZ 164, 98, 98; BGH, NJW 2005, 3641, 3641.

388 C.III.2.a.,b.

389 *Gärtner*, Der unfreiwillige Verlust der Gesellschafterstellung von ausgeschiedenen Managern und Mitarbeitern, S. 121.

390 *Drinkuth*, NJW 2006, 410, 413; *Hohaus*, BB 2005, 1291, 1291; *Hohaus/Weber*, BB 2006, 2089, 2089; *dies.*, NZG 2005, 961, 962; *Müller-Bonanni/Link*, Der Konzern, 2006, 159, 160; *Schneider/Wiechers*, DB 2005, 2450, 2451; *Sosnitza*, DStR 2006, 99, 102; *Spengler*, Managementbeteiligung im Rahmen von Institutional Buy-Out Transaktionen, S. 215; Hdb MBO/*Weitnauer*, D Rn. 30.

391 Eilers/Koffka/*Mackensen*, IV Rn. 44; *v. Werder/Li*, BB 2013, 1736, 1744.

Wackerbeck geht davon aus, dass eine Bad Leaver-Klausel schon deshalb nicht als Hinauskündigungsklausel einzuordnen sei, weil sie überwiegend an ein Verschulden des Managers anknüpfe und so ein Ausschluss nach freiem Ermessen gar nicht möglich sei.[392]

Gärtner lehnt eine Klassifizierung als Hinauskündigungsklausel ab. Als das die Rückgabeverpflichtung auslösende Ereignis sei regelmäßig die Beendigung des Dienstverhältnisses bzw. die Organstellung der Manager mit dem Target vereinbart. Bei einer Managementbeteiligung im Rahmen von Private Equity-Transaktionen werde die Gesellschafterstellung in der TopCo an die Organstellung in der eigentlichen Zielgesellschaft geknüpft. Gesellschafter- und Organstellung bezögen sich somit auf zwei unterschiedliche Gesellschaften. Dann könne aber nur von einem Hinauskündigungsrecht im Hinblick auf die TopCo gesprochen werden, wenn die Organstellung des Managers im Target durch die TopCo bzw. durch den Finanzinvestor jederzeit frei widerrufen werden könne. Handele es sich beim Target um eine AG oder mitbestimmte GmbH, sei das aber aufgrund des § 84 Abs. 3 S. 1 AktG, § 31 Abs. 5 MitbestG, welche auch auf die GmbH anwendbar seien, nicht möglich. Die Herbeiführung eines wichtigen Grundes stünde nicht im freien Ermessen des Finanzinvestors.[393]

Kästle/Heuterkes verneinen das Vorliegen einer Hinauskündigungsklausel mit der gesellschaftsrechtlichen Struktur einer Managementbeteiligung. Die TopCo sei keine personalistisch strukturierte Gesellschaft herkömmlichen Typs, sondern ein bloßes Erwerbsvehikel, welches eine kapitalistische Beteiligung an der Zielgesellschaft vermittle. Mit dem klassischen Typus der Gesellschaft als Personenverband habe diese nichts zu tun.[394]

b) Stellungnahme

Der Grund für die überschaubare Zahl der Beiträge zu dieser Frage liegt in erster Linie darin, dass sich kaum mit der genauen gesellschaftsrechtlichen Struktur der Managementbeteiligung auseinandergesetzt wird. Auch wenn die meiste Literatur zu diesem Thema schon älter ist, relativiert die Annahme einer persönlichen Beteiligung an der TopCo die Komplexität einer Private Equity-Transaktion mit Managementbeteiligung zu stark. Nach der dieser Arbeit zugrunde gelegten

---

392 *Wackerbeck*, Die Grenzen der Zulässigkeit des Gesellschafterausschlusses unter Berücksichtigung freier Hinauskündigungsklauseln, S. 277.

393 *Gärtner*, Der unfreiwillige Verlust der Gesellschafterstellung von ausgeschiedenen Managern und Mitarbeitern, S. 123, 124.

394 *Kästle/Heuterkes*, NZG 2005, 289, 292.

gesellschaftsrechtlichen Struktur kommt eine Hinauskündigung nur im Hinblick auf die Stellung in der Manager-KG/GbR in Betracht, die wiederum an die Organstellung in der Zielgesellschaft gekoppelt ist. Entscheidungserheblich ist daher, ob der Mehrheitsgesellschafter der TopCo die Organstellung des Managers in der Zielgesellschaft frei widerrufen kann. Richtigerweise ist bei er Beantwortung dieser Frage zu differenzieren. Eine freie Widerruflichkeit der Organstellung des Managers scheidet bei als GmbH oder AG organisierten Zielgesellschaften, die unter § 1 MitbestG fallen, folglich also mehr als 2000 Arbeitnehmer beschäftigen[395], aus. Der Widerruf der Bestellung bei einem mitbestimmten Unternehmen richtet sich rechtsformunabhängig nach § 31 Abs. 5 MitbestG und erfordert das Vorliegen eines wichtigen Grundes.[396] Dieser kann vom Mehrheitsgesellschafter nicht nach seinem Gutdünken herbeigeführt werden. Insoweit ist *Gärtner* zuzustimmen: Handelt es sich bei der Zielgesellschaft um ein Unternehmen nach dem MitbestG, kann in der Leaver-Klausel keine Hinauskündigungsklausel nach freiem Ermessen gesehen werden. Indes ist nicht jedes potentielle Target ein Unternehmen nach dem MitbestG. Im Jahr 2015 existierten in Deutschland 635 mitbestimmte Unternehmen, wovon 343 als GmbH und 241 als AG organisiert waren.[397]

Für alle anderen Unternehmen, insbesondere die nicht mitbestimmte GmbH, ist die Eigenschaft als Hinauskündigungsklausel nach freiem Ermessen zu bejahen, da gem. § 38 Abs. 1 GmbHG die Abberufung ohne das Vorliegen eines Grundes jederzeit möglich ist.[398] Dass dabei nicht die Gesellschafterstellung der am Erwerbsvehikel beteiligten Manager-KG/GbR im freien Ermessen des Mehrheitsgesellschafters der TopCo steht, ist unerheblich: Durch die Gewährung der Call-Option ist das Schicksal der Gesellschafterstellung untrennbar mit dem der Organstellung verknüpft.[399] Daher greifen auch die Bedenken von *Kästle/Heuterkes* nicht durch: Es kann keinen Unterschied machen, ob die Gesellschafterstellung direkt durch eine Regelung in der Satzung bedroht wird oder mittelbar – ohne Verhinderungsmöglichkeit seitens des Managers – über die gesetzliche Regelung des § 38 Abs. 1 GmbHG, die den regelmäßig in Gesellschaftsverträgen anzutreffenden Klauseln entspricht. Dass die Rechtsprechung des BGH schon dem Grunde nach nicht passen könne, weil es sich bei der TopCo nicht um eine personalistische Gesellschaft handele, hat für die Einordnung

395 ErfK/*Oetker*, § 1 MitbestG Rn. 6.
396 ErfK/*Oetker*, § 31 MitbestG Rn. 7; a.A. für die GmbH *Bernhardt/Bredol*, NZG 2015, 419, 423.
397 *Ehrenstein*, Mitbestimmung 2016, 54, 54.
398 Baumbach/Hueck/*Zöllner/Noack*, § 38 Rn. 1.
399 Eilers/Koffka/*Mackensen*, IV Rn. 44.

als Hinauskündigungsregelung keinerlei Bedeutung, sondern wäre erst im Rahmen der sachlichen Rechtfertigung zu berücksichtigen. Zuletzt überzeugt auch *Wackerbecks* Ablehnung der Bad Leaver-Klausel als Hinauskündigungsregelung nicht. Er verkennt den Unterschied zwischen der generellen Möglichkeit der Abberufung, die grundlos erfolgen kann, und der Maßgeblichkeit des Grundes für die Höhe der Abfindung. Der Grund der Abberufung erlangt somit erst nachgelagert Bedeutung. Auch bei nicht vertragsgemäßem Verhalten steht es dem Mehrheitsgesellschafter frei, den Geschäftsführer abzuberufen oder nicht.

2. Sachliche Rechtfertigung

Nachdem zumindest für gewisse Einsatzbereiche die Qualifikation als Hinauskündigungsklausel nach freiem Ermessen feststeht, stellt sich die entscheidende Frage der sachlichen Rechtfertigung, da ansonsten nach st. Rspr. des BGH das Verdikt der Sittenwidrigkeit droht.

a) Vergleich mit dem Managermodell

Im Rahmen der sachlichen Rechtfertigung liegt es nahe, zuerst Gemeinsamkeiten und Unterschiede zu dem vom BGH als zulässig beurteilten Managermodell herauszuarbeiten. Überwiegen die Gemeinsamkeiten, hätte dies für die sachliche Rechtfertigung zumindest Indizwirkung.

Kennzeichnend für das Managermodell ist die „Treuhandstellung“[400] des Geschäftsführers. Sie resultiert daraus, dass der Manager die Minderheitsbeteiligung entweder unentgeltlich oder zum Nennwert erhält. Das ist bei einer Managementbeteiligung aber gerade nicht der Fall, da der Manager eine substantielle Eigenleistung erbringen muss.[401] Darüber hinaus liegt das Interesse des Geschäftsführers beim Managermodell nicht in der Wertsteigerung des eigenen Anteils, da seine Beteiligung von vornherein nicht darauf angelegt ist, eine solche im Wege des Exits zu realisieren. Vielmehr erhält der Manager jährliche Gewinnausschüttungen, sodass die vom BGH angeführte „Identifikationsfunktion“ der Managerbeteiligung vor dem Hintergrund der Principal-Agent-Theorie zweifelhaft erscheint.[402] Sie kann lediglich aus dem Umstand herrühren, dass sich der Geschäftsführer aufgrund seiner Beteiligung mit dem Mehrheitsgesellschafter

400 Eilers/Koffka/*Mackensen*, IV Rn. 45.
401 E.III.2.b.
402 E.II.1.

„auf Augenhöhe“ sieht.[403] Bei einer Beteiligung im Rahmen einer Private Equity-Transaktion werden Ausschüttungen jedoch zur Tilgung der Verbindlichkeiten des Erwerbsvehikels verwendet.[404] Eine Abhängigkeit wie bei einem Management Equity Program ist nicht vollends gegeben. Gemein ist beiden Beteiligungsmodellen, dass die Gesellschafterstellung mit dem Geschäftsführerposten steht und fällt.

b) Ansichten in der Literatur

Nach - soweit ersichtlich - einhelliger Meinung im Schrifttum sind Leaver-Klauseln sachlich gerechtfertigt.[405] Als maßgebliche Gründe werden das Interesse des Private Equity-Investors angeführt, einen „Platz“ für einen anderen Gesellschafter zu haben, da der Ausgeschiedene keinen Beitrag zum Erreichen der zuvor vereinbarten Ziele mehr leisten könne.[406] Darüber hinaus trage der Manager in einem Management Equity Program ein erhöhtes unternehmerisches Risiko, da er einen erheblichen Teil seines eigenen Vermögens investiert habe. Wenn der BGH aber schon das im Managermodell erheblich verringerte Risiko als ausreichend anerkannt hat, müsse dies für den Bereich des Private Equity erst recht gelten.[407] Zudem sei der Schutzaspekt der Hinauskündigungsregelung nicht berührt: Bei der Managementbeteiligung handele es sich um eine rein kapitalistische Beteiligung an einem Erwerbsvehikel, die den Managern die

---

403 *Müller-Bonanni/Link*, Der Konzern 2006, 159,160; kritisch bis ablehnend OLG Frankfurt a.M., GmbHR 2004, 1283, 1285; *Binz/Sorg*, GmbHR 2005, 893, 893: „*Ettikettenschwindel*“.

404 *Gärtner*, Der unfreiwillige Verlust der Gesellschafterstellung von ausgeschiedenen Managern und Mitarbeitern, S. 118; *Müller-Bonanni/Link*, Der Konzern 2006, 159, 162; *Sosnitza*, DStR 2006, 99, 102; Semler/Volhard/*Weber-Rey*, § 14 Rn. 5.

405 *Drinkuth*, NJW 2006, 410, 413; *Gärtner*, Der unfreiwillige Verlust der Gesellschafterstellung von ausgeschiedenen Managern und Mitarbeitern, S. 127; *Hohaus*, BB 2005, 1291, 1292; *Hohaus/Weber*, BB 2006, 2089, 2090; *dies.*, NZG 2005, 961, 962; *Lieder*, DZWIR 2006, 63, 67; Eilers/Koffka/*Mackensen*, IV Rn. 45; *Miesen*, RNotZ 2006, 522, 529; *Müller-Bonanni/Link*, Der Konzern, 2006, 159, 162; *Schneider/Wiechers*, DB 2005, 2450, 2452; *Sigle*, FS Mailänder, 365, 378; *Sosnitza*, DStR 2006, 99, 102; *Spengler*, Managementbeteiligung im Rahmen von Institutional Buy-Out Transaktionen, S. 217; *Wackerbeck*, Die Grenzen der Zulässigkeit des Gesellschafterausschlusses unter Berücksichtigung freier Hinauskündigungsklauseln, S. 280, 284, 285; Semler/Volhard/*Weber-Rey*, § 14 Rn. 187; Hdb MBO/*Weitnauer*, D Rn. 30; *v. Werder/Li*, BB 2013, 1736, 1744.

406 *Miesen*, RNotZ 2006, 522, 529.

407 *Spengler*, Managementbeteiligung im Rahmen von Intitutional Buy-Out Transaktionen, S. 216.

Möglichkeit zu freien gesellschafterlichen Willensentscheidungen gar nicht erst ermögliche.[408] Zuletzt sei auch bei Managementbeteiligungen im Private Equity Bereich die Gesellschafterstellung ein bloßer Annex zur Geschäftsführerstellung, da sie nur für die Zeit der Tätigkeit als Geschäftsführer der Zielgesellschaft eingeräumt werde.[409]

Einen neueren Ansatz im Hinblick auf die Rechtfertigung der Hinauskündigung vertreten *Heusel/Goette.*[410] Auch wenn es sich dabei thematisch nicht um die Rechtfertigung der Hinauskündigung im Falle von Leaver-Klauseln handelt, kann der Gedankengang zumindest für den hiesigen Fall fruchtbar gemacht werden. Nach der von ihnen vertretenen Ansicht ist die Hinauskündigung in Fällen einer Kleinstbeteiligung ebenfalls rechtfertigungsfähig. Sie rekurrieren maßgeblich auf den Rechtsgedanken des Squeeze-Out gem. § 327a Abs. 1 AktG, dass Minderheitsbeteiligungen häufig dazu eingesetzt werden, *„den Mehrheitsaktionär bei der Unternehmensführung zu behindern und ihn zu finanziellen Zugeständnissen zu veranlassen.“*[411] Bei der Einführung des Squeeze-Out habe der Gesetzgeber ebenfalls berücksichtigt, dass Minderheitsaktionäre mittels ihrer Beteiligung keinen relevanten Einfluss auf die Geschicke der Gesellschaft nehmen können. Dieser Gedanke sei übertragbar, da es sowohl beim Squeeze-Out als auch bei der Hinauskündigung um den Ausschluss von Kleinstbeteiligten auf Betreiben der Mehrheit gehe. Der Minderheitsgesellschafter werde durch die Zulassung der Hinauskündigung auch nicht rechtlos gestellt, da ihm immer noch die Ausübungskontrolle verbleibe.[412]

c) Stellungnahme

aa) Die Gesellschafterstellung als Annex

Bei der Beantwortung der Frage nach der sachlichen Rechtfertigung kommt einem Kriterium maßgebliche Bedeutung zu: Handelt es sich bei der Gesellschafterstellung um einen bloßen Annex zur Geschäftsführerstellung an der

---

408 *Gärtner*, Der unfreiwillige Verlust der Gesellschafterstellung von ausgeschiedenen Managern und Mitarbeitern, S. 126; *Wackerbeck*, Die Grenzen der Zulässigkeit des Gesellschafterausschlusses unter Berücksichtigung freier Hinauskündigungsklauseln, S. 276.

409 *Gärtner*, Der unfreiwillige Verlust der Gesellschafterstellung von ausgeschiedenen Managern und Mitarbeitern, S. 126; *Hohaus/Weber*, BB 2006, 2089, 2090; *Schneider/Wiechers*, DB 2005, 2450, 2451.

410 *Heusel/Goette*, DStR 2015, 1315 ff.

411 BT-Drs. 14/7034, 31 f.

412 *Heusel/Goette*, DStR 2015, 1315, 1318, 1319 f.

Zielgesellschaft? Beim Managermodell hat der BGH dieser Tatsache entscheidenden Stellenwert beigemessen, sodass sie auch hier einer Klärung bedarf. Angesichts der strukturellen Unterschiede von Managermodell und Mangement Equity Program fragt *Gärtner* prägnant, *„ob es einen gesellschaftsübergreifenden Annex überhaupt geben kann"*.[413] Eine Verneinung dieser Frage unter bloßem Verweis auf die rechtliche Selbstständigkeit der TopCo greift indes zu kurz.[414] Der BGH hat die Gesellschafterstellung im Managermodell wohl deshalb als Annex anerkannt, weil sie dem Manager – abgesehen von einer zusätzlichen Verdienstmöglichkeit und der (zweifelhaften) Steigerung gesellschaftlichen Ansehens – keinerlei weitergehenden Rechte einräumte[415], da für eine tatsächliche Einflussnahme die Höhe der Beteiligung schon viel zu gering war.[416]

Gänzlich anders gelagert ist aber der Fall einer Managementbeteiligung. Hier ist die Stellung als Gesellschafter an der Manager-KG/GbR der Dreh- und Angelpunkt des Vorhabens, da nur die echte Kapitalbeteiligung geeignet ist, den Manager vor dem Hintergrund des Prinzipal-Agenten-Konflikts entsprechend zu incentivieren. Berücksichtigt werden sollte auch, dass Manager im Gegensatz zu dem vom BGH entschiedenen Fall ein erhebliches unternehmerisches Risiko eingehen. Die Organstellung des Managers muss hierbei als bloßes Mittel zum Zweck betrachtet werden.[417] Aus Sicht des Managers läge es sogar näher, die Geschäftsführerstellung als Annex zur Gesellschafterstellung einzuordnen, da die mit ihr verbundenen finanziellen Vorteile aufgrund der Tilgung ihrer Finanzierungsdarlehen aus einer wirtschaftlichen Perspektive praktisch wertlos sind. Dies gilt insbesondere vor dem Hintergrund, dass Manager und Private Equity-Investor auch nach in der Literatur unbestrittener Ansicht eher als Kapitalanleger gelten.

Für eine Einordnung als Annex zur Geschäftsführerstellung spricht jedenfalls, dass diese – ebenso wie beim Managermodell – nur für den Zeitraum der Tätigkeit gewährt wird. Die argumentative Wucht dieses Einwands ist jedoch nicht besonders hoch. In der Praxis sind kaum Fälle denkbar, in denen die Geschäftsführerstellung *zunächst* nicht befristet wird. Die Eingehung für einen zeitlich

413 *Gärtner*, Der unfreiwillige Verlust der Gesellschafterstellung von ausgeschiedenen Managern und Mitarbeitern, S. 125.

414 *Gärtner*, Der unfreiwillige Verlust der Gesellschafterstellung von ausgeschiedenen Managern und Mitarbeitern, S. 125.

415 In diese Richtung auch BGH, NZG 2005, 479, 480.

416 BGHZ 164, 98, 103.

417 *Gärtner*, Der unfreiwillige Verlust der Gesellschafterstellung von ausgeschiedenen Managern und Mitarbeitern, S. 126.

begrenzten Zeitraum liegt zudem in der Natur einer jeden Kapitalbeteiligung. Darüber hinaus gilt es auch Folgendes zu bedenken: Die Qualifikation der Gesellschafterstellung als bloßen Annex führt zu der misslichen Konsequenz, dass zum einen eine Hinauskündigungsklausel als zulässig zu erachten ist, wenn die Gesellschafterstellung auf einem weiteren Rechtsverhältnis beruht. Zum anderen, dass der Gesellschafter mit dem Widerruf des übergeordneten Rechtsverhältnisses den Verlust seiner für ihn existenziellen Beteiligung hinnehmen muss.[418] Das Missbrauchs- und Umgehungspotential dieser Konstellation ist evident, sodass von einem bloßen Annex keine Rede sein kann. Zuletzt überzeugt auch der vereinzelt erhobene Erst-recht-Schluss von der Zulässigkeit des Managermodells auf die Zulässigkeit von leaver-schemes nicht. Gerade das erheblich gesteigerte Risiko des Management Equity Program spricht entscheidend gegen die Annahme eines Erst-recht-Schlusses.

bb) Beeinträchtigung von Mitgliedschaftsrechten

Entscheidendes, von der Literatur für die sachliche Rechtfertigung angeführtes Argument ist, dass der *„tragende Gedanke"* der die Sittenwidrigkeit begründenden Umstände nicht berührt ist. Dem ist zuzugestehen, dass auch bei der dieser Arbeit zugrunde gelegten gesellschaftsrechtlichen Struktur es dem einzelnen Manager nicht möglich ist, über Gesellschafterbeschlüsse entscheidend auf die Geschicke des Targets einzuwirken. Dies gilt erst recht vor dem Hintergrund, dass die Beteiligung über die Manager-KG/GbR nicht von einem einzelnen Manager gehalten wird, sondern von zwei bis drei. Dies vermindert die Einflussnahme des einzelnen Managers zusätzlich. In diese Richtung gehen auch die von *Heusel/Goette* angeführten Argumente zum Ausschluss eines Kleinstgesellschafters, der jedoch im Gegensatz zu einem Management Equity Program nicht an der Geschäftsführung beteiligt ist und daher keinerlei Einflussmöglichkeiten hat. Diese Bedenken liefen aber auf die Anerkennung eines „Gesellschafters 2. Klasse" hinaus. Die auch vom BGH immer wieder als unabdingbar betonten Mitgliedschaftsrechte würden so noch stärker als ohnehin schon – bedingt durch die Beteiligungshöhe – entwertet. Dabei ist die Schlussfolgerung, Minderheitsgesellschafter würden über kaum nennenswerten Einfluss verfügen, nicht zwingend. Beispielsweise steht dem Minderheitsgesellschafter die äußerst schlagkräftige Nichtigkeits- bzw. Anfechtungsklage gem. §§ 249, 243 AktG zu.[419] Darüber hinaus stellt sich die

418 *Gehrlein*, BB 2005, 2433, 2434.

419 Baumbach/Hueck/*Zöllner*, Anh. § 47 Rn. 30.

Frage, bis zu welcher Beteiligungshöhe überhaupt von einem Minderheitsgesellschafter gesprochen werden kann. In einer zweigliedrigen Gesellschaft hat auch der zu 30 % beteiligte Gesellschafter keine Möglichkeit der Einflussnahme. Ist die herrschende Ansicht in Rechtsprechung und Literatur tatsächlich gewillt, ihn der Willkürherrschaft des Mehrheitsgesellschafters mit dem o.g. Argument preiszugeben?

Diese Zweifel werden durch folgende Erwägung verstärkt: Über die untrennbare Verbindung zwischen Gesellschafter- und Geschäftsführerstellung wird aufgrund der Regelung des § 38 Abs. 1 GmbHG eine Drucksituation geschaffen, die mit derjenigen, in denen der Minderheitsgesellschafter an der Geschäftsführung nicht beteiligt ist, identisch ist. Das eigentliche Drohpotential liegt in der Möglichkeit der Abberufung.[420] Denn auch der Minderheitsgesellschafter, der den Posten der Geschäftsführung innehat, kann ohne Grund abberufen werden.[421] Die Ausnahme, dass dem Minderheitsgesellschafter ein Anspruch auf die Geschäftsführung *qua* Satzung als mitgliedschaftliches Sonderrecht eingeräumt wird, dürfte im Private Equity-Bereich wohl kaum anzutreffen sein. Es würde keinen Unterschied machen, ob der Gesellschafter als solcher hinausgekündigt wird oder der Geschäftsführer abberufen und damit der Bedingungseintritt für die Abtretung der Geschäftsanteile herbeigeführt wird.[422]

Im Ergebnis greifen aber auch diese Bedenken nicht durch. Auch wenn eine gewisse Drucksituation unbestreitbar ist, wird bei einem Management Equtiy Program die Wahrnehmung von Mitgliedschaftsrechten nicht auf die Geschäftsführungsebene verlagert. Es kann auch nicht davon gesprochen werden, dass der weitere Sinn des Management Equity Program darin liege, das Minus der Teilhabe auf der Gesellschafterebene durch ein Plus bei der Geschäftsführung zu kompensieren.

cc) Fazit

Für Unternehmen, die nicht unter das MitbestG fallen, lässt sich die Eigenschaft einer Leaver-Klausel als Hinauskündigungsklausel nicht bestreiten. Dies führt aber im Ergebnis nicht dazu, dass diese auch automatisch gem. § 138 Abs. 1 BGB sittenwidrig ist. Auch wenn die vom BGH und vom herrschenden Schrifttum vorgebrachten Argumente, nach denen die Gesellschafterstellung nur Annex zur Geschäftsführerstellung sein soll, nicht überzeugen können, muss konstatiert

---

420 *Benecke*, ZIP 2005, 1437, 1440; *Habersack/Verse*, ZGR 2005, 451, 464.

421 Michalksi/*Terlau*, § 38 Rn. 70.

422 So auch der BGH im Managermodell, s. BGHZ 164, 98, 102.

werden, dass die Beteiligung der Manager regelmäßig so gering ist, dass sie auf das Schicksal der Gesellschaft über die Gesellschafterversammlung kaum Einfluss nehmen können. Da somit der maßgebliche Grund für die Hinauskündigungsrechtsprechung nicht berührt ist, sind Leaver-Klauseln – allen Bedenken zum Trotz – nicht sittenwidrig gem. § 138 Abs. 1 BGB.

3. Verhältnis einer Bad Leaver-Klausel zu § 723 Abs. 3 BGB

Eine interessante, bisher nicht in der Literatur, wohl aber in der obergerichtlichen Rechtsprechung behandelte Frage ist das Verhältnis der Leaver-Klauseln zum Verbot der Kündigungserschwerung nach § 723 Abs. 3 BGB.

a) Anwendbarkeit auf die schuldvertragliche Regelung des Management Equity Program

Hierbei stellt sich zunächst das Problem, auf welche Art der Beschränkung § 723 Abs. 3 BGB Anwendung findet. Der Wortlaut ist insoweit unergiebig; spricht er doch lediglich von „Vereinbarung". Insoweit könnte die Norm auf den Gesellschaftsvertrag Bezug nehmen. Leaver-schemes sind aber regelmäßig außerhalb des Gesellschaftsvertrages in der Gesellschaftervereinbarung niedergelegt.[423] Unabhängig davon, welche Rechtsnatur man dieser im Endeffekt zuschreibt, wäre § 723 Abs. 3 BGB aber zumindest über § 134 BGB anwendbar. § 134 BGB findet auf Rechtsgeschäfte jeglicher Art Anwendung[424], und dass es sich bei der Gesellschaftervereinbarung um ein Rechtsgeschäft handelt, ist unbestritten.[425] Auch an der Qualifikation des § 723 Abs. 3 BGB als Verbotsgesetz i.S.d. § 134 BGB bestehen keine Zweifel: Ob es sich bei einem Gesetz um ein Verbotsgesetz handelt, ist durch Auslegung der betreffenden Rechtsvorschrift zu ermitteln.[426] Der Wortlaut des § 723 Abs. 3 ist insoweit eindeutig, da dort ein ausdrückliches Verbot mit der Rechtsfolge der Nichtigkeit entsprechender Vereinbarungen geregelt ist.[427]

423 Hdb MBO/*Weitnauer*, D Rn. 5, 6.

424 MünchKomm-BGB/*Armbrüster*, § 134 Rn. 23; Erman/*Palm*/*Arnold*, § 134 Rn. 9; BeckOK-BGB/*Wendtland*, § 134 Rn. 3.

425 *Winkler*, Rechtfragen der Venture Capital-Finanzierung, S. 43, 45.

426 BGHZ 85, 39, 43; Erman/*Palm*/*Arnold*, § 134 Rn. 9.

427 MünchKomm-BGB/*Schäfer*, § 723 Rn. 61, 63; BeckOK-BGB/*Schöne*, § 723 Rn. 31 f.

b) Leaver-Klauseln als Kündigungserschwerung?

aa) Vergleichbarer Sachverhalt des LAG Rheinland-Pfalz

Mit einer der Bad Leaver-Klausel sehr nahekommenden Regelung hatte sich das LAG Rheinland-Pfalz in einer Entscheidung aus dem Jahr 2014 auseinanderzusetzen, die im kommentierenden Schrifttum leider überhaupt keine Aufmerksamkeit erfahren hat. Zwar betraf der Sachverhalt keinen Geschäftsführer, sondern einen gewöhnlichen Arbeitnehmer, und auch die Auszahlungsmodalitäten entsprachen nicht vollends denen einer Bad Leaver-Klausel.[428] Die Parteien stritten um die Rückzahlung einer Einlage in eine stille Gesellschaft, nachdem der Arbeitnehmer ordentlich gekündigt hatte, wobei die Pflicht zur Rückzahlung nur für Kündigungen vor dem 63. Lebensjahr und somit nicht für jede ordentliche Kündigung gelten sollte, womit allerdings fast der gesamte Zeitraum einer ordentlichen Kündigung des Arbeitnehmers betroffen war. Streitentscheidend waren die folgenden Paragraphen des Gesellschaftsvertrages:

> *„§ 15 Dauer, Kündigung*
> *Im Übrigen endet dieser Vertrag mit dem Ausscheiden des Gesellschafters aus dem Arbeitsverhältnis der GmbH, ohne dass es einer Kündigung bedarf. Das gilt auch für ein Ausscheiden wegen der gesetzlichen Altersrente, Invalidität oder vergleichbarer Gründe."*

> *„§ 16 Auseinandersetzung und Abfindung*
> *Falls der stille Gesellschafter das Gesellschaftsverhältnis oder sein Arbeitsverhältnis bei der GmbH vor Vollendung des 63. Lebensjahres und ohne Vorliegen eines wichtigen Grundes in der Sphäre der GmbH kündigt oder falls sein Arbeitsverhältnis durch die GmbH wegen eines verhaltensbedingten wichtigen Grundes des stillen Gesellschafters gekündigt wird, erhält der stille Gesellschafter als Abfindung den Nominalwert seiner Einlage zuzüglich einer Verzinsung von 2 % über dem zum 01. Januar eines Vertragsjahres maßgebenden Basiszinssatz, aber abzüglich der bis dahin erhaltenen Gewinnanteile und abzüglich etwaiger Verluste, soweit diese nicht durch spätere Gewinne ausgeglichen werden."*

Das LAG Rheinland-Pfalz befand die vorgenannten Regelungen unter Zitation der Rechtsprechung des BGH zu § 723 Abs. 3 BGB für unwirksam, da das Recht zur Kündigung in unzulässiger Weise eingeschränkt werde.[429] Der Vortrag des Arbeitgebers, aufgrund des hohen Gewinnpotentials sei es den als stille Gesellschafter beteiligten Arbeitnehmern zumutbar, auf gewisse Teile der Gewinnausschüttung zu verzichten, überzeugte nicht. Vielmehr sei es genau umgekehrt: Je höher die geleistete Einlage und je höher die ausgeschütteten Anteile, umso

---

428 LAG Rheinland-Pfalz, BeckRS 2014, 72370.

429 Auf welches gesetzliche Leitbild das LAG letzendlich abstellte, wird aus der Entscheidung nicht deutlich.

größer werde der Druck auf den stillen Gesellschafter, das Arbeitsverhältnis nicht vor dem 63. Lebensjahr zu beenden.[430]

bb) Stellungnahme

Schwieriger zu beurteilen ist, ob § 723 Abs. 3 BGB auf die Ausgestaltung des leaver-schemes passt. Streng genommen wird durch die Vereinbarung einer Bad Leaver-Klausel, die die kündigungserschwerenden Elemente enthält, nicht die Möglichkeit der Kündigung der Manager-KG/GbR beschränkt. Die Regelung betrifft in erster Linie die Tätigkeit als Geschäftsführer am Target. Lediglich aufgrund der Call-Option ist das Schicksal der Gesellschafterstellung an das der Geschäftsführung gekoppelt. Zudem dürfte das Vorhaben, bei einer Managementbeteiligung nur die Mitgliedschaft in der Manager-KG/GbR zu kündigen, eher theoretischer Natur sein. Hierin besteht auch der maßgebliche Unterschied zum Sachverhalt des LAG Rheinland-Pfalz: Dort wurden sowohl für die stille Gesellschaft als auch für das Arbeitsverhältnis Regelungen zum Ausscheiden getroffen. Darüber hinaus handelte es sich um eine schon zum Nominalwert geleistete Einlage. Zudem hätte die Prüfung nicht zwingend anhand von § 723 Abs. 3 BGB im Rahmen des § 307 BGB erfolgen müssen, sondern es wäre auch eine Prüfung anhand der vom BAG entwickelten Grundsätze zur übermäßigen Vertragsbindung bei Rückzahlung von Gratifikationen nach Art. 12 Abs. 1 S. 1 GG i.V.m. § 242 BGB möglich gewesen.[431] Dies mag aber der Vermengung von langer Vertragsbindung und Abfindungsbeschränkung geschuldet sein. Allerdings sind vom Verbot der Kündigungserschwerung nicht nur direkt wirkende Beschränkungen erfasst, sondern auch solche, die indirekt oder mittelbar wirken und zu derartig schwerwiegenden Nachteilen führen, dass sie den Betroffenen an der Wahrnehmung seines Kündigungsrechts hindern.[432] Nach der st. Rspr. des BGH ist unter einem solchen Nachteil auch die unzumutbare Beschränkung des Abfindungsanspruchs des Gesellschafters zu verstehen.[433] Voraussetzung hierfür ist, dass die Beschränkung geeignet ist, die Entschließungsfreiheit des Gesellschafters im Kündigungszeitpunkt ernsthaft zu beeinträchtigen.[434]

---

430 LAG Rheinland-Pfalz, BeckRS 2014, 72370.

431 F.II.4.f.cc.

432 BGH, NJW 2008, 2987, Rn. 19; MünchKomm-BGB/*Schäfer*, § 723 Rn. 62.

433 BGH, NZG 2006, 425 ff.; NJW 2008, 2987, Rn. 19.

434 BGH, NJW 2008, 2987, Rn. 19; MünchKomm-BGB/*Schäfer*, § 723 Rn. 62.

Wie schon bei der Qualifikation von Leaver-Klauseln als Hinauskündigungsklauseln nach freiem Ermessen muss auch hier konstatiert werden, dass es aufgrund der Koppelungsfunktion der Call-Option keinen Unterschied machen kann, ob die Gesellschaft oder das Anstellungsverhältnis gekündigt wird. Auch hier bestünde über die Konstruktion einer Call-Option ein erhebliches Potential für eine Umgehung des § 723 Abs. 3 BGB. Manager werden nach den gängigen Vereinbarungen schon dann als bad leaver eingestuft, wenn sie von ihrem ordentlichen Kündigungsrecht Gebrauch machen. Dies führt zur Abfindung nach dem Nennwert, sprich in Höhe der geleisteten Einlage. Bei allen denkbaren Abfindungsklauseln[435] ist die Nennwertklausel die für den Betroffenen denkbar schlechteste Lösung. Bezogen auf die Managementbeteiligung bedeutete dies, dass der Manager praktisch „umsonst" gearbeitet hat. Da die Gründe einer ordentlichen Kündigung vielfältiger Natur sein können, indiziert sie auch keineswegs, dass der Manager schlecht geleistet hat. Somit würde es dem Manager – trotz seines unbestreitbaren Beitrags – verwehrt, an der Wertsteigerung zu partizipieren. Darüber hinaus gilt zu berücksichtigen, dass PE-Transaktionen zwar zeitlich begrenzt, aber dennoch auf mehrere Jahre angelegt sind. Während der Beteiligungszeit ist es nicht möglich, das investierte Geld anderweitig gewinnbringend anzulegen. Im Zeitpunkt der Rückgewähr, der unter Umständen mehrere Jahre nach dem Investitionszeitpunkt liegen kann, wurde der Nennbetrag zusätzlich durch die Inflation entwertet. Für den Manager im Ergebnis also ein Verlustgeschäft.

Zuletzt kann auch für den Fall einer Bad Leaver-Klausel die Argumentation des LAG Rheinland-Pfalz fruchtbar gemacht werden: Da ein Management Equity Program regelmäßig auf 7 bis 10 Jahre angelegt ist, wird die Situation des Managers umso prekärer, desto fortgeschrittener sein Tätigkeitszeitraum beim Target ist. Nachdem Gewinnausschüttungen und Teile des Gehalts bereits darauf verwendet wurden, die Verbindlichkeiten für den Erwerb der Geschäftsanteile zu tilgen, droht er nun kurz vor dem Exit „leer auszugehen", sollte er ordentlich kündigen. Im Gegensatz zur Regelung des dem LAG Rheinland-Pfalz vorliegenden Sachverhalts wird die „Härte" einer Bad Leaver-Klausel auch nicht durch vorherige Ausschüttungen ausgeglichen.

Nach alledem ist anzunehmen, dass die Bad Leaver-Klausel sehr wohl geeignet ist, den Betroffenen von der Ausübung seines Kündigungsrechts abzuhalten, und somit aufgrund eines Verstoßes gegen § 723 Abs. 3 BGB unwirksam ist.

---

435 E.III.2.

c) *Rechtsfolge des Verstoßes gegen § 723 Abs. 3 BGB?*

Nach der Rechtsprechung des BGH führt die Annahme einer unzulässigen Kündigungserschwerung nicht zur Nichtigkeit der Regelung, sondern zu einer Anpassung zum Verkehrswert im Wege der ergänzenden Vertragsauslegung.[436]

Die Rechtsprechung des BGH, welche die nachträgliche Nichtigkeit einer Abfindungsbeschränkung nicht zulassen will, begegnet nach der hier vertretenen Ansicht erheblichen Bedenken.[437]

Sie lässt sich schon nicht mit dem eindeutigen Wortlaut des § 723 Abs. 3 BGB, der als Rechtsfolge die Nichtigkeit anordnet, vereinbaren. Das Abstellen auf den Zeitpunkt des Vertragsschlusses geht auch aus einem anderen Grund fehl: Die Konstellation, in der Anteilswert und Abfindungsanspruch schon bei Vertragsschluss unzumutbar weit auseinanderliegen, dürfte in der Praxis wohl niemals vorkommen, da die Wertentwicklung der Beteiligung gerade am Anfang noch völlig ungewiss ist. Vielmehr soll auf eine Wertsteigerung gerade erst hingearbeitet werden. Die Rechtsprechung des BGH hat zur Folge, dass der Anwendungsbereich des § 723 Abs. 3 BGB praktisch gen Null geht, aber gerade in der Praxis zuhauf Fälle existieren, in denen geschuldete Abfindung und tatsächlicher Verkehrswert der Geschäftsanteile in ganz erheblichem Maße divergieren. Dies zeigen die in dieser Arbeit analysierten Entscheidungen des BFH[438] zur steuerlichen Behandlung von Managementbeteiligungen mit Leaver-/Vesting-Klausel: In der ersten Entscheidung des BFH aus dem Jahr 2013 lag der Nennwert der erworbenen Genussrechte bei 20.000,00 DM, den der Kläger als bad leaver erhalten hätte. Hingegen lag der Rückkaufswert der Genussrechte, den der Kläger als good leaver letztlich erhielt, bei 1.600.000,00 Euro.[439] Dies bedeutet ein Missverhältnis von circa 8.000 %, welches nach der Rechtsprechung des BGH zu § 723 Abs. 3 BGB aber weiterhin wirksam sein soll. Doch nicht nur dann, wenn Anteile zum Nennwert erworben werden, kann sich nachträglich ein grobes Missverhältnis entwickeln: In seiner jüngsten Entscheidung[440] zur steuerlichen Behandlung von Managementbeteiligungen lag dem BFH ein Sachverhalt vor, in dem Gesellschaftsanteile zum Marktwert i.H.v. 107.521,05 Euro erworben worden waren. Der später erzielte Veräußerungserlös lag bei 575.820,56 Euro, was

---

436 E.II.3.a.

437 Vgl. hierzu die bereits unter D.III.3.d. geäußerte Kritik.

438 BFH v. 05.11.2013 – VIII R 20/11, BStBl II 2014, 275 ff.; v. 04.10.2016 – IX R 43/15, BStBl II 2017, 790 ff.; vgl. F.V.2.a,b.

439 BFH v. 05.11.2013 – VIII R 20/11, BStBl II 2014, 275, Rn. 4.

440 BFH v. 04.10.2016 – IX R 43/15, BStBl II 2017, 790 ff.

einer Wertsteigerung von circa 537 % entspricht. Nur der Vollständigkeit halber sei erwähnt, dass *Goette*, seinerzeit Vorsitzender des II. Zivilsenats, in einer Anmerkung zur Entscheidung aus dem Jahre 2006 ausdrücklich – und entgegen der Rechtsprechung „seines" Senats – davon ausgeht, dass eine Buchwertklausel nach § 723 Abs. 3 BGB nichtig ist, wenn sich der wahre Wert der Beteiligung *nachträglich* zu sehr vom Buchwert entfernt hat.[441]

d) Ergebnis

Nach alledem kann der Rechtsprechung des BGH zur Rechtsfolge des § 723 Abs. 3 BGB bei nachträglichem Auseinanderfallen von Anteilswert und Abfindungsanspruch nicht gefolgt werden, sodass an der Nichtigkeitsfolge des § 723 Abs. 3 BGB im Hinblick auf Bad Leaver-Klauseln festzuhalten ist.

4. Leaver-/Vesting-Klauseln als Kündigungsbeschränkung im Sinne der §§ 134, 622 Abs. 6 BGB

In seiner Entscheidung zum Managermodell musste sich der BGH ebenfalls mit der Frage auseinandersetzen, ob die getroffene Regelung eine unzulässige Kündigungsbeschränkung nach §§ 134, 622 Abs. 6 BGB im Sinne der Rechtsprechung des BAG darstellt. Schließlich wird dem Geschäftsführer so die Möglichkeit erschwert, von seinem ordentlichen Kündigungsrecht Gebrauch zu machen und seine Anstellung zu kündigen. Der BGH verneinte eine kündigungserschwerende Wirkung mit einer bloßen Reflexwirkung, die die Kündigung auf die Gesellschafterstellung habe.[442]

Leaver-Klauseln, insbesondere Bad Leaver-Klauseln, bieten allerdings drei Anknüpfungspunkte für eine kündigungserschwerende Wirkung: Den Verlust der Gesellschafterstellung einerseits, die mit dem Ausscheiden als Gesellschafter einhergehende Beschränkung des gesellschaftsrechtlichen Abfindungsanspruchs auf den Nennwert der Beteiligung andererseits sowie die Pflicht zur Rückgewähr des Darlehens zur Finanzierung des Gesellschaftsanteils.

a) Grundsätze des BAG zu §§ 134, 622 Abs. 6 BGB

Gem. § 622 Abs. 6 BGB darf für die Kündigung des Arbeitsverhältnisses durch den Arbeitnehmer keine längere Frist vereinbart werden als für die Kündigung durch den Arbeitgeber. Über den Wortlaut hinaus hat das BAG aus der Vorschrift

441 *Goette*, DStR 2006, 1006.
442 BGHZ 164, 98, 105 f.

verschiedene Grundsätze abgeleitet: § 622 Abs. 6 BGB lasse generell das gesetzliche Leitbild erkennen, dass die Rechtsstellung der Arbeitsvertragsparteien dort, wo sie sich in einer strukturell vergleichbaren Lage befinden, gleich ausgestaltet sein soll.[443] Des Weiteren sei es unzulässig, durch vertragliche Absprachen eine ungleiche Kündigungslage zum Nachteil einer der Parteien des Arbeitsverhältnisses, vor allem des Arbeitnehmers, zu schaffen, insbesondere einen einseitigen Vermögensnachteil des Arbeitnehmers für den Fall einer von ihm erklärten Kündigung zu vereinbaren.[444] Damit soll die Entscheidungsfreiheit des Arbeitnehmers in Bezug auf die Beendigung seines Arbeitsverhältnisses geschützt werden. Der Arbeitnehmer solle die Freiheit behalten, unter Beachtung der geltenden Kündigungsfrist und ohne Diskriminierung im Verhältnis zu seinem Arbeitgeber das Arbeitsverhältnis zu beenden und sich einer anderen Tätigkeit zuzuwenden.[445] Allerdings können auch faktische Kündigungsbeschränkungen, die zwar nicht unmittelbar auf die Wirksamkeit der Kündigung, wohl aber auf den Kündigungsentschluss des Kündigungsberechtigten Einfluss zu nehmen suchten, unzulässig sein.[446] Unter eine faktische Kündigungsbeschränkung falle allerdings nicht jede für den Arbeitnehmer ungünstige Reflexwirkung seiner Kündigung.[447] Vielmehr seien die Gesamtumstände unter Berücksichtigung des Grundsatzes der Verhältnismäßigkeit zu würdigen.[448] Hat der Arbeitgeber dem Arbeitnehmer ein Darlehen gewährt und ist dieses nach erfolgter Eigenkündigung zurückzugewähren, kann nicht von einem pauschalen Verstoß gegen § 622 Abs. 6 BGB gesprochen werden. Ein Verstoß kann nur im Rahmen einer Gesamtwürdigung der Darlehensvereinbarungen festgestellt werden, wobei, sofern der Vertrag keine ausdrückliche Regelung enthält, bereits die Auslegung der Vereinbarung zu einem gegenteiligen Inhalt führen kann.[449] Ist im Arbeitsvertrag lediglich vereinbart, dass nach Beendigung des Arbeitsverhältnisses der für Kunden des Arbeitgebers allgemein geltende Zinssatz zur Anwendung kommt,

---

443 BAG, NZA 2004, 853, 858.

444 BAG, DB 1956, 503, 504; DB 1971, 1068; DB 1990, 434.

445 BGHZ 164, 98, 105 f.

446 HWK/*Bittner*, § 622 BGB Rn. 59; MünchKomm-BGB/*Hesse*, § 622 Rn. 104; ErfK/*Müller-Glöge*, § 622 BGB Rn. 44; Staudinger/*Preis*, § 622 Rn. 53.

447 BAG, AP § 242 Gleichbehandlung Nr. 179; BGHZ 164, 98, 105 f.; MünchKomm-BGB/*Hesse*, § 622 Rn. 104; ErfK/*Müller-Glöge*, § 622 BGB Rn. 44.

448 BAG AP BBiG § 5 Nr. 8; ErfK/*Müller-Glöge*, § 622 BGB Rn. 44; MünchKomm-BGB/*Hesse*, § 622 Rn. 104.

449 BAG, AP § 611 Arbeitnehmerdarlehen Nr. 1; MünchKomm-BGB/*Hesse*, § 622 Rn. 105.

liegt hierin keine unangemessene Benachteiligung des Arbeitnehmers.[450] Wird eine faktische Bindung des Arbeitnehmers durch eine Pflicht zur Rückzahlung für gewährte Ausbildungskosten oder Gratifikationen bewirkt, misst die Rechtsprechung die Gültigkeit derartiger Vereinbarungen nicht an § 622 Abs. 6 BGB, sondern daran ob die mit der Klausel bewirkte Bindungsdauer das Recht des Arbeitnehmers auf freie Wahl des Arbeitsplatzes aus Art. 12 Abs. 1 S. 1 GG i.V.m. § 242 BGB unverhältnismäßig einschränkt.[451] Verstößt eine Vereinbarung wegen ihrer faktischen Kündigungserschwerung gegen § 622 Abs. 6 BGB, ist sie gem. § 134 BGB unwirksam, ohne dass dies eine negative Auswirkung auf die Wirksamkeit des restlichen Arbeitsverhältnisses hat.[452]

Seit dem Inkrafttreten des Schuldrechtsmodernisierungsgesetzes wird in Teilen der Literatur und Rechtsprechung behauptet, diese Grundsätze seien überholt, sofern es sich um Formularverträge handelt. Hier sei die Inhaltskontrolle nach den Bestimmungen der §§ 307 ff. BGB vorzunehmen. Hierbei könnten §§ 622 Abs. 6, 723 Abs. 3 BGB als gesetzliches Leitbild herangezogen werden.[453] Vesting- bzw. Leaver-Regelungen befinden sich regelmäßig in der Gesellschaftervereinbarung.[454] Ob für eine schuldrechtliche, gesellschaftsvertragsähnliche Regelung die Bereichsausnahme des § 310 Abs. 4 S. 1 BGB gilt, woran bei Bejahung eine Inhaltskontrolle nach den §§ 307 ff. BGB scheitern würde, wird zwar nicht einheitlich beurteilt.[455] Allerdings dürfte es für die Beurteilung kaum einen Unterschied machen, nach welcher Norm die Kontrolle durchgeführt wird, da die Rechtsprechungsgrundsätze des BAG und des BGH im Wesentlichen dem gesetzlichen Leitbild der §§ 622 Abs. 6, 723 Abs. 3 BGB entsprechen.

b) Anwendbarkeit der §§ 134, 622 Abs. 6 BGB auf GmbH-Geschäftsführer

Will man in den Bedingungen eines leaver-/vesting-schemes eine unzulässige Kündigungserschwerung im Sinne der oben zitierten Rechtsprechung des BAG erkennen, stellt sich die Frage der Anwendbarkeit derjenigen Norm, aus der

---

450 BAG, AP § 611 Arbeitnehmerdarlehen Nr. 4; MünchKomm-BGB/*Hesse*, § 622 Rn. 105.

451 BAG, AP § 611 Abhängigkeit Nr. 68; AP § 611 Gratifikation Nr. 150, 250; AP BBiG § 5 Nr. 8; MünchKomm-BGB/*Hesse*, § 622 Rn. 106.

452 BAG, AP Nr. 13; MünchKomm-BGB/*Hesse*, § 622 Rn. 108.

453 LAG Rheinland-Pfalz, BeckRS 2014, 72370; MünchKomm-BGB/*Hesse*, § 622 Rn. 105; ErfK/*Müller-Glöge*, § 622 BGB Rn. 44.

454 *v. Werder/Li*, BB 2013, 1736, 1737.

455 Offengelassen in BGHZ 164, 98, 106; befürwortend Palandt/*Grüneberg*, § 310 Rn. 49.

dieser Grundsatz hergeleitet wird. In der Entscheidung zum Managermodell hat der BGH diese Frage offen gelassen, da er das Vorliegen einer unzulässigen Kündigungsbeschränkung im Ergebnis verneint hat.[456]

aa) Geschäftsführer als Arbeitnehmer?

Der Wortlaut § 622 Abs. 6 BGB spricht von Arbeitnehmer und Arbeitsverhältnis, sodass zunächst geklärt werden muss, ob Geschäftsführer einer GmbH unter den Begriff des Arbeitnehmers fallen.

(1) Ansichten in der Literatur

Die wohl herrschende, eher gesellschaftsrechtlich orientierte Meinung in der Literatur qualifiziert den Geschäftsführer einer GmbH entweder ausnahmslos[457] oder doch zumindest für den Regelfall[458] nicht als Arbeitnehmer. Vielmehr gilt ihr der GmbH-Geschäftsführer als *„freier Dienstnehmer*".[459] Der Geschäftsführer sei notwendiges Organ und habe bestimmte gesetzliche Mindestpflichten, von denen er weder durch den Gesellschaftsvertrag noch durch die Gesellschafter befreit werden könne. Er nehme als Vertretungsorgan der Gesellschaft Arbeitgeberfunktionen wahr.[460] Es fehle an einer Unselbständigkeit im Sinne des Arbeitsrechts, insbesondere an der Unterworfenheit unter ein arbeitsrechtliches Weisungsrecht. Die aus § 37 Abs. 1 GmbHG folgende gesellschaftsrechtliche Weisungsabhängigkeit sei mit der arbeitsrechtlichen nicht vergleichbar, da sie in der organschaftlichen Stellung der Gesellschafterversammlung wurzele und nicht im Anstellungsvertrag des Geschäftsführers.[461]

Vertreter einer eher arbeitsrechtlich fundierten Sichtweise bejahen die Arbeitnehmereigenschaft mit unterschiedlichen Begründungen und unterschiedlichen

---

456 BGHZ 164, 98, 105 f.

457 Roth/Altmeppen/*Altmeppen*, § 6 Rn. 76; *Boemke*, ZfA 1998, 203, 213 f.; *Goette*, FS Wiedemann, 873 ff.; *Fleck*, FS Hilger-Stumpf, 197, 208 ff.; *G. Hueck*, FS Hilger-Stumpf, 365, 379; *ders.*, ZfA 1985, 25, 31 f.; Michalski/*Lenz*, § 35 Rn. 120; Lutter/Hommelhoff/*Kleindiek*, Anh. § 6 Rn. 3; *Nebendahl*, NZA 1992, 289, 290; ErfK/*Preis*, § 611a BGB Rn. 88; Staudinger/*Richardi*/*Fischinger*, § 611 Rn. 353; Baumbach/Hueck/*Zöllner*/*Noack*, § 35 Rn. 174.

458 *Henssler*, RdA 1992, 289, 294; Henssler/Strohn/*Oetker*, § 35 GmbHG Rn. 77; HWK/*Thüsing*, Vorbem. § 611 BGB Rn. 95.

459 *Bauer*/*Diller*, GmbHR 1998, 809, 812.

460 Michalski/*Lenz*, § 35 Rn. 120; Baumbach/Hueck/*Zöllner*/*Noack*, § 35 Rn. 175.

461 *Nebendahl*, NZA 1992, 289, 291; *Preis*/*Sagan*, ZGR 2013, 27, 28.

Voraussetzungen.[462] Gemein ist allerdings allen Autoren, dass das gesellschaftsrechtliche Weisungsrecht des § 37 Abs. 1 GmbHG als mit der Weisungsgebundenheit eines Arbeitnehmers vergleichbar angesehen wird und dass Fremdgeschäftsführer oder Gesellschafter-Geschäftsführer mit Minderheitsbeteiligung eine vergleichbare Schutzbedürftigkeit wie ein gewöhnlicher Arbeitnehmer aufweisen können.

(2) Ansichten in der Rechtsprechung

Die Rechtsprechung des BGH und des BAG, welche dem BGH „in aller Regel" folgt[463], schließt sich der vorherrschenden gesellschaftsrechtlichen Meinung an, indem es das Anstellungsverhältnis des Geschäftsführers nicht als Arbeitsverhältnis, sondern als freies Dienstverhältnis einordnet.[464]

bb) Anwendung des § 622 BGB auf Geschäftsführer

Indes tendieren BGH und BAG sowie ein Großteil der Literatur dazu, einzelne Vorschriften des Arbeitsrechts auf das Anstellungsverhältnis des Geschäftsführers anzuwenden[465], wobei sich eine eindeutige Handhabung noch nicht abgezeichnet hat.[466] So wendet der BGH insbesondere die Vorschrift des § 622 BGB auf Fremdgeschäftsführer sowie Gesellschafter-Geschäftsführer an, die an der Gesellschaft nur unwesentlich beteiligt sind, da sie in einer mit einem Arbeitnehmer vergleichbaren Abhängigkeit im Hinblick auf ihr Anstellungsverhältnis stehen.[467]

---

462 *Annuß*, ZInsO 2001, 344, 345 ff.; *Diller*, Gesellschafter und Gesellschaftsorgane als Arbeitnehmer, S. 137 ff.; *Kamanabrou*, DB 2002, 146, 147; *Krause*, Mitarbeit in Unternehmen: Tätigkeitsverhältnisse im Spannungsfeld von Gesellschafts-, Dienstvertrags- und Arbeitsrecht, S. 304 ff.; *Miller*, BB 1977, 723, 725 f.; *Trinkhaus*, DB 1968, 1756 ff.; *Wank*, FS Wiedemann, 587 ff.

463 BAG, GmbHR 1999, 816; GmbHR 2006, 592, 593.

464 BGHZ 49, 30 f.; 79, 291, 294; 91, 217, 219; BGH, NJW 1984, 2528; BAG, NZA 1986, 68; NZA 1986, 793, 792; NZA 1987, 845; zum Arbeitnehmerbegriff des EuGH siehe F.II.5.

465 BGH, NJW 1981, 1270, 1271; NJW 1987, 2073, 2074; *Bauer/Diller*, GmbHR 1998, 809, 812 f.; MünchKomm-BGB/*Hesse*, § 622 Rn. 10; ErfK/*Müller-Glöge*, § 622 BGB Rn. 7; UHL/*Paefgen*, § 38 Rn. 81; KR/*Spilger*, § 622 BGB Rn. 68.

466 BAG, NZA 2006, 366, Rn. 18.

467 BGHZ 79, 291, 292 ff.; 91, 217, 220; BGH, NJW 1984, 2528.

cc) Ebenfalls Anwendung von § 622 Abs. 6 BGB?

Allerdings kann aus den vorgenannten Entscheidungen keinesfalls der Schluss gezogen werden, dass die Anwendbarkeit des § 622 BGB sich auf alle Absätze bezieht. Auch wenn der BGH in seiner Entscheidung vom 29.01.1981 festgestellt hat, dass „§ 622 BGB" bei Organmitgliedern entsprechend anwendbar sei[468], ergeben sich Zweifel daraus, dass er diese Frage in der Entscheidung zum Managermodell explizit offengelassen hat. Dabei wäre es ihm ein Leichtes gewesen die Anwendbarkeit von Abs. 6 mit einem Verweis auf ebendiese Entscheidung zu bejahen.

In der Literatur wurde die analoge[469]/entsprechende[470] Anwendbarkeit des § 622 Abs. 6 BGB bisher nur vereinzelt erörtert; diese wird aber von den sich mit dieser Frage beschäftigenden Autoren ausnahmslos bejaht.[471] Erstens sei die erforderliche planwidrige Regelungslücke vorhanden. Nach Ansicht des BGH sei die ausdrückliche Nichtnennung von Organwaltern in § 622 Abs. 6 BGB schon für § 622 Abs. 6 BGB a.F. als Redaktionsversehen anerkannt gewesen.[472] Daran habe sich auch mit der Neuregelung des § 622 BGB nichts geändert.[473] Darüber hinaus sei auch die vergleichbare Interessenlage gegeben: „*§ 622 Abs. 6 BGB ist nicht eine im luftleeren Raum schwebende isolierte Gesetzesbestimmung, sondern eine einfachgesetzliche Ausprägung von Art. 12 GG, der das Grundrecht auf die freie Wahl des Arbeitsplatzes gewährleistet.*"[474] Darüber hinaus gehöre zum von Art. 12 Abs. 1 S. 1 GG geschützten Bereich neben der Wahl des Berufes und des Arbeitsplatzes auch die Freiheit, eine konkrete Beschäftigung wieder aufzugeben.[475] Die von § 622 Abs. 6 BGB erfassten Fälle stellten nun aber gerade eine Beschränkung des Rechts aus Art. 12 Abs. 1 S. 1 GG dar.[476] Dabei könne es

---

468 BGHZ 79, 291, 292 ff.

469 *Gärtner*, Der unfreiwillige Verlust der Gesellschafterstellung von ausgeschiedenen Managern und Mitarbeitern, S. 371 ff.

470 *Bauer/Diller*, GmbHR 1998, 809, 812 f.

471 *Bauer/Diller*, GmbHR 1998, 809, 812 f.; *Bauer/Krieger/Arnold*, Arbeitsrechtliche Aufhebungsverträge, D. Rn. 68, 84; *Gärtner*, Der unfreiwillige Verlust der Gesellschafterstellung von ausgeschiedenen Managern und Mitarbeitern, S. 371 ff.

472 BGHZ 79, 291.

473 *Bauer*, BB 1994, 855, 856; *Lunk*, ZIP 1999, 1777, 1780; Staudinger/*Preis*, § 621 Rn. 9; a.A. *Hümmerich*, NJW 1995, 1777, 1780, der die Regelungslücke aber für verfassungswidrig hält.

474 *Bauer/Diller*, GmbHR 1998, 809, 813.

475 BVerfGE 80, 257, 263; 85, 360, 365.

476 *Gärtner*, Der unfreiwillige Verlust der Gesellschafterstellung von ausgeschiedenen Managern und Mitarbeitern, S. 372.

keinen Unterschied machen, ob es sich bei der Berührung des Schutzbereichs des Art. 12 Abs. 1 S. 1 GG um Kündigungserschwernisse handele, die von § 622 Abs. 6 BGB direkt erfasst würden, oder um solche, die nur auf den Kündigungsentschluss Einfluss nähmen.[477] Da Art. 12 Abs. 1 S. 1 GG nicht nur die Arbeit in einem klassischen abhängigen Arbeitsverhältnis umfasse, sondern jede Form der selbstständigen und unselbstständigen Betätigung, sofern sie auf Dauer angelegt ist und dem Erhalt und der Schaffung einer Lebensgrundlage diene, falle hierunter auch die Tätigkeit als Organmitglied.[478] Auch ihm eröffne Art. 12 Abs. 1 S. 1 GG die Möglichkeit, eine einmal aufgenommene Tätigkeit wieder beenden zu können. Der Geschäftsführer solle sich vom Vertrag in zeitlicher Hinsicht nicht unter ungünstigeren Bedingungen lösen müssen als die Gesellschaft. Das Schutzbedürfnis des abhängigen, arbeitnehmerähnlichen, wenn auch am Kapital beteiligten Geschäftsführers sei mit dem eines Arbeitnehmers vergleichbar. § 622 Abs. 6 BGB finde auf ihn daher entsprechende/analoge Anwendung.[479]

dd) Stellungnahme

Der analogen/entsprechenden Anwendung des § 622 Abs. 6 BGB sowie des daraus ableitbaren Verbots der Kündigungserschwerung auf den Geschäftsführer einer GmbH ist zu folgen. Eine andere Beurteilung wäre eine sträfliche Vernachlässigung des kündigungs- und grundrechtlichen Schutzes von Geschäftsführern im oben beschriebenen Abhängigkeitsverhältnis. Dass die maßgeblichen Argumente überwiegend grundrechtlich fundiert sind, tut dem keinen Abbruch. Auch das BAG geht davon aus, dass privatrechtlich zustande gekommene Dienstvertragsregelungen auch „*im Lichte des Art. 12 GG*" zu prüfen seien.[480] Der abhängige Minderheitsgesellschafter-Geschäftsführer unterscheidet sich nicht in einem Maße von einem leitenden Angestellten mit Geschäftsführungsfunktion, als dass es verhältnismäßig wäre, ihm den Schutz des Verbots der Kündigungserschwerung zu verwehren. Sofern er die Weisungen und tatsächlichen Vorgaben des herrschenden Gesellschafters nicht befolgt, verliert er gerade im Bereich des Private Equity und Venture Capital Brot und Organstellung, sein persönliches Einkommen und seine Anstellung, ohne gleichzeitig zuvor wesentlich am Unternehmensergebnis beteiligt gewesen zu sein.

---

477 BAG, NZA 2004, 853, 858.

478 *Bauer/Diller*, GmbHR 1998, 809, 813.

479 *Bauer/Diller*, GmbHR 1998, 809, 812 f.; *Bauer/Krieger/Arnold*, Arbeitsrechtliche Aufhebungsverträge, D. Rn. 68, 84; *Gärtner*, Der unfreiwillige Verlust der Gesellschafterstellung von ausgeschiedenen Managern und Mitarbeitern, S. 371 ff.

480 BAG, NZA 1997, 647, 651.

c) Verlust der Gesellschafterstellung als Kündigungserschwerung?

Wie oben geschildert, ist nicht jede Beeinträchtigung der Kündigungsentscheidung des Geschäftsführers geeignet, eine Unzulässigkeit der streitbefangenen Regelung herbeizuführen. Eine ungünstige Reflexwirkung, hervorgerufen durch die Kündigung, muss der Geschäftsführer hinnehmen. Ob es sich um eine solche oder um eine tatsächliche Einschränkung der Entscheidungsfreiheit des Geschäftsführers handelt, muss anhand einer Würdigung der Gesamtumstände unter Beachtung des Grundsatzes der Verhältnismäßigkeit eruiert werden.[481]

In der Entscheidung zum Managermodell hat der BGH eine unzulässige Kündigungserschwerung verneint und die bloße Reflexwirkung bejaht.[482] Entscheidend für die Abwägung waren die Spezifika des Beteiligungsmodells. Einerseits ähnele das mit der Gesellschafterstellung verbundene Gewinnbezugsrecht eher einer Tantiemenregelung, deren Wegfall bei Beendigung des zugrunde liegenden Vertragsverhältnisses selbstverständlich sei. Eine Teilhabe am künftigen Wertzuwachs des Gesellschaftsvermögens stelle ohne die Geschäftsführerstellung einen unverdienten Vermögensvorteil dar.[483] Während die Besonderheiten der Vereinbarung des Managermodells für den BGH bei der Abwägung den maßgeblichen Grund für die Annahme der Reflexwirkung ist, führt sie im Rahmen eines Management Equity Program auf den ersten Blick eher zum gegenteiligen Ergebnis.

aa) Vergleich zur Tantieme

Im Rahmen eines Mangement Equity Program überzeugt der Tantiemenvergleich keinesfalls. Bei jährlichen Sonderleistungen wie Bonuszahlungen oder Tantiemen handelt es sich um eine zusätzliche Vergütung des Managers, die vor allem darauf abzielt, bereits erbrachte Leistungen des Managers im vergangenen Kalenderjahr zu honorieren. Sofern nach Ablauf des Geschäfts- oder Kalenderjahres die Voraussetzungen für die Gewährung eines Bonus oder einer Tantieme feststehen, steht ebenso fest, ob der Manager sie erfüllt oder nicht. Hingegen dominiert bei der Realisierung des Erlöses durch einen Exit im Rahmen eines Management Equity Program der spekulative Charakter. Der Erfolg eines Management Equity Program hängt nicht nur von der individuellen Leistung des Managers ab, sondern auch von Faktoren, die sich dem Einflussbereich des Managements entziehen. Zudem werden bei einer Beteiligung im Rahmen einer

481 BGHZ 164, 98, 106; BAG, NZA 2002, 1396.

482 BGHZ 164, 98, 106.

483 BGHZ 164, 98, 106.

Private Equity-Transaktion Ausschüttungen zur Tilgung der Verbindlichkeiten des Erwerbs der Geschäftsanteile verwendet.[484] Da die Manager die Beteiligung auch nicht unentgeltlich oder zum Nennwert erwerben, sondern einen substantiellen Eigenanteil aufbringen müssen, liegt auch keine Treuhandstellung des Geschäftsführers vor. Der einzige Gewinn liegt für die Manager darin, den Wertzuwachs mittels einer Veräußerung der Beteiligung zu realisieren. Dass der Geschäftsführer aufgrund seiner geringen Beteiligungshöhe auf die Geschicke des Unternehmens keinen Einfluss nehmen kann[485], spielt für die Beurteilung, ob eine vertragliche Regelung kündigungserschwerend wirkt, keine Rolle. Ohne die Kapitalbeteiligung der Manager wäre ein Management Equity Program sinnentleert. Fokussiert man die Betrachtung auf die Rolle des Managers als „reinen Kapitalanleger" verbietet sich einerseits die Wertung der Gesellschafterstellung als Annex. Andererseits ist für einen Kapitalanleger kaum ein schwerer wiegender Nachteil als der Verlust seiner Beteiligung als Folge anderweitigen Verhaltens denkbar. Dann kann aber der Verlust derselben nicht als bloße Reflexwirkung einer Kündigung angesehen werden, sondern gerade als Lehrbuchbeispiel für das Verbot der Kündigungserschwerung.

bb) Vergleich zu Verfallklauseln bei Aktienoptionsprogrammen

Eine andere Beurteilung ergibt sich auch nicht aus der grundsätzlichen Zulässigkeit[486] von Verfallklauseln zu Aktienoptionen.[487] Ebenso wie das Management Equity Program stellt auch die Vereinbarung eines Aktienoptionsprogramms ein Mittel dar, den Principal-Agent-Konflikt zu vermindern, Motivationsanreize zu setzen sowie die Bindung an das Unternehmen und die Identifikation mit diesem zu verstärken.[488] Verfallklauseln sind oftmals Bestandteil der

---

484 *Gärtner*, Der unfreiwillige Verlust der Gesellschafterstellung von ausgeschiedenen Managern und Mitarbeitern, S. 118; *Müller-Bonanni/Link*, Der Konzern 2006, 159, 162; *Sosnitza*, DStR 2006, 99, 102; Semler/Volhard/*Weber-Rey*, § 14 Rn. 5.

485 BGHZ 164, 98, 106.

486 BAGE 128, 1 ff.; *Baeck/Diller*, DB 1998, 1405, 1407 f.; *Legerlotz/Laber*, DStR 1999, 1658, 1664; *Lingemann/Diller/Mengel*, NZA 2000, 1191, 1195; *Pulz*, BB 2004, 1107, 1108; *Schanz*, NZA 2000, 626, 634 f.; *Staake*, NJOZ 2010, 2494, 2499; mit Einschränkungen *Buhr/Radkte*, DB 2001, 1882, 1885; *Busch*, BB 2000, 1294, 1296; *Lembke*, BB 2001, 1469, 1474; *Mechlem/Melms*, DB 2000, 1614; *Röder/Göpfert*, BB 2001, 2002, 2004.

487 A.A. *Habersack/Verse*, ZGR 2005, 451, 468 f.

488 BT-Drs. 13/9712, S. 23; MünchKomm-AktG/*Fuchs*, § 192 Rn. 68; *Habersack/Verse*, ZGR 2005, 451, 468; Hüffer/*Koch*, § 193 Rn 15; a.A *Kühnberg/Kessler*, AG 1999, 452, 455, 457.

Aktienoptionsbedingungen im Sinne einer auflösenden Bedingung im Sinne von § 158 Abs. 2 BGB. Das begebene Bezugsrecht auf eine Aktienoption soll bei Vorliegen oder Nichtvorliegen bestimmter Umstände erlöschen. Dies hat zur Folge, dass der vormals begünstigte Arbeitnehmer keine Rechte mehr aus der Option herleiten kann, insbesondere Aktien der Gesellschaft zu den festgelegten Optionsbedingungen nicht von dieser erwerben können soll. Inhaltlich knüpfen Verfallklauseln in Optionsprogrammen regelmäßig an das Ausscheiden des Arbeitnehmers aus dem Unternehmens oder dem Unternehmensverbund an.[489] Dabei ist die Verfallklausel unabhängig davon wirksam, in wessen Verantwortungsbereich die Beendigung des Arbeitsverhältnisses fällt.[490] Denn Ziel von Aktienoptionsplänen ist, dass sich die bezugsberechtigten Arbeitnehmer, die von steigenden Aktienkursen finanziell profitieren, mit den Belangen des Unternehmens identifizieren. Diese Identifikation führt idealerweise zu einer Erhöhung der Leistungsbereitschaft, zu verbesserter Arbeitsleistung, gesteigerter Produktivität und einem sensibilisierten Kostenbewusstsein. Diesen Motivationsanreiz kann eine Aktienoption bei Arbeitnehmern, die vor Ablauf der Wartezeit ausgeschieden sind, nicht mehr erfüllen.[491] Insoweit weisen sowohl Leaver-Klauseln als auch Verfallklauseln eine gewisse Ähnlichkeit auf, da beide in einem Bereich angewandt werden, der eine zukunftsorientierte Zielsetzung hat. Der entscheidende Unterschied liegt darin, dass der Optionsberechtigte zuvor keine substantielle Eigenleistung erbringen musste, um in den Genuss einer möglichen Erwerbschance zu kommen. Durch eine Verfallklausel wird dem Arbeitnehmer ein potentielles „Etwas" entzogen, für das er zuvor keine über den ohnehin arbeitsvertraglich geschuldeten Umfang hinausgehende Leistung erbringen musste. Sofern die Verfallklausel greift, steht der Arbeitnehmer nicht schlechter als ohne die Verfallklausel. Ihm wird keine bereits erdiente Vergütung entzogen, sondern eine bloße Verdienstchance.[492] Zwar mag es Fälle geben, in denen der Arbeitnehmer im Gegenzug für die Gewährung von Optionsrechten ein geringeres Gehalt in Kauf nimmt. Diese Fälle fallen aber nicht derart stark ins Gewicht, dass hier eine andere Beurteilung geboten wäre. Darüber hinaus beeinträchtigt eine Verfallklausel auch nicht das Mitgliedschaftsrecht des Optionsberechtigten, da höchstens – und auch nur unter bestimmten Umständen – von einer Art Anwartschaft auf die Aktien gesprochen werden kann. Hingegen ist ein Managementbeteiligungsprogramm, welches wirtschaftlich einem Optionsmodell

489 *Staake*, NJOZ 2010, 2494, 2495.
490 BAGE 127, 1, Rn. 32 f.
491 BAGE 127, 1, Rn. 33.
492 BAGE 127, 1, Rn. 35.

gleicht, nur selten anzutreffen.[493] Daher kann von der Zulässigkeit des einen auch nicht auf die Zulässigkeit des anderen geschlossen werden.[494]

cc) Im Ergebnis keine kündigungserschwerende Wirkung

Indes – und hier ist *Gärtner* zuzustimmen – würde die Nichtigkeit der vertraglichen Regelung in einem Punkt zu einem mitunter absurd anmutenden Ergebnis führen: Der Geschäftsführer könnte für ein anderes Unternehmen tätig werden, bliebe aber weiterhin Gesellschafter seines vorherigen Arbeitgebers.[495] Es stellt sich allerdings die Frage, ob dieses Argument geeignet ist, die übrigen Argumente, die letztlich in der Ausgestaltung eines Management Equity Program begründet sind, zu entkräften. Bei dieser Beurteilung sollte auch der Zweck des Verbots der Kündigungserschwerung berücksichtigt werden. Es liegt in der Natur dieses Rechtsgedankens, dass der derjenige, der von einer unzulässigen Regelung betroffen ist, weiterhin in der Gesellschaft verbleibt. Dass sich dies im Rahmen eines Management Equity Program doppelt auswirkt, liegt in der besonderen Verknüpfung von Geschäftsführer- und Gesellschafterstellung.

Soweit das Bedenken geäußert wird, ein Minderheitsgesellschafter-Geschäftsführer könne neben einer etwaigen neuen Tätigkeit bei einem Wettbewerber nun auch noch weitere Ausschüttungen von seinem vormaligen Arbeitgeber verlangen, so ist dieses Verlangen angesichts der geringen Beteiligungshöhe eines Managers schon rechtlich kaum durchsetzbar.[496] Insofern bietet dieses Bedenken kein Argument gegen die Verneinung der Kündigungserschwerung.

Letztlich wird aber bei allen Unterschieden zwischen dem Managermodell, der Vereinbarung eines Management Equity Program und einem Aktienoptionsprogramm – mögen sie auch noch so gravierend sein – der bloße Verlust der Gesellschafterstellung des Managers nicht ausreichen, um eine Kündigungserschwerung annehmen zu können. Ein Verbleib des Managers als Gesellschafter der Manager-KG nach einer Kündigung/Abberufung würde dem Sinn eines Management Equity Program widersprechen. Die Incentivierung im Hinblick auf eine Verbesserung der Arbeitsleistung, Erhöhung der Motivation, gesteigerte Produktivität und Sensibilisieung des Kostenbewusstseins kann ein

---

493 So auch Eilers/Koffka/*Mackensen*, VI Rn. 37.

494 A.A. *Habersack/Verse*, ZGR 2005, 451, 468 f.

495 Für das Managermodell *Gärtner*, Der unfreiwillige Verlust der Gesellschafterstellung von ausgeschiedenen Managern und Mitarbeitern, S. 375.

496 Mit Hinweis auf die geringen Einflussmöglichkeiten auch BGHZ 164, 98, 104; a.A. *Gärtner*, Der unfreiwillige Verlust der Gesellschafterstellung von ausgeschiedenen Managern und Mitarbeitern, S. 375.

Management Equity Program nicht mehr erfüllen, wenn der Manager nicht mehr als Geschäftsführer tätig ist. Es ist auch nicht Zweck einer Managementbeteiligung, dass die während der Anstellung als Geschäftsführer nicht erfolgte Wertrealisierung der Beteiligung nach Beendigung der Anstellung über einen Verbleib in der Gesellschaft nachgeholt wird. Letztlich spricht auch die Stellung des Managers als Kapitalanleger gegen die Kündigungserschwerung. Denn ebenso wie einem reinen Kapitalanleger wird auch bei einem an einem Management Equity Program beteiligten Manager der Verlust seiner Beteiligung nicht sonderlich schwer wiegen, wenn der zu zahlende Preis seinen Vorstellungen entspricht. Daher kann der bloße Verlust der Gesellschafterstellung ohne Berücksichtigung der Zahlungsmodalitäten nicht zu einer unzulässigen Kündigungserschwerung im Sinne der §§ 134, 622 Abs. 6 BGB führen.

d) Bad Leaver-Klausel als Kündigungserschwerung?

Der nächste Anknüpfungspunkt für eine kündigungserschwerende Wirkung ist im Rahmen von leaver-schemes die Abfindung des ordentlich kündigenden Managers als bad leaver zum Nennwert.

Vereinzelt wird eine kündigungserschwerende Wirkung der Bad Leaver-Klausel mit der Begründung verneint, dass eine Abfindung zum Verkehrswert die Fortsetzung der Beteiligung mit einem Nachfolger wirtschaftlich illusorisch machen würde. Schließlich wäre es auch bei der Vereinbarung einer Tantieme erlaubt, das ausgeschüttete Ergebnis als Bemessungsgrundlage zu wählen, d.h. eine tantiemeberechtigte Führungskraft nicht an thesaurierten Gewinnen zu beteiligen.[497]

Dem ist aus mehreren Gründen nicht zu folgen. Die Abfindung eines Gesellschafters zum Verkehrswert stellt für nahezu jede Gesellschaft eine finanzielle Belastung dar. Allein die willkürliche Qualifikation einer Person als good oder bad leaver hat auf die wirtschaftliche Leistungsfähigkeit der Gesellschaft keinerlei Einfluss. Die Abfindung eines good leaver zum Verkehrswert trifft den Abfindungsverpflichteten ebenso hart, sodass dies schwerlich als Grund für die Rechtfertigung einer unzulässigen Kündigungsbeschränkung herhalten kann. Des Weiteren verfehlt das Abstellen auf die wirtschaftliche Leistungsfähigkeit der Gesellschaft auch den Schutzzweck des § 622 Abs. 6 BGB. Die Entscheidungsfreiheit des Managers wird durch die Gefahr, zum Nennwert abgefunden zu werden, in erheblichem Maße eingeschränkt. Genau davor sollen ihn die §§ 134, 622

497 So auch der BGH in seiner Entscheidung zum Mitarbeitermodell BGHZ 164, 107, 116; *Müller-Bonanni/Link*, Der Konzern 2006, 159, 162.

Abs. 6 BGB schützen. Zuletzt wurde bereits herausgearbeitet, dass der Vergleich eines Management Equtiy Program mit einer Tantieme mitnichten zutrifft.

Darüber hinaus gilt schon wie bei § 723 Abs. 3 BGB: Bei allen denkbaren Abfindungsklauseln ist die Nennwertklausel die für den Betroffenen denkbar schlechteste Lösung. Bezogen auf die Managementbeteiligung bedeutete dies, dass der Manager praktisch „umsonst" gearbeitet hat. Da die Gründe einer ordentlichen Kündigung vielfältiger Natur sein können, impliziert sie auch keineswegs, dass der Manager schlecht geleistet hat. Somit würde es dem Manager – trotz seines unbestreitbaren Beitrags – verwehrt, an der Wertsteigerung zu partizipieren, obwohl es hierfür keinen sachlichen Grund gibt. Durch die Pönalisierung des alltäglichen Vorgangs „ordentliche Kündigung" tritt der Sanktionscharakter der Bad Leaver-Klausel ganz deutlich zu Tage. Sie gleicht mithin einer Vertragsstrafe, welche auch nach der Rechtsprechung des BAG nicht zulässig ist.[498] Zudem ist zu berücksichtigen, dass Private Equity-Transaktionen zwar zeitlich begrenzt, aber dennoch auf mehrere Jahre angelegt sind. Während der Beteiligungszeit ist es nicht möglich, das investierte Geld anderweitig gewinnbringend anzulegen. Im Zeitpunkt der Rückgewähr, der unter Umständen mehrere Jahre nach dem Investitionszeitpunkt liegen kann, wurde der Nennwert zusätzlich durch die Inflation entwertet, was für den Manager im Ergebnis ein Verlustgeschäft bedeutet. Dieses wird durch die Tilgung des Erwerbsdarlehens noch verstärkt, da der Manager in der Regel einen marktüblichen Zinssatz zahlen muss. Die Behauptung, dass ein Manager sich von allen diesen gravierenden finanziellen Nachteilen bei einer ordentlichen Kündigung unbeeindruckt zeigen würde, ist schlicht und ergreifend realitätsfremd. Die Verneinung einer kündigungserschwerenden Wirkung bei einer Abfindung zum Nennwert im Fall der ordentlichen Kündigung verkennt auch das Gewicht des Art. 12 Abs. 1 S. 1 GG im Rahmen der §§ 134, 622 Abs. 6 BGB, da die Aufgabe des Arbeitsverhältnisses zum Kern des durch Art. 12 Abs. 1 S. 1 GG gewährleisteten Schutzbereichs gehört.

Dem lässt sich auch nicht entgegenhalten, dass es nicht mit dem Zweck eines Management Equity Program vereinbar wäre, über den Verbleib in der Gesellschaft doch noch an der Wertrealisierung durch den Exit zu partizipieren. Denn die Anknüpfungspunkte der Wirkung auf den Kündigungsentschluss sind unterschiedlich. Zwar verbleibt auch der von einer Bad Leaver-Klausel betroffene Geschäftsführer in der Gesellschaft. Dies aber nicht mit der Intention, durch Untätigkeit am Exit zu partizipieren, sondern durch eine angemessene Abfindung regelmäßig in der Höhe des Verkehrswerts der gehaltenen Anteile auszuscheiden.

498 BAG AP Nr. 12.

Nun könnte man aber argumentieren: Wenn der Manager bei einem Mangement Equity Program nicht anders als ein reiner Kapitalanleger steht, muss er damit leben, dass aus einer Kapitalbeteiligung Verluste erwachsen bzw. sich das Investment nicht rentiert. Dies ist schließlich das Risiko einer jeden Kapitalanlage. Eine derartige Betrachtungsweise ist allerdings zu oberflächlich. Dies wird deutlich, wenn man den Manager beispielsweise mit einem Aktienoptionsberechtigten vergleicht, der mit der Ausübung seiner Aktienoption wartet, um in den Genuss eines noch höheren Aktienkurses zu kommen; der Bezugsberechtigte verspekuliert sich jedoch, und eine Steigerung des Aktienkurzes tritt letztendlich nicht ein.[499] Dagegen ist der Spekulationscharakter eines Mangement Equity Program zwar stärker ausgeprägt als bei einer Tantieme, jedoch geringer im Vergleich zu Aktienoptionen. Dies gilt insbesondere, wenn Aktienoptionen von börsennotierten Aktiengesellschaften gewährt werden. In diesem Fall beeinflussen Faktoren, auf die der einzelne Angestellte naturgemäß keinen Einfluss hat – wie z.B. die allgemeine Börsenstimmung, die geopolitische Lage und allgemeine Wirtschaftskennziffern – den Preis in einem noch größeren Ausmaß. Hinzu kommt, dass der aktuelle Börsenpreis nicht zwangsläufig den tatsächlichen Wert des Unternehmens und damit auch einer gehaltenen Aktie widerspiegelt. Diese äußeren Faktoren sind bei einer Managementbeteiligung an einer Zielgesellschaft in der Rechtsform der GmbH – abgesehen von der allgemeinen Wirtschaftsstimmung – praktisch nicht vorhanden. Dennoch wohnen auch ihr das für eine Kapitalbeteiligung typische Risiko und die Spekulationschance inne. Der Tantieme hingegen wohnt kein Spekulationscharakter inne, da es sich hierbei um eine Vergütung für eine bereits erbrachte Tätigkeit handelt; es fehlt ihr mithin die auf die Zukunft gerichtete Gewinnchance. Zuletzt kann auch für den Fall einer Bad Leaver-Klausel die Argumentation des LAG Rheinland-Pfalz fruchtbar gemacht werden: Da ein Mangement Equity Program regelmäßig auf 7 bis 10 Jahre angelegt ist, wird die Situation des Managers umso prekärer, je fortgeschrittener sein Tätigkeitszeitraum beim Target ist. Nachdem Gewinnausschüttungen und Teile des Gehalts bereits darauf verwendet wurden, die Verbindlichkeiten für den Erwerb der Geschäftsanteile zu tilgen, droht er nun kurz vor dem Exit „leer auszugehen", sollte er ordentlich kündigen.

Nach alledem ist zu erwarten, dass eine Bad Leaver-Klausel, die das Recht des Managers zur ordentlichen Kündigung im Wege der Abfindungsbeschränkung auf den Nennwert pönalisiert, sehr wohl geeignet ist, den Betroffenen von der

499 BAGE 127, 1, Rn. 35.

Ausübung seines Kündigungsrechts abzuhalten, und damit eine unzulässige Kündigungserschwerung im Sinne der §§ 134, 622 Abs. 6 BGB darstellt.

e) Rückgewähr des Darlehens als Kündigungserschwerung?

Der nächste Ansatzpunkt für einen Verstoß gegen das Verbot der Kündigungserschwerung ist die Verpflichtung zur Rückgewähr des Darlehens, mittels dessen die Beteiligung des einzelnen Managers finanziert wird. Problematisch erscheinen hier zunächst die Voraussetzung, dass nach der Rechtsprechung des BAG das Darlehen vom Arbeitgeber gewährt sein muss, sowie die Frage, um welche Art von Darlehen es sich handeln muss, um von einer Kündigungserschwerung sprechen zu können.

Streng genommen ist Arbeitgeber des Managers das Target, sodass dieses als Darlehensgeber des Managers für den Erwerb der Geschäftsanteile an der Top-Co fungieren müsste. Was die Art des Darlehens anbelangt, so müsste es sich zumindest um ein „limited-recourse-loan" oder ein „full-recourse-loan" handeln, da bei einem „non-recourse-loan" keine Verpflichtung zur Rückzahlung besteht.

Letztlich kann aber ohne detaillierte Informationen zum Inhalt eines „limited- bzw. full-recourse-loan" nicht beurteilt werden, ob die Verpflichtung zur Rückzahlung eine Kündigungserschwerung darstellt. Sofern der Private Equity-Investor selbst das Darlehen zur Verfügung stellt, scheidet die Anwendbarkeit der Rechtsprechung des BAG von vornherein aus, da es sich bei diesem nicht um einen Arbeitgeber im geforderten Sinne handelt. Des Weiteren wäre einer kündigungserschwerenden Wirkung nach der Rechtsprechung des BAG schon durch eine interessengerechte Auslegung des Darlehensvertrags im Einzelfall der Boden entzogen.

f) vesting als Kündigungserschwerung?

Anknüpfungspunkt für eine etwaige Unzulässigkeit einer Vesting-Klausel ist nicht die Gefahr einer zu niedrigen Abfindung, sondern der Umstand, dass über die Gefahr des Verlustes der Gesellschaftsanteile eine überlange Bindung an den Arbeitsplatz bewirkt wird.

aa) Verlust der Gesellschafterstellung

Die Vesting-Regelung knüpft als Rechtsfolge an die Kündigung ebenfalls den Verlust der Gesellschafterstellung. Auch wenn der Einsatzbereich des *Vesting* hauptsächlich im Bereich Venture Capital liegt und somit der Gründergesellschafter von der Einzugsregelung betroffen ist, gilt ebenso wie für Leaver-Klauseln, dass der bloße Verlust der Gesellschafterstellung nach der hier vertretenen Ansicht kaum geeignet ist, eine unzulässige Kündigungserschwerung zu bejahen.[500]

bb) Abfindungshöhe des gevesteten Anteils

Im Gegensatz zu leaver-schemes finden sich in der Literatur für Vesting-Regelungen wenige bis gar keine Angaben darüber, welche Höhe der Abfindungsanspruch für den gevesteten Anteils haben muss. Vereinzelt wird für das time-vesting – vermutlich auch, um einer etwaigen Unwirksamkeit von vornherein vorzubeugen – vorgeschlagen, dass auch die bereits erarbeiteten Anteile des bad leaver zum Verkehrswert abzufinden sind.[501]

Diese Regelung begegnet nach der hier vertretenen Auffassung keinen Bedenken. Würde ein bad leaver, der nach drei Jahren das Unternehmen verlässt, für seine bereits erarbeiteten Anteile nur eine Abfindung in der Höhe des Nennwertes erhalten und für den Rest seiner Anteile nichts, käme dies einem Abfindungsausschluss gleich, der nach allgemeiner Meinung unzulässig ist.[502]

cc) Verhältnismäßigkeit der Vertragsbindung

Das BAG misst die Gültigkeit einer Vereinbarung, die zu einer faktischen Bindung an das Arbeitsverhältnis führt, nicht daran, ob die Wahrnehmung des Kündigungsrechts durch Nachteile erschwert wird, sondern daran, ob die mit der Klausel bewirkte Bindungsdauer das Recht des Arbeitnehmers auf freie Wahl des Arbeitsplatzes aus Art. 12 Abs. 1 S. 1 GG i.V.m. § 242 BGB unverhältnismäßig einschränkt.[503] Zwar handelte es sich bei den zitierten Entscheidung jeweils um die Rückgewähr von Ausbildungskosten oder Gratifikationen. Indes ist kein Grund ersichtlich, wieso Vesting-Regelungen nicht anhand des Maßstabs überprüft werden sollen. Für sie gelten die Ausstrahlungswirkungen der Grundrechte über die Generalklausel des § 242 BGB ebenso wie für alle anderen Vereinbarungen.

Die Verhältnismäßigkeit des vesting ist nach der hier vertretenen Auffassung nur für den Einsatzbereich des time-vesting gegeben.

500 F.II.4.c.

501 Hdb VC/*Weitnauer*, F. Rn. 210.

502 BGHZ 135, 387, 390; 201, 65, Rn. 12; Staudinger/*Habermeier*, § 738 Rn. 23, 30; Soergel/*Hadding*/*Kießling*, § 738 Rn. 52; MünchKomm-BGB/*Schäfer*, § 738 Rn. 60; MünchKomm-HGB/*K. Schmidt*, § 131 Rn. 166.

503 BAG AP § 611 Abhängigkeit Nr. 68; AP § 611 Gratifikation Nr. 150, 250; AP BBiG § 5 Nr. 8; MünchKomm-BGB/*Hesse*, § 622 Rn. 106.

(1) Einsatz des vesting im Rahmen einer seed-round

Die Zulässigkeit des vesting sollte sich nach den verschiedenen Phasen der Gründungsfinanzierung richten, da es gravierende Auswirkungen auf die Beurteilung haben kann, in welcher Phase sich die Finanzierung befindet. Zunächst widmet sich die Betrachtung dem Einsatz des vesting im Rahmen einer „seed-round". Wird schon in der Anfangsphase, der sog. „seed-round", nicht nur Startkapital, sondern auch „hands-on"-Unterstützung in allen Fragen der Unternehmensgründung inklusive erforderlicher Infrastruktur seitens des Venture Capital-Investors zur Verfügung gestellt, sind Vesting-Regelungen nach der hier vertretenen Ansicht ohne Weiteres zulässig. Bei der Beurteilung der Verhältnismäßigkeit der Regelung soll zunächst auf den Rechtsgedanken des § 193 Abs. 2 Nr. 4 AktG rekurriert werden. Nach dieser Vorschrift müssen im Hauptversammlungsbeschluss über die bedingte Kapitalerhöhung auch bei Beschlüssen nach § 192 Abs. 2 Nr. 3 AktG die Aufteilung der Bezugsrechte auf Mitglieder der Geschäftsführungen und Arbeitnehmer, Erfolgsziele, Erwerbs- und Ausübungszeiträume und Wartezeiträume für die erstmalige Ausübung (mindestens vier Jahre) festgelegt werden. Gem. § 192 Abs. 2 Nr. 3 AktG soll eine bedingte Kapitalerhöhung nur zur Gewährung von Bezugsrechten an Arbeitnehmer und Mitglieder der Geschäftsführung der Gesellschaft oder eines verbundenen Unternehmens im Wege des Zustimmungs- oder Ermächtigungsbeschlusses beschlossen werden. In der bereits erwähnten Entscheidung aus dem Jahr 2008 hat das BAG nicht nur die Zulässigkeit einer Verfallklausel bejaht, sondern auch eine Wartezeit von drei Jahren zwischen Bezugsrechterwerb und Ausübungszeitraum nicht als unangemessene Benachteiligung angesehen.[504] Es hat allerdings auch angedeutet, dass aufgrund einiger Ansichten in der Literatur[505], die auf die Vorschrift des § 624 S. 1 BGB[506] verweisen, eine Bindungsfrist von fünf Jahren ebenfalls zulässig sein könnte. Aufgrund der nunmehr geänderten Vorschrift des § 193 Abs. 2 Nr. 4 AktG dürfte trotz einiger kritischer Stimmen in der Literatur[507] auch eine Wartefrist von fünf Jahren zulässig sein. Entscheidend ist, ob es sich bei der Gesellschafterstellung aufgrund der Vesting-Regelung um eine bereits gesicherte Position handelt oder – wie im Fall von Aktienoptionen – um eine

---

504 BAGE 127, 1, Rn. 34.

505 *Baeck/Diller*, DB 1998, 1405, 1408; *Habersack/Verse*, ZGR 2005, 454, 470; *Lembke*, BB 2001, 1469, 1473; *Mechlem/Melms*, DB 2000, 1614, 1615; *Pulz*, BB 2004, 1107, 1112.

506 § 624 S. 1 BGB lautet: Ist das Dienstverhältnis für die Lebenszeit einer Person oder für längere Zeit als fünf Jahre eingegangen, so kann es von dem Verpflichteten nach dem Ablauf von fünf Jahren gekündigt werden.

507 MünchKomm-AktG/*Fuchs*, § 193 Rn. 32a; Spindler/Stilz/*Rieckers*, § 193 Rn. 32a.

bloße Erwerbschance. Für eine Erwerbschance und damit auch eine Vergleichbarkeit sprechen folgende Überlegungen: Sowohl die Stellung des Gesellschafters in einem Start-Up in der „seed-phase“ als auch die Bezugsberechtigung von Aktienoptionen bergen sowohl ein hohes Gewinnpotential als auch ein hohes Verlustrisiko, wobei nur im Rahmen von Start-Ups die Gefahr des Totalausfalls wirklich realistisch erscheint.[508] Darüber hinaus ist die Stellung der Unternehmensgründer, die sich „lediglich“ mit einer Idee an einen Venture Capital-Investor wenden, vergleichbar mit der eines Arbeitnehmers oder Mitglieds des Vorstandes, dem Bezugsrechte für Aktienoptionen eingeräumt werden: Es fehlt in beiden Fällen an einer konkreten Eigenleistung, insbesondere in finanzieller Hinsicht, die bei Vorständen über die generell geschuldete Arbeitsleistung und bei Gründern über die Entwicklung einer Geschäftsidee hinausgeht. Sowohl im Falle der Aktienoptionen als auch im Rahmen der „seed-round“ dominiert die klar zukunftsorientierte Zielsetzung des vesting bzw. eines Aktienoptionsplanes. Zuletzt lässt sich die Übertragung des Rechtsgedankens des § 193 Abs. 2 Nr. 4 AktG auch mit einem Erst-Recht-Schluss begründen: Wenn es nach dem Willen des Gesetzgebers zumutbar sein soll, auf eine Erwerbschance mindestens vier Jahre zu warten, um von einer gesicherten Rechtsposition sprechen zu können, dann muss eine Vesting-Regelung von drei bis fünf Jahren, bei der die gesicherte Rechtsposition mit jedem Jahr weiter zunimmt, erst recht verhältnismäßig und somit zulässig sein. Vor diesem Hintergrund ist das Interesse des Venture Capital-Investors, das Gründungsteam einen gewissen Zeitraum an das Unternehmen zu binden, höher zu gewichten als das Interesse der Gründer auf ihr Recht zur freien Berufswahl.

(2) vesting im Bereich des bootstrapping

Auch wenn für den oben genannten Fall von einer Zulässigkeit des vesting ausgegangen wird, existiert nach der hier vertretenen Ansicht eine Konstellation, in der die Regelung des unverhältnismäßig erscheint: Wenn das Gründungsteam erst nachträglich an einen Venture Capital-Investor herantritt, zuvor aber bereits erhebliche Eigenleistungen bei der Unternehmensgründung erbracht hat; es handelt sich dann um ein sog. „bootstrapping“.[509] Es erscheint nicht angebracht, dem Gründer, der das Unternehmen ins Leben gerufen hat und unter Umständen

508 Nach Hdb VC/*Weitnauer*, A. Rn. 36 liegt die Totalausfallquote bei Start-Ups zwischen 20 und 30 %.

509 Der Begriff entstamm der Redewendung „They pulled themselves up by their bootstraps“ und meint die Gründung eines Unternehmens aus eigener Kraft.

zu Anfang auch sein Vermögen in das Start-Up investiert hat, nun nachträglich bei Hinzutreten eines Venture Capital-Investors sein ursprüngliches Mitgliedschaftsrecht über eine Vesting-Klausel praktisch wieder zu entziehen. Trotz Leistung von Geld, Einsatzes seiner Arbeitskraft und „Erdenkens" der Idee muss er sich seine Gesellschafterstellung, die ihm als Gründer originär zusteht, nun nachträglich erneut verdienen – eine Beschränkung, die auch vor dem Hintergrund, dass der GmbH-Mitgliedschaft der Schutz des Art. 14 GG zuteil wird[510], bedenklich erscheint. In diesem Fall dürfte auch die von Venture Capital-Investoren oftmals angeführte Begründung, dass das Gründungsteam kurz nach der ersten „seed-round" das Unternehmen sofort wieder verlässt, nicht wirklich realistisch sein. Bei der Wahl des Bootstrapping-Modells besteht auch keine Vergleichbarkeit zur „seed-phase" und damit zu Wartefristen bei Aktienoptionen: Der Vergleich wäre zutreffend, wenn der betroffene Gesellschafter für den Erwerb seiner Beteiligung nichts bezahlen müsste. Der entscheidende Unterschied liegt darin, dass der Optionsberechtigte und Gründer in der „seed-phase" keine substantielle Eigenleistung erbringen musste, die über den bloßen Einsatz der Arbeitsleistung bei Aktienoptionen und das „Erdenken" der Geschäftsidee hinausgeht, um in den Genuss einer möglichen Erwerbschance zu kommen. Darüber hinaus besteht die Erwerbschance nicht in der immer sicher werdenden Gesellschafterstellung als solcher, sondern in den mit ihr verbundenen Rechten, beispielsweise auf Gewinnausschüttung. Zuletzt dürfte die Gefahr, dass das Gründungsteam nach erheblichem persönlichen finanziellen Aufwand das Unternehmen nach kurzer Zeit schon wieder verlässt, bei realitätsnaher Betrachtung nicht besonders hoch sein. Daher ist für die Fälle des „bootstrapping" davon auszugehen, dass eine Vesting-Regelung die Unternehmensgründer unverhältnismäßig in ihrer Berufsfreiheit nach Art. 12 Abs. 1 S. 1 GG einschränkt.

5. Verhältnis einer Leaver-Klausel zum AGG

Eine bisher nicht beleuchtete Frage ist das Verhältnis einer Leaver-Klausel zum AGG. Im Vereinigten Königreich wird diskutiert, ob die vertragliche Einstufung als good leaver vor dem Hintergrund des Diskriminierungsverbots aufgrund des Alters noch zulässig ist. Denn dies hat zur Folge, dass ein aus freien Stücken kündigender Manager, der nach den gängigen Vertragswerken – unabhängig von etwaiger Underperformance – als bad leaver eingestuft wird, schlechter steht

---

510 *Mayer*, DNotZ 2008, 403, 431; *Omlor/Spies*, MittBayNot 2011, 353, 356; Maunz/Dürig/*Papier*, Art. 14 Rn. 195; *Schnorbus*, ZGR 2004, 126, 151; vgl. auch zur Aktie BVerfGE 25, 371, 407.

als ein Manager im Rentenalter.[511] Sofern die Prüfung ergibt, dass eine Leaver-Klausel eine nach dem AGG nicht gerechtfertigte Benachteiligung darstellt, hätte dies gem. § 7 Abs. 1 AGG i.Vm. § 134 BGB respektive nach § 7 Abs. 2 AGG die Unwirksamkeit der Vereinbarung zur Folge.

a) *Fall des UKEAT: Cockram v Air Products Plc [2015] UKEAT 0122_15_2411*

Aufgeworfen wurde die Frage letztlich durch einen Sachverhalt, der sich im Vereinigten Königreich abspielte. Leaver- und Vesting-Klauseln sind – im Gegensatz zu Deutschland – regelmäßig Gegenstand von Gerichtsverfahren im Vereinigten Königreich. Die Frage nach einer unzulässigen Diskriminierung aus Altersgründen nach dem Equality Act 2010[512] war jüngst Gegenstand eines arbeitsrechtlichen Verfahrens vor dem „United Kingdom Employment Appeal Tribunal" (UKEAT).

Ebenso wie das deutsche AGG geht auch der „Equality Act 2010" auf die Antidiskriminierungsrichtlinien der EU[513] zurück.[514] Für diese Arbeit von besonderer Relevanz ist der Umstand, dass sowohl der „Equality Act 2010" als auch das AGG der Umsetzung der RL 2000/78/EG des Rates v. 27.11.2000 zur Festlegung eines allgemeinen Rahmens für die Verwirklichung der Gleichbehandlung in

---

511 Eilers/Koffka/*Mackensen*, VI Rn. 48.

512 Abrufbar unter http://www.legislation.gov.uk/ukpga/2010/15/contents?

513 RL 2000/43/EG des Rates v. 29.06.2000 zur Anwendung des Gleichbehandlungsgrundsatzes ohne Unterschied der Rasse oder der ethnischen Herkunft, ABl EG Nr. L 180 v. 19.07.2000, S. 22; RL 2000/78/EG des Rates v. 27.11.2000 zur Festlegung eines allgemeinen Rahmens für die Verwirklichung der Gleichbehandlung in Beschäftigung und Beruf, ABl EG Nr. L 303 v. 02.12.2000, S. 16; Richtlinie 2002/73/EG des Europäischen Parlaments und des Rates vom 23.09.2002 zur Änderung der Richtlinie 76/207/EWG des Rates zur Verwirklichung des Grundsatzes der Gleichbehandlung von Männern und Frauen hinsichtlich des Zugangs zur Beschäftigung, zur Berufsbildung und zum beruflichen Aufstieg sowie in Bezug auf die Arbeitsbedingungen, ABl EG Nr. L 269 v. 05.10.2002, S. 15; RL 2004/113/EG des Rates v. 13.12.2004 zur Verwirklichung des Grundsatzes der Gleichbehandlung von Männern und Frauen beim Zugang zu und bei der Versorgung mit Gütern und Dienstleistungen, ABl EG Nr. L 373 v. 21.12.2004, S. 37–43.

514 Der Equality Act 2010 enthält neben der Umsetzung der RL 2000/43/EG v. 29.06.2000; RL 2000/78/EG v. 27.11.2000 und der RL 2004/113/EG v. 13.12.2004 auch noch weitere Diskriminierungsverbote, die zum Teil nicht auf EU-Recht zurückgehen, vgl. http://www.legislation.gov.uk/ukpga/2010/15/notes/division/2/1/1.

Beschäftigung und Beruf diente[515], welche unter anderem das Verbot der unmittelbaren sowie mittelbaren Ungleichbehandlung wegen des Alters enthält.[516] Der Fall des UKEAT betraf allerdings nicht einen „director“, sondern einen „gewöhnlichen“ „employee“ und wurde im Ergebnis zur erneuten Verhandlung an eine andere Kammer des „Employment Tribunal“ zurückverwiesen, da bei der Findung des Urteils in der ersten Instanz eklatante Fehler durch das „Employment Tribunal“ gemacht wurden, das eine Rechtfertigung der Diskriminierung noch bejaht hatte.[517]

Die Beklagte war ein international tätiger Hersteller von Industriegasen mit mehr als 20.000 Mitarbeitern weltweit. Der Kläger war Angestellter des Unternehmens im Vereinigten Königreich und arbeitete dort vom 01.08.1988 bis zum 28.02.2013. Die Beklagte betrieb einen „Long Term Incentive Plan“ (LTIP), welcher ausgewählten Mitarbeitern Aktienoptionen gewährte. Grundprinzip des LTIP war es, dass die Aktienoptionen verfallen sollten, sobald der Angestellte das Unternehmen verlässt, wovon allerdings in bestimmten Fällen Ausnahmen gemacht wurden. Diese Ausnahmen umfassten das Ausscheiden aufgrund des Todes, einer Behinderung und der Pensionierung („retirement“).[518]

Nachdem der Kläger im Alter von 50 Jahren das Unternehmen verlassen hatte, verweigerte die Beklagte ihm die Ausübung seiner Aktienoptionen mit der Begründung, er habe das notwendige „customary retirement age“, welches bei 55 Jahren lag, noch nicht erreicht. Darüber hinaus gingen die Meinungen über den Wert der nicht ausgeübten Aktienoptionen weit auseinander.[519] Der Kläger behauptet, die Regelung, die ihm aufgrund des Nichterreichens der Altersgrenze von 55 Jahren die Bezugsberechtigung verwehrte, sei altersdiskriminierend und verstoße gegen den „Equality Act 2010 section 13 (1)(2)“[520]:

> *(1) A person (A) discriminates against another (B) if, because of a protected characteristic, A treats B less favourably than A treats or would treat others.*

---

515 Vgl. hierzu für die Bundesrepublik Deutschland BT-Drs. 16/1780, S. 1 ff.; für das Vereinigte Königreich http://www.legislation.gov.uk/ukpga/2010/15/notes/division/2/1/1.

516 Vgl. hierzu Art. 1, 2 Abs. 1, 2 lit. a, b der RL 2000/78/EG v. 27.11.2000, ABl EG Nr. L 303 v. 02.12.2000, S. 16.

517 *Cockram v Air Products Plc* [2015] UKEAT 0122_15_2411.

518 *Cockram v Air Products Plc* [2015] UKEAT 0122_15_2411, Rn. 2–5.

519 *Cockram v Air Products Plc* [2015] UKEAT 0122_15_2411, Rn. 6.

520 Abrufbar unter http://www.legislation.gov.uk/ukpga/2010/15/pdfs/ukpga_20100015_en.pdf.

(2) If the protected characteristic is age, A does not discriminate against B if A can show A's treatment of B to be a proportionate means of achieving a legitimate aim.

Die Beklagte bestritt das Vorliegen einer direkten diskriminierenden Regelung nicht, hielt diese aber für gerechtfertigt.[521]

Das „Employment Tribunal", unter Berücksichtigung der möglichen Rechtfertigungsgründe einer Diskriminierung aus *Seldon v Clarkson Wright and Jakes [2012] IRLR 590*, bejahte eine Rechtfertigung.

Das UKEAT befand die Ausführungen des „Employment Tribunal" als unzureichend, da es für die Annahme der Rechtfertigung der Diskriminierung nahezu keine Begründung abgegeben hatte, und verwies die Sache zur erneuten Entscheidung an eine andere Kammer zurück.[522]

b) Anwendbarkeit des AGG auf Geschäftsführer einer GmbH

Eine Leaver-Klausel kann von vornherein nur dann gegen das AGG und die ihm zugrunde liegende EU-Richtlinie verstoßen, wenn diese überhaupt auf den Geschäftsführer einer GmbH anwendbar sind. Die Anwendbarkeit des AGG auf den GmbH-Geschäftsführer ist deshalb von Bedeutung, da § 6 Abs. 3 AGG Organmitglieder vom Anwendungsbereich des AGG ausnimmt, sofern es um die Entlassung aus dem Arbeitsverhältnis geht. Lediglich für den Zugang und beruflichen Aufstieg gilt das AGG auch für diese Gruppe. Da es in der eingangs geschilderten Problematik allerdings um eine Regelung zum Ausscheiden aus dem Unternehmen geht, würde dies dem betroffenen GmbH-Geschäftsführer nicht weiterhelfen.

aa) Rechtsprechung des EuGH

Diese gesetzliche Regelung ist unionsrechtlich nicht völlig haltbar, da der EuGH in der Vergangenheit Organmitglieder teilweise als Arbeitnehmer eingestuft hat.[523]

In einem Vorabentscheidungsverfahren vom 11.11.2010[524] in einem lettischen Rechtsstreit zwischen der Geschäftsführerin einer lettischen GmbH und der Gesellschaft über deren Abberufung hatte der EuGH unter anderem die Frage zu beantworten, ob ein Mitglied der Unternehmensleitung einer Kapitalgesell-

521 *Cockram v Air Products Plc* [2015] UKEAT 0122_15_2411, Rn. 6.
522 *Cockram v Air Products Plc* [2015] UKEAT 0122_15_2411, Rn. 34.
523 EuGH, C-350/96, *Clean Car Autoservice*, ECLI:EU:C:1998:205.
524 EuGH, C-232/09, *Danosa*, ECLI:EU:C:2010:674.

schaft, das dieser gegenüber Leistungen erbringt, als Arbeitnehmer i.S.d. RL 92/85/EWG v. 19.10.1992[525], sog. Mutterschutzrichtlinie, anzusehen ist.

Dem später „*Danosa*"-Entscheidung[526] getauften Urteil des EuGH lag folgender Sachverhalt zugrunde: Eine lettische Aktiengesellschaft bestellte die Klägerin mit Beschluss vom 21.12.2006 über die Gründung einer lettischen GmbH zu deren alleiniger Geschäftsführerin. Obwohl die Klägerin einen Arbeitsvertrag verlangte, beschloss der Aufsichtsrat der Aktiengesellschaft, der Klägerin die Aufgabe der Geschäftsführung auf Grundlage einer Geschäftsbesorgung zu übertragen. Die Gesellschafterversammlung der GmbH beschloss am 23.07.2007, die Klägerin als Geschäftsführerin abzuberufen, was nach § 224 Abs. 4 des lettischen Handelsgesetzbuchs ohne Vorliegen eines Grundes möglich ist.[527] Die Geschäftsführerin behauptete im Ausgangsrechtsstreit, dass ihre Schwangerschaft der Grund für die Abberufung gewesen sei, während die GmbH vorbrachte, dass die Schwangerschaft bei der Abberufung keine Rolle gespielt habe.

Der EuGH beantwortete die Frage dahingehend, dass der unionsrechtliche Arbeitnehmerbegriff nicht je nach nationalem Recht unterschiedlich ausgelegt werden könne, sondern, dass er nach objektiven Kriterien zu definieren sei. Wesentliches Merkmal des Arbeitsverhältnisses sei, dass eine Person während einer bestimmten Zeit für eine andere nach deren Weisung Leistungen erbringe, für die sie als Gegenleistung eine Vergütung erhalte.[528] Dabei spiele es keine Rolle, dass das Arbeitsverhältnis nach nationalem Verständnis ein Rechtsverhältnis *sui generis* sein könne. Soweit die Voraussetzungen des unionsrechtlichen Arbeitnehmerbegriffs erfüllt seien, sei die Art der Rechtsbeziehung zwischen den Parteien für die Anwendbarkeit der Richtlinie 92/85/EWG ohne Bedeutung.[529] Auch die formale Einstufung als Selbstständiger nach innerstaatlichem Recht schließe nicht aus, dass eine Person als Arbeitnehmer im Sinne der Richtlinie 92/85/EWG angesehen werden könne, sofern die Selbstständigkeit nur fiktiv sei und damit ein Arbeitsverhältnis im Sinne der Richtlinie verschleiere.[530] Die Eigenschaft als Mitglied der Unternehmensleitung einer Kapitalgesellschaft als solche könne

---

525 RL 92/85/EWG des Rates v. 19.10.1992 über die Durchführung von Maßnahmen zur Verbesserung der Sicherheit und des Gesundheitsschutzes von schwangeren Arbeitnehmerinnen, Wöchnerinnen und stillenden Arbeitnehmerinnen am Arbeitsplatz, ABl EG Nr. L 348 v. 19.11.1992, S. 1–8.

526 Danosa war der Nachname der klagenden Geschäftsführerin.

527 EuGH, C-232/09, *Danosa*, ECLI:EU:C:2010:674.

528 EuGH, C-232/09, *Danosa*, ECLI:EU:C:2010:674, Rn. 39.

529 EuGH, C-232/09, *Danosa*, ECLI:EU:C:2010:674, Rn. 40.

530 EuGH, C-232/09, *Danosa*, ECLI:EU:C:2010:674, Rn. 41.

daher nicht von vornherein ausschließen, dass ein Unterordnungsverhältnis nicht gegeben sei. Zwar bestehe die Möglichkeit, dass ein solches Mitglied der Unternehmensleitung nicht unter den Arbeitnehmerbegriff des Unionsrechts falle. Allerdings erfülle ein Mitglied der Unternehmensleitung dem ersten Anschein nach die Voraussetzungen des unionsrechtlichen Arbeitnehmerbegriffs, wenn es gegen Entgelt Leistungen gegenüber der Gesellschaft erbringt, die es bestellt hat und in die es eingegliedert ist, seine Tätigkeit nach der Weisung oder unter der Aufsicht eines anderen Organs dieser Gesellschaft ausübt und jederzeit ohne Einschränkungen von seinem Amt abberufen werden kann.[531]

bb) Rechtsprechung des BGH

Der BGH hat in einer Grundsatzentscheidung vom 23.04.2012[532] zumindest eine partielle Anwendbarkeit des AGG auf den GmbH-Geschäftsführer bejaht.

Der 1947 geborene Kläger war medizinischer Geschäftsführer der beklagten GmbH, die stationäre Krankenhausdienstleistungen anbot. Die GmbH hatte einen fakultativen Aufsichtsrat, dem nach der Satzung der Abschluss, die Änderung und die Aufhebung der Anstellungsverträge mit den Geschäftsführern oblag. Der Geschäftsführeranstellungsvertrag des Klägers vom 23.07.2004 hatte eine – nach der Satzung der GmbH auf fünf Jahre beschränkte – Laufzeit bis zum 31.08.2009. Vereinbarungsgemäß hatten die Vertragspartner spätestens ein Jahr vor dem Ende der Laufzeit zu erklären, ob sie zu einer Verlängerung des Vertragsverhältnisses bereit seien. Der Kläger erklärte mit Schreiben vom 04.08.2008 die Bereitschaft zur Vertragsverlängerung. Der Aufsichtsrat der GmbH lehnte die Vertragsverlängerung mit dem Kläger ab und empfahl stattdessen einen 41-jährigen Mitbewerber zur Bestellung als neuen Geschäftsführer. Der Kläger war der Auffassung, die GmbH habe mit der Ablehnung seiner Weitbeschäftigung gegen das Verbot der Altersdiskriminierung nach dem AGG verstoßen, und begehrte daher Schadensersatz.[533]

Der BGH bejahte die Anwendbarkeit des AGG auf den Geschäftsführer. Im Mittelpunkt der Entscheidung stand die Frage, ob die erneute Bewerbung des Geschäftsführers bzw. sein Verlangen nach einer Vertragsverlängerung noch als Zugang i.S.d. § 6 Abs. 3 AGG verstanden werden könne.

Indem § 6 Abs. 3 AGG die Anwendbarkeit des AGG bezüglich der Organmitglieder auf den Zugang beschränkt und die Beschäftigungs- und Entlassungsbedingungen i.S.d. § 2 Abs. 1 Nr. 2 AGG davon ausnehme, bezwecke die Vorschrift,

531 EuGH, C-232/09, *Danosa*, ECLI:EU:C:2010:674, Rn. 47, 51.

532 BGHZ 193, 110 ff.

533 BGHZ 193, 110, Rn. 1–3.

den für die Entscheidung über Beschäftigungs- und Entlassungsbedingungen zuständigen Gesellschaftsorganen eine weitgehend freie, nur am Unternehmenswohl orientierte und allein an der Grenze der Sittenwidrigkeit und des Verstoßes gegen Treu und Glauben zu messende Entscheidung zu ermöglichen. Wolle die Gesellschafterversammlung oder der Aufsichtsrat das Anstellungsverhältnis eines Geschäftsführers der Gesellschaft beenden und seine Bestellung zum Geschäftsführer widerrufen, sollten sie dabei nicht eine Abwägung nach dem AGG vornehmen müssen. Allerdings handele es sich nicht um eine solche Entlassungs- und Widerrufsentscheidung, da das Vertragsverhältnis des Klägers und seine Amtsstellung infolge der Befristung abgelaufen seien. Bewerbe sich der ausscheidende Geschäftsführer erneut um das Geschäftsführeramt, komme ihm damit derselbe Schutz durch die Vorschriften des AGG zugute wie jedem anderen Bewerber auch.[534] Diese Auslegung scheitere auch nicht daran, dass der alte Geschäftsführer mit neuen Bewerbern nicht vergleichbar sei. Zwar kenne die Gesellschafterversammlung den bisherigen Geschäftsführer schon persönlich und die anderen Bewerber nur aus sekundären Erkenntnisquellen. Dies rechtfertige aber keine andere Behandlung.[535] Ebenso wenig führe die Möglichkeit zu einer Rechtfertigung, dass sich aus der Geltung des Diskriminierungsverbotes bei der Entscheidung über die Wiederbeschäftigung des bisherigen Geschäftsführers und die Nichtgeltung bei der Entscheidung über die Beendigung seiner Tätigkeit ein „*widersinniges Hin und Her*"[536] ergebe. Zum einen könne es auch bei der erstmaligen Bestellung eines Bewerbers zum Geschäftsführer dazu kommen, dass er gleich wieder abberufen wird, um den an sich gewünschten, aber wegen des Diskriminierungsverbots nach dem AGG zunächst nicht berücksichtigten Kandidaten zum Geschäftsführer zu bestellen. Zum anderen wäre dies eine unzulässige Rechtsausübung, die jedenfalls gegen § 138 Abs. 1 BGB verstoßen würde.[537]

cc) Ansichten in der Literatur

In der Literatur wird eine möglicherweise unionsrechtskonforme Auslegung des § 6 Abs. 3 AGG unterschiedlich beurteilt. Gegen eine unionsrechtskonforme Auslegung werden vereinzelt der eindeutige Wortlaut der Vorschrift

534 BGHZ 193, 110, Rn. 21.
535 BGHZ 193, 110, Rn. 22.
536 *Lutter*, BB 2007, 725, 728.
537 BGHZ 193, 110, Rn. 23.

und der unmissverständliche Wille des Gesetzgebers[538] eingewandt.[539] Erleide das Organmitglied einen Nachteil, beispielsweise im Hinblick auf seine Ausübungsbedingungen, bleibe ihm lediglich ein Amtshaftungsanspruch gegen die Bundesrepublik Deutschland wegen mangelhafter Richtlinienumsetzung.[540] Allerdings geht die ganz überwiegende Ansicht in der Literatur davon aus, der Diskriminierungsschutz gelte vollumfänglich zumindest für bestimmte Arten von Geschäftsführern. Regelmäßig wird dies damit begründet, die nationale Regelung sei unionsrechtswidrig und der nationale Arbeitgeberbegriff schon nicht anwendbar, da es sich um eine EU-Richtlinie handele.[541] Andere differenzieren nach der Stellung des Geschäftsführers. So sollen der Fremdgeschäftsführer[542] und der Minderheitsgesellschafter-Geschäftsführer durchaus als Arbeitnehmer angesehen werden.[543]

dd) Stellungnahme

Nach der st. Rspr. des EuGH müssen die mitgliedstaatlichen Gerichte das gesamte nationale Recht soweit wie möglich anhand des Wortlauts und des Zwecks der jeweiligen Richtlinie auslegen, um das in ihr festgelegte Ergebnis zu erreichen.[544] Sie müssen „unter Berücksichtigung des gesamten nationalen Rechts und unter

---

538 BT-Drs. 16/1780, S. 34.

539 *Bauer/Arnold*, ZIP 2008, 993, 995 f.; Staudinger/*Richardi/Fischinger*, § 611 Rn. 431; *Schubert*, EuZA 2011, 362, 370.

540 Staudinger/*Richardi/Fischinger*, § 611 Rn. 431.

541 *Bauer*, GWR 2010, 586; *Eßer/Baluch*, NZG 2007, 321, 324; *Junker*, NZA 2011, 950, 951; *Oberthür*, NZA 2011, 253, 257 f.; *Reinfelder*, RdA 2016, 87, 94; *Reufels/Molle*, NZA-RR 2011, 281, 283; ErfK/*Schlachter*, § 6 AGG Rn. 6; unklar Däubler/Bertzbach/*Schrader/Schubert*, § 6 Rn. 10r.

542 *Adomeit/Mohr*, § 6 Rn. 23; *Bauer/Arnold*, NZG 2012, 921, 923; *Bauer/Krieger*, § 6 Rn. 35a; Hey/Forst/*Hey*, § 6 Rn. 24; *Hohenstatt/Naber*, ZIP 2012, 1989, 1989 f.; Lutter/Hommelhoff/*Kleindiek*, § 6 Rn. 34; *Krause*, AG 2007, 392, 394; PWW/*Lingemann*, § 6 AGG Rn. 7; *Lunk/Rodenbusch*, GmbHR 2012, 188, 192 f.; *Paeffgen*, ZIP 2012, 1296, 1297; HWK/*Rupp*, § 6 AGG Rn. 3; *Reißerer*, DB 2011, 2262, 2265; *Reufels/Molle*, NZA-RR 2011, 281, 283; ErfK/*Schlachter*, § 6 AGG Rn. 6; SSV/*Schleusener*, § 6 Rn. 18; *Stagat*, NZA-RR 2011, 617, 622; *Wilsing/Meyer*, DB 2011, 341, 342.

543 *Adomeit/Mohr*, § 6 Rn. 23; *Bauer/Arnold*, ZIP 2008, 993, 995 f.; *Eßer/Baluch*, NZG 2007, 321, 324; *Hohenstatt/Naber*, ZIP 2012, 1969; Lutter/Hommelhoff/*Kleindiek*, § 6 Rn. 34; *Kort*, NZG 2013, 601, 607; *Schröder/Diller*, NZG 2006, 728, 730.

544 EuGH, 14/83, *Von Colson/Kamann*, ECLI:EU:C:1984:153; C-106/89, *Marleasing*, ECLI:EU:C:1990:395, Rn. 8; C-91/92, *Faccini Dori*, ECLI:EU:C:1994:292, Rn. 26; C-63/97, *BMW*, ECLI:EU:C:1999:82, Rn. 22; C-240/98 bis C-244/98, *Oceano Grupo Editorial*, ECLI:EU:C:2000:346, Rn. 30; C-408/01, *Adidas Salomon/Adidas Benelux*,

Anwendung ihrer Auslegungsmethoden alles tun, was in ihrer Zuständigkeit liegt, um die volle Wirksamkeit der fraglichen Richtlinie zu gewährleisten und zu einem Ergebnis zu gelangen, das mit dem von der Richtlinie verfolgten Ziel übereinstimmt".[545] Indes darf eine richtlinienkonforme Auslegung nicht als Rechtfertigung für eine Auslegung nationalen Rechts *contra legem* dienen.[546] Sowohl nach dem BGH[547] als auch dem BAG[548] betrifft diese Einschränkung aber nicht den möglichen Wortsinn des nationalen Rechts. Der Begriff des *contra legem*-Judizierens sei vielmehr funktionell zu verstehen. Er umfasse denjenigen Bereich, in dem eine richterliche Rechtsfindung auch nach nationalen Methoden unzulässig wäre. Der Grundsatz der richtlinienkonformen Auslegung erfordere daher, dass das nationale Recht notfalls auch richtlinienkonform fortzubilden sei. Unzulässig sei lediglich eine Auslegung, die eine eindeutige Entscheidung des Gesetzgebers aufgrund eigener rechtspolitischer Vorstellung ändere und daher gegen die verfassungsrechtliche Bindung der deutschen Gerichte an Recht und Gesetz und das Gewaltenteilungsprinzip nach Art. 20 Abs. 2 S. 2, Abs. 3 GG verstoße.

Vor dem Hintergrund dieser Grundsätze handelt es sich bei der Entscheidung der vorliegenden Frage um einen regelrechten Tanz auf der Rasierklinge. Ausgehend von der Gesetzesbegründung und dem Wortlaut des § 6 Abs. 3 AGG wäre eine unionsrechtskonforme Auslegung praktisch ausgeschlossen. Sie würde indes dem Gesetzgeber unterstellen, sich der Durchsetzung der praktischen Wirksamkeit des Unionsrechts zu widersetzen. Dies erscheint schon vor dem Hintergrund des *effet utile* gem. Art. 4 Abs. 3 S. 3 EUV problematisch. Es handelt sich bei der hier vorzunehmenden erweiterten Auslegung des § 6 Abs. 3 AGG auch nicht um eine unzulässige Umdeutung, um eigene rechtspolitische Überzeugungen durchzusetzen, sondern nur um die Notwendigkeit, dem EU-Recht zur praktischen Wirksamkeit zu verhelfen. Dass dies mitunter zu Friktionen in mit nationalen Maßstäben führen kann, liegt in der Natur einer jeden Rechtsvereinheitlichung. Darüber hinaus ist es nahezu unbestritten, dass Fremd- und Minderheitsgesellschafter-Geschäftsführer unter den unionsrechtlichen Arbeitnehmerbegriff fallen. Da der EuGH als gesetzlicher Richter i.S.d. Art. 101 Abs. 1 S. 2 GG zur endgültigen Entscheidung über die Auslegung des

---

ECLI:EU:C:2003:582, Rn. 21, C-397/01 bis C-403/01, *Pfeiffer*, ECLI:EU:C:2004:584, Rn. 113; C-212/04, *Adelener*, ECLI:EU:C:2006:443, Rn. 108.

545 EuGH, C-212/04, *Adelener*, ECLI:EU:C:2006:443, Rn. 111.

546 EuGH, C-212/04, *Adelener*, ECLI:EU:C:2006:443, Rn. 110.

547 BGH, NJW 2009, 427, Rn. 20 ff.

548 BAG, NZA 2010, 1020, Rn. 29 ff.

Gemeinschaftsrechts berufen ist[549], ist seine Rechtsprechung auch für auf Gemeinschaftsrecht beruhendes nationales Recht maßgeblich. Zuletzt hat auch das BAG bei der Umsetzung der *Schulz-Hoff*-Entscheidung des EuGH[550] eine unionsrechtskonforme Rechtsfortbildung vorgenommen. Dies wurde maßgeblich auf die Überlegung gestützt, dass dem Gesetzgeber nicht der Wille unterstellt werden könne, Richtlinien nicht ordnungsgemäß umzusetzen.[551] Aufgrund von § 249 Abs. 3 AEUV haben die nationalen Gerichte davon auszugehen, dass der Mitgliedstaat den Verpflichtungen, die sich aus der Richtlinie ergeben, in vollem Umfang nachkommen will. Die von *Richardi/Fischinger*[552] vertretene Mindermeinung ist somit nicht haltbar. Es besteht auch kein Grund, zwischen Fremd- und Minderheitsgesellschafter-Geschäftsführer zu differenzieren. Die Voraussetzungen des EuGH – entgeltliche Leistungserbringung gegenüber der Gesellschaft; Eingliederung in diese; Tätigkeit nach Weisung oder unter Aufsicht eines anderen Gesellschaftsorgans sowie jederzeitige Möglichkeit der Abberufung[553] – sind bei beiden „Arten" von Geschäftsführern ohne Weiteres erfüllt. Nach der hier vertretenen Auffassung gilt der Schutz der AGG vollumfänglich für Fremd- und Minderheitsgesellschafter-Geschäftsführer.

c) *Anwendbarkeit des AGG auf die Gesellschaftervereinbarung*

Ist der Anwendungsbereich zumindest in persönlicher Hinsicht geklärt, stellt sich die weitergehende Frage, ob das AGG überhaupt Gestaltungen wie die eines Mangement Equity Program, genauer gesagt die Gesellschaftervereinbarung, in der die einzelnen Rechtsverhältnisse festgelegt sind, umfasst. Die Anwendbarkeit des AGG auf eine Gesellschaftervereinbarung wird weder in der Literatur noch in der Rechtsprechung diskutiert. Schließlich ist das Ausscheiden als Geschäftsführer, das unstreitig unter „Entlassungsbedingungen" i.S.d. § 2 Abs. 1 Nr. 2 AGG fällt, isoliert betrachtet unbedenklich. Die nachteiligen Konsequenzen ergeben sich erst aus der Koppelung der Gesellschafterstellung an das Dienstverhältnis. Aufgrund dieser weitreichenden Ausgestaltung und des letztlich gesellschaftsrechtlichen Einschlages könnte die Anwendung des AGG zweifelhaft sein. Fasst man den Begriff der „Entlassungsbedingung" eng auf, ließe es sich durchaus vertreten, dass damit nur solche Folgen gemeint sein können, die in einem

549 BVerfGE 73, 339; BVerwGE 112, 166.
550 EuGH, C-350,520/06, *Schultz-Hoff*, ECLI:EU:C:2009:18.
551 BAGE 130, 119, Rn. 59.
552 Staudinger/*Richardi/Fischinger*, § 611 Rn. 431.
553 EuGH, C-232/09, *Danosa*, ECLI:EU:C:2010:674, Rn. 47, 51.

unmittelbaren Zusammenhang mit der Kündigung stehen, mithin die Konditionen und Umstände, unter denen der Geschäftsführer aus seinem Dienstvertragsverhältnis ausscheidet. Zudem werden sich im Geschäftsführerdienstvertrag ebenfalls Regelungen befinden, die im Falle der Abberufung und Kündigung Details zu dienstvertraglichen Abfindungsansprüchen beinhalten.

Dies ist aber aus mehreren Gründen nicht überzeugend: Anerkannt ist, dass der Begriff der „Bedingung" in § 2 Abs. 1 Nr. 2 AGG weit zu verstehen ist.[554] Insofern erscheint es möglich, dass auch mittelbare Folgen einer „Entlassung" erfasst sein können. Darüber hinaus ist der Begriff der Entlassung an sich schon weit. Es wäre dem Gesetzgeber ein Leichtes gewesen, sich hier beispielsweise bloß auf den Begriff Kündigung zu beschränken. Dann wären aber Aufhebungsverträge vom AGG ausgenommen und der mit ihm bezweckte Schutz zu leicht umgehbar. Zuletzt spricht auch der Zweck des AGG für eine weite Auslegung: Das AGG soll einen weitreichenden Schutz vor Benachteiligungen bieten, was nicht nur darin zum Ausdruck kommt, dass unmittelbare und mittelbare Benachteiligungen erfasst werden. Der Inhalt einer Gesellschaftervereinbarung, bei der sich die nachteiligen Folgen erst mittelbar zeigen, legt das Umgehungspotential offen, das aber offensichtlich nicht gewollt sein kann. Zudem kann es keinen Unterschied machen, wo nachteilige Entlassungsbedingungen geregelt werden, wenn erst einmal feststeht, dass es sich bei der in Frage stehenden Regelung um solche handelt. Hierfür spricht auch der Wortlaut des § 7 Abs. 2 AGG, der entsprechende „Vereinbarungen" für unwirksam erklärt, womit jegliche rechtsgeschäftliche Vereinbarung gemeint ist.[555] Daher ist nach der hier vertretenen Ansicht davon auszugehen, dass das AGG auch für die Gesellschaftervereinbarung im Rahmen eines Mangement Equity Program gilt.

d) Vorliegen einer Diskriminierung

Gem. § 2 Abs. 1 Nr. 2 AGG sind Benachteiligungen aus einem in § 1 AGG genannten Grund unzulässig in Bezug auf die Beschäftigungs- und Arbeitsbedingungen einschließlich Arbeitsentgelt und Entlassungsbedingungen, insbesondere in individual- und kollektivrechtlichen Vereinbarungen und Maßnahmen bei der Durchführung und Beendigung eines Beschäftigungsverhältnisses sowie beim beruflichen Aufstieg. § 1 AGG nennt wiederum als unzulässigen Benachteiligungsgrund das Alter, die Rasse, das Geschlecht, die ethnische Herkunft, die

554 *Bauer/Krieger*, § 2 Rn. 27; BeckOK-ArbR/*Roloff*, § 2 AGG Rn. 7; HWK/*Rupp*, § 2 AGG Rn. 3.
555 BeckOK-ArbR/*Roloff*, § 7 AGG Rn. 4.

sexuelle Identität, die Religion oder Weltanschauung und die Behinderung. Leaver-Klauseln knüpfen an das Ausscheiden aus „Altersgründen" die Qualifikation als good leaver.[556] Insofern ist nicht eindeutig, ob damit nur das gesetzliche Renteneintrittsalter von aktuell 67 Jahren gem. § 35 S. 2 SGB VI gemeint ist oder auch – ähnlich wie im Vereinigten Königreich – das willkürliche Definieren einer Altersgrenze, ab deren Erreichen die Beendigung des Anstellungsverhältnisses als Good Leaver-Event gilt.

aa) Gesetzliches Renteneintrittsalter

Alter i.S.d. AGG meint das biologische Lebensalter eines Menschen. Auch wenn Regelungsmotiv der RL 2000/78/EG v. 27.11.2000[557] vorwiegend der Schutz älterer Arbeitnehmer war, sind aufgrund des eindeutigen Gesetzeswortlauts des § 1 AGG Benachteiligungen aufgrund hohen Alters ebenso erfasst wie Benachteiligungen wegen jungen Alters.[558]

Sofern mit „Ausscheiden aus Altersgründen" auf das gesetzliche Renteneintrittsalter Bezug genommen wird, kann eine Benachteiligung im Verhältnis zu jüngeren Managern nicht angenommen werden. Das gesetzliche Renteneintrittsalter enthält die gesetzgeberische Wertentscheidung, dass sich der Arbeitnehmer ab einem gewissen Alter „den Ruhestand verdient hat". Wollte man trotz dieser eindeutigen Wertentscheidung den ausscheidenden als bad leaver behandeln, führte dies zu dem schwer erträglichen Ergebnis, dass der Manager trotz des Einsatzes von Zeit und Arbeitskraft einen Nachteil aufgrund einer gesetzgeberischen Entscheidung tragen müsste, auf die er keinen Einfluss hat. Diese Wertentscheidung findet sich auch in § 10 S. 3 Nr. 5 AGG wieder, wonach eine Beendigung des Dienstvertrages bei Erreichen des gesetzlichen Renteneintrittsalters gerechtfertigt ist. Darüber hinaus gibt es für den Manager auch keine Möglichkeit, sich dem Erreichen der Altersgrenze zu entziehen, und auch jüngere Manager würden früher oder später in den Bereich dieser Regelung fallen. Zuletzt dürfte auch zweifelhaft sein, ob überhaupt eine Ungleichbehandlung durch den Arbeitgeber vorliegt. Bei der Bezugnahme auf das gesetzliche Renteneintrittsalter handelt es

---

556 E.IV.2.a

557 RL 2000/78/EG des Rates v. 27.11.2000 zur Festlegung eines allgemeinen Rahmens für die Verwirklichung der Gleichbehandlung in Beschäftigung und Beruf, ABl EG Nr. L 303 v. 02.12.2000, S. 16.

558 BAG, NZA 2010, 1412; *Bauer/Krieger*, § 1 Rn. 45 f.; Däubler/Bertzbach/*Däubler*, § 1 Rn. 84; HWK/*Rupp*, § 1 AGG Rn. 5; ErfK/*Schlachter*, § 1 AGG Rn. 12; SSV/*Schleusener*, § 1 Rn. 70; MünchKomm-BGB/*Thüsing*, § 1 AGG Rn. 85; a.A. *Mohr*, Schutz vor Diskriminierungen im europäischen Arbeitsrecht, S. 204.

sich um eine gesetzgeberische Entscheidung, die auch der Einflusssphäre des Arbeitgebers entzogen ist.

bb) customary retirement age

Die willkürliche Festlegung von Altersgrenzen („customary retirement age"), wie sie z.B. der DCGK in Ziff. 5.1.2 S. 7 für Vorstände vorschlägt, hingegen könnte geeignet sein, eine nach dem AGG unzulässige Benachteiligung darstellen.

(1) Vorliegen einer Benachteiligung

Bei der Beurteilung stellt sich zunächst die Frage, ob es sich bei der Einordnung von „Ausscheiden aus Altersgründen" als Good Leaver-Event um eine unmittelbare oder mittelbare Benachteiligung handelt.

Eine unmittelbare Benachteiligung liegt gem. § 3 Abs. 1 S. 1 AGG vor, wenn eine Person wegen eines in § 1 AGG genannten Grundes eine weniger günstige Behandlung erfährt als eine andere Person in einer vergleichbaren Situation erfährt, erfahren hat oder erfahren würde. Eine mittelbare Benachteiligung liegt gem. § 3 Abs. 2 AGG vor, wenn dem Anschein nach neutrale Vorschriften, Kriterien oder Verfahren Personen wegen eines in § 1 AGG genannten Grundes gegenüber anderen Personen in besonderer Weise benachteiligen können, es sei denn, die betreffenden Vorschriften, Kriterien oder Verfahren sind durch ein rechtmäßiges Ziel sachlich gerechtfertigt und die Mittel sind zur Erreichung dieses Ziels angemessen und erforderlich.

Die Einordnung des Good Leaver-Events „Ausscheiden aus Altersgründen" als unmittelbare Benachteiligung gegenüber jüngeren, ordentlich kündigenden Managern versteht sich hier nicht von selbst. Für eine mittelbare Benachteiligung spricht, dass ein leaver-scheme auf den ersten Blick verschiedene voneinander unabhängige Regelungen zur Beschränkung des Abfindungsanspruchs enthält. Darüber hinaus ist das Ausscheiden aus Altersgründen in gewisser Weise „self-executing", während die Kündigung durch jüngere Manager zuvor noch den Rechtsakt der Kündigung voraussetzt. Im Ergebnis erscheint es aber überzeugender, in diesem Fall von einer unmittelbaren Benachteiligung auszugehen. Zum einen ist hinsichtlich der Festlegung von Altersgrenzen in Tarifverträgen anerkannt, dass diese eine unmittelbare Benachteiligung gegenüber jüngeren Arbeitnehmer darstellen können.[559] Zum anderen lässt sich eine unmittelbare

559 EuGH, C-411/05, *Palacios de la Villa*, ECLI:EU:C:2007:604; C-45/09, *Rosenbladt*, ECLI:EU:C:2010:601; C-447/09; *Prigge*, ECLI:EU:C:2011:573; BAG, NZA 2011, 586; Däubler/Bertzbach/*Schrader*/*Schubert*, § 1 Rn. 16b.

Betroffenheit bei einer Regelung, die erst ab einem bestimmten Alter gilt, nur schwer verneinen, da alle, die dieses Alter noch nicht erreicht haben, naturgemäß direkt davon betroffen sind.

Im Rahmen der Beurteilung ist für das Vorliegen einer unmittelbaren Benachteiligung erforderlich, dass eine Vergleichsbetrachtung angestellt wird. Ob eine weniger günstige Behandlung vorliegt, richtet sich nach der wertenden Beurteilung eines objektiven Betrachters und nicht nach dem subjektiven Empfinden des Beeinträchtigten.[560] Allerdings ist auch zu beachten, dass eine rein unterschiedliche Behandlung noch keine Benachteiligung i.S.d. AGG darstellt. Gerade für das Merkmal des Alters ist notwendig, dass sich eine Differenzierung zwischen unterschiedlich alten Arbeitnehmern für eine bestimmte Altersgruppe negativ auswirkt, indem sie sie zurücksetzt.[561] § 3 Abs. 1 S.1 AGG setzt für eine Benachteiligung eine Ungleichbehandlung voraus, die für den Betroffenen einen eindeutigen Nachteil bewirkt.[562] Darüber hinaus verbietet das AGG nicht generell die unterschiedliche Behandlung von Beschäftigten. Unzulässig ist lediglich eine unterschiedliche Behandlung „wegen" eines in § 1 AGG genannten Grundes. Für das Merkmal „wegen" ist Kausalität ausreichend aber auch erforderlich.[563] Nicht erforderlich ist hingegen, dass die Benachteiligung allein wegen des als unzulässig beschriebenen Anknüpfungspunktes stattfindet. Ausreichend ist, dass die Benachteiligung „auch" wegen des Merkmals erfolgt, sodass es unschädlich ist, wenn es lediglich Bestandteil eines Motivbündels ist.[564] In einer Entscheidung aus dem Jahr 2009[565] judizierte das BAG, dass es sich bei einem Sozialplan, der eine sukzessive Erhöhung der Abfindung mit steigender Betriebszugehörigkeit vorsah, um eine mittelbare Benachteiligung jüngerer Arbeitnehmer handelt. Der Wortlaut des Sozialplans knüpfe nicht an ein gewisses Alter, sondern ausschließlich an das Kriterium der Betriebszugehörigkeit an.[566]

Im Fall des Ausscheidens aus Altersgründen als Good Leaver-Event ist eine unmittelbare Benachteiligung bei einer willkürlichen Festlegung von Altersgrenzen zu bejahen. Zwar mag dies auf den ersten Blick lediglich wie eine unterschiedliche Behandlung zweier Vergleichsgruppen wirken, insbesondere da für jüngere Manager noch der Rechtsakt der Kündigung erforderlich ist, um als

---

560 BAG, NZA 2010, 561, Rn. 25 f.; *Bauer/Krieger*, § 3 Rn. 11; HWK/*Rupp*, § 3 AGG Rn. 2.
561 BAG, NJW-Spezial 2010, 115.
562 BAG, NJW-Spezial 2010, 115.
563 SSV/*Schleusener*, § 3 Rn. 12.
564 SSV/*Schleusener*, § 3 Rn. 12; Däubler/Bertzbach/*Schrader/Schubert*, § 3 Rn. 15.
565 BAGE 131, 61 ff.
566 BAGE 131, 61, Rn. 30.

bad leaver behandelt zu werden. Allerdings übersieht diese Betrachtungsweise, dass das Ergebnis im Hinblick auf den arbeitstechnischen Status dasselbe ist: Für beide Vergleichsgruppen (junge und alte Manager) bedeuten die Regelungen, dass sie – zumindest vorübergehend – aufhören, für das Unternehmen tätig zu sein. Der maßgebliche Unterschied liegt aber in der Höhe der Abfindung. Der aus freien Stücken kündigende Manager enthält eine Abfindung in der Höhe des Nennwertes seiner Beteiligung, während der aus Altersgründen ausscheidende Manager regelmäßig eine Abfindung in der Höhe des Verkehrswertes erhält. Manager, die dieses Alter erreicht haben, erfahren somit eine günstigere Behandlung als solche, die dieses Alter noch nicht erreicht haben, aber ebenfalls aus dem Unternehmen ausscheiden. Regelmäßig enthalten Leaver-Regelungen auch im Wortlaut entweder eine bestimmte Altersangabe, ab deren Erreichen der Manager als good leaver anzusehen ist, oder es wird allgemeiner auf das Alter als solches abgestellt. Hierin liegt auch der maßgebliche Unterscheid zu der eben zitierten Entscheidung des BAG. Eine solche Regelung knüpft ausdrücklich an das Kriterium des Alters an und führt daher unmittelbar zu einer auf dem Alter beruhenden Ungleichbehandlung bei den Entlassungsbedingungen.

(2) Rechtfertigung

Nach § 10 S. 1, 2 AGG ist eine unterschiedliche Behandlung wegen des Alters zulässig, wenn sie objektiv angemessen und durch ein legitimes Ziel gerechtfertigt ist. Die Mittel zur Erreichung dieses Ziels müssen angemessen und erforderlich sein. Die Rechtfertigung setzt danach eine umfassende Verhältnismäßigkeitsprüfung voraus, die jeweils im Einzelfall vorgenommen werden muss.[567] Die darunter beispielhaft aufgezählten Rechtfertigungsgründe sind nicht abschließend, sondern unter den Voraussetzungen des § 10 S. 1 AGG frei erweiterbar.[568] Dies führt zu der Problematik, dass die hier zu untersuchenden Leaver-Klauseln anhand des AGG im „luftleeren Raum" geprüft werden müssten, da sich die einschlägige Literatur naturgemäß zu den Gründen der Vereinbarung einer Leaver-Klausel ausschweigt. Vor diesem Hintergrund bietet es sich an, die in den Urteilen des LAG Rheinland-Pfalz[569] und des UKEAT[570] angeführten Gründe auf ihre Rechtfertigungsfähigkeit hin zu überprüfen. Es ist dabei keineswegs ausgemacht, dass in einem potentiellen Prozess zur Vereinbarung einer Leaver-Klausel

567 *Bauer/Krieger*, § 10 Rn. 10.

568 ErfK/*Schlachter*, § 10 AGG Rn. 1.

569 LAG Rheinland-Pfalz, BeckRS 2014, 72370.

570 *Cockram v Air Products Plc* [2015] UKEAT 0122_15_2411, Rn. 12.

im Rahmen eines Mangement Equtiy Program genau diese Gründe vorgetragen werden. Allerdings erscheint dies durchaus denkbar.

(a) Legitimes Interesse

Was unter einem legitimen Interesse i.S.d. § 10 S. 1 AGG zu verstehen ist, ist Gegenstand intensiver Diskussion im Schrifttum und der höchstrichterlichen Rechtsprechung. Kern dieser Debatte war insbesondere die Frage, ob unter einem legitimen Interesse nur gemeinwohlorientierte Ziele oder auch die individuellen Interessen des einzelnen Unternehmens zu verstehen sind.[571] Nach der früheren Rechtsprechung des BAG waren als legitime Ziele nicht nur solche anzusehen, die im Interesse der Allgemeinheit liegen, sondern auch betriebs- und unternehmensbezogene Interessen.[572] Allerdings musste es sich auch bei den betriebs- und unternehmensbezogenen Interessen um gesetzlich anerkannte handeln.[573] In der Rechtsprechung des BAG war insbesondere anerkannt, dass das unternehmerische Ziel einen sachgerechten Zweck darstellt, bestimmte Arbeitnehmer durch freiwillige Leistungen an den Betrieb zu binden und von einem Arbeitgeberwechsel abzuhalten, weil der Arbeitgeber auf ihre Mitarbeit angewiesen ist oder zumindest wert legt und ihr Weggang zu besonderen Belastungen führt.[574] Selbiges gilt, wenn der Arbeitgeber durch Maßnahmen die Betriebstreue der Arbeitnehmer nachträglich honoriert.[575] Indes lehnt sich § 10 AGG inhaltlich an Art. 6 RL 2000/78/EG v. 27.11.2000[576] an, sodass für die Auslegung der Diskriminierungsverbote die Rechtsprechung des EuGH maßgeblich ist. Darauf weist auch das BAG – ohne von seiner vorherigen Rechtsprechung ausdrücklich abzurücken – in einer jüngeren Entscheidung hin und orientiert

---

571 Für Gemeinwohlinteressen Rust/Falke/*Bertelsmann*, § 10 Rn. 38; Däubler/Bertzbach/*Brors*, § 10 Rn. 21; *Reichold/Hahn/Heinrich*, NZA 2005, 1270, 1275; *Thüsing*, ZfA 2001, 397, 408; MünchKomm-BGB/*Thüsing*, § 10 AGG Rn. 12; *Wiedemann/Thüsing*, NZA 2002, 1234, 1237; für unternehmerische Belange *Adomeit/Mohr*, § 10 Rn. 14; *Bauer/Krieger*, § 10 Rn. 20 f.; *Linsenmaier*, RdA 2003, Sonderbeilage Heft 5, 22, 26; *Kamanabrou*, RdA 2006, 321, 329; *König*, ZESAR 2005, 218, 220; *Wendeling-Schröder*, NZA 2007, 1399, 1400.

572 BAG, NZA 2009, 945, Rn. 53.

573 BAG, NZA 2009, 945, Rn. 53.

574 BAGE 45, 76; BAG, NZA 2006, 1217, Rn. 36.

575 BAG, NZA 2006, 1217, Rn. 36.

576 RL 2000/78/EG des Rates v. 27.11.2000 zur Festlegung eines allgemeinen Rahmens für die Verwirklichung der Gleichbehandlung in Beschäftigung und Beruf, ABl EG Nr. L 303 v. 02.12.2000, S. 16.

sich an den Grundsätzen der EuGH-Rechtsprechung.[577] Der EuGH leitet aus den in der Richtlinie aufgezählten Beispielen, nämlich Beschäftigungspolitik, Arbeitsmarkt und berufliche Bildung, eine Begrenzung auf sozialpolitische Ziele ab.[578] Danach soll die Erwähnung von Arbeitsmarkt und Beschäftigung zwar wichtige Anwendungsbereiche verdeutlichen, ohne damit aber andere Zielsetzungen ausdrücklich auszuschließen. In diesem Rahmen können grundsätzlich auch unternehmensbezogene Interessen ein legitimes Ziel darstellen. Rein individuelle Beweggründe, die der Situation des Arbeitgebers eigen sind, wie Kostenreduzierung oder Verbesserung der Wettbewerbsfähigkeit, können nicht als geeignete Ziele im Sinne der Richtlinie angesehen werden.[579] Allerdings erkennt auch der EuGH an, dass die in der Richtlinie aufgezählten Beispiele nicht abschließender Natur sind.[580] Es sei daher nicht auszuschließen, dass eine nationale Vorschrift bei der Verfolgung der sog. sozialpolitischen Ziele den Arbeitgebern einen gewissen Grad an Flexibilität einräume.[581] Auch ohne Bezug zu konkreten Arbeitsmarktproblemen oder zur Beschäftigungssituation seien Altersgrenzen grundsätzlich zulässig, wenn sie in den mitgliedschaftlichen Rechtsordnungen „weithin üblich" und auf einem Ausgleich zwischen politischen, wirtschaftlichen, sozialen, demographischen und/oder haushaltsbezogenen Erwägungen beruhten.[582] Insofern wird in der Literatur verlangt, dass solche Individualinteressen des Unternehmens den in der Richtlinie genannten Beispielen Beschäftigungspolitik, Arbeitsmarkt und berufliche Bildung gleichkommen.[583] Eine unabhängig von Allgemeininteressen verfolgte Zielsetzung eines einzelnen Arbeitgebers kann aber keine Ungleichbehandlung rechtfertigen.[584]

(aa) Langfristige Bindung von Mitarbeitern als legitimes Interesse

Der Kläger im Urteil des LAG Rheinland-Pfalz rügte zwar lediglich eine unzulässige Kündigungserschwerung. Allerdings enthielt der Gesellschaftsvertrag folgende streitentscheidende Klausel.

---

577 BAG, NZA 2015, 1380, Rn. 36.

578 EuGH, C-388/07, *Age Concern England*, ECLI:EU:C:2009:128; C-88/08, *Hütter*, ECLI:EU:C:2009:381; C-447/09, *Prigge*, ECLI:EU:C:2011:573.

579 EuGH, C-388/07, *Age Concern England*, ECLI:EU:C:2009:128.

580 EuGH, C-447/09, *Prigge*, ECLI:EU:C:2011:573.

581 EuGH, C-388/07, *Age Concern England*, ECLI:EU:C:2009:128, Rn. 46; C-159/10 und C-160/10, *Fuchs/Köhler*, ECLI:EU:C:2011:508, Rn. 52.

582 EuGH, C-356/09, *Kleist*, ECLI:EU:C:2010:703, Rn 44.

583 SSV/*Voigt*, § 10 Rn. 17.

584 BAG, NZA 2015, 1380, Rn. 36.

„§ 16 Auseinandersetzung und Abfindung
Falls der stille Gesellschafter das Gesellschaftsverhältnis oder sein Arbeitsverhältnis bei der GmbH vor Vollendung des 63. Lebensjahres und ohne Vorliegen eines wichtigen Grundes in der Sphäre der GmbH kündigt oder falls sein Arbeitsverhältnis durch die GmbH wegen eines verhaltensbedingten wichtigen Grundes des stillen Gesellschafters gekündigt wird, erhält der stille Gesellschafter als Abfindung den Nominalwert seiner Einlage zuzüglich einer Verzinsung von 2 % über dem zum 01. Januar eines Vertragsjahres maßgebenden Basiszinssatz, aber abzüglich der bis dahin erhaltenen Gewinnanteile und abzüglich etwaiger Verluste, soweit diese nicht durch spätere Gewinne ausgeglichen werden.“[585]

Im Umkehrschluss bedeutet diese Klausel, dass ein nach dem 63. Lebensjahr kündigender Arbeitnehmer zum Verkehrswert oder mit anderen Worten als good leaver abgefunden worden wäre. Nach den unter F.II.5.d.bb.(1). dargestellten Grundsätzen ist hierin eine Ungleichbehandlung gegenüber jüngeren, ordentlich kündigenden Arbeitnehmern zu sehen, die es zu rechtfertigen gilt. Die Beklagte machte im Prozess geltend, dass der maßgebliche Zweck der Abfindungsregelung darin bestehe, die Mitarbeiter möglichst lange an ihr Unternehmen zu binden.[586]

Nach den dargestellten Grundsätzen muss dem Zweck, „Mitarbeiter möglichst lange an das Unternehmen zu binden“, die Eignung als legitimes Ziel abgesprochen werden. Vielmehr handelt es sich dabei lediglich um ein subjektives, durch Betriebsinteressen motiviertes Ziel. Zwar ist dem Gesetzgeber eine nach dem Alter der Betriebszugehörigkeit gestaffelte Abfindungsregelung nicht völlig fremd. § 10 S. 3 Nr. 6 AGG will nach Alter oder Betriebszugehörigkeit gestaffelte Leistungen in Sozialplänen gem. § 112 Abs. 1 BetrVG vom Benachteiligungsverbot ausnehmen, um schlechtere Arbeitsmarktchancen Älterer oder sonstige bestimmte Belastungen ausgleichen zu können. Nach der st. Rspr. des BAG kommt Sozialplanansprüchen lediglich eine Überbrückungsfunktion zu. Ein Entschädigungscharakter ist nur bei Nachteilen aus der Vergangenheit denkbar, die noch in der Zukunft fortwirken.[587] Jüngeren Arbeitnehmern fließen unter Umständen deutliche höhere Abfindungen aus Sozialplänen zu, während sich ältere Arbeitnehmer aufgrund ihrer bevorstehenden Altersrente mit deutlich geringeren Überbrückungszahlungen zufriedengeben müssen. Diese Regelung ist aber mit der Qualifikation als bad leaver bei ordentlicher Kündigung vor dem Erreichen einer bestimmten Altersgrenze, die nur dem Betriebsinteresse der langfristigen Mitarbeiterbindung dient, nicht vergleichbar. Vielmehr handelt es sich um eine

---

585 LAG Rheinland-Pfalz, BeckRS 2014, 72370.
586 LAG Rheinland-Pfalz, BeckRS 2014, 72370.
587 BAG § 112 BetrVG AP Nr. 85, 103, 141, 142, 145, 159, 161, 163, 172.

spiegelverkehrte Handhabung der Situation. Der kurz vor dem Ruhestand stehende Manager soll neben seiner Altersrente auch noch in den Genuss der Wertsteigerung durch Realisierung seiner Beteiligung kommen, während der jüngere Manager, der von seiner Altersrente weiter entfernt ist, praktisch wieder bei null anfängt. Zwar ist es vor dem Hintergrund, dass aus Sicht eines Private Equity-Investors das Management den Erfolgsgaranten für das Gelingen der Investition darstellt, durchaus nachvollziehbar, dass ein gewichtiges Interesse daran besteht, dieses möglichst lange von einer Kündigung abzuhalten. Worin hier aber auch nur eine ansatzweise sozialpolitische Motivation zu sehen sein soll, ist schleierhaft. Es steht lediglich das Betriebsinteresse des Private Equity-Investors im Vordergrund, da mit dem Ausscheiden eines Managers als Gesellschafter und Geschäftsführer zahlreiche Unwägbarkeiten, wie beispielsweise die Suche nach einem geeigneten Nachfolger, unter Umständen gerichtliche oder anwaltliche Auseinandersetzungen sowie Transaktionskosten bei der Einstellung und Einarbeitung eines gefundenen Nachfolgers, verbunden sind. Auch vor dem Hintergrund der zeitlichen Begrenzung eines Management Equity Program dominiert das Interesse des Arbeitgebers, sich nicht auf halber Strecke um einen Nachfolger für einen ausgeschiedenen Manager bemühen zu müssen.

(bb) Ausgewogene Altersstruktur als legitimes Interesse

Im bereits zitierten Urteil des UKEAT wurde neben der langfristigen Betriebsbindung auch „*ensuring a mix of generations and staff so as to promote the exchange of experience and new ideas*“[588] als legitimes Ziel zur Rechtfertigung der Ungleichbehandlung jüngerer Arbeitnehmer genannt. Nach deutschem Recht ist hierunter die Aufrechterhaltung einer ausgewogenen Altersstruktur im Betrieb zu verstehen, wie sie in der Vorschrift des § 1 Abs. 3 S. 2 KSchG zum Ausdruck gekommen ist. Ob es sich bei diesem Ziel um ein legitimes i.S.d. § 10 S. 1 AGG handelt, wurde bisher höchstrichterlich nicht entschieden, im deutschem Schrifttum allerdings maßgeblich unter dem Gesichtspunkt von Ausnahmen zugunsten älterer Arbeitnehmer in der Sozialauswahl diskutiert. In der Rechtsprechung des BAG wurde die Altersgruppenbildung als zulässig angesehen, wenn diese Methode zur Sicherung der bestehenden Altersstruktur geeignet ist und alle Altersgruppen proportional berücksichtigt werden.[589] Der EuGH hat lediglich angedeutet, dass eine ausgewogene Altersstruktur im Rahmen eines

588 *Cockram v Air Products Plc* [2015] UKEAT 0122_15_2411, Rn. 12.

589 BAGE 142, 339; Däubler/Bertzbach/*Brors*, § 10 Rn. 58; *Meinel/Heyn/Herms*, § 10 Rn. 33; SSV/*Voigt*, § 10 Rn. 71.

legitimen sozialpolitischen Ziels liegen kann.[590] Im Rahmen eines Management Equity Program erscheint das Berufen auf die Erhaltung einer ausgewogenen Altersstruktur zweifelhaft. In den unteren Betriebshierarchien, auf denen sich naturgemäß die Mehrzahl der Arbeitnehmer befindet, mag das Berufen auf dieses Interesse plausibel erscheinen. Die von einem Management Equity Program betroffenen Personen befinden sich jedoch in der obersten Führungsriege. Es kann nicht davon ausgegangen werden, dass es sich hierbei um mehr als 5 bis 7 Personen handelt. Daher ist schon zweifelhaft, ob angesichts dieser geringen Anzahl von betroffenen Personen überhaupt eine nennenswerte Altersstruktur vorhanden ist, die mit Hilfe eines leaver-schemes aufrechterhalten werden kann. Im Gegensatz zu den unteren Hierarchiestufen eines Betriebs befinden sich Manager, die für derartige Positionen in Frage kommen, mindestens im Sommer oder Herbst ihrer Karriere und daher schon in einem fortgeschrittenen Alter. Eine Altersdiskrepanz von mitunter bis zu 40 Jahren, wie sie in der normalen Arbeitnehmerschaft der Regelfall ist, ist bei Managern nicht zu erwarten. Dies bedeutet nicht, dass alle an einem Management Equity Program teilnehmenden Führungskräfte gleich alt sein müssen. Naturgemäß gibt es auch hier Unterschiede. Sie sind allerdings nicht so gravierend, dass durch eine derartige Leaver-Regelung eine ausgewogene Altersstruktur erzielt oder aufrechterhalten werden könnte. Bedenkt man zusätzlich, dass Management Equity Programs regelmäßig auf einen Zeitraum von 7 bis 10 Jahren angelegt sind, verliert dieses Interesse weiter an Überzeugungskraft. Allerdings kann die Tatsache, dass jüngere Arbeitnehmer oftmals von der Erfahrung älterer Arbeitnehmer profitieren, nicht völlig von der Hand gewiesen werden. Dass dies auch für die Anstellung von Managern im Rahmen eines Management Equity Program gilt, ist aber unwahrscheinlich. Zum einen befindet sich das für Führungspositionen in Frage kommende Personal schon in einem fortgeschrittenen Alter und kann damit selbst auf einen erheblichen Fundus an Führungserfahrung zurückblicken. Zum anderen liegen Führungspersonen alterstechnisch nicht so weit auseinander, als dass diese von einem Erfahrungsaustausch einen großen Nutzen ziehen könnten. Davon ungeachtet dürfte die Konstellation, dass für ein Vorhaben wie das einer Private Equity-Investition Manager ausgewählt werden, bei denen auch nur der Verdacht besteht, sie würden noch von der Erfahrung anderer Manager profitieren, eher die Ausnahme sein. Darüber hinaus ist auch

590 EuGH, C-411/05, *Palacios de la Villa*, ECLI:EU:C:2007:604; C-356/09, *Kleist*, ECLI:EU:C:2010:703; C-159/10 und C-160/10, *Fuchs/Köhler*, ECLI:EU:C:2011:508; C-250/09 und C-268/09, Georgiev, ECLI:EU:C:2009:549; C-141/11, *Hörnfeldt*, ECLI:EU:C:2012:421.

zweifelhaft, ob bei der Aufrechterhaltung der ausgewogenen Altersstruktur nicht auch das Wettbewerbsinteresse des Arbeitgebers im Vordergrund steht. Zuletzt passt auch der Ursprung dieser Regelung nicht auf ein Management Equity Program. Das Interesse der ausgewogenen Altersstruktur und die damit einhergehende Ungleichbehandlung von Arbeitnehmern sind maßgeblich für die Festlegung von Sozialplänen. Die Führungsebene eines Unternehmens partizipiert schon nicht an solchen Plänen, sodass die Ziele der Ungleichbehandlung auch nicht für sie fruchtbar gemacht werden können. Nach alledem ist das Abstellen auf den Erhalt einer ausgewogenen Altersstruktur als legitimes Interesse für die Ungleichbehandlung aufgrund des Alters von Teilnehmern eines Management Equity Program nicht haltbar.

(cc) Frühzeitige Ermittlung eines Nachfolgers als legitimes Interesse

(aaa) Ansicht der Rechtsprechung

In einer Entscheidung aus dem Jahr 2017 hat das OLG Hamm[591] ausgeführt, dass die Vereinbarung einer Altersgrenze unterhalb des gesetzlichen Renteneintrittsalters jedenfalls dann grundsätzlich zulässig sei, wenn dem Geschäftsführer ab dem Zeitpunkt seines Ausscheidens eine betriebliche Altersvorsorge zustehe. Das Anforderungsprofil für Unternehmensleiter sei regelmäßig besonders hoch, weshalb vor dem Hintergrund betriebs- und unternehmensbezogener Interessen, die nach der Rechtsprechung des BGH und des BAG im Rahmen des § 10 S. 1 AGG zu berücksichtigen seien, ein Bedürfnis nach der Vereinbarung von unterhalb des gesetzlichen Renteneintrittsalters liegenden Altersgrenzen bestehe. Letzteres gelte auch deshalb, weil ein Unternehmen ein legitimes Interesse daran haben könne, frühzeitig einen Nachfolger in der Unternehmensleitung zu installieren. Jedenfalls dann, wenn eine Altersgrenze mit der betrieblichen Altersversorgung so kombiniert werde, dass dem Geschäftsführer für den Fall seines vorzeitigen Ausscheidens infolge der „Altersklausel“ sofort eine betriebliche Altersversorgung zustehe, sei auch den berechtigten Interessen des Geschäftsführers an seiner sozialen Absicherung Rechnung getragen und daher eine Altersgrenze deutlich unterhalb des gesetzlichen Renteneintrittsalters als zulässig anzusehen. Dies ergebe sich aus § 10 S. 1 und 2 AGG, weil eine „Altersklausel“ unter den vorgenannten Voraussetzungen regelmäßig objektiv und angemessen sowie durch ein legitimes Ziel gerechtfertigt sei. Ergänzend könne diese Sichtweise auf eine analoge Anwendung des § 10 S. 3 Nr. 5 AGG gestützt werden,

591 OLG Hamm, NZG 2017, 1065 ff.; das Rechtsmittelverfahren wird beim BGH unter dem Aktenzeichen II ZR 244/17 geführt.

weil die betriebliche Altersversorgung bei GmbH-Geschäftsführern regelmäßig eine vergleichbare Funktion wie die gesetzliche Rente bei „gewöhnlichen" Arbeitnehmern erfülle.[592]

(bbb) Ansichten in der Literatur

Teilweise wird eine deutlich unter dem gesetzlichen Renteneintrittsalter liegende Altersgrenze bei GmbH-Geschäftsführern gem. § 10 S. 1 und 2 AGG als zulässig erachtet, wobei zur Begründung maßgeblich angeführt wird, dass die Tätigkeit als Unternehmensleiter erhöhten Anforderungen unterliege, Altersgrenzen Streitigkeiten zwischen Gesellschaft und Geschäftsführer über die Beendigung der Tätigkeit verhinderten und Unternehmensleiter regelmäßig finanziell abgesichert seien oder sich absichern könnten.[593]

Nach einer anderen Meinung ist eine Unterschreitung des gesetzlichen Renteneintrittsalters gem. § 10 S. 1 und 2 AGG oder analog § 10 S. 3 Nr. 5 AGG (jedenfalls) dann zulässig, wenn dem Geschäftsführer für den Fall der vorzeitigen Beendigung des Dienstverhältnisses eine betriebliche Altersversorgung ab dem Zeitpunkt seines Ausscheidens zusteht.[594] Einzelne Vertreter dieser Auffassung fordern allerdings auch für den Fall der Gewährung einer betrieblichen Altersversorgung die Einhaltung einer Mindestaltersgrenze.[595]

Von einer Mindermeinung wird die Zulässigkeit einer unterhalb des gesetzlichen Renteneintrittsalters liegenden Altersgrenze für GmbH-Geschäftsführer – allerdings ohne nähere Begründung – grundsätzlich in Zweifel gezogen.[596]

(ccc) Stellungnahme

Das Urteil des OLG Hamm kann vor dem Hintergrund der für das AGG maßgeblichen EuGH-Rechtsprechung nicht überzeugen und ist daher abzulehnen. Es fehlt bereits an einer Auseinandersetzung mit dem unionsrechtlichen Arbeitnehmerbegriff des EuGH. Dies ist vor dem Hintergrund des Ergebnisses der Entscheidung zwar nicht als zwingend zu erachten, allerdings wäre eine

---

592 OLG Hamm, NZG 2017, 1065, Rn. 32.

593 *Bauer/Arnold*, ZIP 2012, 597, 600 f. und *Lutter*, BB 2007, 725, 728: 58 Jahre; Lutter/Hommelhoff/*Kleindiek*, § 6 Rn. 35 und *Mohr*, ZHR 2014, 324, 365 f.: 60 Jahre.

594 Bauer/Arnold, ZIP 2012, 597, 601; *Hohenstatt*/Naber, ZIP 2012, 1989, 1996; MünchKomm-GmbHG/*Jaeger/Stephan/Tieves*, § 35 Rn. 264d; UHL/*Paefgen*, § 35 Rn. 259; Scholz/*U.H. Schneider/Hohenstatt*, § 35 Rn. 341.

595 *Hohenstatt/Naber*, ZIP 2012, 1989, 1996: 60 Jahre; Scholz/*U.H. Schneider/Hohenstatt*, § 35 Rn. 341: 62 Jahre.

596 *Kort*, WM 2013, 1049, 1057; *Wilsing/Meyer*, DB 2011, 341, 343 f.

Stellungnahme schon allein deshalb hilfreich gewesen, weil hierzu keine Entscheidung eines deutschen Obergerichts existiert. Des Weiteren verkennt der Senat, dass es für die Beurteilung, ob ein legitimes Interesse vorliegt oder nicht, nur auf die Rechtsprechung des EuGH ankommt. Es ist zwar richtig, dass auch unternehmerische Interessen bei der Verfolgung eines legitimen Zwecks nach der Rechtsprechung des EuGH bis zu einem gewissen Grad berücksichtigt werden können. Allerdings müssen diese immer eine stark untergeordnete Rolle spielen, sodass der Schwerpunkt immer auf sozialpolitischen Zielen liegt. Die Urteilsbegrüdung legt den Schwerpunkt hingegen klar auf das unternehmerische Interesse, möglichst frühzeitig einen Nachfolger in der Unternehmensleitung installieren zu können, da das hohe Anforderungsprofil eines Geschäftsführers mit fortgeschrittenem Alter zu einem Leistungsabfall und damit zu Nachteilen für das Unternehmen führen kann. Fehlt es aber schon an einem legitimen Interesse i.S.d. § 10 S. 1 AGG, spielt es für die Rechtfertigung keine Rolle mehr, ob dem vorzeitig ausscheidenden Geschäftsführer eine betriebliche Alterversorgung zur Verfügung steht. Zwar erscheint es durchaus möglich, dass die Arbeitnehmergesundheit vom EuGH als legitimes Ziel anerkannt würde.[597] Dafür müsste sich der Arbeitgeber – was aus dem Urteil des OLG Hamm nicht hervorgeht – aber auch ausdrücklich auf dieses Ziel berufen und es nicht im Rahmen eines „Motivbündels" zugunsten unternehmerischer Interessen untergehen lassen. Aus denselben Gründen sind auch diejenigen Literaturmeinungen abzulehnen, die eine Kündigungsmöglichkeit unterhalb des gesetzlichen Renteneintrittsalters befürworten. Zudem ist auch die Feststellung des OLG Hamm, dass die Berücksichtigung von unternehmerischen Interessen der Rechtsprechung des BAG entspreche, nach dessen jüngster Entscheidung[598], in der es sich ausdrücklich an den Kriterien des EuGH orientierte, nicht zutreffend.

Für Teilnehmer eines Management Equity Program ist schon zweifelhaft, ob angesichts des Sinns und Zwecks einer Managementbeteiligung noch zusätzlich eine Betriebsrente für den vergleichsweise kurzen Tätigkeitszeitraum von 7 bis 10 Jahren gewährt wird. Sofern aber auch hier nicht die Arbeitnehmergesundheit als legitimes Ziel im Vordergrund steht, sondern Betriebsinteressen, handelt es sich bei der frühzeitigen Ermittlung eines geeigneten Nachfolgers in der Unternehmensspitze ebenfalls nicht um ein legitimes Interesse gem. § 10 S. 1 AGG i.S.d. der Rechtsprechung des EuGH.

---

597 In diese Richtung geht EuGH, C-45/09, *Rosenbladt*, ECLI:EU:C:2010:601, Rn 44.

598 BAG, NZA 2015, 1380, Rn. 36.

(b) Angemessenheit der Leaver-Regelungen

Doch selbst wenn man der hier vertretenen Auffassung nicht folgt und sowohl die langfristige Bindung des Managements als auch die Aufrechterhaltung einer ausgewogenen Altersstruktur sowie die frühzeitige Ermittlung eines Nachfolgers als legitime Interessen i.S.d. § 10 S. 1 AGG anerkennt, ist die Angemessenheit der Regelung einer Leaver-Klausel überaus zweifelhaft.

Gem. § 10 S. 1 AGG ist die unterschiedliche Behandlung wegen des Alters zulässig, wenn sie objektiv und angemessen ist. Objektiv i.S.d. § 10 S. 1 AGG verlangt die Prüfung, ob das verfolgte Interesse auf tatsächlichen und nachvollziehbaren Erwägungen beruht oder ob die Ungleichbehandlung nur aufgrund von bloßen Vermutungen oder subjektiven Einschätzungen vorgenommen wird.[599] Die Angemessenheit verlangt schlussendlich eine Verhältnismäßigkeitsprüfung. Das verfolgte Ziel muss in einem angemessenen Verhältnis zur Ungleichbehandlung stehen. Das Mittel muss zunächst geeignet sein, das Ziel zu erreichen. In einem weiteren Schritt muss bei der Auswahl mehrerer gleich geeigneter Mittel das mildeste Mittel gewählt werden. Zuletzt ist zu prüfen, ob im Sinne einer Verhältnismäßigkeit „im engeren Sinne" das so gefundene Ergebnis unter Berücksichtigung der Interessenlage gerade auch der jeweils anderen Vergleichsgruppe insgesamt noch billigenswert ist.[600] Dabei steht dem Arbeitgeber nach Ansicht des EuGH ein erheblicher Beurteilungsspielraum zu. Nicht maßgeblich ist, welche Maßnahme die beste gewesen wäre, um das verfolgte Ziel zu erreichen. Entscheidend ist, ob Ziel und gewähltes Mittel insgesamt unter Berücksichtigung der Interessen der benachteiligten Personen noch als aus objektiver Sicht vernünftige Maßnahme angesehen werden kann.[601]

Geeignetheit: Erkennt man die langfristige Bindung von Managern an das Unternehmen sowie die Aufrechterhaltung einer ausgewogenen Altersstruktur als ein legitimes Interesse an, stellt sich die Frage, ob eine Regelung, die dazu führt, dass Manager, die vor Vollendung eines bestimmten Lebensjahres aus dem Unternehmen ausscheiden und dadurch den Anspruch auf eine Abfindung zum Verkehrswert verlieren, geeignet ist, ebendiese zum Verbleib im Unternehmen anzuhalten und eine ausgewogene Altersstruktur aufrechtzuerhalten. Beides ist zu bejahen. Der unbestreitbare Sanktionscharakter der Regelung wird für die Mehrzahl der Fälle in der Kategorie der Betriebsbindung dazu führen, dass die Eigenkündigung nur äußerst selten ausgeübt wird und der Manager dadurch

599 BAG, NZA 2009, 945, Rn. 55.

600 *Bauer/Krieger*, § 10 Rn. 22.

601 *Bauer/Krieger*, § 10 Rn. 22.

dem Unternehmen erhalten bleibt. Sofern die Geeignetheit für den Fall der Betriebsbindung bejaht wird, gilt dasselbe – wenn auch mit einigen Abstrichen – für die Aufrechterhaltung der ausgewogenen Altersstruktur. Im Idealfall geht die Aufrechterhaltung der Altersstruktur mit einer langfristigen Betriebstreue Hand in Hand, da durch die Sanktionierung der Eigenkündigung gleichzeitig bewirkt wird, dass jüngere Manager das Unternehmen nicht verlassen und ihm langfristig treu bleiben. Dies nicht gilt für das unternehmerische Interesse, frühzeitig einen geeigneten Nachfolger als Unternehmensleiter zu installieren. Der Verlust der Abfindung zum Verkehrswert vor Erreichung eines bestimmten Lebensalters steht in keinerlei Zusammenhang mit dem verfolgten Interesse. Somit ist die getroffene Regelung schon nicht geeignet.

Erforderlichkeit: Im Rahmen der Erforderlichkeit stellt sich die Frage, ob die als legitimes Interesse definierten Ziele nicht auch auf eine andere Weise als mit der Regelung, bis zur Vollendung eines bestimmten Alters als bad leaver auszuscheiden, erreicht werden könnten. Hier ist insbesondere eine andere Möglichkeit denkbar, die sowohl zu einer langfristigen Betriebsbindung führen als auch zur Aufrechterhaltung einer ausgewogenen Altersstruktur beitragen würde, gleichzeitig aber weniger einschneidend ist: Das Abstellen auf das Kriterium der Betriebszugehörigkeit als entscheidenden Maßstab für die Höhe der Abfindung. Während nach der vorliegenden Regelung ein Manager, der im Alter von 60 Jahren in das Unternehmen eintritt, schon nach drei Jahren (bei einem „customary retirement age" von 63 Jahren) als good leaver zu behandeln ist, würde ein von 53 bis 62 Jahre arbeitender, dann ausscheidender Manager als bad leaver behandelt und damit „leer" ausgehen. Dieses Ergebnis lässt sich auf niedrigeren Betriebsebenen sogar noch steigern, da dort regelmäßig noch längere Tätigkeitszeiträume für ein Unternehmen denkbar sind. Das Abstellen auf die Länge der Betriebszugehörigkeit wäre auch nicht weniger geeignet, Betriebsbindung sicherzustellen und die Altersstruktur aufrechtzuerhalten. Ein Manager, der von dem Umstand weiß, dass er erst ab einer bestimmten Länge der Betriebszugehörigkeit den vollen Verkehrswert seiner Anteile erhält, wird sich ebenso davor hüten, vor diesem Zeitpunkt zu kündigen, wie bei der Festlegung eines bestimmten Alters, ab dessen Eintritt derselbe Manager als good leaver gilt. Dasselbe gilt für die Aufrechterhaltung einer ausgewogenen Altersstruktur. Je nach dem, welcher Tätigkeitszeitraum gewählt wird, lässt sich das Alter der Manager ebenso regulieren wie über die Festlegung eines bestimmten Ruhestandsalters. Das Gesagte gilt allerdings nur, sofern hinsichtlich der Länge der Betriebszugehörigkeit nicht ein derart langer Zeitraum gewählt wird, dass er letztlich nur eine Umgehung des Festlegens eines individuellen Ruhestandsalters darstellt. Insofern ist die Festlegung eines individuellen Ruhestandsalters im Hinblick auf die möglichst langfristige Betriebsbindung und die Erhaltung einer ausgewogenen Altersstruktur auch nicht erforderlich, da über das Kriterium der Betriebszugehörigkeit diese Ziele ebenso erreicht werden könnten.

Angemessenheit: Im Rahmen der Angemessenheit gewährt der EuGH dem Arbeitgeber und dem Gesetzgeber den weitesten Beurteilungsspielraum. Innerhalb der Gesamtschau von Ziel, gewähltem Mittel und der Berücksichtigung der Interessen der benachteiligten Personen ist die Good Leaver-Regelung ebenfalls unangemessen. Selbst wenn es sich bei dem gewählten Mittel zur Zielerreichung nicht um das objektiv beste handeln muss, kann dies nicht mehr als vernünftige Maßnahme angesehen werden. Dies gilt nicht nur für die Rechtsfolge des Ausscheidens vor dem „customary retirement age", sondern auch zu den mitunter absurd anmutenden Ergebnissen, zu denen diese Festlegung führen kann. Verwiesen sei hier auf das bereits innerhalb der Erforderlichkeit genannte Beispiel, dass ein im Alter von 60 Jahren in das Unternehmen eintretende Manager schon nach drei Jahren (bei einem „customary retirement age" von 63 Jahren) als good leaver zu behandeln ist, während ein Manager, der nahezu für den gesamten Zeitraum des Management Equity Program für das Target tätig ist und im Alter von 62 Jahren ausscheidet, „leer" ausgeht.

(c) Zwischenergebnis

Somit ist festzuhalten, dass Leaver-Klauseln in jeglicher Hinsicht einer AGG-Prüfung nicht standhalten und damit nichtig sind. Es fehlt schon an einem mit der Rechtsprechung des EuGH in Einklang stehenden, die direkte Ungleichbehandlung rechtfertigenden legitimen Interesse. Darüber hinaus sind die in einer Leaver-Klausel regelmäßig vorkommenden Modalitäten des Ausscheidens aus Altersgründen vereinzelt ungeeignet, insgesamt aber weder erforderlich noch angemessen.

6. Verhältnis einer Vesting-Klausel zum AGG

Ebenso wenig wie das Verhältnis einer Leaver-Klausel zum AGG in der deutschsprachigen Literatur beleuchtet wurde, ist auch die Vereinbarkeit einer Vesting-Klausel mit dem AGG bisher ungeklärt. Im Fokus steht hier insbesondere das time-vesting, welches im Verdacht steht, eine mittelbare Benachteiligung i.S.d. § 3 Abs. 2 AGG zu sein.

a) *Anwendbarkeit auf GmbH-Geschäftsführer*

Die für den GmbH-Geschäftsführer eines Management Equity Program bereits bejahte Frage der Geltung des AGG[602] für GmbH-Geschäftsführer ist beim vesting nicht ganz so eindeutig. Der maßgebliche Unterschied liegt darin, dass den Managern eines Management Equity Program von vornherein nur eine Minderheitsbeteiligung eingeräumt wird, während sich diese beim vesting erst im Laufe der Zeit im Wege stetiger Verwässerung durch neue „seed-rounds" ergibt. Gerade zu Anfang einer durch Venture-Capital finanzierten Gründung wird sich das Verhältnis der Gesellschaftsanteile so darstellen, dass die Gründer die Mehrheit besitzen. Je größer aber der Expansionsdrang des Unternehmens und damit auch der Kapitalbedarf, desto geringer fällt die Höhe der von den Gründern gehaltenen Geschäftsanteile aus. Somit ist zu erwarten, dass sich nach mehreren „seed-rounds" der Anteil des einzelnen Gründers der Höhe nach nicht wesentlich von dem eines Minderheitsgesellschafter-Geschäftsführers unterscheidet, sodass auch hier von der Anwendbarkeit des AGG in personeller Hinsicht auszugehen ist.

b) *Mittelbare Benachteiligung*

Entscheidend für den Anwendungsbereich des § 3 Abs. 2 AGG ist, dass beim time-vesting eine Benachteiligung gegeben ist. Eine unmittelbare Benachteiligung ist für diesen Fall fernliegend, da beim time-vesting hinsichtlich der Vergütung der Geschäftsanteile auf die Dauer der Tätigkeit beim Unternehmen abgestellt wird und damit im Hinblick auf das Merkmal Alter dem Anschein nach neutral ist.[603] Da es insoweit an einem in § 1 AGG genannten Merkmal fehlt, muss eine unmittelbare Benachteiligung i.S.d. § 3 Abs. 1 S. 1 AGG ausscheiden. In Betracht käme aber eine mittelbare Benachteiligung gem. § 3 Abs. 2 AGG, wenn dem Anschein nach neutrale Vorschriften, Kriterien oder Verfahren Personen wegen eines in § 1 AGG genannten Grundes gegenüber anderen Personen in besonderer Weise benachteiligen können. Das Verbot der mittelbaren Benachteiligung nach § 3 Abs. 2 AGG ist ein Hilfsinstrument zur Durchsetzung des eigentlichen Verbots unmittelbarer Benachteiligung. Es soll verhindern, dass unter dem Deckmantel des Anscheins der Neutralität untersagte Entscheidungen durchgesetzt werden können.[604] Die in § 3 Abs. 2 AGG

---

602 F.II.5.b.

603 E.IV.2.b.aa.

604 *Bauer/Krieger*, § 3 Rn. 20; *Wiedemann/Thüsing*, NZA 2002, 1234, 1236.

angelegte „Gegenüberstellung“ verlangt die Bildung von Vergleichsgruppen. Als Vergleichsgruppe sind hier zwei für das Unternehmen arbeitende Manager mit unterschiedlichen Eintrittszeitpunkten zu nehmen, die nach unterschiedlichen Zeiträumen das Unternehmen verlassen. Denkbar wäre auch der Vergleich eines nachträglich eintretenden Managers mit dem Gründerteam, welches von Anfang an dabei ist. Sofern ein Manager in dem Unternehmen bereits einige Jahre tätig ist und sich somit einen gewissen Teil seiner Geschäftsanteile bereits „erarbeitet“ hat und dann ausscheidet, steht er naturgemäß besser als ein Manager, der gerade erst in das Unternehmen eingetreten ist und nach einem kürzeren Zeitraum kündigt. Dabei existiert ein gewisser Erfahrungssatz dahingehend, dass Arbeitnehmer mit längerer Betriebszugehörigkeit typischerweise älter als Arbeitnehmer mit kürzerer Betriebszugehörigkeit sind.[605] Die Anwendbarkeit dieses Erfahrungssatzes erscheint aus zwei Gründen fraglich: Einerseits befinden sich Manager bei entsprechender Berufserfahrung schon in einem fortgeschrittenen Alter. Daher kann aus dem Zeitraum der Betriebszugehörigkeit nicht zwangsläufig darauf geschlossen werden, dass der mit zunehmender Tätigkeitsdauer im Unternehmen arbeitende Manager auch automatisch älter ist als ein neu eintretender Manager. Allerdings übersieht diese Betrachtungsweise, dass der in § 1 AGG genannte Begriff des Alters weit zu verstehen ist und „von oben nach unten“ sowohl ältere als auch jüngere Arbeitnehmer schützen soll. Für das time-vesting bedeutet dies, dass auch eine Ungleichbehandlung in beide Richtungen vorliegen kann. Ist der länger tätige, ausscheidende Manager älter als der neu eintretende, wird der jüngere Manager über das Kriterium der Betriebszugehörigkeit mittelbar benachteiligt und umgekehrt. Darüber hinaus zeigt auch die Regelung des § 10 S. 3 Nr. 6 AGG, dass auch der Gesetzgeber davon ausgeht, dass es bei der Höhe von Abfindungsregelungen, die auf das Kriterium der Betriebszugehörigkeit abstellen, zu – allerdings nicht zwangsläufig mittelbaren – Benachteiligungen kommen kann. Dies entspricht auch der einhelligen Ansicht in Rechtsprechung und Schrifttum, nach der bei der Anknüpfung an das Kriterium der Betriebszugehörigkeit eine mittelbare Benachteiligung vorliegt.[606] Eine andere Beurteilung ist jedoch für eine Vesting-Regelung geboten, die das Gründerteam betrifft: Hier steht man vor der Problematik, dass sich diese regelmäßig innerhalb desselben Altersspektrums befinden und auch alle gleichzeitig für das Unternehmen tätig geworden sind. Dies macht die Bildung einer Vergleichsgruppe unmöglich. Für das Gründerteam untereinander ist die

---

605 BAG, NZA 2009, 849.

606 *Bauer/Krieger*, § 3 Rn. 38; Däubler/Bertzbach/*Brors*, § 10 Rn. 43.

Vesting-Regelung unter dem Gesichtspunkt einer mittelbaren Benachteiligung i.S.d. § 3 Abs. 2 AGG also bedeutungslos.

c) *Rechtfertigung*

Nach § 3 Abs. 2 AGG liegt eine mittelbare Benachteiligung nicht vor, wenn die betreffenden Vorschriften durch ein rechtmäßiges Ziel sachlich gerechtfertigt und die Mittel zur Erreichung des Ziels angemessen und erforderlich sind, sodass die Rechtfertigung anders als bei § 10 AGG schon auf der Tatbestandsebene zu prüfen ist. Die Rechtfertigungshürde liegt bei § 3 Abs. 2 deutlich niedriger als bei den übrigen Rechtfertigungsgründen des AGG.[607] Zwar stellt sich die Frage, ob dies angesichts des Hilfscharakters des § 3 Abs. 2 AGG wirklich interessengerecht ist, da somit die Funktion, Schutzlücken des § 3 Abs. 1 S. 1 AGG zu schließen, wesentlich nivelliert wird. Sie ist allerdings nicht Gegenstand dieser Arbeit.

Legitimes Ziel: Die erste Voraussetzung einer Rechtfertigung nach § 3 Abs. 2 AGG ist, dass mit der potentiell benachteiligenden Regelung ein rechtmäßiges Ziel verfolgt wird. Das ist dann der Fall, wenn das Ziel nach objektiven Maßstäben billigenswert ist. Weitergehend als bei § 10 AGG kann ein rechtmäßiges Ziel auch ausschließlich auf unternehmerischen Erwägungen beruhen, was aber nicht ausschließt, dass auch im Rahmen einer mittelbaren Benachteiligung auf sozialpolitische Zwecke abgestellt wird.[608]

Im Rahmen von Venture Capital-Finanzierungen ist es für den Erfolg der Investition von entscheidender Bedeutung, dass das Gründer- und das Managementteam dem Unternehmen erhalten bleibt, da deren Ausscheiden die Bewertung des Venture Capital-Investors, der maßgeblich auf das Managementteam abstellt, nachträglich in Frage stellt. Dies wird dadurch erreicht, dass der ausscheidende Manager sich seine gesicherte Position als Gesellschafter erst „erarbeiten" muss und die nicht erarbeiteten Anteile für den Fall seines Ausscheidens verliert. Insofern dient das vesting dem unternehmerischen Interesse einer langfristigen Mitarbeiterbindung, indem der Manager über das Kriterium der Unternehmenszugehörigkeit immer weiter in seine Gesellschafterposition hineinwächst. Zwar haben sich sowohl der EuGH als auch das BAG in der Vergangenheit mit mittelbaren Benachteiligungen aufgrund des Kriteriums der

607 *Bauer/Krieger*, § 3 Rn. 32; *Meinel/Heyn/Herms*, § 3 Rn. 27; MünchKomm-BGB/*Thüsing*, § 3 AGG Rn. 39.

608 BAG, NZA 2010, 625, Rn. 19; *Bauer/Krieger*, § 3 Rn. 33; *Herberth/Oberrath*, DB 2009, 2434, 2434; BeckOK-ArbR/*Roloff*, § 3 AGG Rn. 20; ErfK/*Schlachter*, § 3 AGG Rn. 8 f.; SSV/*Schleusener*, § 3 Rn. 74 f.

Betriebszugehörigkeit auseinandergesetzt[609] und eine Rechtfertigung bejaht. Die Entscheidungen betrafen aber jeweils anders gelagerte Sachverhalte. Ob die Betriebszugehörigkeit auch dann als Kriterium in Entgeltfragen herhalten darf, wenn das legitime Ziel in der Mitarbeiterbindung liegt, hat der EuGH bisher nicht entschieden. In der *Cadman*-Entscheidung des EuGH akzeptierte dieser das Kriterium der Länge der Betriebszugehörigkeit als legitimes Ziel der Entgeltpolitik,

> *„um u.a. die Berufserfahrung zu honorieren, die den Arbeitnehmer befähigt, seine Arbeit besser zu verrichten. Das Dienstalter geht nämlich mit der Berufserfahrung einher, und diese befähigt den Arbeitnehmer im Allgemeinen, seine Arbeit besser zu verrichten.“*[610]

Ob diese Überlegung auch in den Fällen des vesting ohne Weiteres Geltung beanspruchen kann, erscheint fraglich, da vom Management- und Gründerteam ohnehin erwartet werden dürfte, dass sie ihren Job beherrschen und nicht erst noch eine „Lernkurve“ durchlaufen müssen. Letztlich ist dies aber auch nicht das Ziel einer Vesting-Klausel. Allerdings findet das Kriterium der Mitarbeiterbindung mittelbar seinen Ausdruck in § 193 Abs. 2 Nr. 4 AktG, wonach die Ausübung eines Bezugsrechtes bei Aktienoptionen erst nach vier Jahren möglich sein soll, um für die Mitarbeiter weiterhin den Anreiz zu schaffen, für das Unternehmen tätig zu sein.[611] Wenn aber im Rahmen des § 3 Abs. 2 AGG auch unternehmerische Ziele als legitim angesehen werden, dann ist es nur konsequent, hierunter auch ein legitimes Ziel im Rahmen der tatbestandlichen Rechtfertigung zu verstehen.

Geeignetheit: Eine Regelung ist nur dann geeignet, die Verwirklichung des geltend gemachten Ziels zu gewährleisten, wenn sie tatsächlich dem Anliegen gerecht wird, das verfolgte Ziel in kohärenter und systematischer Weise zu erreichen.[612] Vor diesem Hintergrund ist die Vesting-Regelung geeignet, das Management- und Gründerteam lange an das Unternehmen zu binden. Geht es darum, Mitarbeiter möglichst lange zu binden und sie von der Kündigung abzuhalten, wird der Arbeitgeber dies am einfachsten dadurch erreichen, dass er durch die Kündigung Nachteile finanzieller Natur in Aussicht stellt.

Erforderlichkeit: Die Regelung ist erforderlich, wenn das Ziel nicht auf anderem Wege, also durch ein milderes Mittel als die Ungleichbehandlung, erreicht

---

609 EuGH, C-17/05, *Cadman*, ECLI:EU:C:2006:633; BAG, NZA 2009, 849, Rn. 37.

610 EuGH, C-17/05, *Cadman*, ECLI:EU:C:2006:633, Rn. 35.

611 *Baums*, FS Claussen, 3, 9 f.; Spindler/Stilz/*Fleischer*, § 193 Rn. 32; MünchKomm-AktG/*Fuchs*, § 193 Rn. 32.

612 EuGH, C-17/05, *Cadman*, ECLI:EU:C:2006:633, Rn. 33.

werden kann.[613] Angesichts des bereits Ausgeführten ist das Anknüpfen der Höhe einer gesellschaftsrechtlichen Abfindung an den Zeitraum der Tätigkeit zur Erzielung einer langfristigen Mitarbeiterbindung auch erforderlich. Ein milderes Mittel als das der Betriebszugehörigkeit ist schlicht und ergreifend nicht denkbar, will man nicht schon die Legitimität des Ziels der Mitarbeiterbindung grundsätzlich in Frage stellen.

Angemessenheit: Die Angemessenheit ist zu bejahen, soweit das Differenzierungsziel ein solches Gewicht besitzt, dass es die Ungleichbehandlung rechtfertigt.[614] Die *Vesting*-Regelung ist auch angemessen. Insbesondere besteht bei der Bemessung nach einem Tätigkeitszeitraum kein Ungleichgewicht wie in dem bei der Rechtfertigung von *Leaver*-Klauseln angeführten Beispiel, dass ein im Alter von 60 Jahren in das Unternehmen eintretender Manager schon nach drei Jahren (bei einem „customary retirement age" von 63 Jahren) als good elaver zu behandeln ist, während ein Manager, der nahezu für den gesamten Zeitraum des Management Equity Program für das Target tätig ist und im Alter von 62 Jahren ausscheidet, „leer" ausgeht. Vielmehr kann über das Kriterium der Betriebszugehörigkeit auch die Arbeit des früher ausscheidenden Managers gewürdigt werden. Daher ist auch die Intensität der Ungleichbehandlung im Verhältnis zum mit dem Differenzierungskriterium verfolgten Ziel nicht unangemessen. Bei anderer Auffassung wäre es nicht möglich, Manager langfristig und wirksam an ein Unternehmen zu binden. Somit ist eine mittelbare Benachteiligung nach der hier vertretenen Ansicht zu verneinen.

IV. Ergebnis

Die vorstehende Prüfung hat gezeigt, dass Leaver-Klauseln unter einer Vielzahl von Gesichtspunkten nicht wirksam vereinbart werden können. Dies gilt sowohl für die Good Leaver- als auch für Bad Leaver-Klauseln, wie sie in der hierzu verfügbaren Literatur vorgeschlagen werden. Während die Bad Leaver-Klausel, die die Abfindung zum Nennwert an die Eigenkündigung des Geschäftsführers knüpft, wegen eines Verstoßes gegen das Verbot der Kündigungserschwerung nach § 723 Abs. 3 BGB und §§ 134, 622 Abs. 6 BGB nichtig ist, stellt eine Good Leaver-Klausel, die dazu führt, dass in den Vorruhestand eintretende Manager bei der Abfindung bevorzugt werden, eine nicht zu rechtfertigende Altersdiskriminierung nach § 3 Abs. 1 AGG dar, die ebenfalls nichtig ist. Dabei ist festzuhalten, dass dieses Ergebnis nicht nur für die hier im Kern der Betrachtung

613 BeckOK-ArbR/*Roloff*, § 3 AGG Rn. 21; SSV/*Schleusener*, § 3 Rn. 76.
614 BeckOK-ArbR/*Roloff*, § 3 AGG Rn. 21; SSV/*Schleusener*, § 3 Rn. 77.

stehenden Leaver-Reglungen im Rahmen eines Management Equity Program gelten, sondern vielmehr für alle Klauseln, nach denen bei Erreichen einer willkürlich festgelegten Altersgrenze Vorteile gewährt werden. Bei der Vereinbarung von Vesting-Klauseln ist hingegen eine differenzierte Betrachtungsweise angebracht: Zwar verstoßen sie weder gegen das Verbot der Kündigungserschwerung noch stellen sie eine mittelbare Benachteiligung i.S.d. § 3 Abs. 2 AGG dar. Allerdings führen sie bei einer Venture Capital-Investition nach dem Bootstrapping-Modell zu einer unverhältnismäßig langen Bindung der Gründer, die gegen Art. 12 Abs. 1 S. 1 GG i.V.m. § 242 BGB verstößt.

V. Exkurs: Steuerrechtliche Behandlung von Leaver-Klauseln

Neben der rechtlichen Zulässigkeit von Leaver- und Vesting-Klauseln ist die steuerrechtliche Behandlung einer Managementbeteiligung mit Leaver-Klausel ebenfalls von besonderer Relevanz.[615] Einerseits können Zahlungen aus der Investition des Managers am Target entweder als Einkünfte aus nichtselbstständiger Arbeit gem. § 19 Abs. 1 Nr. 1 EStG oder als als Einkünfte aus Kapitalvermögen bzw. Veräußerungseinkünfte gem. § 20 Abs. 2 EStG qualifziert werden. Die Unterschiedliche steuerliche Behandlung hätte zur Folge, dass die Zahlungen bei Einkünften aus nichtselbständiger Arbeit gem. § 19 Abs. 1 Nr. 1 EStG mit dem individuellen Steuersatz des Managers besteuert werden (bis zu 47,5 %). Darüber hinaus wäre die Anstellungsgesellschaft als Arbeitgeber des Managers verpflichtet, Lohnsteuer einzubehalten – ganz gleich, von wem der Manager die Zahlung erhält. Würden die Zahlungen aus dem Investment gem. § 20 Abs. 2 EStG als Einkünfte aus Kapitalvermögen bzw. Veräußerungseinkünfte, die gem. § 17 Abs. 1, 2 i.V.m. § 3 Nr. 40 Buchstabe c) dem Teileinkünfteverfahren unterliegen, behandelt, fiele ein Steuersatz von maximal 28,5 % an.[616] Zuletzt würde die Qualifikation als „Lohn" auch zu einem Betriebsausgabenabzug für das Unternehmen führen.[617] Die Tatsache, dass es zu dieser Problematik keine einschlägige Rechtsprechung gab, haben die Finanzämter in der Vergangenheit zunehmend

615 Ausführungen zu den schenkungssteuerlichen Folgen des Erbschaftssteuergesetzes bei Rückerwerb des Gesellschaftsanteils unter Verkehrswert würden den Umfang dieser Arbeit sprengen; ausführlich dazu *Hasbach*, Gesellschaftsvertragliche Abfindungsklauseln in der Erbschafts- und Schenkungssteuer, 2014.

616 *Frey/Smid*, DStR 2015, 1094, 1095; *Rödding*, DStR 2017, 437, 438; *Thiele*, BB 2017, 983, 984.

617 *Frey/Smid*, DStR 2015, 1094, 1094.

fiskalisch für sich in Anspruch genommen und insbesondere Veräußerungserlöse bei Vorliegen einer Leaver-Klausel einer Vollbesteuerung unterzogen.[618]

1. Grundsätze zu den Abgrenzenzungskriterien von Einkünften aus nichtselbstständiger Arbeit

Zu den Einnahmen aus nichtselbständiger Arbeit gehören nach § 19 Abs. 1 S. 1 Nr. 1 i. V. m. § 8 Abs. 1 EStG alle Güter, die in Geld oder Geldeswert bestehen und die dem Arbeitnehmer aus dem Dienstverhältnis für das Zurverfügungstellen seiner individuellen Arbeitskraft zufließen. Nach der Rechtsprechung des BFH werden Vorteile „für" eine Beschäftigung gewährt, wenn sie durch das individuelle Dienstverhältnis des Arbeitnehmers veranlasst sind. Das ist der Fall, wenn der Vorteil mit Rücksicht auf das Dienstverhältnis eingeräumt wird und sich die Leistung im weitesten Sinne als Gegenleistung für das Zurverfügungstellen der individuellen Arbeitskraft des Arbeitnehmers erweist.[619] Kein Arbeitslohn liegt allerdings vor, wenn die Zuwendung wegen anderer Rechtsverhältnisse oder aufgrund sonstiger, nicht auf dem Dienstverhältnis beruhender Beziehungen zwischen Arbeitnehmer und Arbeitgeber gewährt wird.[620] Dem Arbeitnehmer entstandene Vorteile sind durch eigenständige, vom Arbeitsverhältnis unabhängige Sonderrechtsbeziehungen veranlasst, wenn ihnen andere Erwerbsgrundlagen als die Nutzung der eigenen Arbeitskraft des Arbeitnehmers zugrunde liegen. Solche Rechtsbeziehungen zeigen ihre Unabhängigkeit und Eigenständigkeit insbesondere dadurch, dass diese auch selbständig und losgelöst vom Arbeitsverhältnis bestehen könnten.[621] Ob ein Leistungsaustausch zwischen Arbeitgeber und Arbeitnehmer den Einkünften aus nichtselbständiger Arbeit oder aufgrund einer Sonderrechtsbeziehung einer anderen Einkunftsart oder dem nichtsteuerbaren Bereich zuzurechnen ist, ist aufgrund einer in erster Linie

618 *Koch-Schulte*, DB 2015, 2166, 2168; *Thiele*, BB 2017, 983, 984.

619 BFH v. 05.07.1996 - VI R 10/96, BStBl II 1996, 545 ff.; v. 19.08.2004 - VI R 33/97, BStBl II 2004, 1076, 1078; v. 10.05.2006 - IX R 82/98, BStBl II 2006, 669, 670; v. 19.06.2008 - VI R 4/05, BStBl II 2008, 826, 828; v. 20.11.2008 - VI R 25/05, BStBl II 2009, 382, 383; v. 05.11.2013 - VIII R 20/11, BStBl 2014, 275, Rn. 13; v. 04.10.2016 - IX R 43/15, BStBl II 2017, 790, Rn. 20.

620 BFH v. 22.03.1985 - VI R 170/82, BStBl II 1985, 529, 530; v. 10.05.2006 - IX R 82/98, BStBl II 2006, 669, 670; v. 19.06.2008 - VI R 4/05, BStBl II 2008, 826, 828; v. 20.05.2010 - VI R 12/08, BStBl II 2010, 1069, 1070; v. 04.10.2016 - IX R 43/15, BStBl II 2017, 790, Rn. 21.

621 BFH v. 17.06.2009 - VI R 69/06, BStBl II 2010, 69, 70; v. 04.10.2016 - IX R 43/15, BStBl II 2017, 790, Rn. 21.

der Tatsacheninstanz obliegenden tatsächlichen Würdigung zu entscheiden, in die alle Umstände des Einzelfalls miteinzubeziehen sind.[622]

2. Indizienkatalog

Der BFH hat zur Würdigung des Einzelfalls bereits mehrere Gesichtspunkte aufgezeigt, die bei Zuwendungen des Arbeitgebers die Annahme rechtfertigen können, sie seien durch das Dienstverhältnis veranlasst.[623] Da die berufliche Veranlassung aber stets nur unter Berücksichtigung aller Umstände des Einzelfalls zu beurteilen ist, können diese Umstände nur Beweisanzeichen (Indizien) für die im Einzelfall maßgebliche Veranlassung sein.[624]

So könne die verbilligte Übertragung junger Aktien in wirtschaftlichem Zusammenhang mit der beruflichen Tätigkeit eines Vorstandsvorsitzenden und damit als Arbeitnehmer stehen, wenn und soweit das Bestehen des Dienstverhältnisses zur AG nicht nur notwendige, sondern hinreichende Bedingung für die verbilligte Übertragung der Aktien sei.[625]

Auch eine Verfallklausel sei als weiteres Indiz für die enge wirtschaftliche Verknüpfung zwischen dem Dienstverhältnis und dem Kauf und Rückkauf der Genussrechte heranzuziehen. Denn in einem solchen Fall solle der Arbeitnehmer auch in Zukunft für seine Arbeit motiviert und ein Anreiz zum Verbleib im Unternehmen geschaffen werden.[626]

Für die Annahme von Arbeitslohn könne ferner sprechen, dass der Arbeitnehmer nicht das rechtlich und tatsächlich mit der Beteiligung verbundene Risiko zu tragen habe. Des Weiteren müsse der Arbeitnehmer aus der Kapitalüberlassung einen Vorteil ziehen, der nur durch das Arbeitsverhältnis zu erklären sei, anderen Beteiligten nicht zukomme und sich nicht allein aus der Kapitalüberlassung ergebe. Erst in diesem Fall bestehe ein steuerrechtlich erheblicher

---

622 BFH v. 1. 2. 2007 – VI R 72/05, BStBl II 2009, 382, 383; v. 05.11.2013 – VIII R 20/11, BStBl II 2014, 275, Rn. 17; v. 04.10.2016 – IX R 43/15, BStBl II 2017, 790, Rn. 21.

623 BFH v. 20. 11. 2008 – VI R 25/05, BStBl II 2009, 382, 383; v. 05.11.2013 – VIII R 20/11, BStBl II 2014, 275, Rn. 17.

624 BFH v. 20. 11. 2008 – VI R 25/05, BStBl II 2009, 382, 383; v. 05.11.2013 – VIII R 20/11, BStBl II 2014, 275, Rn. 17.

625 BFH v. 23.06.2005 – VI R 124/99, BStBl II 2006, 766, 768; v. 23.06.2005 – VI R 10/03, BStBl II 2006, 770, 773.

626 BFH v. 20.11.2008 – VI R 25/05, BStBl II 2009, 382, 384.

Veranlassungszusammenhang zwischen den erzielten laufenden Erträgen bzw. dem Veräußerungserlös und dem Arbeitsverhältnis.[627]

Andererseits könne Aktienbesitz eines Arbeitnehmers eine eigenständige Erwerbsgrundlage sein, so dass damit in Zusammenhang stehende Erwerbseinnahmen und Erwerbsaufwendungen in keinem einkommensteuerrechtlich erheblichen Veranlassungszusammenhang zum Arbeitsverhältnis stehen. Der Arbeitnehmer nutze in diesem Fall sein Kapital als eine vom Arbeitsverhältnis unabhängige und eigenständige Erwerbsgrundlage zur Einkünfteerzielung, die daraus erzielten Erträge seien daher keine Einkünfte aus nichtselbständiger Arbeit, sondern solche aus Kapitalvermögen.[628]

Allerdings hat der BFH fortwährend betont, dass allein der Umstand, dass Genussrechte[629], Zertifikate[630] oder Gesellschaftsbeteiligungen[631] nur leitenden Angestellten oder bestimmten Mitarbeitern angeboten werden, es nicht ausschließt, dass der mit diesen erzielte Überschuss seine Ursache allein in der Kapitalbegebung hat und damit als ein nicht aus dem Arbeitsverhältnis resultierender Vorteil zu qualifizieren ist.[632]

3. Rechtsprechung des BFH

a) Entscheidung des BFH v. 05.11.2013 - VIII R 20/11, BStBl II 2014, 275 ff.

Mit der steuerlichen Behandlung von Managementbeteiligungen hatte sich der BFH erstmals Ende 2013 - in einem zugegeben sehr speziellen Fall - zu beschäftigen.[633]

Der Kläger war Geschäftsführer einer GmbH. Im Anstellungsvertrag räumte ihm die Gesellschaft ein Genussrecht zum Gesamtnennbetrag von 20.000,00 DM zu einem Ausgabepreis von 20.000,00 DM ein. In der Folgezeit wurde der Genussrechtsvertrag geändert. Die Parteien einigten sich auf einen Rückkaufswert

---

627 BFH v. 17.06.2009 - VI R 69/06, BStBl II 2010, 69, 70; v. 20.05.2010 - VI R 12/08, BStBl II 2010, 1069, Rn. 26 f.

628 BFH v. 05.04.2006 - XI R 111/10, BStBl II 2006, 654, 655 f.; v. 17.06.2009 - VI R 69/06, BStBl II 2010, 69, 71.

629 BFH v. 05.11.2013 - VIII R 20/11, BStBl II 2014, 275 ff.

630 BFH v. 17.06.2009 - VI R 69/06, BStBl II 2010, 69 ff.

631 BFH v. 04.10.2016 - IX R 43/15, BStBl II 2017, 790 ff.

632 BFH v. 17.06.2009 - VI R 69/06, BStBl II 2010, 69, 71; v. 05.11.2013 - VIII R 20/11, BStBl II 2014, 275, Rn. 18; v. 04.10.2016 - IX R 43/15, BStBl II 2017, 790, Rn. 26.

633 BFH v. 05.11.2013 - VIII R 20/11, BStBl II 2014, 275 ff.

in Höhe von 1.600.000,00 Euro, der mit dem Ausscheiden des Klägers als Geschäftsführer der GmbH – spätestens aber im Januar 2005 – fällig werden sollte. Der geänderte Vertrag sah vor, dass bei Kündigung des Anstellungsverhältnisses wegen schuldhaften Verhaltens des Klägers das Genussrechtsverhältnis vorzeitig endete und bis auf die Rückzahlung des eingesetzten Kapitals sämtliche Zahlungsansprüche des Klägers aus dem Genussrechtsvertrag entfielen. Im Januar 2005 erhielt er den vereinbarten Betrag aus der Rückübertragung der Genussrechte in Höhe von 1.600.000,00 Euro ausbezahlt. Im Einkommensteuerbescheid für 2004 berücksichtigte das Finanzamt den Auszahlungsbetrag für die Rückübertragung der Genussrechte an die GmbH in Höhe von 1.600.000,00 Euro als steuerpflichtigen Arbeitslohn des Klägers.[634]

Unter Verweis auf die in F.V.1.a., b. geschilderten Grundsätze bejahte der BFH eine Veranlassung aus dem Dienstverhältnis. Es handele sich bei den vom Kläger erworbenen Genussrechten nicht um Rechte, deren Wert sich nach der Übertragung auf den Kläger selbständig und losgelöst vom Arbeitsverhältnis entwickeln könne. Der Kläger könne die Genussrechte nur dadurch verwerten, dass er sie nach Ablauf der Laufzeit an seine Arbeitgeberin zum Kauf anbiete. Die Höhe des Rückkaufswerts hänge nach der Änderung des Genussrechtsvertrags davon ab, wie das Anstellungsverhältnis endete. Wäre das Arbeitsverhältnis wegen schuldhaften Verhaltens des Klägers ohne Einhaltung einer Kündigungsfrist gekündigt worden, wäre auch das Genussrechtsverhältnis mit sofortiger Wirkung beendet worden und hätte sich der Rückkaufswert lediglich auf 20.000,00 DM belaufen. Nur bei einer Beendigung des befristeten Anstellungsvertrags ohne Kündigung aus wichtigem Grund belief sich der Rückkaufswert auf 1.600.000,00 €. Der Vorteil, den der Kläger durch den Rückkauf der Genussscheine erhielt, sei danach nicht durch eine vom Arbeitsverhältnis unabhängige und eigenständige Sonderrechtsbeziehung veranlasst. Seine Höhe sei von dem Verhalten des Klägers als Arbeitnehmer der GmbH abhängig und somit Belohnung für seine Leistung.[635]

b) Entscheidung des BFH v. 04.10.2016 – IX R 43/15, BStBl II 2017, 790 ff.

In der Folgezeit wurde das dargestellte Urteil des BFH von der Finanzverwaltung zunehmend als Begründung herangezogen, Veräußerungserlöse unter Einschluss einer Leaver-Klausel als Einkünfte aus nichtselbstständiger Arbeit zu qualifizieren und dementsprechend mit dem individuellen Steuersatz des

634 BFH v. 05.11.2013 – VIII R 20/11, BStBl II 2014, 275, Rn. 2–5.
635 BFH v. 05.11.2013 – VIII R 20/11, BStBl II 2014, 275, Rn. 20.

Managers zu besteuern.[636] Dieser Pauschalität ist der BFH mit seinem Urteil vom 04.10.2016 entgegengetreten.

Der Kläger war seit dem Jahr 2001 für verschiedene Unternehmen einer Unternehmensgruppe im mittleren Management tätig. Ab dem Jahr 2003 sollten im Rahmen einer Managementbeteiligung verschiedene Führungskräfte der zweiten Führungsebene, zu denen der Kläger gehörte, über eine Beteiligungsgesellschaft mittelbar an der einer zur Unternehmensgruppe gehörenden Holding beteiligt werden. Vor diesem Hintergrund gründete der Kläger zusammen mit weiteren Gesellschaftern eine Beteiligungs-GbR und erbrachte eine Einlage in Höhe von 107.521,05 Euro. Die Gesellschafter der GbR konnten durch Tod, durch Ausübung ihres ordentlichen oder außerordentlichen Kündigungsrechts oder durch Ausschluss aus wichtigem Grund aus der Beteiligungs-GbR ausscheiden. Als wichtiger Ausschlussgrund galt insbesondere die Übertragung von mehr als 25 % der Anteile an der Beteiligungs-GbR an fremde Dritte mit anschließender Veränderung der Geschäftsführung nach Maßgabe der gesellschaftsvertraglichen Bestimmungen; ferner konnte die Gesellschafterversammlung der Beteiligungs-GbR Gesellschafter bei Beendigung des Anstellungsverhältnisses mit der jeweiligen Gesellschaft der Unternehmensgruppe ausschließen. Die Höhe der Abfindung bei Ausscheiden war vom Grund des Ausscheidens abhängig und detailliert im Gesellschaftsvertrag geregelt. Im Jahr 2004 erwarb eine Investorengruppe sämtliche Anteile der Holding, darunter auch die Anteile der Beteiligungs-GbR. Der auf den Kläger entfallende Veräußerungserlös in Höhe von 575.820,56 Euro wurde vom Finanzamt als steuerpflichtiger Arbeitslohn bewertet. Maßgeblich hierfür sei die Leaver-Klausel einerseits sowie die Tatsache, dass die Managementbeteiligung nur handverlesenen Mitarbeitern angeboten wurde.[637]

Der BFH bestätigte die Ausführungen des FG Köln[638], wonach der Veräußerungserlös nicht als Einkünfte aus nichtselbständer Arbeit zu qualifizieren sei, sondern als Einkünfte aus Kapitalvermögen. Der Umstand, dass die Beteiligungsmöglichkeit nur leitenden Angestellten der ersten und zweiten Führungsebene eröffnet worden war, schließe es nicht aus, dass der vom Kläger erzielte Gewinn seine Ursache allein in der (nach Auffassung der Beteiligten dem Kläger unstreitig auch steuerrechtlich zuzurechnenden) Kapitalbeteiligung hatte und damit als ein nicht aus dem Arbeitsverhältnis resultierender Vorteil zu qualifizieren ist.[639]

---

636 *Koch-Schulte*, DB 2015, 2166, 2168; *Lay*, GWR 2017, 87, 87; *Rödding*, DStR 2017, 437, 438; *Thiele*, BB 2017, 983, 984.

637 BFH v. 04.10.2016 – IX R 43/15, BStBl II 2017, 790, Rn. 2–11.

638 FG Köln v. 20.05.2015 – 3 K 3253/11, DStRE 2016, 209 ff.

639 BFH v. 04.10.2016 – IX R 43/15, BStBl II 2017, 790, Rn. 26.

Die bestehenden Rechte zum Ausschluss aus der Beteiligungs-GbR im Falle einer Beendigung des Arbeitsverhältnisses seien letztlich Ausdruck und Folge der Mitarbeiterbeteiligung und rechtfertigten entgegen der Auffassung des Finanzamtes für sich allein noch nicht die Annahme, dass dem Arbeitnehmer durch die Gewährung einer Möglichkeit zur Beteiligung Lohn zugewendet werden solle.[640] Zudem falle ins Gewicht, dass der Kläger die Geschäftsanteile an der Beteiligungs-GbR zum Marktpreis erworben und sich somit wie ein außenstehender Dritter beteiligt habe und dass er ein effektives Verlustrisiko trage.[641] Weiterhin komme es auf eine Gesamtschau aller maßgeblichen Sachverhaltsumstände an. Unter diesen Gesichtspunkten sei die Entscheidung des FG Köln nicht zu beanstanden.[642]

c) *Stellungnahme*

Beide Urteile des BFH zeigen eindrucksvoll, wie wichtig das Abstellen auf die Gesamtschau der Sachverhaltsumstände bei der steuerlichen Behandlung von Managementbeteiligungen ist: Ob der BFH im Urteil vom 04.10.2016 Einkünfte aus nichtselbständiger Arbeit ebenfalls verneint hätte, wenn der Kläger die Anteile an der Beteiligungs-GbR zum Nennwert erworben hätte, erscheint vor dem Hintergrund der Genussrechts-Entscheidung[643] zweifelhaft. Im Folgenden sollen daher sowohl das jüngste Urteil selbst als auch die möglichen Indizien einer Managementbeteiligung einer kritischen Würdigung unterzogen werden.

Die Entscheidung zur Leaver-Regelung leidet an dem tragischen Umstand, dass jene nicht ausgelöst wurde. Schon allein deshalb kann die bloße Existenz einer derartigen Vereinbarung nicht als maßgeblicher Grund für die Einordnung des Veräußerungserlöses als Einkünfte aus nichtselbständiger Arbeit gem. § 19 Abs. 1 S. 1 Nr. 1 EStG i. V. m. § 8 Abs. 1 EStG herangezogen werden. In der Leaver-Entscheidung lässt der Sachverhalt den Schluss zu, dass die Veräußerung der Management-Beteiligung Teil eines „secondary buy-out" zu einem marktgerechten Preis war, der völlig unabhängig von den im Gesellschaftsvertrag beschriebenen Ausscheidungsgründen und deren Rechtsfolgen vollzogen wurde. Vor diesem Hintergrund war das Vorhandensein der Leaver-Regelung für die steuerrechtliche Beurteilung völlig irrelevant. Ein anderes Ergebnis folgt auch

640 BFH v. 04.10.2016 – IX R 43/15, BStBl II 2017, 790, Rn. 26.

641 BFH v. 04.10.2016 – IX R 43/15, BStBl II 2017, 790, Rn. 26; FG Köln v. 20.05.2015 – 3 K 3253/11, DStRE 2016, 209, 212 f.

642 BFH v. 04.10.2016 – IX R 43/15, BStBl II 2017, 790, Rn. 27.

643 BFH v. 05.11.2013 – VIII R 20/11, BStBl II 2014, 275 ff.

nicht daraus, dass die Managementbeteiligung nur ausgewählten Führungskräften ermöglicht wurde und sie mit der Beendigung des Arbeitsverhältnisses regelmäßig steht und fällt. Sie trägt regelmäßig dem berechtigten Interesse des Arbeitgebers Rechnung, wonach derjenige auch als Gesellschafter ausscheiden soll, der zur Wertsteigerung des Unternehmens nichts mehr beitragen kann, um sodann einen neuen Manager zu beteiligen. Ansonsten wäre die Fortführung eines Management Equity Program nicht möglich.

Wenn die Leaver-Klausel ausgeübt wird, bedeutet das nach der hier vertrenene Ansicht, dass Einkünfte zwangsläufig durch das Dienstverhältnis veranlasst sind. Steuerrechtlich irrelevant ist zunächst die Bad Leaver-Klausel, da sie den „Erlös" regelmäßig auf die erbrachte Einlage beschränkt[644] und somit kein steuerbarer Veräußerungserlös anfällt. Etwas anderes ergibt sich aber bei der Ausübung einer Good Leaver-Klausel: Die Good Leaver-Klausel findet den ausscheidenden Manager regelmäßig zum Verkehrswert ab. Da er von einem Exit – ohne dies verschuldet zu haben – nicht profitieren kann, gleichwohl aber zu dessen gelingen mittelbar beigetragen hat, soll er wenigstens so gestellt werden, als hätte er an diesem partizipiert. Dies geschieht über die Abfindung in Höhe des Verkehrswertes. In diesem Fall ist aber die Höhe der Abfindung maßgeblich durch den Beendigungsgrund des Arbeitsverhältnisses geprägt, wenn auch die Kapitalbeteiligung auf einer eigenständigen Sonderrechtsbeziehung beruht. Dagegen lässt sich auch nicht erwidern, dass bei einem gewöhnlichen Exit ebenfalls ein marktgerechter Preis erzielt werden kann und es somit keinen Unterschied machen kann, wer den marktgerechten Preis zahlt, da das Ergebnis in beiden Fällen dasselbe ist. Denn im Falle eines Exit bleibt das Verhalten des Arbeitnehmers bei der Höhe des Veräußerungserlöses unberücksichtigt. Somit ist die Ausübung einer Good Leaver-Klausel ein starkes Indiz dafür, dass es sich um Einkünfte aus nichtselbständiger Arbeit handelt.

VI. Exkurs: Ökonomische Analyse von Abfindungsbeschränkungsklauseln

Abfindungsbeschränkungsklauseln sind nicht nur Gegenstand intensiver Forschung in der Rechtswissenschaft, sondern auch in der Betriebswirtschaft. Erklärungsansätze zur Sinnhaftigkeit der unterschiedlichen Modelle von Abfindungsregelungen bietet hier insbesondere der Neo-Institutionalismus anhand

644 E.IV.2.a.

der für diese Methode charakteristischen Grundansätze der Transaktionskosten, der Informationsverteilung und der Anreizprobleme.[645]

1. Abfindungsregelungen und Transaktionskosten

Die Transaktionskostentheorie geht davon aus, dass jegliches Handeln innerhalb einer Marktwirtschaft mit Kosten verbunden ist.[646] Man unterscheidet *ex ante-* und *ex post*-Transaktionskosten. Unter *ex ante*-Transaktionskosten fallen unter anderem die Kosten für den Entwurf, Verhandlungen und Absicherungen einer Vereinbarung.[647] Unter *ex post*-Transaktionskosten fallen Fehlanpassungskosten, Kosten für die Einrichtung eines Überwachungssystems, wozu auch die Gerichte zählen, sowie der Aufwand zur Durchsetzung abgegebener Zusagen.[648] Gründung, Auflösung und Gesellschafterwechsel führen innerhalb einer Personen- oder Kapitalgesellschaft ebenfalls zu erheblichen Transaktionskosten: Sie beginnen mit dem Entwurf eines Gesellschaftsvertrages, den Kosten für die notarielle Beurkundung des Vertrags, der Erstellung von Zwischenbilanzen und enden mit Kosten der Bewertung des Gesellschaftsanteils und der Suche nach neuen Gesellschaftern sowie unter Umständen mit Aufwendungen für eine gerichtliche Auseinandersetzung.[649] Diese Kosten wirken sich auf die Höhe der Rendite des in die Gesellschaft investierten Kapitals aus, was dazu führt, dass vornehmlich Abfindungsregelungen getroffen werden, die die anfallenden Transaktionskosten dem Verursacher auferlegt.

Aus Sicht der Transaktionskostentheorie kann eine Abfindungsregelung nur dann einer Effizienzprüfung standhalten, wenn sie dazu führt, den erheblichen Teil der Anteilswertermittlung gen null laufen zu lassen, oder wenn sie die Wertermittlung gar obsolet macht.[650] In der Praxis hat sich hier die vom BGH zuweilen missbilligte Buchwertklausel durchgesetzt. Die Buchwertklausel knüpft die Abfindung an den in der Handelsbilanz ausgewiesenen Buchwert des Geschäftsanteils und erspart den Gesellschaftern somit eine separate Anteilsbewertung,

---

645 Diese Darstellung orientiert sich an *Wangler*, Abfindungsregelungen in Gesellschaftsverträgen, S. 226 ff.

646 Grundlegend *Coase*, The Journal of Law and Economics 3 (1960), S. 1 ff.; *Williamson*, Die ökonomischen Institutionen des Kapitalismus, S. 22 ff.

647 *Williamson*, Die Ökonomischen Institutionen des Kapitalismus, S. 22 f.

648 *Williamson*, Die Ökonomischen Institutionen des Kapitalismus, S. 22 f.

649 *Wangler*, Abfindungsregelungen in Gesellschaftsverträgen, S. 228.

650 *Wangler*, Abfindungsregelungen in Gesellschaftsverträgen, S. 228.

da die Handelsbilanz ohnehin jährlich erstellt werden muss.[651] In dieselbe Riege fallen auch die für Leaver- und Vesting-Klauseln relevanten Nennwertklauseln, bei der eine Anteilsbewertung ebenfalls entfällt.

2. Abfindungsregelungen und asymmetrische Information

Die neoklassische Theorie geht davon aus, dass zwischen den in wirtschaftlichen Beziehungen zueinander stehenden Personen Informationssysmmetrie vorherrscht: Entweder sind Anbieter und Nachfrager auf demselben Informationsstand oder aber jeder hält die eigenen Informationen für zutreffender.[652] Eine asymmetrische Informationsverteilung liegt indes vor, wenn eine der beiden Parteien über einen Informationsvorsprung verfügt. Asymmetrische Informationsverteilungen können zum sog. „lemon"-Problem nach *Akerlof*[653] führen: Sind Nachfrager über die Qualität angebotener Güter schlechter informiert als die Anbieter, muss davon ausgegangen werden, dass sie alle Angebote als von durchschnittlicher Qualität ansehen, indem sie einen Erwartungswert für die Qualität des Gutes bilden. Dieser liegt aber regelmäßig unter dem Reservationspreis der Anbieter von überdurschnittlichen Gütern. Folglich werden Anbieter überdurchschnittlicher Güter ihr Angebot vom Markt zurückzuziehen, wodurch die Durchschnittsqualität der restlichen Güter sinkt.[654] Dies wiederum kann zu einem vollständigen Marktversagen führen. Die Beseitigung von Informationsasymmetrie verursacht wiederum Kosten.

Verlässt einer der Gesellschafter die Gesellschaft, besteht das „lemon"-Problem zunächst nicht, da davon ausgegangen werden kann, dass keine Informationsasymmetrie unter den Mitgesellschaftern besteht und deshalb keine misstrauensbedingten Abzüge entstehen. Problematisch ist dies aber dann, wenn ausscheidende Gesellschafter durch neue Gesellschafter ersetzt werden. In diesem Fall könnten die verbleibenden Gesellschafter gezwungen sein, Kaufpreisabschläge aufgrund eines Informationsgefälles des neu eintretenden Gesellschafters hinzunehmen.[655] Sind sich die Gesellschafter dieser Problematik bewusst, kann dies dazu führen, dass sie die Gesellschaft frühzeitig verlassen, um nicht an den Preisabschlägen zu partizipieren, oder sie treffen eine Abfindungsregelung, die

651 *Schildbach*, BFuP 1984, 532, 540; *Wangler*, Abfindungsregelungen in Gesellschaftsverträgen, S. 229.

652 *Schmidt*, Betriebswirtschaftslehre und Theorie der Verfügungsrechte, S. 250.

653 *Akerlof*, The Quarterly Journal of Economics 84 (1970), 488 ff.

654 *Akerlof*, The Quarterly Journal of Economics 84 (1970), 488, 488.

655 *Wangler*, Abfindungsregelungen in Gesellschaftsverträgen, S. 232.

den vorgenannten Preisabschlag bereits miteinpreist. Die Abfindung wird regelmäßig unterhalb des Ertragswertes der Gesellschaft liegen.[656] Die Lösung des Problems liegt darin, die nach § 738 Abs. 1 S. 2 BGB geschuldete Abfindung nicht auf Basis des Informationsstandes der Gesellschafter zu ermitteln, sondern anhand des Informationsstandes eines am Erwerb interessierten Dritten.[657] Dies ist die herrschende Interpretation des § 738 Abs. 1 S. 2 BGB, nämlich einer Abfindung *„in der Höhe seines Anteils an dem Verkehrswert des fortgeführten Unternehmens der Gesellschaft“*, den die Beteiligten bei der Veräußerung des Unternehmens erzielen könnten.[658]

3. Abfindungsregelungen und fremdfinanzierte Agency-Probleme.

Fremdfinanzierte Agency-Probleme stellen sich immer dann, wenn über das Vermögen eines der Gesellschafter das Insolvenzverfahren eröffnet wird oder eine Eröffnung seitens aller Gesellschafter als einkalkulierungswürdig angesehen wird. Zu dem der Haftung unterfallendem Vermögen zählt auch der Gesellschaftsanteil. Nach der Rechtsprechung des BGH muss der Gläubiger die im Gesellschaftsvertrag vereinbarte Abfindungsregelung akzeptieren, wenn die Satzung die Einziehung des Gesellschaftsanteils gegen Entgelt bei Pfändung erlaubt und dieselbe Entschädigungsregelung auch für den Fall der Ausschließung des Gesellschafters aus wichtigem Grund gilt.[659]

Dies kann dazu führen, dass seitens der Gesellschafter eine geringe Abfindungsregelung vereinbart wird, um so von einer geringen Entschädigung zu profitieren, während dieses Risiko gleichzeitig auf die Privatgläubiger verlagert wird.[660]

4. Stellungnahme

Vor dem Hintergrund der Transaktionskostentheorie sind Leaver- und Vesting-Klauseln als überwiegend effizient anzusehen. Die Vereinbarung eines Managementbeteiligungsprogrammes inklusive entsprechender Abfindungsklauseln zielt darauf ab, i.S.e. langfristigen Wertsteigerung des Unternehmens für die Manager die größtmögliche Gewinnmaximierung zu erzielen, während die dazu

---

656 *Wangler*, Abfindungsregelungen in Gesellschaftsverträgen, S. 233.

657 *Wangler*, Abfindungsregelungen in Gesellschaftsverträgen, S. 233.

658 BGHZ 17, 130, 136; 116, 359, 370 f.; BGH NJW 1993, 2101; 1985, 192, 193; WM 1961, 323; 1971, 1450; MünchKomm-BGB/*Schäfer*, § 738 Rn. 33.

659 BGHZ 65, 22, 26.

660 *Wangler*, Abfindungsregelungen in Gesellschaftsverträgen, S. 238.

erforderlichen Kosten für beide Seiten möglichst gering ausfallen sollen. Dies zeigt sich sehr deutlich an der Ausgestaltung: Zur Verwaltungsvereinfachung organisieren sich die Manager in einer Beteiligungs-GbR oder Manager-KG/GmbH & Co. KG, die eine Beurkundung der Übertragung von Geschäftsanteilen beim Gesellschafterwechsel entfallen lässt. Für den Fall des Ausscheidens als bad leaver wird eine Nennwertklausel vereinbart, die eine Unternehmensbewertung entfallen lässt. Zwar gilt dies nicht für den good leaver, allerdings passt auch diese Regelung zum Transaktionskostengedanken. Da der good leaver sein Ausscheiden nicht selbst verschuldet hat, werden die Transaktionskosten für die Ermittlung des Verkehrswertes der Gesellschaft und damit mittelbar den verbleibenden Gesellschaftern auferlegt. Problematisch ist aber, dass bei der bloßen ökonomischen Analyse die rechtliche Komponente vernächlässigt wird. Solange nicht zweifelsfrei geklärt ist, dass es sich bei Leaver- und Vesting-Klausel um rechtlich einwandfreie Regelungen handelt, schweben mögliche nachträgliche Transaktionskosten ebenfalls wie ein „Damoklesschwert" über den Gesellschaftern. Solange keine gefestigte, umfassende Rechtsprechung zu Leaver- und Vesting-Klauseln existiert, muss damit gerechnet werden, dass diese vor Gericht angegriffen werden. Sollte beispielsweise eine Bad Leaver-Klausel vor Gericht als unwirksam angesehen werden, drohen nicht nur Kosten für Ermittlung des Verkehrswertes, sondern auch für das Führen eines mitunter Jahre andauernden Prozesses. Diese rechtlichen Unwirksamkeitsrisiken, zu deren Annahme diese Arbeit eine Vielzahl von Gründen liefert, können zu erheblichen *ex post*-Transaktionskosten führen, die die zuvor erlangten Einsparungen an *ex ante*-Transaktionskosten faktisch neutralisieren.

G. Leaver-Klauseln als Mittel der variablen Vorstandsvergütung

Eine weitere denkbare Verwendungsmöglichkeit von *Leaver*-Klauseln ist der Bereich der variablen Vorstandsvergütung. Einzelfälle exorbitanter Vorstandsbezüge, insbesondere im Fall *Martin Winterkorns* und jüngst der ehemaligen Richterin am Bundesverfassungsgericht *Christine Hohmann-Dennhardt*, sind nicht nur Dauerthema in Nachrichten und Talkshows, sondern auch Auslöser für die Forderungen einiger politischer Parteien nach Änderungen des AktG. Im Mittelpunkt der Kritik stehen dabei die oft als zu hoch empfundene Vergütung als solche sowie hohe Abfindungsansprüche, insbesondere wenn sich Aktiengesellschaft und Vorstand „im Schlechten" getrennt haben. In der Praxis der Vertragsgestaltung ist zunehmend die Tendenz festzustellen, dass im Rahmen der variablen Vorstandsvergütung neben dem Abstellen auf wirtschaftliche Kennzahlen für die Folgejahre der aufgeschobenen variablen Vergütung auch andere Kriterien in Betracht gezogen werden.

I. Grundsätze der variablen Vergütung von Vorständen

Die grundlegenden Regeln für die Vergütung von Vorständen sind mittlerweile in § 87 Abs. 1 S. 2, 3 AktG festgelegt. § 87 Abs. 1 S. 2 AktG statuiert den Grundsatz, dass die Vergütungsstruktur bei börsennortierten Gesellschaften auf eine nachhaltige Unternehmensentwicklung auszurichten ist. In § 87 Abs. 1 S. 3 AktG wird dieser Grundsatz wiederum für den variablen Teil der Vorstandsvergütung umgesetzt, der nach dem Willen des Gesetzgebers eine mehrjährige Bemessungsgrundlage haben soll. Hierdurch soll erreicht werden, dass die Vorstandsmitglieder eine nachhaltige, auf Wertsteigerung gerichtete Unternehmenspolitik verfolgen und sich nicht auf Kosten der Gesellschaft – und damit zwangsläufig auch auf Kosten von Aktionären und Gläubigern – über das dem wirtschaftlichen Erfolg der Gesellschaft entsprechende Maß hinaus bereichern.[661] „Mehrjährige Bemessungsgrundlage" i.S.d. § 87 Abs. 1 S. 3 AktG beschränkt sich nach allgemeiner Meinung dabei keineswegs darauf, dass sich die Fälligkeit der variablen Vergütungsbestandteile lediglich nach hinten verschiebt und auf mehrere Raten

661 Henssler/Strohn/*Dauner-Lieb*, § 87 AktG Rn. 1; Spindler/Stilz/*Fleischer*, § 87 Rn. 1; *Jaeger*, Liber Amicorum Winter, 313, 314; GroßKomm-AktG/*Kort*, § 87 Rn. 1; K. Schmidt/Lutter/*Seibt*, § 87 Rn. 1; MünchKomm-AktG/*Spindler*, § 84 Rn. 1.

in den Folgejahren aufzuteilen ist; vielmehr müssen die variablen Vergütungsbestandteile auch an negativen Entwicklungen im gesamten Bemessungszeitraum teilnehmen.[662] Um das Ziel der nachhaltigen Unternehmensentwicklung zu sichern, wird die Regelung der variablen Vorstandsvergütung derart ausgestaltet, dass die aufgeschobenen Teile der variablen Vergütung, sog. „deferring", an der Entwicklung der Gesellschaft patizipieren und von der Erreichung entsprechender wirtschaftlicher Kennzahlen an bestimmten Stichtagen abhängig gemacht werden. In der beratenden Anwaltschaft hat sich seit dem Inkrafttreten des VorstAG die Praxis herausgebildet, dass eine quotale Aufteilung der variablen Vergütung des Vorstandsmitgliedes vorgenommen wird. Die aufgeschobenen Teile der Vergütung sind dabei an die Erfüllung bestimmter wirtschaftlicher Kennzahlen geknüpft. Verfehlt die Gesellschaft in der Folge die Erfüllung der wirtschaftlichen Kennzahlen für die übrige Vergütung, führt dies zum Entfallen des Vergütungsanspruchs.[663]

II. Arten der variablen Vergütung

Die Praxis hat eine hohe Artenvielfalt an variabler Vorstandsvergütung hervorgebracht. Die einzelnen Arten werden nicht abschließend ausdrücklich in § 87 Abs. 1 S. 1 AktG genannt; im Folgenden sollen nur die gängigsten kurz skizziert werden.

Bonus: Das berühmteste Mittel der variablen Vorstandsvergütung ist der Bonus, der nicht immer eindeutig von einer Tantieme abgrenzbar ist. Trotz fehlender Legaldefinition lässt er sich auf eine Grundform herunterbrechen: Es handelt sich um einen monetären Leistungsanreiz, der vom Arbeitgeber in regelmäßigen Abständen bezahlt wird. Die Modalitäten der Auszahlung hängen von verschieden Faktoren ab. In der Regel knüpfen sie an das Erreichen von „harten", also durch Zahlen nachweisbaren, oder „weichen", eher einer individuellen Bewertung zugänglichen Erfolgszielen an. Daneben besteht auch die Möglichkeit, das Unternehmens- oder Konzernergebnis in die Bemessung des Bonus miteinzubeziehen.[664]

---

662 BT-Drs. 16/13433, S. 16; *Bauer/Arnold*, AG 2009, 717, 723; Henssler/Strohn/*Dauner-Lieb*, § 87 AktG Rn. 22; Spindler/Stilz/*Fleischer*, § 87 Rn. 32; *Jaeger*, NZA 2010, 128, 129; *ders.*, Liber Amicorum Winter, 313, 314; Hüffer/*Koch*, § 87 Rn. 13; GroßKomm-AktG/*Kort*, § 87 Rn. 2; MünchKomm-AktG/*Spindler*, § 87 Rn. 89.

663 *Jaeger*, Liber Amicorum Winter, 313, 314.

664 *Melot de Beauregard/Schwimmbeck/Gleich*, DB 2012, 2792, 2792; *Seyfarth*, Vorstandsrecht, § 5 Rn. 97.

Tantieme: Bei Tantiemen handelt es sich um variable, an den Erfolg des Unternehmens gekoppelte Vergütungsbestandteile, die somit nicht vollständig vom Bonus abzugrenzen sind. Nach der Streichung des § 86 AktG a.F.[665] ist Bemessungsgrundlage nicht mehr der Bilanzgewinn, sondern vornehmlich Kriterien wie EBIT, EBITD, EBITDA, ROCE, Gesamtkapitalrendite, Eigenkapitalrendite oder Ergebnis je Aktie. Verbreitet sind dabei vor allem die Ermessenstantieme, bei der das „Ob" der Gewährung und die Höhe der Tantieme in das Ermessen des Aufsichtsrats gestellt wird, sowie die Zieltantieme, die die Auszahlung von der Realisierung bestimmter Ziele abhängig macht.[666]

Aktienoptionen und vergleichbare Gestaltungen[667]: Zu den in § 87 Abs. 1 S.1 AktG ausdrücklichen genannten und in Ziff. 4.2.3 Abs. 2 S. 1 DCGK empfohlenen Vergütungsbestandteilen gehören Aktienbezugsrechte. Die Aktienoptionspläne müssen sich in den von § 87 Abs. 1, 3 AktG vorgegebenen Grenzen halten. Der Börsenkurs einer Gesellschaft kann daher nach ganz h.M. nur ein erster Anknüpfungspunkt sein, um Stock Options auszugestalten, da er nur eine Marktbewertung darstellt und nicht vollständig mit der Lage der Gesellschaft vergleichbar ist.[668] Um eine Annäherung der Vergütung an die Lage der Gesellschaft zu erreichen, darf die Ausübung von Stock Options daher nicht lediglich von der Entwicklung des Börsenkurses der Gesellschaft, sondern muss von weiteren Parametern, regelmäßig denen aus § 87 AktG, abhängig gemacht werden.[669]

Provisionen: Wenn auch ursprünglich dem Handelsvertreter gem. den §§ 87 ff. HGB vorbehalten, ist eine Provision auch für Vorstände denkbar. Bei ihr handelt es sich um eine konkret erfolgsbezogene Vergütungsform, die meist den Abschluss eines konkreten Projekts honoriert. Nach den Grundsätzen des bereits geschilderten *Mannesmann*-Urteils[670] ist eine Provision nunmehr nur noch

---

665 § 86 Abs. 1 AktG a.F. lautete: Den Vorstandsmitgliedern kann für ihre Tätigkeit eine Beteiligung am Gewinn gewährt werden. Sie soll in der Regel in einem Anteil am Jahresgewinn der Gesellschaft bestehen.

666 Spindler/Stilz/*Fleischer*, § 87 Rn. 44 f.; *Hoffmann-Becking*, ZHR 169 (2005), 155, 160 f.; GroßKomm-AktG/*Kort*, § 87 Rn. 173; *Melot de Beauregard/Schwimmbeck/Gleich*, DB 2012, 2792, 2792; MünchHdb GesR IV/*Wiesner*, § 21 Rn. 51; *Seyfarth*, Vorstandsrecht, § 5 Rn. 97; MünchKomm-AktG/*Spindler*, § 87 Rn. 95.

667 Vgl. hierzu bereits unter C.IV. ff.

668 *Hüffer*, ZHR 161 (1997), 214, 219, 235; *Peltzer*, AG 1996, 303, 307; *U.H. Schneider*, ZIP 1996, 1769, 1771; MünchKomm-AktG/*Spindler*, § 87 Rn. 101.

669 Hüffer/*Koch*, § 87 Rn. 19; *Melot de Beauregard/Schwimmbeck/Gleich*, DB 2012, 2792, 2793; MünchKomm-AktG/*Spindler*, § 87 Rn. 101; MünchHdb GesR IV/*Wiesner*, § 21 Rn. 51.

670 BGHSt 51, 331 ff.

zulässig, wenn sie dem Unternehmen einen zukunftsbezogenen Nutzen bringen kann, der in einem angemessenen Verhältnis zu der mit der Zahlung verbundenen Minderung des Vermögens der Gesellschaft steht.[671]

III. Zulässigkeit von Leaver-Klauseln im Rahmen der variablen Vorstandsvergütung

Neben der Bezugnahme auf die Erzielung bestimmter wirtschaftlicher Kennzahlen durch die Gesellschaft ist laut Aussage einzelner Autoren in der Praxis die Tendenz festzustellen, dass die für die Folgejahre aufgeschobenen Teile der variablen Vergütung zunehmend auch von anderen Kriterien als der Gesellschaftsperformance abhängig gemacht werden.[672] Im Fokus stehen insbesondere Vereinbarungen, welche die Auszahlung der Vergütung an den Bestand des Dienstverhältnisses des Vorstandsmitglieds koppeln. Ist der Vorstand zu einem bestimmten Stichtag aus der Gesellschaft ausgeschieden, sollen nach diesen Vereinbarungen die Ansprüche auf die aufgeschobene Vergütung entfallen. Der Verfall der Ansprüche ist nur für die Fälle ausgeschlossen, in denen das Vorstandsmitglied als good leaver aus der Aktiengesellschaft ausgeschieden ist. Der Dienstvertrag des Vorstandsmitgliedes enthält daher einen Katalog mit Tatbeständen, die zu einer Qualifikation als good leaver führen und ihm den Erhalt seiner Bezüge ermöglichen – vorbehaltlich der Erfüllung der wirtschaftlichen Kennzahlen.[673] Regelmäßig zählen hierzu das Ausscheiden wegen Erreichen der Altersgrenze oder Eintritts einer dauerhaften Dienstunfähigkeit. Darüber hinaus ist davon auszugehen, dass die Good Leaver-Kriterien für variable Vorstandsvergütung Ähnlichkeiten zu solchen im Rahmen eines Management Equity Program[674] aufweisen. Die Problematik in der Verwendung solcher Klauseln liegt darin, dass der Gesetzgeber den maßgeblichen Grund, der zu einer Auszahlung einer aufgeschobenen Vergütung führen soll, in § 87 Abs. 1 S. 3 AktG bereits genannt hat: die Erreichung einer nachhaltigen Unternehmensführung. Durch die Koppelung der Auszahlung der variablen Vergütung an die Qualifikation als good leaver oder den Bestand des Anstellungsverhältnisses werden zusätzliche Kriterien aufgestellt, die über die Absicht des Gesetzgebers hinausgehen,

---

671 *Melot de Beauregard/Schwimmbeck/Gleich*, DB 2012, 2792, 2793; *Seyfarth*, Vorstandsrecht, § 5 Rn. 97; MünchHdb GesR IV/*Wiesener*, § 21 Rn. 57; vgl. auch BGHSt 51, 331 ff.

672 *Jaeger*, Liber Amicorum Winter, 313, 314.

673 *Jaeger*, Liber Amicorum Winter, 313, 314.

674 E.IV.2.

insbesondere dann, wenn – wie auch bei Leaver-Klauseln im Rahmen von Management Equity Programs – die Eigenkündigung des Vorstandes oder die Nichtverlängerung seines Anstellungsverhältnisses nicht unter den Good Leaver-Katalog fällt. Sind die eigentlichen Voraussetzungen für die Gewährung der variablen Vorstandsvergütung durch Erreichen der wirtschaftlichen Kennziffern gegeben, würde der Vorstand durch eine Leaver-Regelung bereits erdiente Vergütungsansprüche verlieren.

1. Rechtliche Einordnung von Vorstands-Anstellungsverträgen

Anders als bei GmbH-Geschäftsführern besteht über den Rechtscharakter des Anstellungsvertrages des Vorstands weitgehend Konsens. Es handelt sich um einen freien Dienstvertrag in der Gestalt eines Geschäftsbesorgungsvertrages gem. §§ 611, 675 ff. BGB und nicht um einen Arbeitsvertrag.[675] Begründet wird diese Einordnung vor allem mit der nach § 76 Abs. 1 AktG gewährleisteten eigenverantwortlichen Leitung der Gesellschaft, die dazu führt, dass die Organstellung des Vorstandsmitglieds nicht arbeitnehmer-, sondern arbeitgeberähnlich ausgestaltet ist.[676] Die für Arbeitnehmer typische persönliche Abhängigkeit und Weisungsgebundenheit ist für Vorstände daher schon kraft Gesetzes ausgeschlossen.

2. Rechtlicher Prüfungsmaßstab nach §§ 305 ff. BGB

Als rechtlicher Prüfungsmaßstab für die Kontrolle von Vergütungsvereinbarungen in Vorstands-Anstellungsverträgen kommen die für AGB geltenden Vorschriften der §§ 305 ff. BGB in Betracht. Dabei ist zunächst zu klären, ob die AGB-Vorschriften auf Vorstandsverträge überhaupt anwendbar sind.

a) Ausschlusstatbestände des § 310 Abs. 4 BGB

Einer Inhaltskontrolle anhand der AGB-rechtlichen Vorschriften könnten zunächst die Ausschlusstatbestände des § 310 Abs. 4 BGB entgegenstehen. § 310 Abs. 4 S. 1 BGB normiert, dass die AGB-Vorschriften auf Verträge auf dem Gebiet des Gesellschaftsrechts keine Anwendung finden. § 310 Abs. 4 S. 2 BGB

---

675 BGHZ 10, 187, 191; 12, 1, 8; 79, 38, 41; *Bauer/Arnold*, ZIP 2006, 2337, 2337; Spindler/Stilz/*Fleischer*, § 84 Rn. 24; *Goette*, FS Wiedemann, 873, 876; Hüffer/*Koch*, § 84 Rn. 13; GroßkommAktG/*Kort*, § 84 Rn. 271a; K. Schmidt/Lutter/*Seibt*, § 84 Rn. 23; *Seyfarth*, Vorstandsrecht, § 4 Rn. 3; MünchHdb GesR IV/*Wiesner*, § 21 Rn. 1.

676 Spindler/Stilz/*Fleischer*, § 84 Rn. 25; MünchKomm-AktG/*Spindler*, § 84 Rn. 57; Hdb VorstandsR/*Thüsing*, § 4 Rn. 54; MünchHdb GesR IV/*Wiesner*, § 21 Rn. 5.

bestimmt, dass für Arbeitsverträge die im Arbeitsrecht geltenden Besonderheiten angemessen zu berücksichtigen sind.

Beide Ausnahmetatbestände sind für den Fall der hiesigen Vergütungsvereinbarungen jedoch nicht einschlägig. Da es sich bei Vorstandsverträgen um Dienst- und nicht um Arbeitsverträge handelt, ist § 310 Abs. 4 S. 2 BGB nicht anwendbar. Für § 310 Abs. 4 S. 1 BGB ist anerkannt, dass die Ausnahme lediglich für das Organisationsstatut, also das Gesellschaftsinnenrecht gilt, nicht aber für die von der Gesellschaft abgeschlossenen schuldrechtliche Verträge, worunter auch die Anstellungsverträge mit Vorständen fallen.[677]

b) Vorliegen allgemeiner Geschäftsbedingungen gem. § 305 Abs. 1 BGB

Gem. § 305 Abs. 1 S. 1 BGB sind Allgemeine Geschäftsbedingungen alle für eine Vielzahl von Verträgen vorformulierten Vertragsbedingungen, die eine Vertragspartei (Verwender) der anderen Partei bei Abschluss des Vertrages stellt.

Hinsichtlich des Vorliegens einer vorformulierten Vertragsbedingung besteht in der Praktikerliteratur Konsens, dass es in vielen Gesellschaften, insbesondere den Leitungsgesellschaften großer Konzerne, Usus ist, Musterverträge für den gesamten Vorstand zu verwenden und nur noch einzelne Punkte (beispielsweise Laufzeit und Gehalt) individuell zu verhandeln. Insofern kann davon ausgegangen werden, dass es sich in den überwiegenden Fällen um vorformulierte Vertragsbedingungen handelt.[678]

Der Annahme von Allgemeinen Geschäftsbedingungen steht aber gem. § 305 Abs. 1 S. 3 entgegen, wenn die Vertragsbedingungen zwischen den Vertragsparteien im Einzelnen ausgehandelt werden. Die Anforderungen des BGH an das „Aushandeln" sind vergleichsweise streng. „Aushandeln" meine mehr als „Verhandeln". Der Verwender muss den gesetzesfremden Kerngehalt seiner Vertragsbedingungen inhaltlich ernsthaft zur Disposition stellen und dem Vertragspartner Gestaltungsfreiheit zur Wahrung eigener Interessen einräumen mit zumindest der realen Möglichkeit, auf die inhaltliche Ausgestaltung der Vertragsbedingungen Einfluss nehmen zu können. Darüber hinaus müsse sich eine ernsthafte Änderungsbereitschaft auch regelmäßig in einer erkennbaren

677 *Bauer/Arnold*, ZIP 2006, 2237, 2338; *Bauer/Baeck/v. Medem*, NZG 2010, 721, 732; Palandt/*Grüneberg*, § 310 Rn. 49; *Seyfarth*, Vorstandsrecht, § 4 Rn. 20; *Thüsing/Granetzny*, NZG 2010, 449, 453.

678 *Bauer*, FS Wank, 1, 2; *Bauer/Arnold*, ZIP 2006, 2337, 2339; *Seyfarth*, Vorstandsrecht, § 4 Rn. 21.

Veränderung des vorformulierten Textes niederschlagen.[679] Dafür soll es nicht einmal genügen, wenn der Verwender seinem Vertragspartner freistellt, einzelne Vertragsklauseln auszuschließen.[680] In der Praxis werden Anstellungsverträge von Vorständen oftmals mit dem Vermerk übersandt, ausnahmslos jede Vertragsklausel stehe zur Disposition[681], sodass ein „Aushandeln" bzw. eine Einflussnahme zumindest generell denkbar erscheint. Bezogen auf die Festlegung der variablen Vergütung ist nach in der Literatur vereinzelt vertretener Ansicht[682] nicht von einem Aushandeln auszugehen. Dies folge bereits daraus, dass mit der durch das VorstAG vorgenommenen Erweiterung des § 107 Abs. 3 S. 3 AktG die Kompetenzen für die Festlegung der variablen Vergütung nun beim Plenum des Vorstandes lägen. Diese Kompetenz umfasse einerseits die Festlegung der qualitativen und quantitativen Ziele, von deren Erreichen die Höhe der variablen Vergütung abhänge, und andererseits auch die wirtschaftlichen Kennzahlen, welche für den aufgeschobenen Teil der variablen Vergütung gesetzt werden. Seien diese Parameter vom Plenum des Aufsichtsrates erst einmal festgelegt, bestehe für den Vorstand keinerlei Möglichkeit mehr, diese noch im Wege der Verhandlung zu ändern.[683]

Die Ansicht überzeugt. Zwar wollen andere Autoren an das Merkmal des Aushandelns bei Vorständen geringere Anforderungen knüpfen, da diese sich nicht in einer „strukturellen wirtschaftlichen Unterlegenheit" befänden.[684] Dieses Argument kann für die allgemeine Vereinbarung von Klauseln in Anstellungsverträgen in gewisser Weise Geltung beanspruchen. Solange sich die Regelung aber auf die Festlegung der variablen Vergütung des Vorstandes bezieht, ist ihm eine Einflussmöglichkeit aufgrund der Kompetenzzuweisung an das Plenum des Aufsichtsrates gem. § 107 Abs. 3 S. 3 AktG nicht möglich. Darüber hinaus erschiene es widersinnig und zweckwidrig, wenn sich der Verwender dem Recht der Allgemeinen Geschäftsbedingungen entziehen könnte, indem er einen Vertrag, der AGB enthält, mit dem Vermerk versieht, jede Klausel könne individuell ausgehandelt werden. Eine derartige „Aushandelnsbestätigung" wurde auch in einer Entscheidung des BGH zum AGB-Gesetz, dem Vorgänger der §§ 305 ff.

---

679 BGHZ 143, 103, 111 f.

680 BGH, NJW 2005, 2543, 2544.

681 *Bauer/Arnold*, ZIP 2006, 2337, 2340; *Seyfarth*, Vorstandsrecht, § 4 Rn. 22.

682 *Jaeger*, Liber Amicorum Winter, 313, 317.

683 *Jaeger*, Liber Amicorum Winter, 313, 317.

684 *Bauer/Arnold*, ZIP 2006, 2336, 2340.

BGB, ausdrücklich für unwirksam erklärt, da sie die Beweislast zum Vorteil des Verwenders ändert.[685]

Somit ist vom Vorliegen Allgemeiner Geschäftsbedingungen im Sinne des § 305 Abs. 1 S. 1 BGB auszugehen.

c) *Anwendbarkeit der §§ 308, 309 BGB*

Der Anwendbarkeit der Klauselverbote der §§ 308, 309 BGB könnte § 310 Abs. 1 S. 1 BGB entgegenstehen. Danach finden die genannten Paragraphen keine Anwendung, wenn es sich um Allgemeine Geschäftsbedingungen handelt, die gegenüber einem Unternehmer verwendet werden. Ein Unternehmer ist laut der Legaldefinition des § 14 Abs. 1 BGB natürliche oder juristische Person oder eine rechtsfähige Personengesellschaft, die bei Abschluss eines Rechtsgeschäfts in Ausübung ihrer gewerblichen oder selbständigen beruflichen Tätigkeit handelt. Während die erste Alternative der Norm (gewerbliche Tätigkeit) nicht in Betracht kommt, könnte der Abschluss eines Vorstands-Anstellungsvertrages als Vornahme eines Rechtsgeschäfts angesehen werden, welches zur Ausübung einer selbstständigen Tätigkeit, der Tätigkeit als Vorstand, führt. Während der Fremdgeschäftsführer einer GmbH in der Rechtsprechung des BAG[686] als Verbraucher behandelt wird, fehlt es für den Vorstand bisher an einer höchstrichterlichen Entscheidung. Der BGH hat in seiner Rechtsprechung[687] zum mittlerweile nicht mehr existenten Verbraucherkreditgesetz jegliche Art von GmbH-Geschäftsführern als Verbraucher behandelt.

(1) Ansichten in Rechtsprechung und Literatur

Nichtsdestotrotz geht sowohl das OLG Hamm[688] als auch die wohl (noch) herrschende Ansicht in der Literatur[689] davon aus, dass auch der Vorstand einer Aktiengesellschaft als Verbraucher i.S.d. § 13 BGB anzusehen ist. Zwar sei die Rechtsstellung des Vorstandsmitglieds im Vergleich zu der des Geschäftsführers einer GmbH in größerem Maße mit Selbstständigkeit und Eigenverantwortung

---

685 BGHZ 99, 374, 379.

686 BAG, NJW 2010, 2827, Rn. 21.

687 BGHZ 144, 370, 380; 165, 43, 47.

688 OLG Hamm, AG 2007, 910, 911 f.

689 *Bauer*, FS Wank, 1, 2; *Jaeger*, Liber Amicorum Winter, 313, 316; MünchKomm-BGB/*Micklitz/Purnhagen*, § 13 Rn. 60; *Mülbert*, FS Hadding, 575, 583 allerdings mit der Einschränkung, dass der Vorstand nicht die Stimmrechtsmehrheit auf der Hauptversammlung hat.

ausgestaltet. So sei er etwa keinem Weisungsrecht des Aufsichtsrates und der Hauptversammlung unterworfen. Die Bestellung zum Vorstandsmitglied könne auch nur aus wichtigem Grund widerrufen werden. Dieses größere Maß an Selbstständigkeit bei der Wahrnehmung der dem Vorstand obliegenden Pflichten rechtfertige es aber nicht, grundsätzlich von einer selbstständigen beruflichen Tätigkeit auszugehen. Neben der Weisungsfreiheit sei für die Einordnung als selbstständig maßgeblich, dass die Tätigkeit auf eigene Rechnung und im eigenen Verantwortungsbereich ausgeübt wird, sodass das wirtschaftliche Risiko der Tätigkeit unmittelbar selbst getragen werde. Das sei bei Vorständen regelmäßig aber nicht der Fall.[690]

(2) Andere Ansichten in der Literatur

Gegen das Urteil des OLG Hamm und die genannten Literaturansichten regt sich allerdings zunehmend Widerstand. Vereinzelt wird behauptet, dass Vorstände sehr wohl ein wirtschaftliches Risiko trügen, da immerhin 25 % ihrer Jahresgesamtvergütung mit dem Unternehmenserfolg zusammenhinge und sie somit sowohl am Erfolg als auch am Risiko beteiligt seien. Dies wiederum entspreche den Kriterien der Selbstständigkeit i.S.d. § 14.[691] Andere begründen die fehlende Verbrauchereigenschaft des Vorstandes mit dem Schutzzweck der Verbrauchschutzvorschriften: Sie dienten dazu, eine große Masse natürlicher Personen zu schützen, die aufgrund fehlender Artikulationsfähigkeit ihre Interessen gegenüber überlegenen und organisierten Marktteilnehmern nicht geordnet zur Geltung bringen könnten und sich auch in einer strukturellen wirtschaftlichen Unterlegenheit befänden, da sie auf die Güter und Dienstleistungen des Unternehmers angewiesen seien,.[692]

(3) Stellungnahme

Die Einordnung des Vorstandes als Verbraucher ist überzeugend. Sie soll allerdings noch um folgende Überlegung, die zugegebenermaßen nicht auf das Kriterium der Selbstständigkeit abstellt, ergänzt werden: Wollte man dem Vorstand die Eigenschaft als Verbraucher versagen, hätte dies die missliche Konsequenz, dass eine Inhaltskontrolle von Anstellungsverträgen von Vorständen erheblich erschwert wäre, da nach ganz h.M.

---

690 OLG Hamm, AG 2007, 910, 911 f.

691 *Seyfarth*, Vorstandsrecht, § 4 Rn. 18; *Wilsing/Meyer*, DB 2011, 341, 344.

692 *Seyfarth*, Vorstandsrecht, § 4 Rn. 17; kritisch auch *Thüsing/Granetzny*, NZG 2010, 449, 453.

„die Anwendung arbeitsrechtlicher Schutzvorschriften oder Grundsätze nur dann in Betracht zu ziehen ist, wenn vorrangig die Sicherung der persönlichen und wirtschaftlichen Existenz und ein darauf beruhendes Schutzbedürfnis im Spiele sind.“[693]

Daher ist eine Einordnung des Vorstands als Verbraucher schon deshalb zu befürworten, um eine wirksame Inhaltskontrolle der Anstellungsverträge gewährleisten zu können. Um Wertungswidersprüche mit § 310 Abs. 4 S. 2 BGB zu vermeiden, sollte allerdings ein restriktiver Prüfungsmaßstab angesetzt werden.[694]

Sofern behauptet wird, dass Vorstände sehr wohl ein wirtschaftliches Risiko trügen, da immerhin 25 % ihrer Jahresgesamtvergütung mit dem Unternehmenserfolg zusammenhänge und sie somit sowohl am Erfolg als auch am Risiko beteiligt seien, ist dem nicht zu folgen. Diese Ansicht übersieht, dass der Begriff der Selbstständigkeit nicht isoliert, sondern im Zusammenspiel mit § 14 Abs. 1 BGB betrachtet werden muss, wo der Begriff stärker konturiert wird. Durch die Bezugnahme auf juristische Personen und Personengesellschaften wird deutlich, dass das für die Selbstständigkeit maßgebliche Kriterium des Tragens eines wirtschaftlichen Risikos mit einem gewissen Grad rechtlicher Haftung einhergeht. Anders als das „Geradestehen für eigenes Handeln“ kann selbstständig auch im gemeinen Wortsinn nicht verstanden werden. Dies ist bei angestellten Vorständen nur nach den sehr strengen Grundsätzen der BGH-Rechtsprechung zur Haftung nach § 93 Abs. 1 S. 2 AktG der Fall[695], und dies ändert sich auch nicht dadurch, dass der Vorstand bei Underperformance mit Vergütungswegfall zu rechnen hat, denn hierbei handelt es sich um den Eintritt einer Bedingung, unter der die Auszahlung der variablen Vergütung steht, und nicht um eine Haftung im Rechtssinne.

d) Verstoß gegen das Klauselverbot des § 308 Nr. 4 BGB

Gem. § 308 Nr. 4 BGB ist in Allgemeinen Geschäftsbedingungen insbesondere unwirksam die Vereinbarung eines Rechts des Verwenders, die versprochene Leistung zu ändern oder von ihr abzuweichen, wenn nicht die Vereinbarung der Änderung oder Abweichung unter Berücksichtigung der Interessen des Verwenders für den anderen Vertragsteil zumutbar ist.

---

693 MünchHdb GesR IV/*Wiesner*, § 21 Rn. 9; mit zahlreichen (nicht) anwendbaren Vorschriften Spindler/Stilz/*Fleischer*, § 84 Rn. 27–29a.

694 So auch *Bauer/Arnold*, ZIP 2006, 2337, 2338.

695 BGHZ 175, 365 ff.

aa) Ansicht in der Literatur

In der Literatur wird vereinzelt vertreten, dass eine Klausel, welche die Kürzung oder das Entfallen der variablen Vergütung im Fall der Abberufung aus dem Amt vorsieht, keine Vereinbarung eines Rechts der Gesellschaft i.S.d. § 308 Nr. 4 BGB sei. Eine solche Klausel bestimme vielmehr „die fehlende Abberufung aus dem Amt" als Voraussetzung des Anspruchs auf die variable Vergütung für das jeweilige Jahr. Komme es zur frühzeitigen Abberufung des Organmitglieds und kürze die Gesellschaft entsprechend der Verfallklausel die variable Vergütung des Organmitglieds, ändere sie keinen Vertragsbestandteil oder weiche von diesem ab. Im Fall der Abberufung sei die „Leistung" i.S.d. § 308 Nr. 4 BGB – die variable Vergütung – gerade nicht versprochen.[696]

bb) Stellungnahme

Die Vorschrift bietet Vertragsparteien Schutz gegen AGB-Regelungen, durch welche sie nicht selten stärker benachteiligt werden als durch eine Klausel, mit der sich der Verwender ein Recht zur Abstandnahme vom Vertrage im Ganzen gem. § 308 Nr. 3 BGB einräumt. Außerdem wird dem Kunden die Möglichkeit genommen, Schadensersatzansprüche wegen Nichterfüllung der ursprünglich geschuldeten Leistung geltend zu machen.[697] Das Verbot umfasst jegliche Bestimmung, die dem Verwender das Recht einräumt, etwas zu ändern, was Vertragsinhalt geworden ist.[698] Entscheidend ist, ob die Klausel dem Verwender Spielraum für spätere Änderungen lässt.[699]

Unter diesen Voraussetzungen kann bei einer Good Leaver-Klausel im Rahmen der Vorstandsvergütung nicht vom Vorliegen eines Änderungsvorbehalts gesprochen werden. Da dem Kriterium der späteren Änderungsmöglichkeit maßgebliche Bedeutung zukommt, ist beurteilungsrelevant, ob für die Gesellschaft eine solche besteht. Dies kann nicht angenommen werden. Grundsätzlich birgt die variable Vorstandsvergütung ein gewisses Unsicherheitsmoment. Schließlich ist nicht gewiss, ob die Gesellschaft unter Leitung des Vorstandes die erforderlichen Zielvereinbarungen überhaupt erreicht. Diese sind regelmäßig ebenfalls Gegenstand von Vereinbarungen im Anstellungsvertrag. Entfällt bei Nichterfüllung der Anspruch auf den aufgeschobenen Teil der variablen Vergütung,

---

696 *Bauer/Göpfert/Siegrist*, DB 2006, 1774, 1776.

697 MünchKomm-BGB/*Wurmnest*, § 308 Nr. 4 Rn. 1.

698 Staudinger/*Coester-Waltjen*, § 308 Nr. 4 Rn. 5.

699 BGHZ 158, 149; BAG, DB 2012, 2942, Rn. 32; ZIP 2013, 417, Rn. 34; Staudinger/*Coester-Waltjen*, § 308 Nr. 4 Rn. 5.

wäre schon hierin eine Art „vorgelagerte" Änderungsklausel zu sehen. Dies kann aber ersichtlich nicht gewollt sein, da dies gerade Inhalt der in § 87 Abs. 3 AktG niedergelegten gesetzgeberischen Intention ist. Insofern bleibt festzuhalten, dass § 308 Nr. 4 BGB auf Good eaver-Regelungen bei der Vorstandsvergütung nicht wirklich passt. Denn auch wenn zusätzliche Voraussetzungen aufgestellt werden, besteht keine spätere Änderungsmöglichkeit mehr, da die Modalitäten von vornherein klar sind.

Dieses Verständnis lässt sich auch mit der Historie der Norm belegen: Die Kautelarpraxis hatte vor Inkrafttreten des AGB-Gesetzes eine Entwicklung angenommen, nach der es dem Verwender möglich war, immer globalere Vorbehalte zu vereinbaren. So wurden beispielsweise Angaben über Maß und Gewicht ebenso für unverbindlich erklärt wie Änderungen aufgrund technischer Neuerungen als zulässig angesehen wurden.[700] Gerade das Beispiel der technischen Neuerungen belegt, dass § 308 Nr. 4 BGB für Leaver-Regelungen inadäquat ist. Der Verwender wusste in den Fällen, auf die § 308 Nr. 4 BGB zugeschnitten ist, selbst noch nicht genau, welche Auswirkungen technische Neuerungen haben würden, geschweige denn wie sie genau aussahen. Daher versuchte er sich mittels einer Änderungsklausel größtmögliche Flexibilität einzuräumen. Genau das ist aber bei Leaver-Regelungen nicht der Fall. Die Bedingungen und Konsequenzen sind für beide Parteien von vornherein klar. Unklar ist lediglich, ob sie eintreten.

Zuletzt soll auch das Wortlaut-Argument bemüht werden: Wie bereits geschildert, ist die Leistung bei Eintritt der Bedingungen gerade nicht versprochen i.S.d. § 308 Nr. 4 BGB.[701] Mithin verstößt eine Leaver-Regelung nicht gegen § 308 Nr. 4 BGB.

e) *„Unangemessene Benachteiligung" i.S.v. § 307 Abs. 2 Nr. 1 BGB*

Gem. § 307 Abs. 1 S. 1, 2 Nr. 1 BGB ist von einer unangemessenen Benachteiligung auszugehen, wenn eine Bestimmung mit wesentlichen Grundgedanken der gesetzlichen Regelung, von der abgewichen wird, nicht zu vereinbaren ist, was wiederum zur Unwirksamkeit der Klausel führt. Nach der Rechtsprechung des BAG ist die Frage, ob eine gegen Treu und Glauben verstoßende unangemessene Benachteiligung des Vertragspartners vorliegt, auf der Grundlage einer Abwägung der berechtigten Interessen der Beteiligten zu beantworten. Hierbei ist das Interesse des Verwenders an der Aufrechterhaltung der Klausel mit dem Interesse des Vertragspartners an der Ersetzung der Kausel durch die gesetzliche

---

700 Staudinger/*Coester-Waltjen*, § 308 Nr. 4 Rn. 1.

701 So überzeugend *Bauer/Göpfert/Siegrist*, DB 2006, 1774, 1776.

Regelung abzuwägen. Bei dieser wechselseitigen Berücksichtigung, bei der auch grundrechtlich geschützte Rechtspositionen zu beachten sind, ist ein genereller typisierender Maßstab anzulegen.[702] Bei der Überprüfung von Good Leaver-Klauseln ergeben sich hinsichtlich möglicher unangemessener Benachteiligungen i.S.d. § 307 Abs. 2 Nr. 1 BGB zwei Anknüpfungspunkte: Erstens könnte schon die Forderung des Bestandes eines aktiven Organ- und Anstellungsverhältnisses, bei dessen Fehlen die aufgeschobenen Teile der Vorstandsvergütung entfallen, unangemessen benachteiligend für einen Vorstand sein. Zweitens kann die inhaltliche Ausgestaltung einer Good Leaver-Klausel zu einer unangemessenen Benachteiligung führen.

aa) Vergleich zu Stichstagsklauseln

Das Verbot unangemessener Benachteiligungen nach § 307 Abs. 2 Nr. 1 BGB hat für den Bereich der Stichtags- und Bindungsklauseln für Sondervergütungen dazu geführt, dass feste zeitliche Grenzen aufgestellt wurden, bei deren Überschreitung von einer unangemessenen Benachteiligung auszugehen ist, da der Arbeitnehmer in unzulässiger Weise in seiner durch Art. 12 GG garantierten Berufsfreiheit behindert wird.[703] Eine am Jahresende gezahlte Zuwendung, die unterhalb eines Monatsbezuges liegt, darf den Arbeitnehmer bis zum 31. März des Folgejahres binden. Liegt die Zuwendung über einem Monatsbezug, ist auch eine längere Bindung zulässig.[704] Sondervergütungen, die noch unterhalb von zwei Monatsbezügen liegen, dürfen zu einer Bindung bis zum 30. Juni des Folgejahres führen.[705]

(1) Ansicht in der Literatur

Nach der von *Jaeger* vertretenen Ansicht[706] kann diese Rechtsprechung auf Bindungs- bzw. Good Leaver-Klauseln für die aufgeschobenen Teile der variablen Vergütung von Vorstandsmitgliedern nicht übertragen werden. Dies liege daran, dass der Anspruch auf die variable Vergütung des Vorstandsmitglieds mit Ablauf des Geschäftsjahres noch nicht rechtskräftig entstanden sei. Bei der typischen Sondervergütung des Arbeitnehmers entstehe der Anspruch rechtskräftig mit dem Erreichen der für das jeweilige Geschäftsjahr gesetzten wirtschaftlichen

702 BAGE 103, 180; 110,8; 122, 182; 124, 259; 127, 1, Rn. 27; BAG, NZA 2009, 783, Rn. 10.
703 BAGE 73, 217; 106, 159, 162; 124, 259, Rn. 23; 127, 1, Rn. 27.
704 BAGE 106, 159, 162; 124, 259, Rn. 24.
705 BAGE 106, 159, 162; 124, 259, Rn. 24.
706 *Jaeger*, Liber Amicorum Winter, 313, 320.

oder persönlichen Ziele, ohne dass es noch auf zusätzlich zu erreichende, in der Zukunft liegende Kriterien ankomme. Da sich die Regelungen zu variablen Vorstandsvergütungen gerade nicht darin erschöpften, die Fälligkeit des Anspruchs auf die aufgeschobene Vergütung lediglich in die Zukunft zu verschieben, sondern erst mit Erreichen der wirtschaftlichen Ziele die Fälligkeit des Anspruchs überhaupt feststehe, könne von rechtskräftig entstanden Ansprüchen nicht gesprochen werden.

(2) Stellungnahme

Der Ansicht *Jaegers* ist insoweit beizupflichten, als auch nach der hier vertretenen Ansicht die Rechtsprechung des BAG zu Stichtagsklauseln nicht auf Good Leaver-Klauseln übertragen werden kann. Dies liegt nach der hiesigen Auffassung aber maßgeblich daran, dass die Konzeption des § 87 AktG auf die zu Stichtagsklauseln entwickelten Fallgruppen schon dem Grunde nach nicht passt. § 87 Abs. 1 S. 2 HS. 1 AktG knüpft die Vergütung an einen in der Zukunft gerichteten Sachverhalt, der auch vom Vorstand nur in einem gewissen Umfang beeinflusst werden kann. Stichtagsklauseln befassen sich jedoch mit einem bereits in der Vergangenheit liegenden Sachverhalt, nämlich der Erfüllung der individuellen Leistungsziele des Arbeitnehmers für das laufende Geschäftsjahr. Liegt hierin eine Beeinträchtigung von Art. 12 GG, dann ist diese ganz überwiegend darin begründet, dass es dem Arbeitnehmer nicht zugemutet werden kann, für eine einen abgeschlossenen Sachverhalt betreffende Leistung an sein Arbeitsverhältnis gebunden zu werden. Hingegen setzt § 87 Abs. 1 S. 2 HS. 1 AktG schon nach dem Wortlaut voraus, dass sich der Gesamtvergütungsprozess auf einen Zeitraum von mindestens zwei Jahren belaufen soll.[707] Darüber hinaus steht auch nicht fest, dass die Gesellschaft die für die Auszahlung der aufgeschobenen Vergütungsteile relevanten wirtschaftliche Kennzahlen erreicht. Da der Anspruch auf den aufgeschobenen Vergütungsteil somit keineswegs entstanden ist, kann auch kein Eingriff in bereits erdiente Vergütungsbestandteile vorliegen.[708]

---

707 *Bauer/Arnold*, AG 2009, 717, 722; *Hohenstatt/Kuhnke*, ZIP 2009, 1981, 1985; *Kocher/Bednarz*, Der Konzern 2011, 77, 83; a.A. *Seibert*, WM 2009, 1489, 1490; für eine Anlehnung an § 193 Abs. 2 Nr. 4 AktG (drei bis vier Jahre) *Cahn*, FS Hopt, 431, 441 ff.; *Eichner/Delahaye*, ZIP 2010, 2082, 2083; Hüffer/*Koch*, § 87 Rn. 12; Groß-Komm-AktG/*Kort*, § 87 Rn. 132.

708 So auch *Jaeger*, Liber Amicorum Winter, 313, 320.

bb) Vergleich zu Verfallklauseln bei Aktienoptionen

Eine weitere Möglichkeit stellt der Vergleich zu den bei Aktienoptionen gängigen Verfallsklauseln dar. Das BAG hat in einer Entscheidung aus dem Jahr 2008 entschieden, dass es keine unangemessene Benachteiligung i.S.v. § 307 Abs. 2 Nr. 1 BGB darstellt, wenn mittels einer sog. Verfallklausel ein Ausschluss des Bezugsrechts für den Fall vorgesehen ist, dass zu dem für die Ausübung maßgebenden Stichtag der Angestellte bereits aus der Gesellschaft ausgeschieden ist. Dies stützte das BAG maßgeblich auf zwei Gründe: Einerseits bestehe zwischen Sondervergütungen und der Gewährung eines Bezugsrechts für Aktienoptionen ein qualitativer Unterschied. Während Sonderleistungen wie beispielsweise Bonuszahlungen eine zusätzliche Vergütung für vom Arbeitnehmer erbrachte Leistungen für das abgelaufene Geschäftsjahr darstellten, wohne Aktienoptionen ein ungleich spekulativerer Charakter inne. Im Gegensatz zu Sondervergütungen handele es sich um eine bloße Erwerbschance. Der Arbeitnehmer könne auch bei guten eigenen Leistungen sowie einem erfolgreichen Geschäftsjahr der Gesellschaft nicht mit endgültiger Sicherheit von der Werthaltigkeit seiner Optionen ausgehen.[709] Andererseits würden Bindungsklauseln den zulässigen Zweck verfolgen, dass die bezugsberechtigten Angestellten ihre Tätigkeit auf einen langfristigen Unternehmenserfolg ausrichteten. Dieser Motivationszweck könne jedoch nicht mehr erreicht werden, wenn der Angestellte vorzeitig aus der Gesellschaft ausscheide.[710]

(1) Ansicht in der Literatur

Diese Rechtsprechung kann allerdings nach einer Ansicht in der Literatur[711] nicht vollends auf eine Good Leaver-Klausel für aufgeschobene Teile der variablen Vergütung übertragen werden. Bei den in die Folgejahre aufgeschobenen Teilen der variablen Vergütung handele es sich nicht nur um bloße Erwerbschancen mit spekulativem Charakter. Vielmehr könne von einer konkreten Vergütungsanwartschaft gesprochen werden, deren Erstarkung nur noch von einer Bedingung, nämlich dem Erreichen von zuvor vereinbarten wirtschaftlichen Kennziffern, abhänge. Darüber hinaus habe der Vorstand den wesentlichen Teil der qualitativen und quantitativen Voraussetzungen für die Gewährung der Vergütung schon im Ausgangsjahr erbracht, sodass es sich nur noch um eine Vervollständigung des Anspruchs handele. Daher sei dem Vorstand für die

---

709 BAGE 127, 1, Rn. 29.

710 BAGE 127, 1, Rn. 33.

711 *Jaeger*, Liber Amicorum Winter, 313, 321.

bereits weitgehend erdienten Vergütungsbestandteile ein Bestandsschutz zu gewähren.[712]

(2) Stellungnahme

Letztlich gibt auch dieser Vergleich nur bedingt Aufschluss darüber, ob es zulässig ist, die Auszahlung der Vergütung an den Bestand des Organ- und Anstellungsverhältnisses zu knüpfen. Die Lösung liegt aber – wie so oft – im Gesetz selbst: Aus der Binnensystematik der Sätze 1 bis 3 ergibt sich, dass auch § 87 AktG davon ausgeht, dass das Anstellungsverhältnis weiterhin Bestand haben muss. Satz 1 normiert, dass die Gesamtbezüge in einem angemessenen Verhältnis zu den Aufgaben und Leistungen des Vorstands stehen muss. Für börsennotierte Gesellschaften räumt § 87 Abs. 1 S. 3 HS. 2 AktG dem Aufsichtsrat eine Begrenzungsmöglichkeit für den Fall des Auftretens außerordentlicher Ereignisse ein. Diese Begrenzungsmöglichkeit ergibt aber nur dann Sinn, wenn auch endgültig feststeht, dass sich außerordentliche Ereignisse auf die Unternehmensentwicklung und damit auch auf den aufgeschobenen Teil der Vergütung niedergeschlagen haben. Dafür ist aber ein bestehendes Organ- und Anstellungsverhältnis vonnöten. Darüber hinaus geht, wie die Existenz von Satz 3 Halbsatz 2 ebenfalls belegt, § 87 AktG nicht davon aus, dass im ersten Jahr „die Weichen“ gestellt werden und sich daraufhin die positive Entwicklung der Gesellschaft faktisch „von selbst“ vollzieht. Insofern kann eine mehrjährige Bemessung nur bei aktiver Mitwirkung des Vorstands stattfinden, indem in jedem Jahr seine Leistung neu evaluiert wird.

cc) Inhaltliche Ausgestaltung von „good leaver“-Klauseln als Benachteiligung

Auch wenn nun feststeht, dass die Auszahlung der aufgeschobenen Teile der variablen Vorstandsvergütung an den Bestand eines Organ- und Anstellungsverhältnisses geknüpft werden darf, ist die Wirksamkeit einer Good Leaver-Klausel unter inhaltlichen Gesichtspunkten fraglich. Dies gilt insbesondere für den praxisrelevanten Fall, dass die Bestellung und der hieran gekoppelte Vorstandsanstellungsvertrag entgegen dem Wunsch des Vorstands nicht verlängert wurden. Das BAG hat in jüngeren Entscheidungen die Frage, ob der Erhalt von Sondervergütungen davon abhängig gemacht werden darf, aus wessen Sphäre die Ursache für die Kündigung des Arbeitnehmers entstammt, mehrfach offengelassen.[713]

---

712 *Jaeger*, Liber Amicorum Winter, 313, 322.
713 BAGE 124, 259, Rn. 28; 127, 1, Rn. 33.

(1) Ansicht in der Literatur

Insbesondere zu „engen“ Good Leaver-Klauseln, bei denen auch die Nichtverlängerung der Bestellung und des Anstellungsvertrages des Vorstands zu einem Totalverlust der aufgeschobenen Vergütung führt, wird in der Literatur vertreten, dass eine solche Klausel zu einem Verstoß gegen das aus § 242 BGB folgende Verbot des widersprüchlichen Verhaltens führe.[714] Die Gesellschaft könne dem Vorstand nicht entgegenhalten, dass für die Erlangung der Vergütungsansprüche der Fortbestand des Anstellungsverhältnisses erforderlich sei, nachdem sie selbst ursächlich für die Auflösung gewesen sei. Zwar stehe es in der freien Entscheidung des Aufsichtsrats, ob die auslaufende Bestellung eines Vorstandsmitglieds für eine weitere Amtsperiode verlängert und dementsprechend auch der Anstellungsvertrag für die Dauer der Wiederbestellung verlängert werde. Es stelle aber einen Verstoß gegen das Verbot des *venire contra factum proprium* dar, wenn die Gesellschaft sich für den Verfall der aufgeschobenen Vergütungsanteile darauf berufe, dass das Vorstandsmitglied vorzeitig ausgeschieden sei, obwohl seinerseits die Bereitschaft zur Fortsetzung bestanden habe, dies aber seitens der Gesellschaft abgelehnt wurde. Ein Verstoß liege nur dann nicht vor, wenn die Gesellschaft aus gewichtigen Gründen, welche durch das Vorstandsmitglied zu vertreten waren, eine Verlängerung seiner Bestellung abgelehnt hat. Dabei müsse es sich um einen wichtigen Grund i.S.d. § 626 Abs. 1 BGB handeln.[715] Sofern das Vorstandsmitglied das Ausscheiden nicht zu vertreten habe, solle der Anspruch zumindest für die Jahre uneingeschränkt fortbestehen, die der Vorstand noch tätig gewesen ist. Sei die variable Vergütung auf drei Jahre verteilt und scheide der Vorstand nach Ablauf des zweiten Jahres aus von ihm nicht zu vertretenden Gründen aus, stehe ihm der gestreckte Anspruch – vorbehaltlich der Erfüllung der wirtschaftlichen Ziele – zu zwei Dritteln zu. Nur so werde einerseits die zweijährige Tätigkeit des Vorstandes ausreichend gewürdigt und andererseits eine Vergütung des Vorstandes für einen Zeitraum verhindert, in dem er für die Gesellschaft nicht mehr tätig gewesen sei.[716]

714 *Jaeger*, Liber Amicorum Winter, 313, 322.

715 *Jaeger*, Liber Amicorum Winter, 313, 323; *Bauer*, FS Wank, 1, 8 geht ohne Angabe einer Begründung von der Zulässigkeit solcher Klauseln aus.

716 *Jaeger*, Liber Amicorum Winter, 313, 323 f.

(2) Stellungnahme

Das Problem der inhaltlichen Modalitäten einer Good Leaver-Klausel lässt sich auf folgende Frage herunterbrechen: Verbietet § 87 Abs. 1 AktG es, die Auszahlung der aufgeschobenen Teile der Vorstandsvergütung an andere Bedingungen zu knüpfen als den Bestand des Organ- und Anstellungsverhältnisses und die Erreichung wirtschaftlicher Kennziffern? Der Gesetzgeber hat sich bei Konkretisierung der mehrjährigen Bemessungsgrundlage sehr zurückgehalten und lediglich angedeutet, dass bei der Ausgestaltung mehrere Vertragsgestaltungen möglich sein können.[717] Innerhalb der Literatur ist anerkannt, dass § 87 Abs. 1 AktG nicht abschließend zu verstehen ist und auch dort ausdrücklich nicht genannte Kriterien berücksichtigt werden dürfen.[718] Hierzu zählen insbesondere der individuelle Marktwert des Vorstands, der sich auf seine besondere Erfahrung und Qualifikationen gründet.[719] Die in Leaver-Regelungen aufgeführten Gründe zählen regelmäßig jedoch nicht dazu.

Vor diesem Hintergrund muss die Norm analysiert werden. Ausgehend vom Wortlaut verbietet sich eine Bezugnahme auf andere Kriterien als auf dasjenige des Unternehmenswohls. Daraus folgt, dass dann, wenn dieses – nachgewiesen durch die wirtschaftlichen Kennziffern – erreicht ist, eine Entziehung des variablen Vergütungsbestandteils nicht mehr möglich sein sollte. Dieses Ergebnis wird auch durch folgende Überlegung gestützt: Werden die wirtschaftlichen Kennziffern nicht erreicht, würde der Anspruch auf die aufgeschobenen Teile der variablen Vergütung ohnehin verfallen. Es ist nicht einzusehen, wieso dieses Ergebnis auch dann eintreten soll, wenn die Voraussetzung für die Gewährung für zwei Jahre erreicht wurde und der Vorstand dann ausscheidet. Es ist zwar nicht zu erwarten, dass eine solche Regelung den Incentivierungszweck ins Gegenteil verkehrt, allerdings wäre der Vorstand insbesondere bei engen Good Leaver-Klauseln praktisch der Willkür der Gesellschaft ausgeliefert. Darüber hinaus dürfte eine derartige Regelung auch dem Zweck des § 87 AktG zuwiderlaufen. Vor diesem Hintergrund sollte der Good Leaver-Tatbestand nicht nur die

---

717 Beschlussempfehlung und Bericht des Rechtsausschusses, BT-Drucks. 16/13433, S. 10.

718 OLG München, AG 2008, 593, 594; Spindler/Stilz/*Fleischer* § 87 Rdn. 19; *Hoffmann-Becking*, ZHR 169 (2005), 155, 158 f.; *Kling*, DZWIR 2010, 221, 226 f.; KölnKomm-AktG/*Mertens*/*Cahn*, § 87 Rn. 14; MünchHdb GesR IV/*Wiesener*, § 21 Rn. 44.

719 Spindler/Stilz/*Fleischer* § 87 Rdn. 19; *Hoffmann-Becking*, ZHR 169 (2005), 155, 158 f.; *Kling*, DZWIR 2010, 221, 226 f.; KölnKomm-AktG/*Mertens*/*Cahn*, § 87 Rn. 14.

Elemente der Arbeitsunfähigkeit oder des Erreichens der Altersgrenze umfassen, sondern auch Fälle wie den bereits von *Jaeger* geschilderten, nämlich dass die Gesellschaft die Verlängerung der Bestellung entgegen dem Wunsch des Vorstandes verweigert. Ob auch die Eigenkündigung des Vorstandes zu einer Qualifikation als bad leaver führt, kann nicht endgültig entschieden werden, sondern hängt von der Ausgestaltung der Klausel im Einzelfall ab. Aufgrund des bei § 307 BGB maßgeblichen typisierenden Maßstabs hinsichtlich der Auszahlung der Vergütung ist der Ansicht *Jaegers* zu folgen. Nur mittels einer Quotelung ist gewährleistet, dass die bereits erbrachte Leistung des Vorstands honoriert wird, ohne ihm aber eine Vergütung für einen Zeitraum zu gewähren, zu dem er schon längst aus der Gesellschaft ausgeschieden ist.

Insofern ist festzuhalten, dass inhaltlich konturlose Good Leaver-Regelungen, die den Tätigkeitszeitraum bei der Vergütung völlig unberücksichtigt lassen, aufgrund einer unangemessenen Benachteiligung i.S.d. § 307 Abs. 2 Nr. 1 BGB gem. § 307 Abs. 1 S. 1 BGB unwirksam sind.

3. Rechtliche Beurteilung bei Individualabreden

Die bisherigen Ausführungen folgen der h.M.[720], nach der Klauseln in Anstellungsverträgen von Vorständen dem Recht der Allgemeinen Geschäftsbedingungen unterfallen. Sofern man aber der Gegenansicht[721] folgt, stellt sich die Frage, ob Leaver-Klauseln auch ohne Qualifikation als Allgemeine Geschäftsbedingungen Bestand haben können.

a) Prüfungsmaßstab

Problematisch ist hierbei zunächst das Auffinden eines geeigneten Prüfungsmaßstabes, da der Rückgriff auf § 307 BGB mangels Vorliegens von AGB verwehrt ist. Für Individualabreden in nicht vorformulierten Verträgen hatte das BAG[722] in einer Entscheidung aus dem Jahr 2004 – ohne Begründung – noch auf eine „ergänzende Angemessenheitskontrolle" nach § 242 BGB zurückgegriffen. Nur wenig später erteilte das BAG dieser Angemessenheitskontrolle eine Absage. Eine Billigkeitskontrolle im Sine einer allgemeinen, nicht auf die Besonderheiten des Falls bezogenen Angemessenheitsprüfung finde nach § 242 BGB nicht (mehr) statt. Die §§ 305 ff. BGB stellten eine abschließende

720 *Jaeger*, Liber Amicorum Winter, 313, 317.
721 *Bauer/Arnold*, ZIP 2006, 2336, 2340.
722 BAGE 109, 369, 382; kritisch *Lieb*, FS Konzen, 501, 511 f.

Konkretisierung des Gebots von Treu und Glauben hinsichtlich einer allgemeinen, allein den Inhalt einer Regelung überprüfenden Angemessenheitskontrolle dar. Diese beruhe auf dem Umstand, dass Vertragsbedingungen von einer Vertragspartei vorgegeben würden und von der anderen Partei nicht ausreichend geprüft und nicht verhandelt werden könnten. Sie bezögen sich nur auf Vertragsbedingungen, die von Rechtsvorschriften abwichen oder diese ergänzten. Abreden über den unmittelbaren Gegenstand der Hauptleistung unterlägen aus Gründen der Vertragsfreiheit regelmäßig keiner Inhaltskontrolle. Bestehe für die Vertragspartner die Möglichkeit, die Vertragsbedingungen im Einzelnen auszuhandeln, sei im Grundsatz davon auszugehen, dass sie ihre Interessen selbst angemessen vertreten könnten. Eine Partei dürfe auch eine für sie nach allgemeinen Maßstäben ungünstige oder unangemessene Regelung bewusst hinnehmen, wenn sie insgesamt einen Vorteil erkenne. Das bezieht sich insbesondere auf Nebenpunkte des Vertrags wie Ausschlussfristen. Die Parteien seien insoweit bis zur Grenze der Sittenwidrigkeit gem. § 138 BGB frei, ihre Regelungen selbst zu wählen. Nach § 242 BGB könne aber die Befugnis, sich auf rechtswirksam vereinbarte Rechtspositionen zu berufen, im Sinne einer Ausübungskontrolle begrenzt sein.[723]

Eine richterliche Kontrolle sei darüber hinaus erforderlich bei strukturellen Störungen der Vertragsparität. Nutze der Arbeitgeber seine wirtschaftliche Überlegenheit gegenüber dem Arbeitnehmer aus, um ein für diesen ungünstiges Verhandlungsergebnis durchzusetzen, bestehe der Schutzauftrag des Richters, der Vertragsparität mit den Mitteln des Zivilrechts Geltung zu verschaffen. Es handele sich um Fälle, in denen der Inhalt des Vertrags eine Seite ungewöhnlich belastet und als Interessenausgleich offensichtlich ungeeignet sei. Das betreffe in erster Linie die Hauptpflichten des Vertrags und erfordere grundsätzlich eine Gesamtschau der vertraglichen Regelungen.[724]

b) Stellungnahme

Nach diesen Grundsätzen ist eine Sittenwidrigkeit gem. § 138 Abs. 1 BGB für Leaver-Klauseln nicht gegegeben. Der Verlust des aufgeschobenen Teils der Vorstandsvergütung ist im Grundsatz nicht auf eine Übervorteilung des Vorstands angelegt. Bei der Abwägung trägt sie dem Interesse der Aktiengesellschaft Rechnung, keine Vergütung für einen Beschäftigten leisten zu müssen, der

723 BAGE 115, 19, 31.

724 BAGE 115, 19, 31 f.

gegenwärtig nicht mehr für die Gesellschaft tätig ist. Dies muss erst Recht vor dem Hintergrund gelten, dass dieser der individuell ausgehandelten Klausel im Vorwege zugestimmt hat.

Für inhaltlich „enge“, individuell ausgehandelte Good Leaver-Klauseln, bei denen auch die Nichtverlängerung der Bestellung und des Anstellungsvertrages des Vorstands zu einem Totalverlust der aufgeschobenen Vergütung führt, ist allerdings mit *Jaeger*[725] anzunehmen, dass eine solche Klausel in Einzelfällen zu einem Verstoß gegen das aus § 242 BGB folgende Verbot des widersprüchlichen Verhaltens führen kann. Sofern sich die Gesellschaft für den Verfall der aufgeschobenen Vergütungsanteile darauf beruft, dass das Vorstandsmitglied vorzeitig ausgeschieden ist, obwohl seinerseits die Bereitschaft zur Fortsetzung besteht, dies aber seitens der Gesellschaft abgelehnt wird, ist dies der Paradefall des *venire contra factum proprium*.

4. Verhältnis von Good Leaver-Klauseln zum AGG

Aufgrund der *Danosa*-Entscheidung des EuGH[726] hat sich in der Literatur zunehmend die Frage gestellt, inwieweit Altersgrenzen für Vorstandsmitglieder einer Aktiengesellschaft unter Geltung des AGG noch vereinbart werden können. Insbesondere kann nicht mit Sicherheit vorhergesagt werden, dass der EuGH Organmitgliedern einer Aktiengesellschaft am Ende nicht doch den vollumfänglichen Diskriminierungsschutz der dem AGG zugrunde liegenden EU-Richtlinien[727] zuteil werden lassen wird. Problematisch ist – wie schon bei der Good Leaver-Klausel bei Vereinbarung eines Management Equity

725 *Jaeger*, Liber Amicorum Winter, 313, 317.

726 EuGH, C-232/09, *Danosa*, ECLI:EU:C:2010:674.

727 RL 2000/43/EG des Rates v. 29.06.2000 zur Anwendung des Gleichbehandlungsgrundsatzes ohne Unterschied der Rasse oder der ethnischen Herkunft, ABl EG Nr. L 180 v. 19.07.2000, S. 22; RL 2000/78/EG des Rates v. 27.11.2000 zur Festlegung eines allgemeinen Rahmens für die Verwirklichung der Gleichbehandlung in Beschäftigung und Beruf, ABl EG Nr. L 303 v. 02.12.2000, S. 16; Richtlinie 2002/73/EG des Europäischen Parlaments und des Rates vom 23.09.2002 zur Änderung der Richtlinie 76/207/EWG des Rates zur Verwirklichung des Grundsatzes der Gleichbehandlung von Männern und Frauen hinsichtlich des Zugangs zur Beschäftigung, zur Berufsbildung und zum beruflichen Aufstieg sowie in Bezug auf die Arbeitsbedingungen, ABl EG Nr. L 269 v. 05.10.2002, S. 15; RL 2004/113/EG des Rates v. 13.12.2004 zur Verwirklichung des Grundsatzes der Gleichbehandlung von Männern und Frauen beim Zugang zu und bei der Versorgung mit Gütern und Dienstleistungen, ABl EG Nr. L 373 v. 21.12.2004, S. 37–43.

Program[728] –, dass die Qualifikation als good leaver bei Ausscheiden zu einem früheren Zeitpunkt als dem gesetzlichen Renteneintrittsalter gegenüber jüngeren, früher ausscheidenden Vorständen zu einer unmittelbaren Benachteiligung gem. § 3 Abs. 1 AGG führt. Zuvor gilt allerdings auch hier, dass gem. § 6 Abs. 3 AGG das AGG für Vorstände lediglich in Bezug die Einstellungsbedingungen und den beruflichen Aufstieg anwendbar ist, eine Good Leaver-Vereinbarung hingegen die Modalitäten der Entlassung regelt. Daher stellt sich die nach der *Danosa*-Entscheidung des EuGH im Schrifttum viel diskutierte Frage, ob ein Vorstand unter den unionsrechtlichen Arbeitnehmerbegriff fällt und damit das AGG vollständig anwendbar wäre.

a) Vorstand als Arbeitnehmer im Sinne des Unionsrechts?

Eine Mindermeinung[729] nimmt an, Vorstandsmitglieder seien nach dem weiten unionsrechtlichen Arbeitnehmerbegriff als Arbeitnehmer einzustufen und unterfielen somit insbesondere dem uneingeschränkten Diskriminierungsschutz des AGG. Begründet wird dies zumeist mit der bestehenden Rechenschaftspflicht der Vorstandsmitglieder gegenüber dem Aufsichtsrat nach § 90 AktG und damit, dass die Vorstandsmitglieder im Rahmen von zustimmungspflichtigen Geschäften mit dem Aufsichtsrat gem. § 111 Abs. 4 AktG zusammenzuarbeiten haben und damit einer gewissen Kontrolle unterlägen. Zuletzt wird auch auf die Befristung ihrer Bestellung und die Möglichkeit der Abberufbarkeit aufgrund Vertrauensentzuges der Hauptversammlung hingewiesen.

Ganz überwiegend werden Vorstandsmitglieder – auch nach der *Danosa*-Entscheidung des EuGH – nicht als Arbeitnehmer im unionsrechtlichen Sinne angesehen.[730] Sie handelten – anders als die Geschäftsführer einer GmbH – nach § 76 Abs. 1 AktG weisungsfrei. Im Gegensatz zu Geschäftsführern könnten Vorstandsmitglieder grundsätzlich nicht gegen ihren Willen abberufen werden,

728 E.IV.2.a.

729 Bürgers/Körber/*Bürgers/Israel*, § 76 Rn. 4; *Fischer*, NJW 2011, 2329, 2331; wohl auch APS/*Rolfs*, § 9 MuSchG Rn. 13; *Ziemons*, KSzW 2013, 19, 20.

730 *Baeck/Winzer*, NZG 2011, 101; *Bauer/Arnold*, NZG 2012, 921, 923; *Bauer/v. Medem*, NZA 2012, 945, 952; *Fleischer*, ZIP 2003, 1, 3; *Hoefs/Rentsch*, DB 2012, 2733, 2738; *Hohenstatt/Naber*, ZIP 2012, 1989, 1990; *Junker*, NZA 2011, 950, 951; *Klasen*, BB 2013, 1849, 1852; *Kliemt*, RdA 2015, 232, 238; *Kort*, NZG 2013, 601, 605 ff.; *ders.*, WM 2013, 1049, 1057; *Löw*, BB 2012, 2078, 2079; *Oberthür*, NZA 2011, 253, 254; *Reinhard/Bitsch*, ArbRB 2011, 241, 243; *Reufels/Molle*, NZA-RR 2011, 281, 283; ErfK/*Schlachter*, § 1 MuSchG, Rn. 3; SSV/*Schleusener*, § 6 Rn. 19; *Wilsing/Meyer*, NJW 2012, 3211, 3212.

sondern gemäß § 84 Abs. 3 Satz 1 AktG nur dann, wenn hierfür ein wichtiger Grund gegeben ist. Dieser könne aber auch vom Aufsichtsrat nicht nach dessen Belieben herbeigeführt werden.

b) *Stellungnahme*

Der unionsrechtliche Arbeitnehmerbegriff umfasst vier Voraussetzungen: Bei der betreffenden Person muss es sich (1) um ein Mitglied der Unternehmensleitung handeln, (2) das gegen Entgelt Leistungen gegenüber der Gesellschaft erbringt, die es bestellt hat und in die es eingegliedert ist, (3) es muss seine Tätigkeit nach der Weisung oder unter der Aufsicht eines anderen Organs dieser Gesellschaft ausüben und (4) jederzeit ohne Einschränkungen von seinem Amt abberufen werden können.[731] Es ist zu anzunehmen, dass auch der EuGH erwartet, dass diese Voraussetzungen nicht nur teilweise, sondern kumulativ erfüllt werden.

Diesen Kriterien entspricht der Vorstand einer Aktiengesellschaft nicht vollends. Der Mindermeinung ist ohne Weiteres zuzugestehen, dass der Vorstand von der Aktiengesellschaft bestellt wird und er auch in das aktienrechtliche System der *Checks and Balances* eingebunden ist. Allerdings lässt sich aus den §§ 90, 111 Abs. 4 AktG keine Weisungsunterwerfung ableiten. Der Zustimmungspflicht des Aufsichtsrats sind durch § 111 Abs. 4 S. 3 AktG selbst Grenzen gesetzt. Darüber hinaus ist Weisungsgebundenheit auch nicht mit den Kontrollbefugnissen des Aufsichtsrats gleichzusetzen. Dies stünde schon im diametralen Gegensatz zu § 76 AktG und § 111 Abs. 4 S. 1 AktG.[732] Die Kontrollbefugnisse des Aufsichtsrats sind gerade das Pendant zu § 76 AktG. Auch bei einer großzügigen Auslegung des § 111 Abs. 4 S. 2 AktG wird man die „Zustimmung" nicht in eine Weisung uminterpretieren können.

Das entscheidende Argument gegen die Annahme einer unionrechtlichen Arbeitnehmereigenschaft ist allerdings § 84 Abs. 3 S. 1 AktG. Ein zur Abberufung benötigter wichtiger Grund kann weder von der Hauptversammlung – hier schützt § 84 Abs. 3 S. 2 AktG den Vorstand vor offensichtlich haltlosem Vertrauensentzug – noch vom Aufsichtsrat nach dessen Gutdünken herbeigeführt werden. Gerade bei Publikumsgesellschaften begegnet insbesondere die Abberufung aufgrund von Vertrauensentzug durch die Hauptversammlung noch

---

731 EuGH, C-232/09, *Danosa*, ECLI:EU:C:2010:674, Rn. 47, 51.

732 So auch *Kliemt*, RdA 2015, 232, 238.

zusätzlichen Hürden, da auch hier der Aufsichtsrat noch über die Abberufung zu befinden hätte.[733]

Einzelnen Vertretern innerhalb der h.M. ist aber zugestehen, dass theoretisch Konstellationen denkbar sind, in denen die Qualifikation des Vorstands als unionsrechtlicher Arbeitnehmer angemessen erscheint. Bei Aktiengesellschaften, deren Hauptversammlung und deren Aufsichtsrat durch einen Mehrheits- oder Alleinaktionär dominiert wird, ist ein jederzeitiger Vertrauensentzug und dessen Bestätigung durch den Aufsichtsrat zumindest denkbar.[734] Da dieser Fall in der Praxis aber nicht allzu oft vorkommen dürfte, ist die Annahme der Arbeitnehmereigenschaft von Vorständen auf absolute Ausnahmefälle zu reduzieren, was die hier vertretene grundsätzliche Negierung dieser Eigenschaft für Vorstände einer Aktiengesellschaft nicht zu ändern vermag.

c) Zwischenergebnis

Nach alledem ist die Altersregelung in Anstellungsverträgen von Vorständen aus dem Blickwinkel des AGG unbedenklich. Selbst man mit der Mindermeinung eine Anwendbarkeit der Entlassungsbedingungen gem. § 2 Abs. 1 Nr. 2 AGG auf Vorstände bejahte, ergäbe sich kein anderes Ergebnis als schon bei Leaver-Klauseln im Rahmen von Management Equity Programs[735]: Die mit der Ungleichbehandlung verfolgten Interessen der „langfristigen Bindung von Arbeitnehmern", der „Aufrechterhaltung einer ausgewogenen Altersstruktur" und der „frühzeitigen Ermittlung eines Nachfolgers" sind nach der Rechtsprechung des EuGH nicht geeignet, ein zur Rechtfertigung der Ungleichbehandlung erforderliches legitimes Interesse darzustellen. In allen Gründen dominieren hauptsächlich wirtschaftliche und unternehmensbezogene Motive des Arbeitgebers, nicht aber die vom EuGH geforderten sozialen Komponenten. Diese finden sich auch in der Gesetzesbegründung nicht wieder, bei der ausschließlich Aktionärs- und Gläubigerinteressen, also vornehmlich unternehmerische Ziele, im Vordergrund stehen.[736] Darüber hinaus ist die Ausgestaltung einer Good Leaver-Klausel auch unangemessen. Es fehlt hier bereits an der Erforderlichkeit, da mit dem Abstellen auf das Kriterium der Betriebszugehörigkeit ein milderes Mittel zur Rechtfertigung der Benachteiligung vorhanden ist.

---

733 *Kliemt*, RdA 2015, 232, 238.

734 So auch *Kliemt*, RdA 2015, 232, 238; *Oberthür*, NZA 2011, 253, 254.

735 F.II.5.

736 BAGE 127, 1, Rn. 29.

IV. Ergebnis

Die vorstehende Prüfung hat gezeigt, dass Leaver-Klauseln auch innerhalb der variablen Vorstandsvergütung unter einer Vielzahl bestimmter Gesichtspunkte nicht wirksam vereinbart werden können. Sofern Good Leaver-Klauseln für die Auszahlung der aufgeschobenen Teile variabler Vorstandsvergütung eingesetzt werden, sind Klauseln, die den Verfall der gestreckten Vergütung bei Ausscheiden des Vorstandes nur unter sehr strengen Voraussetzungen nicht vorsehen, aufgrund einer unangemessenen Benachteiligung gem. § 307 Abs. 2 Nr. 1 BGB unwirksam.

H. Beurteilung von Shoot-Out-Klauseln

Gesellschaften mit paritätischer Beteiligungsstruktur sind besonders häufig anfällig für Meinungsverschiedenheiten, die ebenso häufig in einer Pattsituation enden. Zur Prophylaxe dieses Entscheidungsstillstandes oder gar zu dessen Auflösung hat die anglo-amerikanische Rechtspraxis sog. Shoot-Out- oder Buy-Sell-Verfahren entwickelt, mit deren Hilfe es einem der Gesellschafter ermöglicht wird, die Geschäftsanteile seines Mitgesellschafters zu erwerben.[737] Während sich der Einsatzbereich solcher Verfahren zu Anfang nur auf Joint Ventures beschränkte, hat ihre Verwendung auch außerhalb von Joint Ventures bei der GmbH zunehmend Anklang gefunden.[738] Ziel dieser Klauseln ist es, die Auseinandersetzung der Gesellschafter möglichst geräuschlos und ohne Nachteile für das operative Geschäft zu beenden. Mithilfe dieser Klausel sollen also zwei Problemkreise gleichzeitig gelöst werden: einerseits das Ausscheiden eines der Gesellschafter und andererseits die Höhe seines gesellschaftsrechtlichen Abfindungsanspruchs. Es werden mithin „zwei Fliegen auf einen Streich" geschlagen.

I. Typisierung von Shoot-Out-Klauseln

In der Beratungspraxis haben sich mittlerweile eine Vielzahl an Verfahren herauskristallisiert, die besonders bei der Gründung von Joint-Ventures Beachtung finden. Diese Shoot-Out-Klauseln existieren in unterschiedlichen Varianten, weisen jedoch alle eine einheitliche Grundstruktur auf.[739] Die Klausel lässt dabei in zwei Teile aufteilen: Der erste enthält den Auslösetatbestand, das sog. trigger oder deadlock event. Der zweite legt das genaue Verfahren der Auflösung fest. Die einzelnen Gestaltungsmöglichkeiten unterscheiden sich dabei hauptsächlich im Preisfindungsmechanismus.[740]

---

737 OLG Nürnberg, NZG 2014, 222, 224; *Fleischer/Schneider*, DB 2010, 2713, 2713; *Schmolke*, ZIP 2014, 897, 898.

738 Heckschen/Heidinger/*Heckschen*, § 4 Rn. 190; MAHdb GmbH/*Seibt*, § 2 Rn. 225a f.; *Wälzholz*. GmbH-StB, 2007, 84; *Werner*, GmbHR 2005, 1554, 1556 ff.

739 *Fleischer/Schneider*, DB 2010, 2713, 2713; *Schmolke*, ZIP 2014, 897, 898; *Schulte/Sieger*, NZG 2005, 24, 25.

740 OLG Nürnberg, NZG 2014, 222, 224; *Fleischer/Schneider*, DB 2010, 2713, 2713; *Schmolke*, ZIP 2014, 897, 898.

1. Grundstrukturen und Ursprung

Shoot-Out-Klauseln beruhen im Wesentlichen auf der „cake-cutting rule“, die sich mit der (*ex post*) effizienten Allokation eines einzelnen Gutes unter zwei risikoaversen Partnern beschäftigt, ihren Ursprung in der Ökonomie hat und ein hohes Maß an Preisgerechtigkeit anstrebt.[741] Zur Entwicklung solcher Auseinandersetzungsverfahren hat Ökonomen die Überlegung veranlasst, dass bei der Auseinandersetzung von Gesellschaften die Geschäftsanteile regelmäßig einen Großteil des Vermögens der Gesellschafter ausmachen. Daher muss davon ausgegangen werden, dass sie bei der Auseinandersetzung besonders risikoscheu agieren. Gleichzeitig ist die Auseinandersetzung nahezu vollständig gesetzlich geregelt und wird von Richtern und Anwälten verhandelt, die über die wahren Wünsche der Gesellschafter oftmals nur unzureichend informiert sind.[742] Von einer effizienten Allokation wird in diesem Zusammenhang ausgegangen, wenn die Geschäftsanteile letztlich in den Händen des Gesellschafters landen, der ihnen die höchste Wertschätzung beimisst. *Ex post* effizient ist ein Auflösungsmechanismus dann, wenn derjenige Partner mit der höchsten Wertschätzung das Gut erhält und dabei kein Geld verschwendet wird.[743] Vereinfacht gesagt beinhaltet die „cake-cutting rule“ einen „i cut – you choose“-Mechanismus: Einer der beiden Partner nimmt die Aufteilung des Gutes in mehrere Teile vor, während der andere Partner sich einzelne Stücke der Aufteilung aussucht. Handelt es sich um ein unteilbares Gut, kann die Aufteilung auch mittels eines zu zahlenden Preises erreicht werden: Ein Partner schlägt einen Preis für das Gut vor und der anderen Partner hat daraufhin die Möglichkeit, den Preis zu akzeptieren oder selbst das Gut auszuwählen und dem zuerst Offerierenden den vorgeschlagenen Preis zu zahlen.[744] Ist die Information zu dem Kaufvorgang symmetrisch verteilt, gewährleistet der „cake-cutting mechanism“ eine effiziente Allokation des Gutes.[745]

2. Russian-Roulette

Bei einer Russian-Roulette-Klausel macht ein Gesellschafter (A) dem anderen Gesellschafter (B) das Angebot, ihm seine Geschäftsanteile zu verkaufen. Nimmt B das Angebot nicht innerhalb einer bestimmten Frist an, muss er seine

741 *McAfee*, Journal of Economic Theory 56 (1992), 266, 267.
742 *McAfee*, Journal of Economic Theory 56 (1992), 266, 266.
743 *De Frutos/Kittsteiner*, Rand Journal of Economics 39 (2008), 184, 187.
744 *McAfee*, Journal of Economic Theory 56 (1992), 266, 267.
745 *McAfee*, Journal of Economic Theory 56 (1992), 266, 267.

Geschäftsanteile dem A zu demselben Preis pro Anteil verkaufen, den A ihm zuvor angeboten hat. A ist verpflichtet, das entsprechende Verkaufsangebot des B anzunehmen.[746]

3. Texan Shoot-Out

Wird eine Texan Shoot-Out-Klausel vereinbart, macht ein Gesellschafter (A) dem anderen Gesellschafter (B) ein Angebot zum Erwerb der Geschäftsanteile des B. Nimmt B das Angebot nicht innerhalb einer bestimmten Frist an, muss er dem A anbieten, dessen Geschäftsanteile zu kaufen, und zwar zu einem höheren Preis pro Anteil als demjenigen, den A ausgelobt hatte. Daraufhin hat Gesellschafter A wiederum mehrere Reaktionsmöglichkeiten bzw. -verpflichtungen. Es ist nicht ausgeschlossen, dass sich dieses Verfahren über mehrere Bieterrunden hinzieht. Eine alternative Möglichkeit ist, das Verfahren abzubrechen, um daraufhin mit einem Blind Bid-Verfahren fortzufahren.[747]

4. deterrent approach

Bei einem deterrent approach wird nach Einleitung des Verfahrens zunächst der wahre Wert der Anteile entsprechend einem vorher festgelegten Verfahren ermittelt. Der Empfängerpartei wird auf der Grundlage des nun so ermittelten Preises ermöglicht, entweder die Anteile der Ausgangspartei mit einem vorher festgelegten Abschlag zu erwerben oder aber ihre eigenen Anteile zu einem vorher festgelegten Abschlag in derselben Höhe an die Ausganspartei verkaufen.[748]

---

746 Beisel/Klumpp/*Beisel*, § 8 Rn. 110; *Fleischer/Schneider*, DB 2010, 2713, 2714; Schmolke, ZIP 2014, Schulte/Schwindt/*Kuhn*, § 8 Rn. 98; *Schulte/Sieger*, NZG 2005, 24, 25; *Wedemann*, Gesellschafterkonflikte in geschlossenen Kapitalgesellschaften, S. 495; *Wilms/Bicker*, BB 2014, 1347, 1347.

747 Beisel/Klumpp/*Beisel*, § 8 Rn. 111; *Fleischer/Schneider*, DB 2010, 2713, 2714; Schulte/Schwindt/*Kuhn*, § 8 Rn. 102; *Schulte/Sieger*, NZG 2005, 24, 25; *Wedemann*, Gesellschafterkonflikte in geschlossenen Kapitalgesellschaften, S. 496; *Wilms/Bicker*, BB 2014, 1347, 1347.

748 Beisel/Klumpp/*Beisel*, § 8 Rn. 110; *Fleischer/Schneider*, DB 2010, 2713, 2714; *Hewitt*, Rn. 10–29; *Schulte/Sieger*, NZG 2005, 24, 25; *Wilms/Bicker*, BB 2014, 1347, 1347; *Wälzholz*, GmbH-StB 2007, 84, 86.

5. blind bid

Blind-Bid-Verfahren (vereinzelt auch als „fairest sales bid“[749] oder „sizilianische Eröffnung“[750] bezeichnet) beginnen mit der Forderung eines Gesellschafters nach der Einleitung des Verfahrens. Hierdurch wird die Verpflichtung eines jeden Gesellschafters begründet, den anderen Gesellschaftern den Kauf seiner Geschäftsanteile anzubieten. Die Angebote müssen daraufhin bei einem zuvor bestimmten Dritten hinterlegt werden, der unter Umständen die Angebote auch direkt entgegennimmt. Derjenige Gesellschafter, der den höchsten Preis pro Anteil bietet, muss zu diesem Preis den Mitgesellschaftern sämtliche Geschäftsanteile abkaufen. Alle Mitgesellschafter sind zum Verkauf verpflichtet.[751]

6. sale shoot-out

Bei einer Sale Shoot-Out-Klausel (vereinzelt auch als „mexican shoot-out“ bezeichnet[752]) startet Gesellschafter A mit einem Angebot, seine Geschäftsanteile dem Gesellschafter B zu verkaufen. Nimmt B dieses Angebot nicht an, muss er dem A seine Anteile zu einem niedrigeren Preis zum Verkauf anbieten.[753]

II. Rechtsökonomische Beurteilung

1. Vor- und Nachteile

Im Vergleich zu den Auseinandersetzungsverfahren *de lege lata*[754] bieten Shoot-Out-Klauseln den Vorteil, dass es keines Gutachters zur Feststellung des Verkehrswertes der Anteile bedarf und Verhandlungen obsolet werden.[755] Darüber hinaus ist ein häufig erwähnter Vorteil, dass Shoot-Out-Klauseln zu einem hohen Maß an Preisgerechtigkeit führen. Jede Partei, insbesondere jedoch der

---

749 OLG Nürnberg, NZG 2014, 222, 224.

750 *Schroeder/Welpot*, NZG 2014, 609, 611.

751 *von der Crone*, SJZ 89 (1993), 37, 43; *Hewitt*, Rn. 10–28; *Fleischer/Schneider*, DB 2010, 2713, 2174; *Wedemann*, Gesellschafterkonflikte in geschlossenen Kapitalgesellschaften, S. 495; *Wälzholz*, GmbH-StB 2007, 84, 88.

752 *Robles y Zepf/Girnth/Stumm*, BB 2016, 2947, 2950.

753 *Fleischer/Schneider*, DB 2010, 2713, 2174; *Hewitt*, Rn. 10–31; *Wedemann*, Gesellschafterkonflikte in geschlossenen Kapitalgesellschaften, S. 495.

754 Z.B. § 738 BGB; §§ 133, 140 HGB; § 61 GmbHG.

755 *Brechbühl/Emch*, SWZ 79 (2007), 271, 276; *Brockmann*, Shoot-Out-Klauseln, S. 69; *Schaper*, DB 2014, 821, 821; *Schroeder/Welpot*, NZG 2014, 609, 610; *Wedemann*, Gesellschafterkonflikte in geschlossenen Kapitalgesellschaften, S. 496.

Initiator, hat ein großes Interesse daran, einen möglichst fairen Angebotspreis zu unterbreiten, da ihm ansonsten selbst die Gefahr droht, zu einem unangemessen hohen oder niedrigen Preis verkaufen respektive kaufen zu müssen.[756] Sie ist insbesondere beim deterrent approach zu erwarten, wenn der Preis durch einen unabhängigen Dritten nach einem vorab definierten Verfahren festgelegt wird. Nicht zuletzt entfalten Shoot-Out-Klauseln aufgrund ihres Drohpotentials einen gewissen Druck, sich doch noch gütlich zu einigen[757]: Die Einleitung dieses Verfahrens stellt nicht für alle Gesellschafter eine sachgerechte Lösung dar. Der Ausgang ist mit erheblichen Unwägbarkeiten behaftet, da der verfahrensinitiierende Gesellschafter ebenfalls damit rechnen muss, aus der Gesellschaft auszuscheiden.[758]

Allerdings haben die Verfahren auch ihre Schattenseiten: Einerseits bieten sie erhebliches Erpressungspotential. Einem Gesellschafter kann die Einleitung des Verfahrens gerade recht kommen, um die Einleitung anderer Zwangsveräußerungsverfahren durch Mitgesellschafter zu vereiteln.[759] Darüber hinaus besteht die Möglichkeit, dass nach Abschluss des Shoot-Out-Verfahrens derjenige Gesellschafter ausgeschieden ist, der das geschäftsnotwendige Know-how oder den erforderlichen Goodwill besitzt, wodurch der Vereinbarung eines Shoot-Out-Verfahrens eine gewisse Willkür innewohnt.[760] Zuletzt ist auch nicht auszuschließen, dass das Shoot-Out-Verfahren zulasten der finanzschwächeren Partei missbraucht wird, um den unliebsamen Mitgesellschafter aus der Gesellschaft zu drängen: Die disziplinierende Wirkung des Verfahrens entfällt dann, wenn der finanzstarke Verfahrensinitiator weiß, dass die Empfängerpartei die

---

756 *Schulte/Sieger*, NZG 2005, 24, 29; *Wälzholz*, GmbH-StB 2007, 84, 88; *Wedemann*, Gesellschafterkonflikte in geschlossenen Kapitalgesellschaften, S. 496; *Werner*, GmbHR 2005, 1554, 1557.

757 *Brockmann*, Shoot-Out-Klauseln, S. 78; *Fleischer/Schneider*, DB 2010, 2713, 2713; *Schmolke*, ZIP 2014, 897, 899; *Wedemann*, Gesellschafterkonflikte in geschlossenen Kapitalgesellschaften, S. 497.

758 Hdb Joint Venture/*Fett/Spiering*, Kap. 7 Rn. 597; *Hewitt*, Rn. 10–28; *Schmolke*, ZIP 2014, 897, 899; *Wedemann*, Gesellschafterkonflikte in geschlossenen Kapitalgesellschaften, S. 497.

759 *Brockmann*, Shoot-Out-Klauseln, S. 90; *Wedemann*, Gesellschafterkonflikte in geschlossenen Kapitalgesellschaften, S. 497.

760 *Fleischer/Schneider*, DB 2010, 2713, 2713 f.; *Hewitt*, Rn. 10–22; *Wedemann*, Gesellschafterkonflikte in geschlossenen Kapitalgesellschaften, S. 497; *Weidmann*, DStR 2014, 1500, 1502.

Finanzierung selbst bei einem verhältnismäßig geringen Gebot nicht aufbringen kann, und es somit zu einer Art Zwangskauf kommt.[761]

2. Effizienz des Auflösungsmechanismus

a) Forschungsstand in der ökonomischen Literatur

Während Shoot-Out-Klauseln die rechtswissenschaftliche Debatte noch nicht sehr lange beschäftigen, haben sich Ökonomen schon seit Ende 1980 kontinuierlich mit Shoot-Out-Klauseln bzw. Buy-Sell-Verfahren unter verschiedensten Gesichtspunkten auseinandergesetzt.[762]

Die ersten grundlegenden Arbeiten haben im Zusammenhang mit auf der „cake-cutting rule" beruhenden Klauseln nachgewiesen, dass diese *ex post* ineffezient seien, da nicht gewährleistet werden könne, dass die Geschäftsanteile am Ende der Auflösung auch bei dem Gesellschafter landen, der sie am meisten wertschätze.[763] Anstelle einer Shoot-Out-Klausel werden daher Auktionsverfahren als effizienter vorgeschlagen, allerdings nur unter der Prämisse, dass die Geschäftsanteile der Gesellschafter in etwa gleich groß seien, da der Mehrheitsgesellschafter ansonsten keinerlei Veranlassung habe, an der Auktion überhaupt teilzunehmen.[764]

Ein jüngerer Beitrag hält Shoot-Out-Klauseln aufgrund des Zusammenhangs von Investitions- und Auflösungsentscheidung für *ex post* und *ex ante* ineffizient: Gingen die Gesellschafter im Vorwege von einer hohen Wahrscheinlichkeit der Auflösung aus, bestehe die Gefahr, dass sie ihre Verluste von vornherein durch eine geringe Beteiligung zu minimieren versuchen. Auf der anderen Seite bestehe die Gefahr, dass eine zu hohe Beteiligung dazu führen könne, dass die Auflösung im Wege eines Buy-Sell-Verfahrens faktisch ausgeschlossen sei. Beide Szenarien führten zu Effizienzverlusten.[765] Lediglich dann, wenn einem der Gesellschafter ein

761 *Brockmann*, Shoot-Out-Klauseln, S. 96; Hdb Joint Venture/*Fett/Spiering*, Kap. 7 Rn. 598; *Fleischer/Schneider*, DB 2010, 2713, 1714; *Hewitt*, Rn. 10–23; *Schulte/Sieger*, NZG 2005, 24, 30; *Wedemann*, Gesellschafterkonflikte in geschlossenen Kapitalgesellschaften, S. 497.

762 Grundlegend *Cramton/Gibbons/Klemperer*, Econometrica 55 (1987), 615 ff.; *McAfee*, Journal of Economic Theory 56 (1992), 266 ff.; rezipierend mit zahlreichen Nachweisen ebenfalls *Fleischer/Schneider*, DB 2010, 2713, 2715.

763 *Cramton/Gibbons/Klemperer*, Econometrica 55 (1987), 615, 626; *McAfee*, Journal of Economic Theory 56 (1992), 266, 284.

764 *Cramton/Gibbons/Klemperer*, Econometrica 55 (1987), 615, 625.

765 *Li/Wolfstetter*, Oxford Economic Papers 62 (2010), 528, 547.

Vetorecht eingeräumt werde, mit dessen Hilfe er den Vorschlag der Auflösung zurückweisen könne, sei *ex post* Effizienz erreichbar. Mittels dieses Vetorechts werde der Auflösungsmechanismus in einen Signalmechanismus umgewandelt, in welchem der vorgeschlagene Preis seitens des Gesellschafters B als Signal hinsichtlich der privaten Informationen von Gesellschafter A gewertet werde, was wiederum dazu führe, dass Gesellschafter B den Wert seiner Beteiligung überprüfe.[766]

Zuletzt wurden diese Hypothesen nicht nur theoretisch, sondern anhand von Laborexperimenten überprüft. Diese kamen kurioserweise zu dem Ergebnis, dass einfachen Kauf- und Verkaufsangeboten gegenüber Shoot-Out-Klauseln vielfach der Vorzug gegeben wurde.[767] Darüber hinaus haben sich die von vielen Ökonomen prognostizierten Effizienzgewinne eines einfachen Auktionsverfahrens nicht bestätigt.[768]

b) Stellungnahme

Die vorgenannten ökonomischen Ergebnisse begegnen nach der hier vertretenen Ansicht gewichtigen Bedenken. Führt man sich vor Augen, dass Shoot-Out-Klauseln immer erst dann ausgelöst werden, wenn die Gesellschafter schon heillos zerstritten sind, stellt sich die Frage, wo sich die durch Emotionen verminderte Einigungsbereitschaft der Gesellschafter in den Laborversuchen wiederfindet. Diese „Historie" kann nicht einfach ausgeblendet werden. Zwar mag sich dieses Ausschlussverfahren auf den ersten Blick als transaktionskostensparend erweisen, da eine kostspielige Unternehmensbewertung nicht notwendig ist. Dies gilt aber nur dann, wenn das Shoot-Out-Verfahren unverzüglich nach Eintreten des deadlock ausgelöst wird und ebenso zügig abgewickelt wird. Hier stellt sich indes bereits das nächste Problem: Die vollständige Defintion von trigger events erweist sich naturgemäß als schwierig, sodass das Unternehmen bereits finanziell Schaden genommen haben kann, ohne dass das Shoot-Out-Verfahren überhaupt initiiert wurde. Darüber hinaus muss auch die Möglichkeit berücksichtigt werden, dass der Ablauf des Verfahrens einen längeren Zeitraum in Anspruch nimmt und der dadurch andauernde Entscheidungsstillstand für das Unternehmen zu erheblichen Verlusten im operatischen Geschäft führt. Ob alle diese Faktoren in mathematischen Modellen oder Laborversuchen abgebildet werden können, erscheint überaus zweifelhaft. Zuletzt gilt ebenso wie für

---

766 *Li/Wolfstetter*, Oxford Economic Papers 62 (2010), 528, 542.

767 *Brooks/Landeo/Spier*, RAND Journal of Economics 41 (2010), 649, 661 f.

768 *Kittsteiner/Ockenfels/Thral*, S. 5; siehe auch den Praxisbericht von *Clopath*, SJZ 89 (1993), 157.

Leaver- und Vesting-Klauseln: Sollten sich Shoot-Out-Verfahren als rechtlich beanstandungswürdig erweisen, werden die zuvor erlangten Einsparungen an Transaktionskosten nachträglich zunichtegemacht.

III. deadlock als Grundvoraussetzung

1. Begriff

Deadlock bedeutet übersetzt „Stillstand oder Blockade" und ist eine der häufigsten Konsequenzen eines Konflikts in Gesellschaften mit gleichrangiger Beteiligungsstruktur. Dieser kann sowohl auf der Ebene der Geschäftsführung als auch auf Gesellschafterebene auftreten.[769] Ob die Blockadesituation verschuldet oder unverschuldet eingetreten ist, spielt für das begriffliche Vorliegen eines deadlock keine Rolle.[770]

2. Inhaltliche Reichweite

Zur Auflösung des deadlock wird in der Beratungspraxis empfohlen, in der Gesellschaftervereinbarung bzw. im Gesellschaftsvertrag ein besonderes Verfahren zu etablieren.[771] Voraussetzung hierfür ist freilich, dass begrifflich überhaupt geklärt ist, wann ein solcher Zustand vorliegt. Die begriffliche Einengung ist deshalb erforderlich, damit zum einen nicht vorschnell ein zeitaufwendiges Streitschlichtungsverfahren eingeleitet wird.[772] Zum anderen ist der deadlock oder sein unmittelbares Bevorstehen oftmals das trigger event bzw. die aufschiebende Bedingung für die Einleitung eines Shoot-Out- oder sonstigen Ausschlussverfahrens.[773] Die Einleitung eines solchen Verfahrens ist unumkehrbar.[774] Es liegt auf der Hand, dass der Ausschluss eines Gesellschafters bei jeder

769 *Elfring*, NZG 2012, 895, 895; Hdb Joint Venture/*Fett/Spiering*, Kap. 7 Rn. 524, 525; *Hewitt*, 10–2; *Knies*, Das Patt zwischen den Gesellschaftern der zweigliedrigen GmbH, S. 5; *Kottwitz*, S. 45; Schulte/Schwindt/*Kuhn*, § 8 Rn. 8; *Wolfram*, US-amerikanischer Deadlock und Selbstblockade der GmbH-Organe, S. 19, 43.

770 *Bachmann/Eidenmüller/Engert/Fleischer/Schön*, S. 68; *Knies*, GmbHR 2005, 1386, 1389.

771 *Elfring*, NZG 2012, 895, 896); Hdb Joint Venture/*Fett/Spiering*, Kap. 7 Rn. 524; Schulte/Schwindt/*Kuhn*, § 8 Rn. 2.

772 *Elfring*, NZG 2012, 895, 896.

773 *Hewitt*, Rn. 10–25.

774 *Hewitt*, Rn. 10–26; vgl. zur bedenklichen Weite eines „*trigger event*" OLG Nürnberg, ZIP 2014, 174, 174, bei dem die Einleitung des Shoot-Out-Verfahrens *jederzeit* möglich sein sollte.

noch so kleinen Banalität – mag sie auch zum deadlock führen – für diese Fälle nicht interessengerecht ist.[775]

a) Meinungsstand in der Literatur

Die Notwendigkeit der Begrenzung der Reichweite des Begriffs des deadlock hat in der deutschsprachigen Literatur bislang nur wenig Beachtung gefunden[776], allerdings besteht Einigkeit darüber, dass der Begriff im Gesellschaftsvertrag zumindest konturiert werden sollte.[777]

Elfring schlägt zur begrifflichen Eingrenzung des deadlock gesondert voneinander „*die Vereinbarung eines Schwellenwertes sowie die vorherige Qualifizierung von wesentlichen, strukturellen und über das Tagesgeschäft hinausgehenden Fragen als deadlock-fähig*“ vor.[778] Nur bei Überschreitung des Schwellenwerts oder wenn sich das jeweilige Organ über einen wesentlichen strukturellen Punkt nicht einigen kann, soll ein Streitschlichtungsverfahren eingeleitet werden können. Uneinigkeiten über Streitpunkte, die nicht den zuvor in der Gesellschaftervereinbarung getroffenen Kriterien entsprechen, werden in der Weise beigelegt, dass die betreffende Maßnahme schlicht nicht beschlossen wird. Die Höhe des Schwellenwertes hängt von der Branche, der Größe und Geschäftstätigkeit der Gesellschaft ab. Streitfragen, bei denen die Ermittlung eines qualifizierbaren wirtschaftlichen Schwellenwertes schwierig ist, können ebenfalls als deadlock-fähig qualifiziert werden, sofern sie eine wesentliche strukturelle Bedeutung für die Gesellschaft haben. Einen Indizienkatalog für eine solche Bedeutung bildet hierbei § 46 GmbHG mit den originär den Gesellschaftern zugewiesenen Aufgaben und einem Katalog mit zustimmungspflichtigen Geschäften des Geschäftsführers. Die Gesellschaftervereinbarung kann ebenfalls vorsehen, dass die Uneinigkeit der Joint Venture-Partner hinsichtlich der Zustimmung zu einem bestimmen Geschäft und der den Gesellschaftern originär zugewiesenen Aufgaben ebenfalls einen dedalock darstellt.[779]

775 *Werner*, GmbHR 2005, 1554, 1554.

776 Für eine begriffliche Eingrenzung, jedoch ohne konkreten Vorschlag *Valdini/Koch*, GWR 2016, 179, 180.

777 *Hewitt*, Rn. 10–28; *Lange/Sabel*, NZG 2015, 1249, 1250; *Robles y Zepf/Girnth/Stumm*, BB 2016, 2947, 2947; *Valdini/Koch*, GWR 2016, 179, 180; *Wilms/Bicker*, BB 2014, 1347, 1350.

778 *Elfring*, NZG 2012, 895, 896.

779 *Elfring*, NZG 2012, 895, 896.

Andere[780] empfehlen die Aufnahme von sog. Kompromisslinien in den Gesellschaftsvertrag. Diese sollen bestimmte Konfliktpunkte schon im Vorfeld regeln, beispielsweise Fragen im Hinblick auf die Dividendenausschüttung sowie die Bildung oder Auflösung von Rücklagen. Dieser Vorschlag wird wiederum von *Elfring* in Frage gestellt, da bei einer umfassenden Regelung im Vorfeld die Gefahr bestehe, dass sich die Gesellschaft ihrer Flexibilität beraubt, um auf ein geändertes wirtschaftliches und unternehmerisches Umfeld angemessen zu reagieren.[781]

In der anglo-amerikanischen Literatur schlägt *Hewitt* vor, den Begriff des *Deadlock* nur auf Ereignisse wie den einer großen geschäftlichen Streitigkeit oder den Abbruch der persönlichen oder geschäftlichen Beziehung der Gesellschafter untereinander anzuwenden.[782] Darunter fallen nach seiner Auffassung – wohl nicht abschließend – das Scheitern von Finanzierungsfragen, von vorher näher spezifizierten Angelegenheiten, die bei mehreren aufeinanderfolgenden Gesellschafterversammlungen besprochen und nicht umgesetzt werden konnten, das Nichterreichen einer Mehrheit auf der Gesellschafterversammlung und generell das Entstehen eines deadlock bei allen Angelegenheiten, die vorher von einem der Gesellschafter als wichtig für die Gesellschaft eingestuft worden sind.[783]

b) *Stellungnahme*

Zunächst muss konstatiert werden, dass eine vorherige Regelung aller in Frage kommenden Streitpunkte schlicht und ergreifend unmöglich ist. Dies verdeutlich schon die von *Elfring* erwähnte Tatsache, dass selbst bei der Festlegung von deadlock-fähigen Ereignissen Streitpotential besteht, auch wenn es sehr unwahrscheinlich ist, dass allein der Konflikt über die Festlegung des Begriffs des deadlock zum Stillstand der Gesellschaft führen wird. Aber auch die Eingrenzung der Definition des Begriffs erweist sich als zweischneidiges Schwert. Wird der Begriff zu weit gefasst, werden unter Umständen unumkehrbare Ausscheidungsverfahren in Gang gesetzt. Wird er zu eng gefasst, kann die effiziente Konfliktlösung mangels Anwendungsbereichs nicht gelingen. Die Definitionsschwierigkeit wird dadurch verstärkt, dass unterschiedliche Auffassungen über

---

780 Hdb Joint Venture/*Fett*/*Spiering*, Kap. 7 Rn. 526; Schulte/Schwindt/*Kuhn*, § 8 Rn. 2; Wachter/*Reinhard*, 2. Teil 12. Kap. Rn. 49.

781 *Elfring*, NZG 2012, 895, 896.

782 *Hewitt*, Rn. 10–28.

783 *Hewitt*, Rn. 10–28.

Fragen der strukturellen Bedeutung für das Unternehmen nicht zwingend destruktiv sein müssen.[784] Gerade in der Frühphase eines Konflikts dominiert vorerst noch der Kooperationsgedanke.[785] Insofern kann es bei der begrifflichen Eingrenzung nur darum gehen, im besten Interesse der Gesellschaft den deadlock soweit wie möglich zu konturieren. Dabei ist die Vereinbarung eines wirtschaftlichen oder strukturellen Schwellenwertes nicht geeignet, den Begriff des deadlock sinnvoll zu begrenzen. *Elfring* bleibt schon die Erklärung schuldig, was genau unter Schwellenwert zu verstehen sein soll. Es handelt dabei mithin um eine weitere Formulierung, die das Problem nicht löst, sondern lediglich anders umschreibt. Zuzustimmen ist *Elfring* aber in seiner Kritik an der Aufnahme von Kompromisslinien in den Gesellschaftsvertrag, mit denen bestimmte Ereignisse vorab verbindlich geregelt werden sollen. Neben der bereits angesprochenen Einschränkung von wirtschaftlicher Flexibilität durch Kompromisslinien würde deren Änderung eine Satzungsänderung erfordern. Hierzu bedarf es wiederum einer Gesellschafterversammlung, für deren Kosten (Einberufung, Versammlungsleitung, Beratung, notarielle Beurkundung) die Gesellschaft aufzukommen hat.[786] Daher belässt die Vorabfestlegung bestimmter Verhaltensweisen der Gesellschaft nicht den notwendigen Spielraum. Sehr sinnvoll hingegen ist *Elfrings* Vorschlag der Orientierung an § 46 GmbHG. Es handelt sich hierbei um einen Ausfluss des Grundsatzes der sachlichen Allzuständigkeit der Gesellschafterversammlung.[787] Somit sollten zumindest die dort ausdrücklich genannten Beschlussgegenstände als deadlock-fähig anerkannt werden. Allerdings dürfen diese – ähnlich wie die Kompetenzen der Gesellschafterversammlung[788] – nicht als abschließend verstanden werden. Andere, nicht ausdrücklich genannte Gegenstände müssen aber im Hinblick auf Bedeutung und Tragweite für das gesellschaftliche Schicksal mit den in § 46 GmbHG genannten Gegenständen vergleichbar sein, um als deadlock-fähig angesehen werden zu können.

784 *Glasl*, Konfliktmanagement, S. 157; MAHdB PersGes/*v. Unger*, § 12 Rn. 14.

785 MAHdb PersGesR/*v. Unger*, § 12 Rn. 14.

786 UHL/*Hüffer*/*Schürnbrand*, § 48 Rn. 40; MünchKomm-GmbHG/*Liebscher*, § 48 Rn. 138; Michalski/*Römermann*, § 48 Rn. 199; Scholz/*Seibt*, § 48 Rn. 54.

787 MünchKomm-GmbHG/*Liebscher*, § 46 Rn. 2; Henssler/Strohn/*Mollenkopf*, § 46 GmbHG Rn. 1; Michalski/*Römermann*, § 46 Rn. 4; BeckOK-GmbHG/*Schindler*, Einl. § 46.

788 MünchKomm-GmbHG/*Liebscher*, § 46 Rn. 2; Henssler/Strohn/*Mollenkopf*, § 46 GmbHG Rn. 1; Roth/Altmeppen/*Roth*, § 46 Rn. 1; Michalski/*Römermann*, § 46 Rn. 5; *Wicke*, § 46 Rn. 1; Baumbach/Hueck/*Zöllner*, § 46 Rn. 3.

Damit ist aber nur geklärt, welche Streitpunkte im Grundsatz deadlock-fähig sind, nicht aber, welche Schwelle überschritten sein muss, um wirklich von einem deadlock sprechen zu können. Hier sollte dann auf den schon zuvor von *Elfring* vorgeschlagenen Schwellenwert zurückgegriffen werden. Die Gesellschafter müssen sich hinsichtlich der zuvor als deadlock-fähig qualifizierten Streitpunkte über einen Schwellenwert einigen, bei dessen Überschreiten von einem deadlock gesprochen werden kann, um daraufhin entsprechende Schlichtungsmechanismen auszulösen. Hier kann auf die beispielhafte Aufzählung von *Hewitt* zurückgegriffen werden. Das Erreichen eines Schwellenschwerts darf daher nicht im Sinne des Eintretens eines bestimmten wirtschaftlichen Schadens verstanden werden, denn dann ist es für die Gesellschaft oftmals schon zu spät. Vielmehr sollte hierunter, in Anlehnung an *Hewitt*, das Nichtzustandekommen einer Mehrheit für einen Gesellschafterbeschluss bei mehreren aufeinanderfolgenden Gesellschafterversammlungen verstanden werden. Diese Voraussetzungen zur begrifflichen Begrenzung des deadlock sollten in die Satzung – ähnlich wie ein Katalog zustimmungspflichtiger Geschäfte für die Geschäftsführung – aufgenommen werden. Zuletzt müssen auch bei Vorliegen der „Voraussetzungen" eines deadlock, gerade wenn dieser als trigger event eines Ausschlussmechanismus fungiert, Ausnahmen in den Katalog aufgenommen werden um ein Höchstmaß an Flexibilität zu gewährleisten.

IV. Rechtliche Zulässigkeit

Mit der Einführung der Shoot-Out-Klauseln in den Geltungsbereich des deutschen Rechts stellte sich in der Literatur auch die Frage, ob diese nach deutschem Recht überhaupt wirksam vereinbart werden können. Nachdem die Praktikerliteratur diese Problematik am Anfang des 21. Jahrhunderts zunächst nur vereinzelt aufgegriffen hat, hat sich mit dem OLG Nürnberg im November 2013[789] erstmals ein deutsches Obergericht in einem ausführlichem *obiter dictum* mit der Zulässigkeit beschäftigt. Kern der gesamten Wirksamkeitsdiskussion ist das Verhältnis solcher Klauseln zur bereits erwähnten Hinauskündigungsrechtsprechung des BGH, zum Verbot der Kündigungserschwerung nach § 723 Abs. 3 BGB und vereinzelt zur gesellschaftsrechtlichen Treuepflicht.[790]

---

789 OLG Nürnberg, NZG 2014, 222 ff.

790 C.I. ff.

1. Shoot-Out-Klauseln als Hinauskündigungsklauseln

a) Urteil des OLG Nürnberg

Im Fall des OLG Nürnberg gründeten die Parteien zunächst eine Aktiengesellschaft, an der sie paritätisch beteiligt waren und jeweils einen Vorstand stellten. Zu einem späteren Zeitpunkt entschlossen sich die Streitparteien, eine KG zu gründen, deren Komplementärin eine Verwaltungs-GmbH war. Als Stammkapital der GmbH wurden jeweils die Aktien der Gesellschafter an der Aktiengesellschaft eingebracht. Deren Gesellschafter zu gleichen Teilen waren wiederum die Streitparteien; diese übernahmen gleichzeitig Kommanditanteile in Höhe von je 1.000 Euro. Der Gesellschaftsvertrag der KG enthielt unter anderem folgende Regelung:

> *„§ 12 Chinesische Klausel*
> *Solange ausschließlich die Herren A und C Kommanditisten sind, gilt Folgendes:*
> *Ein jeder Kommanditist ist berechtigt, dem anderen seinen Kommanditanteil unter Nennung eines bestimmten Preises zum Ankauf anzubieten. Als Bindungsfrist für die Annahme sind 15 Monate vorzusehen. […] Lehnt der Angebotsempfänger die Annahme ab oder äußert er sich nicht innerhalb von sechs Monaten nach Zugang des Angebots dazu, gilt die Annahme als abgelehnt. […]*
> *Nimmt der Angebotsempfänger nicht oder nicht rechtzeitig an, so ist er verpflichtet, seinen Kommanditanteil dem Anbietenden unverzüglich zum entsprechend gleichen Preis zu verkaufen und abzutreten. […]*
> *Der Anbietende ist zur unverzüglichen Annahme, Übernahme und Zahlung des bestimmten Preises verpflichtet […]*
> *Mit Zahlung des Kaufpreises für den Anteil sind auch sämtliche weiteren Anstellungsverhältnisse des ausscheidenden Kommanditisten mit der E-Gruppe (insbesondere als Vorstand der E-AG) ohne weitere Entschädigung aufgehoben, und zwar abweichend von etwa anders lautenden* [sic] *vertraglichen Vereinbarungen. Der ausscheidende Kommanditist ist verpflichtet, seine Ämter in der E -Gruppe – insbesondere als Vorstand der AG – unverzüglich niederzulegen.“*[791]

Nachdem die GmbH & Co. KG in wirtschaftliche Schwierigkeiten geraten war und zur Rettung diverse Kapitalerhöhungen vorgenommen worden waren, unterbreitete einer der Gesellschafter dem anderen ein Angebot zum Ankauf seines Kommanditanteils an der GmbH & Co. KG zum Kaufpreis von 1,35 Millionen Euro gem. § 12 des Gesellschaftsvertrags. Der Kläger nahm dieses Angebot an. In der Folge stritten sich die Parteien darum, ob der Beklagte mit dem Ausscheiden als Kommanditist auch seine Tätigkeit als Vorstand der AG einstellen musste.

---

791 OLG Nürnberg, NZG 2014, 222, 223.

Der mit dem Sachverhalt befasste Senat hielt die „Chinesische Klausel", die inhaltlich einer Russian-Roulette-Klausel entsprach, nicht per se für unwirksam. Dabei verwies der Senat auf Entscheidungen des OLG Wien und der *Cour d'appel de Paris*, die vergleichbare Klauseln ebenfalls als zulässig erachteten, sowie die zum damaligen Zeitpunkt einhellige Meinung im Schrifttum.[792] Auch wenn sich der Senat nicht eindeutig dazu äußerte, ob er der besagten Klausel die Wirkung einer Hinauskündigungsklausel beimessen wollte, sei diese jedenfalls sachlich gerechtfertigt, da sie der Auflösung eines unüberwindbaren Entscheidungsstillstandes diene.[793] Das grundsätzlich stets bestehende Missbrauchsrisiko rechtfertige nicht das Eingreifen des Sittenwidrigkeitsverdikts; wolle sich eine Vertragspartei diesem Risiko nicht aussetzen, so dürfe sie sich nicht auf das Russian-Roulette-Verfahren einlassen.[794]

b) Beurteilung von Shoot-Out-Klauseln in der Literatur

Innerhalb der Lehre und Praxis vertritt die überwiegende Ansicht mit teils unterschiedlicher Begründung, dass Shoot-Out-Klauseln nicht als Hinauskündigungsklauseln im Sinne der Rechtsprechung des BGH anzusehen sind und daher wirksam vereinbart werden können.[795] Bedenken hinsichtlich der Finanzschwäche von Mitgesellschaftern entgegnet diese Ansicht, dass die Marktkräfte in Gestalt renditesuchender Finanziers völlig unangemessene Preise in der Mehrzahl verhindern würden. Sollte sich doch einmal die Konstellation ergeben, dass die Finanzschwäche eines Mitgesellschafters zur Offerte eines Kaufpreises führt, der in einem krassen Missverhältnis zum nach den üblichen Bewertungsmethoden ermittelten Verkehrswert steht, sei eine Shoot-Out-Klausel im Wege ergänzender

---

792 OLG Nürnberg, NZG 2014, 222, 224.

793 OLG Nürnberg, NZG 2014, 222, 224.

794 OLG Nürnberg, NZG 2014, 222, 224.

795 Für *Blind-Bid-*, *Russian Roulette-* und *Texan Shoot-Out-*Klauseln *Becker*, Die Zulässigkeit von Hinauskündigungsklauseln nach freiem Ermessen im Gesellschaftsvertrag, S. 138 ff., 143; Oetker/*Lieder*, § 109 Rn. 12; *ders.*, WuB 2014, II. A. § 84 AktG 1.14; *Pauli*, GWR 2014, 86; *Schulte*/*Sieger*, NZG 2004, 24, 27 ff.; für *Russian Roulette-*Klauseln und *Blind Bid-*Verfahren *Wälzholz*, GmbH-StB 2007, 84, 88 f.; *Werner*, GmbHR 2005, 1554, 1557; *ders.*, GmbHR 2014, 313, 316; für *Russian Roulette-* und *Texan Shoot-Out-*Klauseln Beisel/Klumpp/*Beisel*, § 8 Rn. 112–114; *Schroeder*/*Welpot*, NZG 2014, 611, 615; *Schmolke*, ZIP 2014, 897, 901; für *Russian Roulette-*Klauseln *Schaper*, DB 2014, 821, 822; EBJS/*Wertenbruch*, § 105 Rn. 210; ohne Differenzierung, aber gegen eine Einordnung als Hinauskündigungsklauseln *Brockmann*, Shoot-Out-Klauseln, S. 115 ff.; Oetker/*Kamanabrou*, § 140 Rn. 46.

Vertragsauslegung dahingehend auszulegen, dass sie nicht zum Erwerb infolge gänzlich unangemessener Kaufofferten ermächtigt. Hinreichenden Schutz biete darüber hinaus eine nachträgliche Ausübungs- und Rechtsmissbrauchskontrolle gem. § 242 BGB. Das Sittenwidrigkeitsverdikt schieße in jedem Fall über das Ziel hinaus.[796] Darüber hinaus passe die Hinauskündigungsrechtsprechung auch von ihrem Sinn her nicht. Bei einer Hinauskündigungsklausel stehe von vornherein fest, dass der Betroffene die Gesellschaft verlassen müsse. Ganz anders aber bei einer Russian-Roulette- oder Texan Shoot-Out-Klausel: Schon der Name unterstreiche, dass der Ausgang des Verfahrens völlig offen sei. Der initiierende Gesellschafter könne nicht mit Sicherheit davon ausgehen, dass er nicht am Ende derjenige ist, der die Gesellschaft verlassen müsse.[797] Des Weiteren wird geltend gemacht, dass der Gesellschafter eine Auflösung der Gesellschaft mit nachfolgender Liquidation ohnehin nicht verhindern könne.[798]

Eine immer mehr Anhänger gewinnende Ansicht will sich diesem Pauschalurteil nicht ohne Weiteres anschließen. Sie differenziert danach, ob die Einleitung des Shoot-Out-Verfahrens im freien Ermessen der Gesellschafter stehe. Denn dann bestehe immerhin die Möglichkeit einer faktischen Hinauskündigung.[799]

Andere nehmen wiederum eine Hinauskündigungswirkung nur dann an, wenn sich einer der Gesellschafter die Initiierung des Verfahrens aufgrund deutlicher schwächerer Finanzkraft nicht leisten kann und daher – ähnlich wie bei einer Hinauskündigungsklausel – alles tun wird, um die Ingangsetzung zu verhindern.[800]

c) Stellungnahme

aa) Shoot-Out-Klauseln als Hinauskündigungsklauseln

Will man annehmen, dass Shoot-Out-Klauseln der Hinauskündigungsrechtsprechung des BGH[801] unterfallen, ist die erste Voraussetzung, dass es sich bei ihnen überhaupt um Hinauskündigungsklauseln im eigentlichen Sinne handelt

---

796 *Schaper*, DB 2014, 821, 824; *Schmolke*, ZIP 2014, 897, 901.

797 *Schroeder/Welpot*, NZG 2014, 611, 615.

798 EBJS/*Wertenbruch*, § 105 Rn. 210.

799 Hdb Joint Venture/*Fett/Spiering*, Kap. 7 Rn. 600; *Wedemann*, Gesellschafterkonflikte in geschlossenen Kapitalgesellschaften, S. 501.

800 *Schaper*, DB 2014, 821, 823; *Fleischer/Schneider*, ECFR 2012, 35, 45; für eine Entscheidung im Einzelfall *Brockmann*, Shoot-Out-Klauseln, S. 116.

801 D.IV.2.

oder zumindest um vergleichbare Vertragsgestaltungen, auf die die aufgestellten Grundsätze anwendbar sind.

(1) Dogmatische Einordnung von Shoot-Out-Verfahren

Diese Arbeit begreift derartige Verfahren als eine – grundsätzlich zulässige[802] – privatautonome Modifikation des Ausschlussverfahrens nach §§ 133 Abs. 3, 140 Abs. 1 S. 1 HGB. § 140 Abs. 1 S. 1 HGB verknüpft die Normzwecke des § 133 HGB mit denen des § 131 Abs. 3 HGB, indem er – anstatt der *ultima ratio* der Liquidation der Gesellschaft – aus wichtigem Grund die Ausschließung des Störers ermöglicht und somit die vertragstreuen Gesellschafter vor der Auflösung der Gesellschaft und einer Abwicklung unter Teilnahme des Störers bewahrt.[803] Die Modifikation dieses Verfahrens durch Shoot-Out-Klauseln liegt einerseits darin, dass der gem. § 140 Abs. 1 S. 1 HGB erforderliche wichtige Grund im Bereich der Shoot-Out-Klauseln sein Spiegelbild im Vorliegen der trigger events findet, ohne die die Einleitung des Verfahrens nicht möglich ist, die trigger events allerdings zuvor von den Gesellschaftern individuell festgelegt worden sind. Andererseits zielen beide Verfahren darauf ab, im Interesse der Funktionsfähigkeit der Gesellschaft Schaden durch einen Gesellschafterstreit von ihr abzuwenden, in dem einer der Gesellschafter diese verlassen muss. Ein wesentlicher Unterschied zum Ausschlussverfahren nach §§ 133 Abs. 3, 140 Abs. 1 S. 1 HGB besteht allerdings darin, dass beim Ausschlussklageverfahren nach §§ 133 Abs. 3, 140 Abs. 1 S. 1 HGB der (vermeintliche) Störer klar benannt wird, allerdings auch das Ergebnis einkalkuliert werden muss, dass der wichtige Grund nicht vorliegt und der Störer somit in der Gesellschaft verbleibt.

(2) Hinauskündigungsqualität von Shoot-Out-Klauseln

Ausgehend von der unter H.IV.1.c.aa.(1.) vorgenommen dogmatischen Einordnung muss die Hinauskündigungsqualität von Shoot-Out-Klauseln verneint werden. Nach der st.Rspr. des BGH erfordert eine Hinauskündigungsklausel, dass es einem der Gesellschafter möglich ist, einen Mitgesellschafter ohne Angabe von Gründen und Einhaltung eines besonderen Verfahrens aus der Gesellschaft auszuschließen.[804] Genau das ist bei Shoot-Out-Klauseln aber nicht der Fall, da die Ausübung im Regelfall an das Eintreten zuvor eng definierter Umstände geknüpft ist. Dies führt dazu, dass weder von vornherein ausgemacht ist, wer die

802 BGHZ 81, 263, 267.

803 BGHZ 6, 113, 114; MünchKomm-HGB/*Schmidt*, § 140 Rn. 1.

804 BGHZ 81, 263 ff.; 164, 98, 102.

Gesellschaft verlassen muss noch die Einleitung des Shoot-Out-Verfahrens im freien Ermessen eines der Gesellschafter steht. Daher besteht zwischen ihnen und den vom BGH missbilligten Hinauskündigungsklauseln keine vergleichbare Interessenlage. Charakteristisch für eine sittenwidrige Hinauskündigungsklausel ist nämlich, dass der vom Ausschluss bedrohte Gesellschafter seine Mitgliedschaftsrechte nicht unabhängig von den Interessen des Mitgesellschafters wahrnehmen kann, da er jederzeit damit rechnen muss, bei missliebigem Verhalten hinausgekündigt zu werden, und somit der Willkür des Mitgesellschafters schutzlos ausgeliefert ist.[805] Wenn aber nicht von vornherein feststeht, wer letztlich ausscheidet, kann es bei der Wahrnehmung von Gesellschafterrechten auch keine solche einer Hinauskündigungsklausel innewohnende Zwangslage geben. Selbiges gilt für Shoot-Out-Verfahren, deren Einleitung nicht an den Eintritt bestimmter trigger events geknüpft ist.

Ebenfalls nicht überzeugen kann der Einwand der herrschen Meinung in Praxis und Lehre, einem Missbrauch werde die Ausgleichsfunktion des Marktmechanismus Einhalt gebieten. Wirtschaftliche Erwägungen spielen bei der Beurteilung, ob einer Ausschlussklausel Hinauskündigungsqualität innewohnt, keine Rolle. Es steht außer Frage, dass auch bei den vom BGH entschiedenen Fällen die Möglichkeit der Hinauskündigung unabhängig vom Preis der Geschäftsanteile bestand und hierauf auch keinerlei Auswirkungen hatte.

Diese dogmatische Einordnung führt auch dazu, dass der deterrent approach, das Blind-Bid-Verfahren sowie der sale shoot-out ebenfalls nicht als Hinauskündigungsklauseln einzustufen sind. Im Gegensatz zum Russian-Roulette und dem Texan Shoot-Out stellt der Ablauf dieser Verfahren im Hinblick auf einzuhaltende Formalitäten sogar ein Plus dar. Neben der Erfüllung von trigger events bestimmt regelmäßig ein zuvor zu benennender Dritter, wer die Gesellschaft verlassen muss. Die Möglichkeit des Ausschlusses liegt bei diesen Verfahren also nicht im freien Ermessen des Initiators; ihm obliegt es lediglich, bei Eintritt zuvor definierter trigger events das Shoot-Out-Verfahren einzuleiten, dessen Ausgang ungewiss ist.

bb) Sittenwidrigkeit von Shoot-Out-Klauseln

Unterstellte man indes, dass es sich bei den verschiedenen Typen von Shoot-Out Klauseln doch um Hinauskündigungsklauseln handelt, so wären diese nach der hier vertrenenen Auffassung auch nicht in Ausnahmefällen sittenwidrig. Sofern die Bedingung, nach welcher die Einleitung eines Shoot-Out-Verfahrens

805 BGHZ 81, 263, 267.

möglich sein soll, extrem weit gefasst ist, mithin im Ermessen eines jeden Gesellschafters steht, ist eine faktische Hinauskündigungsmöglichkeit und damit Sittenwidrigkeit auch unter der Voraussetzung nicht zu bejahen, dass der initiierende Gesellschafter von der Finanzschwäche des Mitgesellschafters weiß.[806] Ist das trigger event hingegen auf solche Situationen beschränkt, bei denen das Überleben und die Handlungsfähigkeit der Gesellschaft auf dem Spiel steht, wäre eine Hinauskündigungsklausel aber in jedem Fall zum Wohle der Gesellschaft gerechtfertigt. Dieses Ergebnis steht auch im Einklang mit der Rechtsprechung des BGH zu §§ 133 Abs. 1, 140 Abs. 1 S. 1 HGB, § 61 Abs. 1 GmbHG und dem Sinn der Normen. Für den „wichtigen Grund" ist anerkannt, dass dieser sowohl in den Verhältnissen der Gesellschafter untereinander als auch auf der Gesellschaftsebene vorliegen kann.[807] Wenn aber ein wichtiger Grund zur Liquidation der Gesellschaft führen kann, muss es möglich sein auch einen den wichtigen Grund erfüllenden Gesellschafter auszuschließen, um so das Überleben der Gesellschaft zu sichern.[808] Nichts anderes kann dann aber für Shoot-Out Klauseln gelten, deren erklärtes Ziel gleichermaßen die Fortsetzung der Gesellschaft ist.

Der u.a. von *Wedemann*[809] vertretenen Ansicht ist nicht zuzugestehen, dass bei freier Einleitung des Shoot-Out-Verfahrens gewisse Parallelen zu den vom BGH geächteten Hinauskündigungsklauseln bestehen, da dies auch nicht in der eingangs geschilderten Konstellation möglich ist. Dies liegt hauptsächlich daran, dass das entscheidende, die Sittenwidrigkeit begründende Argument in der subjektiven Komponente, nämlich dem Wissen um die Finanzschwäche des Mitgesellschafters, gesehen wird. Zwar ist nach der Rechtsprechung des BGH und der h.L. die Auslegung des Gesellschaftsvertrages einer Personenhandelsgesellschaft grundsätzlich subjektiv, sodass nicht allein auf den Wortlaut des (schriftlichen) Gesellschaftsvertrages abzustellen ist, sondern auch außerhalb des Vertragstextes liegende Umstände für die Auslegung von Bedeutung sein können wie insbesondere die Entstehungsgeschichte der in Rede stehenden Bestimmungen

806 So auch *Wedemann*, Gesellschafterkonflikte in geschlossenen Kapitalgesellschaften, S. 501.

807 BGHZ 80, 346, 348; BGH, NJW 1985, 1901, 1901; OLG Düsseldorf, NJW 1989, 172, 172; OLG Brandenburg, BeckRS 2008, 11017; OLG München, BB 2005, 685 ff.; OLG Naumburg, BeckRS 2012, 10193; Rowedder/Schmidt-Leithoff/*Gesell*, § 61 Rn. 10; MünchKomm-GmbHG/*Limpert*, § 61 Rn. 33.

808 In diesem Sinne auch BGHZ 6, 113, 114.

809 *Wedemann*, Gesellschafterkonflikte in geschlossenen Kapitalgesellschaften, S. 501.

des Gesellschaftsvertrags oder ein übereinstimmender Wille der Vertragsparteien.[810] Dies kann allerdings nicht dazu führen, dass ein subjektives Verhalten in einem Einzelfall, das bei Vertragsabschluss noch gar nicht vorlag, nun objektiv die Sittenwidrigkeit herbeiführt. Ebenso wenig kann den Gesellschaftern unterstellt werden, dass sie – vorausgesetzt, ihnen ist das Missbrauchspotential einer Shoot-Out-Klausel überhaupt bewusst – die mögliche späterere Finanzschwäche des Mitgesellschafters, die dann unter Umständen das Verdikt der Sittenwidrigkeit auslösen könnte, in ihren Willen aufgenommen hätten. In keiner der zu den Hinauskündigungsklauseln ergangenen Entscheidungen hat der BGH auf missbräuchliche Absichten eines der Gesellschafter abgestellt. Dies musste er auch nicht, da die Sittenwidrigkeit objektiv in der Möglichkeit bestand, ohne Angabe von Gründen Mitgesellschafter aus der Gesellschaft zu entfernen.

Vor diesem Hintergrund ist auch das *obiter dictum* im Urteil des OLG Nürnberg überzeugend. Es wäre jedoch wünschenswert gewesen, wenn sich der Senat zu der eben beschriebenen Konstellation eindeutig geäußert hätte. Denn trotz der Ungerechtigkeit, die diesem Fall anhaftet, erscheint das Sittenwidrigkeitsverdikt des § 138 Abs. 1 BGB unangemessen.

Die Sittenwidrigkeit für „freie" Shoot-Out-Klauseln ergibt sich nach der hier vertretenen Ansicht auch nicht aus dem Umstand, dass in sittenwidriger Weise vom Grundmodell des Ausschlussverfahrens gem. §§ 133 Abs. 3, 140 Abs. 1 S. 1 HGB abgewichen wird. Zugegebenermaßen entfällt so der das Verfahren nach §§ 133 Abs. 3, 140 Abs. 1 S. 1 HGB rechtfertigende wichtige Grund. Allerdings verkennt diese Betrachtungsweise, dass es sich bei Shoot-Out-Verfahren nur um eine Modifikation des Ausschlussklageverfahrens handelt. Fällt der wichtige Grund in Form von trigger events weg, handelt es sich bei diesen Verfahren lediglich um die Möglichkeit, dem Mitgesellschafter in einem individuell ausgestalteten Verfahren mit Kontrahierungszwang dessen Gesellschaftsanteile abzukaufen. Die Vereinbarung eines Kontrahierungszwanges ist ebenso von der Privatautonomie gedeckt[811] wie die Vereinbarung eines auktionsähnlichen Kaufverfahrens. Das scharfe Schwert der Sittenwidrigkeit als Eingriff in eine unter

---

810 BGHZ 20, 109, 110; 203, 77, Rn. 24; BGH, NJW 1995, 3313, 3314; NJW 1996, 1535, 1536; ZIP 1996, 750, 752; Soergel/*Hefermehl*, § 133 Rn. 24 ff.; Staub/*Schäfer*, § 105 Rn. 192; MünchKomm-HGB/*K. Schmidt*, § 105 Rn. 149; EBJS/*Wertenbruch*, § 105 Rn. 92 f.; *Wiedemann*, Gesellschaftsrecht II, S. 127.

811 MünchKomm-BGB/*Busche*, Vorbem. § 145 Rn. 9 ff.; BeckOK-BGB/*H.W. Eckert*, § 145 Rn. 12; Soergel/*Wolf*, Vorbem. § 145 Rn. 102.

Art. 2 Abs. 1 i.V.m. Art. 1 Abs. 1 GG fallende[812] privatautonome Vereinbarung erscheint daher unangemessen.

cc) Unzweckmäßigkeit der „Chinesischen Klausel"

Auf einem anderen Blatt – wenn auch für die rechtliche Zulässigkeit ohne Konsequenzen – steht die Frage, ob es sich bei der in Rede stehenden Klausel überhaupt um eine Shoot-Out-Klausel i.S.d. unter H.I.2. aufgestellten Typen handelte. Nach einer Handelsregisterecherche von *Heeg*[813] enthielt die Satzung der in den Urteilsgründen erwähnten beteiligungsidentischen Aktiengesellschaft eine wortlautidentische „Chinesische Klausel", nach der das Verfahren voraussetzungslos, also jederzeit, eingeleitet werden konnte. Nach allgemeiner Ansicht erfordern Shoot-Out-Klauseln das Vorliegen eines auf wichtige Gründe beschränkten trigger event – regelmäßig der eingetretene oder bevorstehende *Deadlock* der Gesellschaft –, um überhaupt ausgelöst zu werden und so ihrem Sinn – der Auflösung des Entscheidungsstillstandes zum Wohle der Gesellschaft – überhaupt gerecht werden zu können. Die „Chinesische Klausel" im Sachverhalt des OLG Nürnberg enthielt eine solche Beschränkung jedoch nicht. Insofern ließe sich argumentieren, dass die Parteien nur das Offensichtliche in den Gesellschaftsvertrag geschrieben haben: den Kauf und Verkauf von Gesellschaftsanteilen, bei denen der Ablauf des Kaufverfahrens individuell ausgestaltet worden ist. Allerdings wird man nicht behaupten können, dass privatautonom gestaltete Klauseln nur dann vorliegen, wenn bestimmte Voraussetzungen bzw Tatbestandsmerkmale – wie in diesem Fall die definierten trigger events – erfüllt sind. Indes kann eine derart weit gefasste Shoot-Out-Klausel den ihr zugedachten Zweck nicht erfüllen, sodass die im Gesellschaftsvertrag als „Chinesische Klausel" bezeichnete Vereinbarung als in höchstem Maße unzweckmäßig zu bezeichnen ist.

dd) Ergebnis

Als Ergebnis ist daher festzuhalten, dass Shoot-Out-Klauseln keine den Hinauskündigungsklauseln vergleichbaren Vertragsgestaltungen darstellen. Vielmehr handelt es sich bei ihnen um eine Modifikation des Ausschlussklageverfahrens gem. §§ 133 Abs. 3, 140 Abs. 1 S. 1 HGB. Daher ist auch ihre Sittenwidrigkeit gem. § 138 BGB zu verneinen.

---

812 BVerfGE 70, 123; 72, 170.

813 *Heeg*, BB 2014, 470; AG Regensburg, HRB 9007.

2. Shoot-Out-Klauseln als Kündigungserschwerung i.S.d. § 723 Abs. 3 BGB

Im Zusammenhang mit einer möglichen Einstufung von Shoot-Out-Klauseln als Hinauskündigungsklauseln wird zudem die Problematik aufgeworfen, ob einzelne Shoot-Out-Klauseln eine Kündigungserschwerung i.S.d. § 723 Abs. 3 BGB darstellen könnten. Das OLG Nürnberg hat sich mit dieser Frage in seinem *obiter dictum* nicht auseinandergesetzt.

a) Meinungsspektrum innerhalb des Schrifttums

Für Shoot-Out-Klauseln, ausgenommen der deterrent approach, ist es nahezu einhellige Meinung, dass sie weder eine direkte noch eine indirekte Kündigungserschwerung darstellen.[814] Eine direkte Kündigungserschwerung wird mit der Begründung verneint, dass anstelle einer normalen Kündigung eine Art Andienungsrecht gewährt werde, mit dem eine Partei ihre Anteile auf den Mitgesellschafter übertragen könne. Die Übertragung auf einen anderen Gesellschafter werde den Interessen des Kündigenden ebenso gerecht wie eine Kündigung.[815] Gegen eine kündigungserschwerende Wirkung aufgrund eines unangemessenen Preises für die Geschäftsanteile des Mitgesellschafters wird eingewandt, dass der Ausstiegspreis gerade nicht von vornherein auf bestimmte Werte festgelegt sei, sondern dem Verhandlungsgeschick der Parteien unterliege.[816] Teilweise wird erwogen, dass die Unsicherheit darüber, welche Partei letztlich aus der Gesellschaft ausscheide, und die mitunter beträchtliche Zahlungsverpflichtung zu einer faktischen Einschränkung des Kündigungsrechts führen könnten.[817]

Vereinzelt gebliebene Stimmen sehen zumindest den deterrent approach kritisch, da es hier zu signifikanten Vermögenseinbußen kommen könne.[818]

---

814 Beisel/Klumpp/*Beisel*, § 8 Rn. 114; *Brockmann*, Shoot-Out-Klauseln, S. 132, 136; *Fleischer/Schneider*, DB 2010, 2713, 2176 f.; *Holler/Frese*, BB 2014, 1479, 1481; MünchKomm-BGB/*Schäfer*, Vorbem. § 705 Rn. 69b; *Schmolke*, ZIP 2014, 897, 899 f.; *Schulte/Sieger*, NZG 2005, 24, 28; nicht eindeutig *Bicker/Wilms*, BB 2014, 1347, 1350 f.

815 Soweit ersichtlich nur *Fleischer/Schneider*, DB 2010, 2713, 2716.

816 *Fleischer/Schneider*, DB 2010, 2713, 2716; *dies.*, ECFR 2012, 35, 45; *Schmolke*, ZIP 2014, 897, 900; *Schulte/Sieger*, NZG 2005, 24, 28 f.; *Wälzholz*, GmbH-StB 2007, 84, 87.

817 *Wilms/Bicker*, BB 2014, 1347, 1350.

818 Beisel/Klumpp/*Beisel*, § 8 Rn. 114; *Wilms/Bicker*, BB 2014, 1347, 1350.

b) Stellungnahme

Die Debatte über einen möglichen Verstoß gegen § 723 Abs. 3 BGB, sei es in Form einer direkten oder einer indirekten Kündigungserschwerung, konstruiert letztlich ein Scheinproblem, da die Norm in vielerlei Hinsicht auf eine Shoot-Out-Klausel nicht wirklich passt.

Kern einer mittelbaren Kündigungserschwerung ist das Inaussichtstellen von wirtschaftlichen Nachteilen. Da der Preis aber im Zeitpunkt der Vereinbarung der Klausel noch nicht feststeht, kann sich aus der bloß hypothetischen Möglichkeit eines unangemessenen Preises aus drei Gründen keine (mittelbare) Kündigungserschwerung ergeben. Erstens würde dies, wenn man diesen Gedanken fortspinnt, zu dem Ergebnis führen, dass in der Vereinbarung einer Verkehrswertklausel bei entsprechender wirtschaftlicher Schieflage der Gesellschaft ebenfalls eine mittelbare Kündigungserschwerung liegen könnte – dies kann unter keinen Umständen gewollt sein. Zweitens ist es nach Ansicht des BGH erforderlich, dass die kündigungserschwerende Wirkung im Zeitpunkt der Ausübung des Kündigungsrechts eintritt. Allerdings ist zum Zeitpunkt der Kündigung nicht absehbar, wie sich das Verfahren entwickeln wird. Zudem hat der Initiator des Verfahrens immerhin die Möglichkeit, die Preisentwicklung über die Höhe des Erstgebots erheblich zu beeinflussen. Zuletzt ist es auch nicht die Vereinbarung an sich, die zu einem das Kündigungsrecht einschränkenden Preis führt, sondern das Bietverhalten der Gesellschafter. Die Mehrzahl der hier zu beurteilenden Klauseln legt lediglich die Rahmenbedingungen des Verfahrens fest, während das Ergebnis – und um dieses geht es ja letztendlich – nur von den Parteien selbst abhängt. Somit ist es nicht die „Vereinbarung" i.S.d § 723 Abs. 3 BGB, welche das Kündigungsrecht einzuschränken vermag, sodass § 723 Abs. 3 BGB schon vom Wortlaut her nicht auf Shoot-Out-Klauseln anwendbar ist. Hierin liegt auch der entscheidende Unterschied zu beispielsweise Buchwert- oder Nennwertklauseln. Im Gegensatz zu den meisten Shoot-Out-Klauseln, bei denen – was in jedem Beitrag zu diesem Thema betont wird – der Ausgang personell und preislich völlig offen ist, legen Buchwert- und Nennwertklauseln den Rahmen für die später zu zahlende Abfindung geradezu minutiös fest. Vor diesem Hintergrund kann nicht von einer mittelbaren Kündigungserschwerung gesprochen werden.

Aus demselben Grund ist auch der deterrent approach unbedenklich. Zudem beschränken sich die Klauselvorschläge in der Praktikerliteratur auf einen Abschlag von circa 20 % des Verkehrswerts. Auch wenn der BGH sich zu einer konkreten Prozentgrenze, ab deren Erreichen eine unzulässige Kündigungserschwerung vorliegt, nicht abschließend geäußert hat, ist nach Analyse der bislang ergangenen Rechtsprechung und Literaturmeinungen ein Abschlag von 20 % nicht zu beanstanden.[819]

Die Bedenken, dass die Unsicherheit über den Zahlungsaufwand und darüber, wer letztlich aus der Gesellschaft ausscheidet, zu einer Einschränkung des Kündigungsrechts führen könnte, sind ebenfalls unbegründet. Sie verkennen, dass eine Shoot-Out-Klausel nicht an die Stelle des Kündigungsrechts, sondern lediglich neben dieses tritt und zudem – seine zweckmäßige Anwendung vorausgesetzt – nur bei vorher definierten trigger events greifen soll. Daher sind Konstellationen denkbar, in denen einer der Gesellschafter von der Kündigung der Gesellschaft absehen wird, aber dafür ein Shoot-Out-Verfahren bevorzugt, beispielsweise um die Gutachterkosten für die Ermittlung des Verkehrswertes zu vermeiden oder wenn die Herstellung der Handlungsfähigkeit besonders dringend ist. Zudem ist es jedem Gesellschafter möglich, über entsprechendes Bietverhalten den Ausgang in seine Richtung zu lenken. Damit lässt sich die Ungewissheit über die Person des Ausscheidenden in Grenzen halten.

Eine andere Beurteilung könnte freilich für das sog. sale shoot-out geboten sein, da sich die Gesellschafter dort immer weiter unterbieten müssen, bis sich schließlich eine der Parteien bereit erklärt, das Angebot anzunehmen. Im Vergleich zu den sonstigen Shoot-Out-Klauseln – vorbehaltlich des deterrent approach – ist diesem Verfahren immanent, dass sich die Parteien mit jedem Gebot immer weiter vom Verkehrswert entfernen. Bei realitätsnaher Betrachtung dürften die Schritte, in denen der Preis herabgesetzt wird, jedoch besonders behutsam sein. Zudem gelten auch hier die oben genannten Argumente: Der Preis wird durch die Klausel nicht vorgegeben, lediglich das Verfahren, sodass § 723 Abs. 3 BGB nicht einschlägig ist.

3. Gesellschaftsrechtliche Treuepflicht als Schranke

Da eine Unwirksamkeit von Shoot-Out-Klauseln nach § 138 Abs. 1 BGB und nach § 723 Abs. 3 BGB ausscheidet, stellt sich die Frage, inwiefern die gesellschaftsrechtliche Treuepflicht eine Schranke bei der Ausübung von Shoot-Out-Klauseln darstellt. In der Literatur werden bisher zwei Fallgruppen diskutiert, in

819 Für die Unzulässigkeit eines Abschlags von 80 % BGH, NJW 1973, 651, 653; für eine Grenzziehung bei einem Abschlag von zwei Dritteln des Verkehrswertes *Ulmer/Schäfer*, ZGR 1995, 134, 135; sich anschließend Bamberger/Roth/*Schöne*, § 738 Rn. 41; *Kort*, DStR 1995, 1966 f.; für eine Grenzziehung bei einem Abschlag von 50 % des Verkehrswerts *Erman*, FS Westermann, 75, 78 f.; *Heyn*, FS Schiedermair, 271, 285 f.; *Mecklenbrauck*, BB 2000, 2001, 2006.

denen die Möglichkeit besteht, dass der Ausschluss gegen die gesellschaftsrechtliche Treuepflicht verstößt.[820]

a) Fallgruppen

Unangemessenes Kaufangebot: Die erste Fallgruppe bezieht sich auf unangemessene Kaufangebote. Ein Verstoß gegen die gesellschaftsrechtliche Treuepflicht soll danach vorliegen, wenn es der finanzstärkeren Partei ausschließlich darum gehe, die finanzielle Unterlegenheit des Mitgesellschafters zum eigenen finanziellen Vorteil auszunutzen. Zwar könne daraus nicht abgeleitet werden, dass jedes unter dem Marktpreis liegende Angebot per se treuwidrig und unwirksam sei. Ein grobes Missverhältnis könne aber einen Indikator darstellen.[821]

Herbeiführung des deadlock: Die zweite Fallgruppe betrifft die Herbeiführung des deadlock. Solle die Shoot-Out-Klausel nach dem Gesellschaftsvertrag nur der Auflösung eines Deadlock dienen, sei die Selbstblockade aber durch die finanzstärkere Partei allein zu dem Zweck des Hinausdrängens herbeigeführt worden, spreche auch dies für eine Treuepflichtverletzung.[822] Etwas Anderes gelte nur dann, wenn es sich um eine „freie" Shoot-Out-Klausel handele, bei der die Einleitung des Verfahrens nicht an personen- oder gesellschaftsbezogene Gründe geknüpft werde. Hier sei der Parteiwille zu respektieren und nicht durch eine nachträgliche Missbrauchskontrolle zu missachten.[823]

b) Stellungnahme

Es ist sicherlich richtig, dass Shoot-Out-Klauseln nicht in einem rechtsfreien Raum ausgeübt werden sollen. Allerdings ist die gesellschaftsrechtliche Treuepflicht nach der hier vertretenen Ansicht nur bedingt dazu in der Lage, einer ausgeübten Shoot-Out-Klausel Einhalt zu gebieten.

Für die erste Fallgruppe liegt dies vor allen Dingen daran, dass die gesellschaftsrechtliche Treuepflicht in erster Linie zwischen Gesellschaft und Gesellschafter wirkt.[824] Shoot-Out-Klauseln werden nur selten in personalistisch

---

820 *Brockmann*, Shoot-Out-Klauseln, S. 141; ohne Angabe von Fallgruppen, aber für eine Anwendung der Treuepflicht im konkreten Missbrauchsfall Oetker/*Lieder*, § 109 Rn 12; EBJS/*Wertenbruch*, § 105 Rn. 210.

821 *Schaper*, DB 2014, 821, 824; *Weidmann*, DStR 2014, 1500, 1504.

822 *Schaper*, DB 2014, 821, 824; *Weidmann*, DStR 2014, 1500, 1504.

823 *Schaper*, DB 2014, 821, 824; für einen Verstoß gegen die gesellschaftsrechtliche Treuepflicht aufgrund von Willkür halten dies *Valdini/Koch*, GWR 2016, 179, 180.

824 C.III.1.a.

geprägten Gesellschaften verwendet. Da die Gesellschafter einer Joint Venture-GmbH oder -GmbH & Co. KG regelmäßig selbst Kapitalgesellschaften sind, ist die gesellschaftsrechtliche Treuepflicht zwischen den Gesellschaftern nicht so stark ausgeprägt.[825] Zudem stellt sich die Frage, was der einem Missbrauch ausgelieferte Gesellschafter über einen Einsatz der gesellschaftsrechtlichen Treuepflicht überhaupt erreichen will. Die Rechtsfolgenseite der gesellschaftsrechtlichen Treuepflicht scheint nicht so recht zu der eben beschriebenen Fallgruppe zu passen. Auf der Primärebene kann der Gesellschafter eine durch die Treuepflicht gebotene Handlung oder Unterlassung in natura einklagen. Die Sekundärebene berechtigt den Gesellschafter zur Geltendmachung eines Schadensersatzanspruchs und zur Anfechtung eines treuwidrig gefassten Beschlusses.[826] Möchte er ein angemesseneres Angebot als das vorgeschlagene im Shoot-Out-Verfahren, so lässt sich dies daher nicht über eine Anwendung der gesellschaftsrechtlichen Treuepflicht erzielen. Zwar mag der gezahlte Kaufpreis für die Geschäftsanteile nicht den Vorstellungen des „Hinausgedrängten" entsprechen. Allerdings stellt sich die Frage, inwiefern ihm hieraus ein Schaden erwachsen ist. Ein schlechter Kaufpreis, der dazu noch über ein im Wege der Privatautonomie vereinbartes Verfahren ausgehandelt wurde, wird nur in den allerseltensten Fällen zu einem Schaden im Sinne der allgemeinen Schadensdogmatik führen. Hier zeigt sich wieder die Virulenz der Problematik, dass es für Geschäftsanteile von Personenhandelsgesellschaften und GmbH keinen liquiden Markt gibt. Selbst wenn der Verkehrswert der Anteile ermittelt und ins Verhältnis zum gezahlten Preis gesetzt würde, ließe sich nicht mit endgültiger Sicherheit ein Schaden ermitteln, da keineswegs feststeht, dass ein außenstehender Dritter die Anteile zum Verkehrswert kaufen würde.

Weitere Zweifel an der Einschlägigkeit der gesellschaftsrechtlichen Treuepflicht für diese Fallgruppe ergeben sich aus der Tatsache, dass letztlich auch ein unangemessenes Kaufangebot im Gesellschaftsinteresse erfolgen kann. Denn wenn der deadlock zunächst einmal eingetreten ist und gleichzeitig Kenntnis des Initiators von der Finanzschwäche des Mitgesellschafters vorliegt, ist es ihm

825 EBJS/*Born*, § 109 Rn. 20; *Henze* ZHR 162 (1998), 186, 186; MünchKomm-GmbHG/*Merkt*, § 13 Rn. 89 f.; Michalski/*Lieder*, § 13 Rn. 145, 160; Rowedder/Schmidt-Leithoff/*Pentz*, §13 Rn. 40; MünchKomm-HGB/*K. Schmidt*, § 105 Rn. 190; Scholz/*Seibt*, § 14 Rn. 50; Henssler/Strohn/*Servatius* § 705 BGB Rn. 42; Bork/Schäfer/*Weller*, § 13 Rn. 9.

826 RGZ 89, 398, 400; BGH, NJW 2014, 1107, Rn. 21; NJW 2016, 2739, Rn. 13, 15; EBJS/*Born*, § 109 Rn. 20; Oekter/*Lieder*, § 109 Rn. 32; MünchKomm-GmbHG/*Merkt*, § 13 Rn. 183; Baumbach/Hopt/*Roth*, § 109 HGB Rn. 28.

möglich, im Wege eines „Motivbündels" die Handlungsfähigkeit der Gesellschaft zu erhalten und sich gleichzeitig des missliebigen Gesellschafters zu entledigen. Dies ist ein Verhalten, welches mittels eines Rückgriffs auf die Treuepflicht nur schwer handhabbar erscheint, da in diesem Fall ein Spannungsverhältnis zwischen Treuepflichten zur Gesellschaft – dem sog. Fördergebot, gerichtet auf die Erhaltung der Handlungsfähigkeit der Gesellschaft – und Treuepflichten der Gesellschafter untereinander, dem sog. Rücksichtnahmegebot, vorliegt. Dieses Spannungsverhältnis führt allerdings dazu, dass das Interesse des Gesellschafters hinter dem der Gesellschaft zurücktreten muss. Dies ergibt sich selbst schon aus der Verankerung der Treuepflicht im Gesellschaftsvertrag: Dieser bildet die Grundlage der Treuepflicht, und ein Gesellschafter ist in dem Umfang rechtlich gebunden, wie er es im Gesellschaftsvertrag versprochen hat.[827] Wird aber ein Auflösungsmechanismus für den Fall des Entscheidungsstillstandes vereinbart, wird der Handlungsfähigkeit eine gehobene Bedeutung beigemessen, sodass das eigene Interesse des Gesellschafters hinter deren Erhalt zurücktreten muss. Ein Rückgriff auf die gesellschaftsrechtliche Treuepflicht im Falle eines unangemessenen Kaufpreises steht auch im Widerspruch zur höchstrichterlichen und obergerichtlichen Rechtsprechung.[828] Bei nachträglich eintretendem Missverhältnis, der einzig denkbaren Konstellation bei der Verwendung von Shoot-Out-Klauseln, wird nicht an die gesellschaftsrechtliche Treuepflicht angeknüpft, sondern das Kaufangebot ist nach der Rechtsprechung im Wege ergänzender Vertragsauslegung gem. §§ 133, 157 BGB anzupassen, da der Gesellschaftsvertrag für diesen Fall keine Regelung getroffen habe.

Zuletzt sollte man sich auch vergegenwärtigen, welche Voraussetzungen vorliegen müssen, damit diese Fallgruppe jemals eintritt: Es muss objektiv ein Entscheidungsstillstand über einen wesentlichen Beschlussgegenstand herrschen, einer der Gesellschafter muss sich vorübergehend in einem Liquiditätsengpass befinden, dies muss der andere Gesellschafter wissen, selbst solvent sein und sich daraufhin entschließen, das Shoot-Out-Verfahren einzuleiten. Dass alle Voraussetzungen kumulativ vorliegen, ist höchst unwahrscheinlich. Diese Voraussetzungen führen auch dazu, dass die Primärseite der Treuepflicht nicht einschlägig ist: Da die Uneinigkeit über den Beschlussgegenstand in dieser Fallgruppe nicht mit dem Willen herbeigeführt wird, sich über das Shoot-Out-Verfahren des Mitgesellschafters zu entledigen, kann der Beschluss weder angefochten noch die

827 BGH, NJW 2011, 1667, Rn. 21; NJW 2015, 2883, Rn. 23.

828 BGHZ 123, 281, 285 f.; BGH, NJW 1994, 2536, 2540; ZIP 2011, 2357, Rn. 13; DStR 2014, 1404; OLG Frankfurt, NZG 2013, 292, 293; OLG Bremen, NJW 2013, 2527.

Zustimmung verlangt werden. Das Shoot-Out-Verfahren behält also den rechtfertigenden Grund.

Eher angebracht ist eine Heranziehung der Treuepflicht auf den ersten Blick in der zweiten Fallgruppe, bei der der deadlock mutwillig herbeigeführt wird, um den finanzschwächeren Mitgesellschafter aus der Gesellschaft hinauszudrängen. Argumentiert man von der Rechtsfolgenseite her, scheint die gesellschaftsrechtliche Treuepflicht zunächst zutreffend zu sein. Sie ermöglicht die Anfechtung eines Gesellschafterbeschlusses oder aber die Verpflichtung zur Zustimmung zum streitigen Beschlussgegenstand. Somit würde das Shoot-Out-Verfahren nachträglich seinen Auslösetatbestand verlieren; Kaufangebot, Abtretung und das Ausscheiden des Gesellschafters wären damit hinfällig. Problematisch ist hieran, dass der gesellschaftsrechtlichen Treuepflicht so eine erhebliche „Fernwirkung" zuerkannt würde, die weit über den ihr eigentlich zugedachten Zweck im Verhältnis der Gesellschafter untereinander hinausgeht. Zudem unterliegt ein Gesellschafter bei der Stimmabgabe keiner Rechtfertigungspflicht.[829] Es steht ihm frei, eine von der Geschäftsführung vorgeschlagene Maßnahme auch aus sachwidrigen oder unverständlichen Motiven zu verweigern. Die Sinnhaftigkeit seiner Motive und Rationalität der Stimmabgabe sind zudem nicht einer richterlichen Kontrolle ausgesetzt.[830] Erst wenn der Gesellschaftszweck und das Interesse der Gesellschaft gerade diese Maßnahme zwingend gebieten und der Gesellschafter seine Zustimmung ohne vertretbaren Grund verweigert, besteht eine Verpflichtung, in einem bestimmten Sinne abzustimmen.[831] Unter diesen Voraussetzungen eine Zustimmungspflicht zum den Deadlock auslösenden Beschlussgegenstand konstruieren zu wollen, erscheint daher mehr als fraglich. Darüber hinaus wird der blockierende Gesellschafter jedes Mal argumentieren, dass auch der Gesellschaftszweck eine Zustimmung nicht erfordere, da genau für diesen Fall das Shoot-Out-Verfahren etabliert wurde.

Nicht zuletzt ist es aufgrund der erheblichen Einzelfallkasuistik, die das hervorstechende Kennzeichen der Treuepflicht ist, schwierig, mit ihrer Hilfe allgemeingültige Aussagen zu Schranken einer Shoot-Out-Klausel zu treffen. Nach alledem ist es sachgerechter, zur Lösung rechtlicher Probleme in den beschriebenen Fallgruppen nicht die gesellschaftsrechtliche Treuepflicht zu bemühen,

---

829 BGH, NJW 2016, 2739, Rn. 14; OLG München, GmbHR 2016, 925, 926; Oetker/*Lieder*, § 109 Rn. 28.

830 BGH, NJW 2016, 2739, Rn. 14; OLG München, GmbHR 2016, 925, 926; Oetker/*Lieder*, § 109 Rn. 28.

831 BGHZ 44, 40, 41; 64, 253, 258; 98, 276, 279; BGH, NJW 1972, 862; NJW 1985, 974; NJW 1987, 952; NJW 2016, 2379, Rn. 14; OLG München, GmbHR 2016, 925, 926.

sondern den allgemeinen Einwand des Rechtsmissbrauchs gem. § 242 BGB heranzuziehen.[832] Bedacht werden sollte auch hier, dass letztlich die verwerfliche Gesinnung des Gesellschafters den Anknüpfungspunkt für den Einwand des Rechtsmissbrauchs darstellt – dies dürfte die Parteien vor erhebliche Beweisschwierigkeiten stellen.

c) Ergänzung der Fallgruppen

Zwar handelt es sich nach der hier vertretenen Ansicht bei den oben beschriebenen Fallgruppen nicht um Fälle der gesellschaftsrechtlichen Treuepflicht, sondern nur um solche, die dem allgemeinen Verdikt der Rechtsmissbräuchlichkeit gem. § 242 BGB unterliegen können. Allerdings sollen die bestehenden Fallgruppen noch um eine weitere ergänzt werden: Ebenfalls rechtsmissbräuchlich ist die Kombination beider Fallgruppen. In dieser Konstellation wird führt einer der Gesellschafter die Blockade vorsätzlich herbei, um dann die ihm bekannte Finanzschwäche seines Mitgesellschafters dahingehend auszunutzen, ihn mittels eines geringen Kaufpreises aus der Gesellschaft zu drängen.

4. Blind-Bid-Verfahren als Verstoß gegen das Abspaltungsverbot

Zwar verstoßen die hier besprochenen Shoot-Out-Klauseln, abgesehen von den evidenten Missbrauchskonstellationen, nicht gegen gesellschaftsrechtliche oder sonstige zivilrechtliche Schranken. Allerdings sind bei einem Blind-Bid-Verfahren bestimmte Gestaltungsmuster denkbar, die einer genaueren Überprüfung bedürfen. Gemeint sind Gestaltungsvarianten, bei dem die Angebote nicht nur bei einem Dritten – regelmäßig einem Notar[833] – hinterlegt werden, sondern dem Dritten auch ein Recht hinsichtlich der Auswahl des angemesseneren Angebots gewährt wird.[834] Diese Eventualität besteht immer dann, wenn die Gesellschafter derart zerstritten sind, dass eine Kommunikation von Angesicht zu Angesicht nicht mehr realisierbar ist. Die Kompetenzübertragung auf Dritte ist, was Grundlagenentscheidungen angeht, sowohl im Recht der Personengesellschaften als auch im Recht der GmbH nicht unbegrenzt möglich. Hier greift die Schranke des Abspaltungsverbots gem. § 717 S. 1 BGB.[835] Dasselbe gilt für die

---

832 In diese Richtung tendieren auch – wohlgemerkt ohne Begründung – *Fleischer/Schneider*, DB 2010, 2713, 2716 f.; *Lieder*, WuB 2014, II. A. § 84 AktG 1.14.

833 *Dauner-Lieb/Winnen*, FS Brambring, 49, 73.

834 Einen derartigen Vorschlag enthält die Klausel von *von der Crone*, SJZ 89 (1993), 37, 43.

835 C.I.

Überlassung von höchstpersönlichen Geschäften wie der Auswahl des Erben im Erbrecht. Insofern könnten Erwägungen zum dortigen Diskurs auch für die Zulässigkeit der eben beschriebenen Klausel herangezogen werden und deren äußerste Grenze stärker konturieren.

a) Rechtslage beim Beirat

Im Schrifttum kontrovers und gesellschaftsübergreifend diskutiert ist die Frage, ob ein fakultatives Organ wie beispielsweise ein Aufsichtsrat oder ein Beirat dazu ermächtigt werden kann, Gesellschafter aus der Gesellschaft auszuschließen.[836]

Für die Zulässigkeit der Übertragung dieser Kompetenz wird angeführt, die Ausschließung eines Gesellschafters könne auch dem Mehrheitsbeschluss der übrigen Gesellschafter überlassen werden und die Übertragung auf einen Beirat finde zudem statt, weil diesem Gremium ein abgewogeneres Urteil als der Gesellschaftergesamtheit zugetraut werde. Zudem sei nicht einzusehen, wieso der Vollzug eines im Gesetz oder gar im Gesellschaftsvertrag vorgesehenen Ausschlusses zwingend Sache der Gesellschafter sein solle. Das Interesse des vom Ausschluss bedrohten Gesellschafters erfordere dies nicht, da die Berechtigung des Ausschlusses immer der gerichtlichen Überprüfung zugänglich sei.[837]

Dem wird entgegengehalten, dem Beirat könne im Zusammenhang mit dem Ausschluss eines Gesellschafters zwar durchaus eine Vermittlungsaufgabe zukommen, über den Ausschluss als solchen sollten wegen des Charakters eines Grundlagengeschäfts jedoch die Gesellschafter selbst befinden.[838]

---

836 Bejahend *Hölters*, Der Beirat in der GmbH & Co. KG, S. 22; Baumback/Hueck/*Fastrich*, Anh. § 34 Rn. 17; Baumbach/Hopt/*Hopt*, § 163 HGB Rn. 14; MünchHdb GesR II/*Mutter*, § 8 Rn. 37; *Reuter*, FS GmbH-Gesetz, 631, 640; *ders.*, FS Steindorff, 229, 239 f.; Rowedder/Schmidt-Leithoff/*Görner*, § 34 Rn. 81; Scholz/*Seibt*, Anh. § 34 Rn. 14; Michalski/*Sosnitza*, § 34 Rn. 105; UHL/*Ulmer*/*Habersack*, Anh. § 34 Rn. 22; *Weipert*/*Oepen*, ZGR 2012, 585, 594; ablehnend *Hofbauer*, Die Kompetenzen des (GmbH-)Beirats, S. 148 ff.; *v. Mangoldt*, Der Beirat, S. 160; Schlegelberger/*Mertens*, § 161 Rn. 118; *Mertens*, FS Stimpel, 417, 421; Sudhoff/*Reichert*, § 18 Rn. 73; *Reichert*/*Ullrich*, § 19 Rn. 90; *Rohleder*, Die Übertragbarkeit von Kompetenzen auf GmbH-Beiräte, S. 49 ff.; *Thümmel*, DB 1995, 2461, 2464; *Voormann*, Der Beirat im Gesellschaftsrecht, S. 106.

837 *Weipert*/*Oepen*, ZGR 2012, 585, 594; *Reuter*, FS Steindorff, 229, 239 f.

838 *Reichert*/*Ullrich*, § 19 Rn. 90; *Voormann*, Der Beirat im Gesellschaftsrecht, S. 93, 106; Schlegelberger/*Martens*, § 161 Rn. 119.

b) Rechtslage bei Stimmrechtsübertragungen

Der Oberbegriff der Stimmrechtsübertragung lässt sich in die vollständige Stimmrechtsabtretung und die bloße Ausübung des Stimmrechts durch einen Dritten unterteilen. Für beide Fallgruppen wird in Rechtsprechung und Literatur eine Anwendbarkeit des Abspaltungsverbots gem. § 717 S. 1 BGB diskutiert.

Einhellige Ansicht ist, dass eine vollständige Stimmrechtsübertragung auf einen Dritten nicht mit dem Abspaltungsverbot vereinbar ist.[839] Selbiges gilt für Vereinbarungen, die eine Übertragung nicht ausdrücklich im Sinn haben, einer solchen allerdings gleichwertig sind. Hierunter fallen insbesondere die unwiderrufliche, den Gesellschafter aufgrund eines Stimmrechtsverzichts verdrängende Vollmacht[840] sowie eine Vollmacht, die es dem Gesellschafter erlaubt, nur dann von seinem Stimmrecht Gebrauch zu machen, wenn der Bevollmächtigte zuvor sein Einverständnis dazu erklärt hat.[841]

Etwas Anderes gilt indes für die Ausübung des Stimmrechts durch einen Dritten, wobei diese Fallgruppe im weitesten Sinne zu verstehen ist. Ist der Gesellschafter nicht unbeschränkt geschäftsfähig, kann er sich durch seinen gesetzlichen Vertreter vertreten lassen.[842] Sofern der Gesellschafter aus sonstigen Gründen daran gehindert ist, sein Stimmrecht auszuüben, kann die Treuepflicht gebieten, dass die übrigen Gesellschafter der Bevollmächtigung zustimmen. Handelt es sich um einen gesellschaftsfremden Dritten wird dies aber nur in Ausnahmefällen zwingend sein.[843]

c) Rechtslage bei § 2065 Abs. 2 BGB

Gem. § 2065 Abs. 2 BGB kann der Erblasser die Bestimmung der Person, die eine Zuwendung erhalten soll, sowie die Bestimmung des Gegenstands der Zuwendung nicht einem anderen überlassen.

---

839 BGHZ 3, 354, 357; 20, 363, 364; 36, 292, 293; 43, 261, 267; BGH, NJW 1970, 468, 468; Heymann/*Emmerich*, § 119 Rn. 14; MünchKomm-HGB/*Enzinger*, § 119 Rn. 17; *Flume*, Personengesellschaft, § 14 IV; EBJS/*Freitag*, § 119 Rn. 24; KKRM/*Kindler*, § 119 Rn. 4; Oetker/*Lieder*, § 119 Rn. 16; Schlegelberger/*Martens*, § 119 Rn. 33; Baumbach/Hopt/*Roth*, § 119 HGB Rn. 19; Staub/*Schäfer*, § 119 Rn. 68 f.

840 BGHZ 3, 354, 357.

841 BGHZ 20, 363, 364.

842 BGHZ 44, 98, 100 f.; Heymann/*Emmerich*, § 119 Rn. 14; MünchKomm-HGB/*Enzinger*, § 119 Rn. 19. EBJS/*Freitag*, § 119 Rn. 25; Oekter/*Lieder*, § 119 Rn. 17; Schlegelberger/*Martens*, § 119 Rn. 34.

843 BGH, NJW 1970, 706, 706; Schlegelberger/*Martens*, § 119 Rn. 34; *Wiedemann*, S. 350.

§ 2065 BGB ist Ausdruck des Rechtsgedankens, dass der Erblasser nur seinem Gewissen verantwortlich ist, wenn er die Erbfolge anders regelt, als das Gesetz sie vorsieht.[844] Aus diesem Grunde kann er diese Entscheidung nicht auf einen Dritten übertragen, ebenso wenig kann er den wesentlichen Inhalt der Verfügungen – die Person des Zuwendungsempfängers oder den Zuwendungsgegenstand – offenlassen und einem anderen die Bestimmung zuweisen. § 2065 BGB ist daher als Sicherungsmechanismus zu verstehen, der verbürgen soll, dass der Erblasser seine Entscheidung vollständig durchdenkt und der Willensbildungsprozess vollständig abgeschlossen ist.[845] Allerdings haben Rechtsprechung und Literatur schon früh das Bedürfnis erkannt, dass es durchaus Fälle geben kann, in denen eine abstrakte Bestimmung des Erben sachgerecht ist. So entsprach es schon der Rechtsprechung des Reichsgerichts[846], dass eine namentliche Benennung nicht erforderlich ist. Vielmehr sei es ausreichend, wenn ein Dritter aus einem eng umgrenzten Personenkreis anhand objektiver Kriterien[847] die Person des Bedachten ermitteln könne, ohne eigene Willkür anlegen zu müssen. Der BGH hat sich zur Richtigkeit dieser Rechtsprechung nicht geäußert, hielt aber daran fest, dass im Rahmen des § 2065 Abs. 2 BGB nicht die *Bestimmung*, sondern die *Bezeichnung* der Person des Bedachten oder des Gegenstandes der Zuwendung einem Dritten überlassen werden kann.[848] Nur um die Bezeichnung der Person des Bedachten oder des Gegenstandes der Zuwendung durch einen Dritten handele es sich, wenn der Erblasser in seiner letztwilligen Verfügungung hinsichtlich der Person des Bedachten oder des Gegenstandes der Zuwendung diejenigen Angaben gemacht habe, die es jeder mit genügender Sachkunde ausgestatteten Person ermöglichten, den Bedachten oder den Gegenstand der Zuwendung auf Grund dieser Angaben zu bezeichnen, ohne dass ihr eigenes Ermessen dabei bestimmend oder mitbestimmend sei. Die von dem Erblasser zu machenden Angaben müssten so bestimmt sein, dass dadurch die zu treffende Bezeichnung für diejenigen Personen, die die erforderliche Sachkunde besäßen, objektiv bestimmt sei.[849]

---

844 BGHZ 15, 199, 200.

845 BGHZ 15, 199, 200; OLG Zweibrücken, NJW-RR 1989, 453, 453; Burandt/Rojahn/*Czubayko*, § 2065 Rn. 1; MünchKomm-BGB/*Leipold*, § 2065 Rn. 1; Staudinger/*Otte*, § 2065 Rn. 1; Palandt/*Weidlich*, § 2065 Rn. 8.

846 RGZ 159, 296.

847 Lehrbuchbeispiel ist hier oftmals das Lösen eines komplizierten Schachrätsels.

848 BGHZ 15, 199, 202.

849 BGHZ 15, 199, 203.

d) Übertragung auf das Blind-Bid-Verfahren

Die Problematik ist nur deshalb überhaupt virulent, weil es sich bei der Vornahme eines Blind-Bid-Verfahrens letztlich um ein Ausschlussverfahren sui generis handelt. Es geht um den Verbleib und das Ausscheiden aus einer Gesellschaft, mithin um die Mitgliedschaft selbst, deren Schicksal hier in die Hände eines Dritten gelegt wird. Die Zusammensetzung des Gesellschafterkreises ist ein *„ureigenstes Anliegen der Gesellschafter“*.[850] Dies gilt umso mehr, als im Blind-Bid-Verfahren über die Mitgliedschaft als solche disponiert wird. Auch sie muss in den Anwendungsbereich des Abspaltungsverbots fallen, auch wenn dies nirgendwo ausdrücklich niedergeschrieben steht. Denn wenn schon einzelne Rechte aus der Mitgliedschaft zum geschützten Bereich zählen, dann muss der Kern, aus dem die dem Verbot anheimfallende Rechte fließen, erst recht geschützt sein. Mit anderen Worten: Mehr Mitgliedschaft als die Mitgliedschaft selbst gibt es nicht.

aa) Gemeinsamkeiten und Unterschiede

Und dennoch ist das Blind-Bid-Verfahren nicht vollends mit den oben beschriebenen Problemkreisen vergleichbar. Vielmehr setzt es sich aus vielen Teilen zusammen.

Gemeinsamkeiten und Unterschiede zum Beirat: Das Blind-Bid-Verfahren dient dem Ausschluss eines Gesellschafters, ebenso wie der Beirat einen Gesellschafter ausschließen können soll. Allerdings ist der für die Auswahl des Kaufangebots Bestellte kein Organ der Gesellschaft, sondern ein willkürlich bestimmter Dritter. Ihm wird aber kein Initiativrecht eingeräumt, wie es dem Beirat beim Ausschluss des Gesellschafters nach umstrittener Ansicht zusteht. Darüber hinaus wird es beim Ausschluss des Gesellschafters im Beirat nicht um die Annahme eines Kaufangebots gehen, sondern um die Erörterung eines gesellschaftsvertraglich vereinbarten oder gesetzlichen wichtigen Grundes, der zum Ausschluss berechtigt. Insoweit bleibt festzuhalten, dass es sich beim Blind-Bid-Verfahren nur um einen „Quasi“-Ausschluss handelt, sodass beide Vergleichspaare letztlich nur im Ergebnis gleich sind, ansonsten aber signifikante Unterschiede aufweisen.

Gemeinsamkeiten und Unterschiede zur Stimmrechtsübertragung: Im Blind-Bid-Verfahren wird dem Dritten die Entscheidung über die Annahme des Kaufangebots und damit über den Ausschluss übertragen; dies ist ein mit einer Stimmrechtsübertragung zum Teil vergleichbarer Sachverhalt. Andererseits ist es nicht das Stimmrecht als solches, da der Initiierung des Blind-Bid-Verfahrens

850 *Weipert/Oepen*, ZGR 2012, 585, 594.

schon eine Ausübung des Stimmrechts durch den Initiator vorausgeht. Vor diesem Hintergrund wohnt dem Blind-Bid-Verfahren eine gewisse Aufspaltung des Stimmrechts auf den Gesellschafter bei der Einleitung des Verfahrens und auf den Dritten bei der Annahme der Kaufangebote de facto inne. Näher liegt daher der Vergleich zur Gewährung einer unwiderruflichen Vollmacht für die Ausübung des Stimmrechts. Allerdings wird auch hier die Vollmacht nur für einen zeitlich nachgelagerten Teil der Ausübung des Stimmrechts gewährt, da der mit der Annahme des Kaufangebots Betraute das Blind-Bid-Verfahren von sich aus nicht in Gang setzen kann. Andererseits lässt sich bei dem mit der Auswahl des Angebots befassten Dritten auch nicht von einer Art „Stellvertreter mit gebundener Marschroute" sprechen, da ihm ein Ermessensspielraum zukommt.

Gemeinsamkeiten und Unterschiede zu § 2065 Abs. 2 BGB: Die meisten Gemeinsamkeiten weist das Blind-Bid-Verfahren unter Drittbeteiligung mit der Bezeichnung des Erben durch einen Dritten auf. In beiden Fällen handelt es sich um ein höchstpersönliches Geschäft. Ebenso legen Initiator und Erblasser mit der Einleitung des Verfahrens respektive der Verfügung den Grundstein, ohne dass beide mit Gewissheit den Ausgang vorhersagen können. Lediglich beim Grad der Einflussnahme bestehen geringfügige Unterschiede. Der Teilnehmer des Blind-Bid-Verfahrens kann durch Abgabe eines exorbitanten Gebots den Ausgang des Verfahrens in seine Richtung lenken, während dies dem Erblasser nicht möglich ist, da er zum Zeitpunkt der Bezeichnung des Erben bereits verstorben ist.[851]

bb) Abschließende Beurteilung

Für die äußersten Grenzen des Blind-Bid-Verfahren ist daher Folgendes festzuhalten: Aus der ohnehin umstrittenen (Un-)Zulässigkeit des Gesellschafterausschlusses durch einen Beirat lassen sich keine Grenzen für ein Blind-Bid-Verfahren herleiten, auch wenn die hier vertretene Ansicht eher dazu tendiert, eine solche Beiratskompetenz als Verstoß gegen das Abspaltungsverbot zu werten. Zu unterschiedlich sind beide Verfahren und die jeweiligen Rollen, die die Beteiligten in den jeweiligen Prozessen spielen.

Daher müssen sich die äußersten Grenzen am Zweck des Abspaltungsverbots, den Grundsätzen zur Stimmrechtsübertragung sowie den Kriterien zu § 2065 Abs. 2 BGB orientieren. Bedenkenlos vereinbar ist deswegen ein Blind-Bid-Verfahren, bei dem der Dritte das Angebot nach klar definierten Kriterien

851 Die theoretische Möglichkeit, dass der Erblasser eine Aufgabe wählen kann, die einem seiner möglichen Erben besonders gut liegt, soll hier außen vor bleiben.

auswählt, wie beispielsweise nach der Höhe des Preises. Ist dies der Fall, kommt dem Dritten nämlich nur eine „Schiedsrichterfunktion“ zu, ohne dass eine Einmischung in innergesellschaftliche Belange vorliegt. Dies gilt unabhängig davon, welcher Ansicht man beim Rechtsgrund des Abspaltungsverbots zu folgen geneigt ist. Nach der von *Wiedemann* vertretenen Ansicht[852] wäre eine schuldrechtliche Vereinbarung ohnehin nicht zu beanstanden, sodass hier keine Probleme bestehen. Auch nach dem Begründungansatz von *Reuter* begegnet ein Blind-Bid-Verfahren mit klar definierten Auswahlkriterien keinen Bedenken.[853] Ein Schutzbedürfnis der Funktionsfähigkeit gesellschaftsrechtlicher Institutionen vor verbandsfremden Sonderinteressen besteht hier aus mehreren Gründen nicht: Dieses Bedürfnis mag im Bereich unwiderruflicher Vollmachten durchaus tangiert werden, da nicht auszuschließen ist, dass der Bevollmächtigte seine Befugnisse ohne zu Zögern missbräuchlich einsetzt. Handelt es sich jedoch um einen Notar, ist hier ein Maß an Integrität zu erwarten – allein schon um berufsrechtliche Konsequenzen zu vermeiden –, dass ein Missbrauch eher fernliegt. Ein (missbräuchliches) Sonderinteresse des Dritten ist folglich nicht gegeben. Zudem hat das Blind-Bid-Verfahren auch keine negativen Auswirkungen auf die Funktionsfähigkeit der Gesellschaft. Zum Zeitpunkt der Ausübung des Verfahrens befindet sich diese vielmehr in einem Zustand akuter Funktionsunfähigkeit, die nur unter Einschaltung eines neutralen Dritten behoben werden kann. Insofern ist die Auswahlmöglichkeit der Kaufangebote gerade im Interesse einer funktionsfähigen intragesellschaftlichen Willensbildung. Selbiges gilt für den von *Flume* entwickelten Grundsatz der Selbstentmündigung.[854] Die Selbstentmündigung haben die Gesellschafter mit Eintritt des deadlock bereits selbst herbeigeführt, das Blind-Bid-Verfahren gewährleistet daher, die Handlungsfähigkeit der Gesellschaft wiederherzustellen. Darüber hinaus legt der Dritte nicht den Preis fest, sodass die Gesellschafter im Hinblick auf die Angebotshöhe weiterhin als mündig zu betrachten sind.

Ob diese Beurteilung auch dann Geltung beanspruchen kann, wenn die Auswahlkriterien eher schwammig formuliert sind (z.B. „das angemessenste Angebot“), erscheint fraglich. Eine vergleichbare Formulierung wäre bei § 2065 Abs. 2 BGB unzulässig, da ein objektiver Dritter hieran nicht erkennen könnte, wer Erbe werden soll. Es dürfte dem Dritten oftmals selbst schwerfallen zu entscheiden,

852 *Wiedemann*, Die Übertragung und Vererbung von Mitgliedschaftsrechten bei Handelsgesellschaften, S. 283.

853 *Reuter*, Privatrechtliche Schranken der Perpetuierung von Unternehmen, S. 213, 214 ff.; ders. ZGR 1978, 633, 634.

854 *Flume*, Personengesellschaft, § 14 IV, V.

wann ein Angebot angemessen ist und wann nicht. Allerdings ändert sich nichts an der bereits vorgetragenen Argumentation: Zwar wird der Entscheidungsspielraum des Dritten erhöht, dennoch hilft das Blind-Bid-Verfahren auch in diesem Fall, die Funktionsfähigkeit der Willensbildung innerhalb der Gesellschaft zu rekonstruieren. Dabei kann als „Faustregel" folgendes festgehalten werden: Je weiter der Ermessensspielraum des Dritten geht und je unbestimmter seine Auswahlkriterien sind, desto eher kann ein Blind-Bid-Verfahren ein Verstoß gegen das Abspaltungsverbot darstellen. Dennoch ist darauf hinzuweisen, dass eine derartige Formulierung das Verfahren nicht unbedingt beschleunigen wird und daher unter keinen Umständen gewählt werden sollte.

V. Ergebnis

Die vorstehenden Ausführungen haben die äußersten Grenzen von Shoot-Out-Klauseln erläutert. Grundsätzlich sind alle Klauseln unter Wirksamkeitsgesichtspunkten nicht zu beanstanden. Weder liegt ein Verstoß gegen das Verbot der Hinauskündigung vor, noch handelt es sich bei den verschiedenen Spielarten um mittelbare Kündigungserschwerungen i.S.d. § 723 Abs. 3 BGB. Hinsichtlich der Vereinbarung eines Blind-Bid-Verfahrens ist zu beachten, dass dem mit der Auswahl respektive Annahme der Kaufangebote betrautem Dritten klar definierte Kriterien vorzugeben sind, nach denen er seine Entscheidung zu treffen hat. Anderenfalls ist ein Verstoß gegen das Abspaltungsverbot denkbar. Vereinzelt existieren Konstellationen, in denen man der Eröffnung des Verfahrens und dem Kaufpreisangebot den Einwand der Rechtsmissbräuchlichkeit entgegenhalten muss. Besondere Aufmerksamkeit sollte der sorgfältigen Festlegung deadlockfähiger Beschlussgegenstände gewidmet werden, um eine unzweckmäßige und voreilige Auslösung des Verfahrens zu vermeiden.

I. Zusammenfassung der wesentlichen Ergebnisse in Thesenform

I. Konflikte in Gesellschaften

1. Konflikte in Gesellschaften lassen sich auf mehrere Ursachen zurückführen. Einerseits sind sie in den gesetzlichen Regelungen der Personenhandels- und Kapitalgesellschaften selbst begründet. Andererseits sind sie auf rechtstatsächliche Strukturen deutscher Gesellschaften zurückzuführen, die überwiegend personalistisch geprägt sind.
2. Eine weitere Ursache von Konflikten bilden unzureichende vertragliche Regelungen, die immer dann auffallen, wenn der Konflikt schon eingetreten ist. Hier hat das Forschungsfeld der bounded rationality die Gesichtspunkte ausfindig gemacht, die bei der Vereinbarung von *Leaver-*, *Vesting-* und *Shoot-Out*-Klauseln berücksichtigt werden können
3. Indes begegnet die vorbehaltlose Übertragung der Ergebnisse aus Studien zur bounded rationality auf den deutschen Rechtsraum erheblichen Bedenken. Das deutsche Gesellschaftsrecht ist mit seinen US-amerikanischen Pendants nur eingeschränkt vergleichbar. Zweifelhaft sind auch die Auswahl der Versuchspersonen sowie die sowohl inhaltlich als auch in ihrer Komplexität wenig gesellschaftsrechtsnahen Sachverhalte.

II. Steuerrechtliche Behandlung von Managementbeteiligungen

Allein das Vorliegen einer Leaver- oder Vesting-Klausel führt nicht dazu, dass der Veräußerungserlös aus einer Managementbeteiligung automatisch als Einkünfte aus nichtselbständiger Arbeit gem. § 19 Abs. 1 Nr. 1 EStG anzusehen ist. Entscheidend ist die Ausübung der Leaver- bzw Vesting-Klausel sowie die Berücksichtung der übrigen Gesamtumstände der Beteiligung des Managers.

III. Zulässigkeit von Leaver- und Vesting-Klauseln

1. Leaver-Klauseln sind Hinauskündigungsklauseln nach freiem Ermessen im Sinne der Rechtsprechung des BGH, da über die Vereinbarung der Call-Option das Schicksal der Gesellschafterstellung untrennbar mit der jederzeitigen Abberufbarkeit als Geschäftsführer verbunden ist. Dies gilt nur nicht für Unternehmen, die unter das Mitbestimmungsgesetz fallen, da dort ein wichtiger Grund für die Abberufung vorliegen muss.

2. Aus der Behauptung, die Gesellschafterstellung sei bei einem Management Equity Program nur Annex zur Geschäftsführerstellung, lässt sich keine Rechtfertigung der Hinauskündigungsklausel ableiten. Vielmehr ist aufgrund des Sinns einer Managementbeteiligung davon auszugehen, dass die Gesellschafterstellung aus wirtschaftlicher Perspektive für den Geschäftsführer viel wichtiger ist.
3. Die sachliche Rechtfertigung ergibt sich jedoch daraus, dass Mitgliedschaftsrechte aufgrund der Minderheitsbeteiligung nicht berührt werden, da der einzelne Manager praktisch keine Möglichkeit der Einflussnahme hat. Dieses Ergebnis ist allerdings nicht so selbstverständlich, wie es von der h.M. in Rechtsprechung und Literatur vorgetragen wird.
4. Bad Leaver-Klauseln verstoßen aufgrund der mit ihnen verbundenen Abfindungsbeschränkung bei der Eigenkündigung gegen das Verbot der Kündigungserschwerung gem. § 723 Abs. 3 BGB. Diese Vorschrift ist auf die gesellschaftsrechtliche Struktur eines Management Equity Program auch anwendbar und führt entgegen der abzulehnenden Rechtsprechung des BGH zur Nichtigkeit der Klausel.
5. Das Verbot der Kündigungserschwerung gem. §§ 134, 622 Abs. 6 BGB gilt auch für Minderheitsgesellschafter-Geschäftsführer. Aufgrund der Ausstrahlungswirkung der Grundrechte wäre es unverhältnismäßig, diese gegenüber Fremdgeschäftsführern vom Schutz des Verbots der Kündigungserschwerung auszunehmen.
6. Der Verlust der Gesellschafterstellung allein ist nicht geeignet, das aus Art. 12 Abs. 1 S. 1 GG fließende Recht zur Aufgabe eines Berufs im Sinne einer Erschwerung der Kündigung einzuschränken. Dieses Ergebnis kann aber entgegen der Ansicht des BGH und des BAG nicht mit einem Vergleich zu Verfallklauseln bei Aktienoptionen oder dem Verlust einer Tantieme begründet werden, da zwischen diesen Manangementincentivierungen und einem Management Equity Program in der hier geschilderten Form gravierende Unterschiede bestehen.
7. Eine Bad Leaver- Klausel, die die zu zahlende Abfindung bei der Eigenkündigung auf den Nennwert beschränkt, verstößt gegen das aus §§ 134, 622 Abs. 6 BGB fließende Verbot der Kündigungserschwerung, da sie die Entscheidungsfreiheit des Geschäftsführers unverhältnismäßig einschränkt.
8. Bei Vesting-Klauseln verstößt weder der Verlust der Gesellschafterstellung noch die Beschränkung der zu zahlenden Abfindung gegen das Verbot der Kündigungserschwerung gem. §§ 134, 622 Abs. 6 BGB.

9. Hinsichtlich eines Verstoßes gegen § 242 BGB i.V.m. Art. 12 Abs. 1 S. 1 GG aufgrund unverhältnismäßig langer Bindung an ein Arbeitsverhältnis ist beim Vesting zwischen dem sog. „bootstrapping“ und dem Einsatz in der „seed-round“ zu differenzieren. Beim „bootstrapping“ führt das vesting zu einer unverhältnismäßigen Bindung an das Arbeitsverhältnis, während die Bindung in der „seed-phase“ verhältnismäßig ist.
10. Nach der Rechtsprechung des EuGH können Geschäftsführer von Kapitalgesellschaften unter bestimmten Voraussetzungen in den Anwendungsbereich der dem AGG zugrunde liegenden EU-Richtlinien fallen. Diese vom EuGH aufgestellten Bedingungen sind bei Minderheitsgesellschafter-Geschäftsführern und Fremdgeschäftsführern regelmäßig gegeben, sodass das AGG auf diese in Gänze anwendbar ist.
11. Das AGG ist auf ein Management Equity Program, genauer gesagt die Gesellschaftervereinbarung, anwendbar. Der Begriff der Entlassungsbedingungen ist im weitesten Sinne zu verstehen und umfasst daher alle mit der Aufgabe des Arbeitsverhältnisses verbundenen Konsequenzen, auch wenn sie bloß mittelbarer Natur sind.
12. Das Abstellen auf das Ausscheiden bei Eintritt in das gesetzliche Rentenalter als Good Leaver-Event ist keine Benachteiligung i.S.d. §§ 1, 2 Abs. 1 Nr. 2 AGG. Es handelt sich um eine gesetzliche Wertentscheidung, die der Einflusssphäre des Arbeitgebers entzogen ist.
13. Legt der Arbeitgeber fest, dass das Ausscheiden nach einer von ihm individuell festgelegten Altersgrenze als Good Leaver-Event behandelt wird, handelt es sich um eine unmittelbare Benachteiligung i.S.d. § 3 Abs. 1 S. 1 AGG, da in diesem Fall alle jüngeren ausscheidenden Manager eine weniger günstige Behandlung erfahren.
14. Die mit der Ungleichbehandlung verfolgten Interessen der „langfristigen Bindung von Arbeitnehmern“, der „Aufrechterhaltung einer ausgewogenen Altersstruktur“ und der „Frühzeitigen Ermittlung eines Nachfolgers“ sind nach der Rechtsprechung des EuGH nicht geeignet, ein zur Rechtfertigung der Ungleichbehandlung erforderliches legitimes Interesse darzustellen. In beiden Gründen dominieren hauptsächlich wirtschaftliche und unternehmensbezogene Motive des Arbeitgebers, nicht aber die vom EuGH geforderten sozialen Komponenten.
15. Darüber hinaus ist die Ausgestaltung einer Good Leaver-Klausel auch unangemessen. Es fehlt hier bereits an der Erforderlichkeit, da mit dem Abstellen auf das Kriterium der Betriebszugehörigkeit ein milderes Mittel zur

Rechtfertigung der Benachteiligung vorhanden ist. Zudem bewegt sich auch die Abfindungshöhe nicht mehr im Bereich des Verhältnismäßigen.

16. Vesting-Klauseln, bei denen sich die Höhe der Abfindung des ausscheidenden Managers nach den Jahren der Betriebszugehörigkeit richtet, stellen keine mittelbare Benachteilung i.S.d. § 3 Abs. 2 AGG dar, da sie durch das legitime Ziel der langfristigen Mitarbeiterbindung gerechtfertigt sind.

IV. Leaver-Klauseln als Mittel der variablen Vorstandsvergütung

1. Für die Inhaltskontrolle eines Anstellungsvertrages von Vorständen gelten die §§ 305 ff. BGB. Die Ausschlussgründe des § 310 Abs. 4 BGB sind nicht einschlägig: Anstellungsverträge mit Vorständen sind keine Arbeitsverträge gem. § 310 Abs. 4 S. 1 BGB, sondern Dienstverträge, auf die § 310 Abs. 4 S. 1 BGB keine Anwendung findet. Ebenfalls unanwendbar ist die Ausnahme des § 310 Abs. 4 S. 2 BGB, da hierunter nur das Organisationsstatut der Gesellschaft fällt.
2. Regelmäßig verwenden große Gesellschaften Einheitsverträge, in denen sich überwiegend vorformulierte Bedingungen wiederfinden, sodass § 305 Abs. 1 BGB in sachlicher Hinsicht anwendbar ist. Die Anwendbarkeit des Rechts der Allgemeinen Geschäftsbedingungen scheitert auch nicht an § 310 Abs. 1 S. 1 BGB, da Vorstände nach überzeugender Ansicht nicht als Unternehmer, sondern als Verbraucher anzusehen sind.
3. Der Wegfall des aufgeschobenen Teils der variablen Vorstandsvergütung bei Nichterreichen wirtschaftlicher Kennziffern fällt nicht unter das Klauselverbot des § 308 Nr. 4 BGB. Die Erfüllung der wirtschaftlichen Kennzahlen ist von vornherein Bedingung für die Auszahlung der aufgeschobenen Vergütung, sodass eine nachträgliche Änderung nicht stattfindet. Zudem spricht auch die Entstehungsgeschichte der Norm gegen eine Anwendung auf Good Leaver-Klauseln.
4. Die Rechtsprechung des BAG zu Stichtagsklauseln ist nicht auf Good Leaver-Klauseln übertragbar, da hier kein bereits rechtskräftig entstandener Anspruch nachträglich entzogen wird, sondern der Anspruch auf den aufgeschobenen Teil erst mit Ablauf des Geschäftsjahres rechtskräftig entsteht. Somit führt dies nicht zu einer unangemessenen Benachteiligung gem. § 307 Abs. 2 Nr. 1 BGB
5. Die Anknüpfung der Auszahlung des aufgeschobenen Teils der Vorstandsvergütung an den Bestand des Anstellungsverhältnisses verstößt ebenfalls

nicht gegen § 307 Abs. 2 Nr. 1 BGB. Dies ergibt sich aus der Binnensystematik der Abs. 1 und 3 des § 87 AktG.

6. Inhaltlich „konturlose" Leaver-Klauseln weichen in unverhältnismäßiger Weise von § 87 AktG ab, da ein Verlust des aufgeschobenen Teils der variablen Vorstandsvergütung aus anderen Gründen als der Nichterreichung der wirtschaftlichen Kennziffern dort nicht vorgesehen ist, und verstoßen damit gegen § 307 Abs. 2 Nr. 1 BGB. Zudem besteht die Gefahr, dass eine Gesellschaft, die trotz des Wunsches des Vorstandes dessen Anstellungsvertrag nicht verlängert, gegen das Verbot des widersprüchlichen Verhaltens gem. § 242 BGB verstößt.
7. Trotz der Rechtsprechung des EuGH zur Arbeitnehmereigenschaft von GmbH-Geschäftsführern ist weiterhin davon auszugehen, dass der Vorstand nicht als Arbeitnehmer i.S.d. § 6 Abs. 3 AGG anzusehen ist. Dessen Voraussetzungen dürften für Vorstände nur in absoluten Ausnahmefällen erfüllt sein.
8. Handelt es sich bei Leaver-Vereinbarung nicht um AGB, ergeben sich die Grenzen für Individualabreden nur aus § 138 Abs. 1 BGB und einer Ausübungskontrolle gem. § 242 BGB. Während § 138 Abs. 1 BGB in diesem Fall nicht zur Nichtigkeit führt, verstößt eine Gesellschaft, die trotz des Wunsches des Vorstandes dessen Anstellungsvertrag nicht verlängert, gegen das Verbot des widersprüchlichen Verhaltens gem. § 242 BGB.

V. Beurteilung von Shoot-Out-Klauseln

1. Shoot-Out-Verfahren haben ihren Ursprung in der Spieltheorie und beruhen auf der „cake-cutting rule", die sich mit der (*ex post*) effizienten Allokation eines einzelnen Gutes unter zwei risikoaversen Partnern beschäftigt und ein hohes Maß an Preisgerechtigkeit anstrebt.
2. Voraussetzung für die Einleitung eines Shoot-Out-Verfahrens ist ein sog. trigger event, regelmäßig der deadlock auf Geschäftsführungs- oder Gesellschafterebene. Damit das Shoot-Out-Verfahren nicht vorschnell ausgelöst und damit unzweckmäßig eingesetzt wird, ist bei der Festlegung deadlockfähiger Beschlussgegenstände äußerste Vorsicht geboten. Sie sollten in die Satzung – ähnlich einem Katalog zustimmungsbedürftiger Geschäfte – aufgenommen werden und sich nicht abschließend an § 46 GmbHG orientieren. Der deadlock sollte erst dann als eingetreten angesehen werden, wenn bei mehreren Gesellschafterversammlungen hintereinander bezüglich desselben Beschlussgegenstandes keine Mehrheit erzielt werden konnte.

3. Obwohl Shoot-Out-Klauseln ein hohes Maß an Preisgerechtigkeit versprechen, den Einigungsdruck auf die Gesellschafter erhöhen und Gutachterkosten zur Ermittlung des Verkehrswerts der Geschäftsanteile vermeiden, bieten sie auch ein Erpressungs- und Missbrauchspotential.
4. Die Forschungsergebnisse in der ökonomischen Literatur über Shoot-Out-Klauseln sind gespalten. Theoretische Untersuchungen kommen zwar übereinstimmend zu dem Ergebnis, dass bei der Einleitung eines Shoot-Out-Verfahrens die Geschäftsanteile nicht notwendigerweise in den Händen desjenigen Gesellschafters landen, der sie am meisten wertschätzt. Diese These konnte aber mittels Laborversuchen nicht aufrechterhalten werden. Zudem wurden die in der Theorie als effizienter geltenden Auktionsverfahren den Shoot-Out-Verfahren gegenüber von den Probanden nicht bevorzugt. Diese Forschungsergebisse begegnen indes Bedenken, da sie wichtige Faktoren, die zur Auslösung des Shoot-Out-Verfahrens führen, unberücksichtigt lassen.
5. Bei Shoot-Out-Klauseln handelt es sich um eine Modifikation des Ausschlussklageverfahrens gem. §§ 133 Abs. 3, 140 Abs. 1 S. 1 HGB. Diese Einordnung führt dazu, dass Shoot-Out-Klauseln nicht als Hinauskündigungsklauseln i.S.d. Rechtsprechung des BGH anzusehen sind.
6. Shoot-Out-Klauseln sind nicht sittenwidrig gem. § 138 Abs. 1 BGB. Dies gilt auch für den Fall, dass der Initiator des Verfahrens von der Finanzschwäche des Mitgesellschafters weiß. Sofern die Klauseln auf die Auflösung einer Pattsituation beschränkt sind, wäre überdies auch bei einer Qualifikation als Hinauskündigungsklausel eine Sittenwidrigkeit zu verneinen, weil für diesen Fall ein sachlicher Grund besteht.
7. Shoot-Out-Klauseln stellen weder eine direkte noch eine indirekte Erschwerung des Kündigungsrechts gem. § 723 Abs. 3 BGB dar. Im Gegensatz zu anderen Abfindungsbeschränkungsklauseln legen sie nicht die Höhe der Abfindung fest, sondern nur die Grundstrukturen des Verfahrens, nach dem der Preis der Geschäftsanteile ermittelt wird.
8. Die gesellschaftsrechtliche Treuepflicht bietet nicht das richtige Mittel, um einer missbräuchlichen Verwendung von Shoot-Out-Verfahren Einhalt zu gebieten. In der Fallgruppe des unangemessenen Kaufpreisangebots ist schon das Vorliegen der Voraussetzungen fraglich und die Treuepflicht auch von der Rechtsfolgenseite her unpassend. In der Fallgruppe der Herbeiführung des deadlock ist die mutwillige Herbeiführung eines Entscheidungsstillstandes nach den Grundsätzen der Rechtsprechung des BGH ebenfalls nur schwer nachweisbar. Hier sollte lediglich auf § 242 BGB zurückgegriffen werden.

9. Ein Blind-Bid-Verfahren verstößt nicht gegen das aus § 717 S.1 BGB folgende Abspaltungsverbot. Obwohl hier ein der Stimmrechtsabtretung vergleichbarer Sachverhalt vorliegt, führt er nicht dazu, dass die Willensbildung der Gesellschaft durch Sonderinteressen Dritter erschwert wird. Vielmehr führt das Blind-Bid-Verfahren dazu, dass die Funktionsfähigkeit der Willensbildung wiederhergestellt wird.

Literaturverzeichnis

Adomeit, Klaus/*Mohr*, Jochen: Kommentar zum Allgemeinen Gleichbehandlungsgesetz, 1. Auflage, Stuttgart 2007 (zitiert: *Adomeit/Mohr*, § Rn.).

Allerkamp, Klaus: Vorvertrag, Option und Vorhand, MittRhNotK 1981, S. 55 ff.

Akerlof, George A.: The Market for „Lemons": Quality Uncertainty and the Market Mechanism, The Quarterly Journal of Economics 84 (1970), S. 488 ff.

Annuß, Georg: Der Anstellungsvertrag des Fremdgeschäftsführers in Betriebsübergang und Insolvenz, ZInsO 2001, S. 344 ff.

Arkes, Hal R./*Blumer*, Catherine: The Psychology of Sunk Cost, Organizational Behavior and Human Decision Processes 35 (1985), S. 124 ff.

Arlen, Jennifer: Comment: The Future of Behavioral Law and Economics, Vand. L. Rev. 51 (1998), S. 1765 ff.

Arnett, Jeffrey J.: The Neglected 95 %: Why American Psychology Needs to Become Less American, American Psychologist 63 (2008), S. 602 ff.

Ascheid, Reiner/*Preis*, Ulrich/*Schmidt*, Ingrid: Kündigungsrecht, 5. Auflage, München 2017 (zitiert: APS/*Bearbeiter*, § Rn.).

Babcock, Linda/*Loewenstein*, George: Explaining Bargaining Impasse: The Role of Self-Serving Biases, J. Econ. Persp. 11 (1997), S. 109 ff.

Baeck, Ulrich/*Diller*, Martin: Arbeitsrechtliche Probleme bei Aktienoptionen und Belegschaftsaktien, DB 1998, S. 1405 ff.

Baeck, Ulrich/*Winzer*, Thomas: Mitglied des Vertretungsorgans einer Gesellschaft als Arbeitnehmer, NZG 2011, S. 101 ff.

Baker, Lynn A./*Emery*, Robert E.: When every relationship is above average: Perceptions and expectations of divorce at the time of marriage, Law and Human Bevahior 17 (1993), S. 439 ff.

Baker, George P./*Jensen*, Michael C./*Murphy*, Kevin J.: Compensation and Incentives: Practice vs. Theory, The Journal of Finance 43 (1988), S. 593 ff.

Bamberger, Heinz Georg/*Roth*, Herbert (Hrsg.): Kommentar zum Bürgerlichen Gesetzbuch (zitiert: Bamberger/Roth/*Bearbeiter*, § Rn.).

- Band 2: §§ 611–1296, AGG, ErbbauRG, WEG, 3. Auflage, München 2012.

Bamberger, Heinz Georg/*Roth*, Herbert (Hrsg.): Beck'scher Online-Kommentar BGB, 43. Edition (Stand 15.6.2017), München 2017 (zitiert: BeckOK-BGB/*Bearbeiter*, § Rn.).

Baron, Robert A./*Fortin*, Suzanne P./*Frei*, Richard L./*Hauver*, Laurie A./*Shack*, Melissa A.: Reducing Organizational Conflict: The Role of Socially-Induced Positive Affect, International Journal of Conflict Management 1 (1990), S. 133 ff.

Bauer, Jobst-Hubertus: Kündigung und Kündigungsschutz vertretungsberechtigter Organmitglieder, BB 1994, S. 855 ff.

– : Arbeitnehmereigenschaft von Organmitgliedern, GWR 2010, S. 586.

– : Ausgewählte Probleme der AGB-Kontrolle von Anstellungsverträgen vertretungsberechtigter Organmitglieder, in: Henssler/Joussen/Martin/Matties (Hrsg.), Moderne Arbeitswelt: Festschrift für Rolf Wank zum 70. Geburtstag, München 2014 (zititer: *Bauer*, FS Wank, S. 1 ff.).

Bauer, Jobst-Hubertus/*Arnold*, Christian: Inhaltskontrolle von Vorstandsverträgen, ZIP 2006, S. 2337 ff.

– : AGG-Probleme bei vertretungsberechtigten Organmitgliedern, ZIP 2008, S. 993 ff.

– : Festsetzung und Herabsetzung der Vorstandsvergütung nach dem VorstAG, AG 2009, S. 717 ff.

– : AGG und Organmitglieder – Klares und Unklares vom BGH, NZG 2012, S. 921 ff.

Bauer, Jobst-Hubertus/*Diller*, Martin: Koppelung von Abberufung und Kündigung bei Organmitgliedern, GmbHR 1998, S. 809 ff.

Bauer, Jobst-Hubertus/*Krieger*, Steffen: Allgemeines Gleichbehandlungsgesetz, 4. Auflage, München 2015 (zitiert: *Bauer/Krieger*, § Rn.).

Bauer, Jobst-Hubertus/*v. Medem*, Andreas: Altersgrenzen zur Beendigung von Arbeitsverhältnissen – Was geht, was geht nicht?, NZA 2012, S. 945 ff.

Bauer, Jobst-Hubertus/*Baeck*, Ulrich/*v. Medem*, Andreas: Altersversorgung und Übergangsgeld in Vorstandsanstellungsverträgen, NZG 2010, S. 721 ff.

Bauer, Jobst-Hubertus/*Göpfert*, Burkhard/*Siegrist*, Carolin: Abberufung von Organmitgliedern: Wegfall der variablen Vergütung?, DB 2006, S. 1774 ff.

Bauer, Jobst-Hubertus/*Krieger*, Steffen/*Arnold*, Christian: Arbeitsrechtliche Aufhebungsverträge: Arbeits-, gesellschafts-, steuer und sozialversicherungsrechtliche Hinweise zur einvernehmlichen Beendigung von Dienst und Arbeitsverhätlnissen, 9. Auflage, München 2014 (zitiert: *Bauer/Krieger/Arnold*, Arbeitsrechtliche Aufhebungsverträge, Kap. Rn.).

Baumbach, Adolf/*Hueck*, Alfred: GmbHG, Gesetz betreffend die Gesellschaft mit beschränkter Haftung, 21. Auflage, München 2017 (zitiert: Baumbach/Hueck/*Bearbeiter*, § Rn.).

Baums, Theodor: Aktienoptionen für Vorstandsmitglieder, in: Martens/H.P. Westermann/Zöllner (Hrsg.), Festschrift für Carsten Peter Claussen, Köln 1997 (zitiert: *Baums*, FS Claussen, S. 3 ff.).

Bayer, Walter/*Hoffmann*, Philipp: Gesellschafterstrukturen deutscher GmbH, GmbH-Rundschau 2014, S. 12 ff.

Becker, Benjamin: Die Zulässigkeit von Hinauskündigungsklauseln nach freiem Ermessen im Gesellschaftsvertrag, Frankfurt 2010.

Becher, Hans: Wettbewerbsverbot und Gesellschaftsrechtliche Treuepflicht, NJW 1961, S. 1998 ff.

Beisel, Wilhelm/*Klummp*, Hans Hermann: Der Unternehmenskauf. Gesamtdarstellung der zivil- und steuerrechtlichen Vorgänge einschließlich gesellschafts-, arbeits- und kartellrechtlicher Fragen bei der Übertragung eines Unternehmens, 7. Auflage, München 2016 (zitiert: Beisel/Klummp/*Bearbeiter*, § Rn.).

Benecke, Martina: Inhaltskontrolle im Gesellschaftsrecht oder: „Hinauskündigung" und das Anstandsgefühl aller billig und gerecht Denkenden, ZIP 2005, 1437 ff.

Bernhardt, Marion/*Bredol*, Martin: Rechtsfragen zu Organstellung und Anstellungsvertrag von Geschäftsführern einer paritätisch mitbestimmten GmbH, NZG 2015, S. 419 ff.

Bicker, Eicke/*Wilms*, Nicole: Shoot-Out – der wirksame Ausstieg aus einem paritätischen Joint Venture, Der Betriebs-Berater 2014, S. 1347 ff.

Binz, Mark K.: Opfer und Täter – Lästige Gesellschafter in Familienunternehmen, Unternehmermagazin 9/10 (2011), S. 38 ff.

Binz, Mark K./*Mayer*, Gerd: Anteilsvinkulierung in Familienunternehmen, NZG 2012, S. 201 ff.

Binz, Mark K./*Sorg*, Martin H.: Gesellschafts- und steuerrechtliche Aspekte eines Beteiligungsmodells bei GmbH und GmbH & Co. KG, GmbHR 2005, S. 893 ff.

Binz, Mark K./*Sorg*, Martin H.: Die GmbH & Co. KG, 12. Auflage, München 2018 (zitiert: *Binz/Sorg*, Die GmbH & Co. KG, § Rn.).

Birk, Dieter/*Desens*, Marc/*Tappe*, Henning: Steuerrecht, 19. Auflage, Heidelberg 2016 (zitiert: *Birk/Desens/Tappe*, Steuerrecht, Rn.).

Bitter, Jörg/*Röder*, Sebastian: Insolvenz und Sanierung in Zeiten der Finanz- und Wirtschaftskrise, ZinsO 2009, S. 1283 ff.

Boemke, Burkhard: Das Dienstverhältnis des GmbH-Geschäftsführers zwischen Gesellschafts- und Arbeitsrecht, ZfA 1998, S. 209 ff.

Bork, Reinhard/*Schäfer*, Carsten (Hrsg.): GmbHG, 3. Auflage, Köln 2015 (zitiert: Bork/Schäfer/*Bearbeiter*, § Rn.).

Böhm, Nicolas: Konfliktbeilegung in personalistischen Gesellschaften, Köln 2000.

Böttcher, Lars: Managementbeteiligungen im Spiegel der aktuellen BGH-Rechtsprechung, NZG 2005, S. 992 ff.

v. Braunschweig, Philipp: Steuergünstige Gestaltung von Mitarbeiterbeteiligungen in Management-Buy-Out-Strukturen, DB 1998, S. 1831 ff.

Breithaupt, Joachim/*Ottersbach*, Jörg H. (Hrsg.): Kompendium Gesellschaftsrecht, 1. Auflage, München 2010 (zitiert: Kompendium GesR/*Bearbeiter*, § Rn.).

Brockmann, Alexander: Shoot-Out-Klauseln, Frankfurt 2017.

Brooks, Richard R.W./*Landeo*, Claudia M./*Spier*, Kathryn E.: Trigger happy or gun shy? Dissolving common-value partnerships with Texan shootouts, RAND Journal of Economics 41 (2010), S. 649 ff.

Buhr, Martina/*Radtke*, Stefanie: Internationale Aktienoptionspläne und deren arbeitsrechtliche Behandlung in Deutschland, DB 2001, S. 1882 ff.

Bunte, Hermann-Josef: Die EG-Richtlinie über mißbräuchliche Klauseln in Verbraucherverträgen und ihre Umsetzung durch das Gesetz zur Änderung des AGB-Gesetzes, DB 1996, S. 1389 ff.

Burandt, Wolfgang/*Rojahn*, Dieter (Hrsg.): Erbrecht, 2. Auflage, München 2014 (zitiert: Burandt/Rojahn/*Bearbeiter*, § Rn.).

Busch, Ralf: Aktienoptionspläne – arbeitsrechtliche Fragen, BB 2000, S. 1294 ff.

Bürgers, Tobias/*Körber*, Torsten: Aktiengesetz, 4. Auflage, Heidelberg 2017 (zitiert: Bürgers/Körber/*Bearbeiter*, § Rn.).

Bütter, Michael/*Tonner*, Martin: Hinauskündigungsverbot bei zeitlicher Beschränkung der Gesellschafterstellung von Managern und Mitarbeitern, MDR 2006, S. 61 ff.

Büttner, Hermann: Flexible Grenzen der Durchsetzbarkeit von Abfindungsansprüchen in Personengesellschaftsverträgen, in: Bruchhausen/Hefermehl/Hommelhoff/Messer (Hrsg.), Festschrift für Rudolf Nirk zum 70. Geburtstag, München 1992 (zitiert: *Büttner*, FS Nirk, S. 119 ff.).

Cahn, Andreas: Vorstandsvergütung als Gegenstand rechtlicher Regelungen, in: Grundmann/Haar/Merkt/Mülbert/Wellenhofer/Baum/v. Hein/v. Hippel/Pistor/Roth/Schweitzer (Hrsg.), Festschrift für Klaus Hopt zum 70. Geburtstag, Band 1, Berlin 2010 (zitiert: *Cahn*, FS Hopt, S. 431 ff.).

Camerer, Colin/*Lovallo*, Dan: Overconfidence and Exess Entry: An Experimental Approach, The American Economic Review 89 (1999), S. 306 ff.

Casper, Matthias/*Altgen*, Christian: Gesellschaftsvertragliche Abfindungsklauseln – Auswirkungen der Erbschaftssteuerreform, DStR 2008, S. 2319 ff.

Coase, Ronald H.: The Problem of Social Cost, The Quarterly Journal of Economics 3 (1960), S. 1 ff.

Coenenberg, Adolf G./*Schultze*, Wolfgang: Unternehmensbewertung: Konzeptionen und Perspektiven, DBW 2002, S. 597 ff.

Coffee, John C.: The Mandatory/Enabling Balance in Coporate Law: An Essay on the Judicial Role, Colum. L. Rev. 89 (1989), S. 1618 ff.

Clopath, Gion: Wie können Pattsituationen bei Zweimanngesellschaften behoben werden ?, SJZ 89 (1993), S. 157.

Coleman, Peter T./*Deutsch*, Morton/*Marcus*, Eric C.: The Handbook of Conflict Resolution: Theory and Practice, 3rd Edition, 2014 San Francisco (zitiert: *Coleman/Deutsch/Marcus*, S.).

Cramton, Peter/*Gibbons*, Robert/*Klemperer*, Paul: Dissolving a Partnership efficiently, Econometrica 55 (1987), S. 615 ff.

Crone, Andreas/*Werner*, Henning (Hrsg.) Modernes Sanierungsmanagement, 4. Auflage, München 2014 (zitiert: Crone/Werner/*Bearbeiter*, Rn.).

von der Crone, Hans Caspar: Lösungen von Pattsituationen bei Zweimanngesellschaften, SJZ 89 (1993), S. 37 ff.

Dauner-Lieb, Barbara: Angemessenheitskontrolle privatautonomer Selbstbindung des Gesellschafters?, GmbHR 1994, S. 836 ff.

– : Abfindungsklauseln bei Personengesellschaften, ZHR 158 (1994), S. 271 ff.

Dauner-Lieb, Barbara/*Winnen*, Armin: Konflikte in der GmbH – Möglichkeiten zur Streitbeilegung und Auflösung von Pattsituationen durch effektive Vertragsgestaltung, in: Rheinische Notarkammer (Hrsg.), Festschrift für Günther Brambring zum 70. Geburtstag, München 2011 (zitiert: *Dauner-Lieb/Winnen*, FS Brambring, S. 45 ff.).

Däubler, Wolfgang/*Bertzbach*, Martin (Hrsg.): Allgemeines Gleichbehandlungsgesetz, 3. Auflage, Baden-Baden 2013 (zitiert: Däubler/Bertzbach/*Bearbeiter*, § Rn.).

DellaVigna, Stefano: Psychology and Economics: Evidence from the Field, Journal of Economic Literature 47 (2009), S. 315 ff.

Dendorfer, Renate/*Krebs*, Thomas: Konfliktlösung durch Mediation bei Gesellschafterstreitigkeiten, MittBayNot 2008, S. 85 ff.

Diller, Martin: Gesellschafter und Gesellschaftsorgane als Arbeitnehmer, Köln 1994.

Ditges, Thomas: Mediation und Rechtsstreit – ein Kosten- und Effizienzvergleich, IDR 2005, S. 74 ff.

Drinkuth, Henrik: Hinauskündigungsklauseln unter dem Damoklesschwert der Rechtsprechung, NJW 2006, S. 410 ff.

Duve, Christian: Vermeidung und Beilegung von Gesellschafterstreitigkeit, AnwBl 2007, S. 389 ff.

Easterbrook, Frank H./*Fischel*, Daniel R.: The Economic Structure of Corporate Law, Cambridge 1991 (zitiert: *Easterbrook/Fischel*, The Economic Structure of Corporate Law, S.).

Ebel, Karin: Warum und worüber Gesellschafter am meisten streiten, in: Dauner-Lieb/Freudenberg/Werner/Jahn (Hrsg.), Familienunternehmen im Fokus von Wirtschaft und Wissenschaft Festschrift für Mark K. Binz, München 2014 (zitiert: *Ebel*, FS Binz, S. 171 ff.).

Ebenroth, Carsten/*Boujong*, Karlheinz/*Joost*, Detlev/*Strohn*, Lutz (Hrsg.): Handelsgesetzbuch.

– Band 1: §§ 1–342e, 4. Auflage, München 2014 (zitiert: EBJS/*Bearbeiter*, § Rn.).

Ehrenstein, Irene: Mitbestimmungsstatistik 2015, Magazin Mitbestimmung 2016, S. 54.

Eichler, Hermann: Die Rechtslehre vom Vertrauen: privatrechtliche Untersuchung über den Schutz des Vertrauens, Tübingen 1950.

Eichner, Christian/*Delahaye*, Lukas: Sorgfaltspflichten und Gestaltungsmöglichkeiten des Aufsichtsrats bei Vorstandsverträgen nach dem VorstAG, ZIP 2010, S. 2082 ff.

Eidenmüller, Horst: Der homo oeconomicus und das Schuldrecht: Herausforderungen durch Behavioral Law and Economics, JZ 2005, S. 216 ff.

Eilers, Stephan/*Koffka*, Matthias/*Mackensen*, Marcus (Hrsg.): Private Equity – Unternehmenskauf, Finanzierung, Restrukturierung, Exitstrategien, 2. Auflage, München 2012 (zitiert: Eilers/Koffka/Mackensen/*Bearbeiter*, Teil Rn.).

Eisenberg, Melvin Aron: The Limits of Cognition and the Limits of Contract, Stan. L. Rev. 47 (1995), S. 211 ff.

Eisenführ, Franz/*Weber*, Martin/*Langer*, Thomas: Rationales Entscheiden, 6. Auflage, Berlin 2016 (zitiert: *Eisenführ/Weber/Langer*, S.).

Eisinger, Gernot/*Bühler*, Thomas: Management-Incentives im Lichte der aktuellen Diskussion – Eigentümerorientierte Incentivierung, M&A Review 2008, S. 248 ff.

Elfring, Claus: Deadlock beim paritätischen Equity Joint Venture, NZG 2012, S. 895 ff.

Englerth, Markus: Behavioral Law and Economics – eine kritische Einführung, in: Engel, Englerth, Lüdemann, Spiecker genannt Döhmann (Hrsg.), Recht und Verhalten. Beiträge zu Behavioral Law and Economics, Tübingen 2007 (zitiert: *Englerth*, Recht und Verhalten, S.).

– : Behavioral Law and Economics, in: v. Towfigh/Petersen (Hrsg.), Economic Methods for Lawyers, North Hampton 2015 (zitiert: *Englerth*, Economic Methods for Lawyers, S.).

Erman, Walter: Einige Fragen zur gesellschaftsvertraglichen Beschränkung der Abfindung des willentlich aus einer Personengesellschaft ausscheidenden Gesellschafters, in: Hefermehl/Gmür/Brox, Festschrift für Harry Westermann zum 65. Geburtstag, München Karlsruhe 1974 (zitiert: *Erman*, FS H. Westermann, S. 75 ff.).

Erman, Walter (Begr.): Kommentar zum Bürgerlichen Gesetzbuch (zitiert: Erman/*Bearbeiter*, § Rn.).

– Band 1: §§ 1–758, 11. Auflage, Köln 2011.

Erttmann, Dorothee: Die Beteiligung von Mitarbeitern am Stammkapital einer GmbH, Baden-Baden 2004.

Eßer, Walter/*Baluch*, Christina: Bedeutung des Allgemeinen Gleichbehandlungsgesetzes für Organmitglieder, NZG 2007, S. 321 ff.

Etzel, Gerhard/*Bader*, Peter/*Fischermeier*, Ernst (Hrsg.): KR – Gemeinschaftskommentar zum Kündigungsschutzgesetz und sonstigen kündigungsschutzrechtlichen Vorschriften, 11. Auflage, München 2016 (zitiert: KR/*Bearbeiter*, § Rn.).

Feddersen, Dieter: Aktienoptionsprogramme für Führungsprogramme aus kapitalmarktrechtlicher und steuerrechtlicher Sicht, ZHR 161 (1997), S. 269 ff.

Fehr, Ernst/*Gächter*, Simon: Cooperation and Punishment in Public Good Experiments, American Economic Review 90 (2000), S. 980 ff.

Feldstein, Martin: The Optimal Level of Social Security Benefits, The Quarterly Journal of Economics 100 (1985), S. 303 ff.

Fett, Torsten/*Spiering*, Christoph (Hrsg.): Handbuch Joint Venture, 2. Auflage, Heidelberg 2015 (zitiert: Hdb Joint Venture/*Bearbeiter*, § Rn.).

Fezer, Karl-Heinz: Aspekte einer Rechtskritik an der economic analysis of law und am property rights approach, JZ 1986, S. 817 ff.

Fischer, Ulrich: Der Fremdgeschäftsführer und andere Organmitglieder auf dem Weg zur Arbeitnehmereigenschaft, NJW 2011, S. 2329 ff.

Fleck, Hans Joachim: Das Organmitglied – Unternehmer oder Arbeitnehmer, in: Dieterich (Hrsg.), Festschrift für Marie Luise Hilger und Hermann Stumpf, München 1983 (zitiert: *Fleck*, FS Hilger/Stumpf, S. 197 ff.).

Fleischer, Holger: Grundfragen der ökonomischen Theorie im Gesellschafts- und Kapitalmarktrecht, ZGR 2001, S. 1 ff.

– : Zur Leitungsaufgabe des Vorstandes im Aktienrecht, ZIP 2003, S. 1 ff.

– : Behavioral Economics im Gesellschafts- und Kapitalmarktrecht – ein Werkstattbericht, in: Fuchs/Schwintowski/Zimmer (Hrsg.), Wirtschaft und Privatrecht im Spannungsfeld von Privatautonomie, Wettbewerb und Regulierung, Festschrift für Ulrich Immenga zum 70. Geburtstag, München 2004 (zitiert: *Fleischer*, FS Immenga, S. 575 ff).

Fleischer, Holger (Hrsg.): Handbuch des Vorstandsrechts, 1. Auflage, München 2006 (zitiert: Hdb VorstandsR/*Bearbeiter*, § Rn.).

Fleischer, Holger/*Goette*, Wulf (Hrsg.): Münchener Kommentar zum Gesetz betreffend die Gesellschaft mit beschränkter Haftung (GmbHG) (zitiert: MünchKomm-GmbHG/*Bearbeiter*, § Rn.).

– Band 1: §§ 1–34, 2. Auflage, München 2015.

– Band 2: §§ 35–52, 2. Auflage, München 2016.

– Band 3: §§ 53–85, 2. Auflage, München 2016.

Fleischer, Holger/*Hüttemann*, Rainer (Hrsg.): Rechtshandbuch Unternehmensbewertung, 1. Auflage, Köln 2015 (zitiert: Fleischer/Hüttemann/*Bearbeiter*, § Rn.).

Fleischer, Holger/*Schmolke*, Klaus Ulrich/*Zimmer*, Daniel: Verhaltensökonomik als Forschungsmodell für das Wirtschaftsrecht, in: Beitrag der Verhaltensökonomie (Behavioral Economics) zum Handels- und Wirtschaftsrecht, Frankfurt 2011 (zitiert: *Fleischer/Schmolke/Zimmer*, Beitrag der Verhaltensökonomie zum Handels- und Wirtschaftsrecht, S. 9 ff.).

Fleischer, Holger/*Schneider*, Stephan: Zulässigkeit und Grenzen von Shoot-Out-Klauseln im Personengesellschafts- und GmbH-Recht, DB 2010, S. 2713 ff.

– : Shoot-Out Clauses in Partnerships and Close Corporations, ECFR 2012, S. 35 ff.

– : Der Liquidationswert der Unternehmensbewertung als Untergrenze gesellschaftsrechtlicher Abfindungsansprüche, DStR 2013, S. 38 ff.

Flume, Werner: Allgemeiner Teil des Bürgerlichen Rechts.

– Band 1: Teil 1, Die Personengesellschaft, Berlin 1977 (zitiert: *Flume*, Personengesellschaft, §).

– : Die Abfindung nach der Buchwertklausel für den Gesellschafter minderen Rechts einer Personengesellschaft, NJW 1979, S. 902 ff.

Fölsing, Philipp: Die Zähmung des Widerspenstigen im Suhrkamp-Fall: Schutzschirmverfahren bei Gesellschafterstreit, ZInsO 2013, S. 1325 ff.

Freese, Yorck: Pattsituationen in Gemeinschaftsunternehmen – Vereinbarungen von Pattauflösungsmechanismen am Maßstab des § 723 III BGB, BB 2014, S. 1479 ff.

Frey, Johannes/*Schmid*, Florian: Besteuerung von Exit-Boni im Kontext der neueren Rechtsprechung von Managementbeteiligungen, DStR 2015, S. 1094 ff.

de Frutos, María-Angeles/*Kittsteiner*, Thomas: Efficient Partnership Dissolution under buy-sell-clauses, RAND Journal of Economics 39 (2008), S. 184 ff.

Gärtner, Frederik: Der unfreiwillige Verlust der Gesellschafterstellung von ausgeschiedenen Managern und Mitarbeitern, Baden-Baden 2014.

Gehrlein, Markus: Zur Frage der Zulässigkeit freier Hinauskündigungsklauseln, BB 2005, 2433 f.

Geißler, Markus: Die Reichweite der GmbH-Auflösungsklage bei Bewältigung fundamentaler Gesellschafterzerwürfnisse, GmbHR 2012, S. 1049 ff.

Georgiades, Apostolos: Optionsvertrag und Optionsrecht, in: Paulus/Diederichsen/Canaris (Hrsg.), Festschrift für Karl Larenz zum 70. Geburtstag, München 1973 (zitiert: *Georgiades*, FS Larenz, S. 409 ff.).

Gessler, Ernst: Zur Buchwertabfindung bei Ausscheiden aus einer GmbH, GmbHR 1984, S. 29 ff.

Glasl, Fritz: Konfliktmanagement: Ein Handbuch für Führungskräfte, Beraterinnen und Berater, 9. Auflage, Stuttgart 2010 (zitiert: *Glasl*, Konfliktmanagement, S.).

Goette, Wulf: Anmerkung zu BGH, ZR II 61/93, DStR 1994, S. 214 f.

– : Der Geschäftsführerdienstvertrag zwischen Gesellschafts- und Arbeitsrecht in der Rechtsprechung des Bundesgerichtshofs, in: Wank (Hrsg.), Festschrift für Herbert Wiedemann, München 2002 (zitiert: *Goette*, FS Wiedemann, S. 873 ff.).

– : Anmerkung zu BGH, Urt. v. 13.03.2006, II ZR 295/04, DStR 2006, 1006.

Goette, Wulf/*Habersack*, Matthias (Hrsg.): Münchener Kommentar zum Aktiengesetz (zitiert: MünchKomm-AktG/*Bearbeiter*, § Rn.).

- Band 2: §§ 76–117, 4. Auflage, München 2014.
- Band 4: §§ 179–277, 4. Auflage, München 2016.

Goldberg, Joachim/*v. Nitzsch*, Rüdiger: Behavioral Finance, 1. Auflage, Chichester 2002 (zitiert: *Goldberg/v. Nitzsch*, S.).

Gosch, Dietmar (Hrsg.): Körperschaftssteuergesetz, 3. Auflage, München 2015 (zitiert: Gosch/*Bearbeiter*, § Rn.).

Grigoleit, Hans Christoph: Gesellschafterhaftung für interne Einflussnahme im Recht der GmbH: dezentrale Gewinnverfolgung als Leitprinzip des dynamischen Gläubigerschutzes, München 2006 (zitiert: *Grigoleit*, Gesellschafterhaftung für interne Einflussnahme im Recht der GmbH).

Grunewald, Barbara: Gesellschaftsrecht, 9. Auflage, Tübingen 2013 (zitiert: *Grunewald*, Gesellschaftrecht, § Rn.).

Gummert, Hans (Hrsg.): Münchener Anwaltshandbuch Personengesellschaftsrecht, 2. Auflage, München 2015 (zitiert: MAHdb PersGesR/*Bearbeiter*, § Rn.).

Gummert, Hans/*Weipert*, Lutz (Hrsg.): Münchener Handbuch des Gesellschaftsrechts.

– Band 1: BGB-Gesellschaft, Offene Handelsgesellschaft, Partnerschaftsgesellschaft, Partenreederei, EWIV, 4. Auflage, München 2014 (zitiert: MünchHdb GesR I/*Bearbeiter*, § Rn.).

– Band 2: Kommanditgesellschaft, GmbH & Co. KG, Publikums-KG, Stille Gesellschaft, 4. Auflage, München 2014 (zitiert: MünchHdb GesR II/*Bearbeiter*, § Rn.).

Güth, Werner/*Schmittberger*, Rolf/*Schwarze*, Bernd: An Experimental Analysis of Ultimatum Bargaining, Journal of Economic Behavior and Organization 3 (1982), S. 366 ff.

Habbe, Julia Sophia/*Gieseler*, Konrad: Freunde kann man sich aussuchen, Familie hat man – Strategien zur Vermeidung und Lösung von Konflikten in Familienunternehmen, NZG 2016, S. 1010 ff.

Habersack, Mathias/*Verse*, Dirk: Rechtsfragen der Mitarbeiterbeteiligung im Spiegel der neueren Rechtsprechung, ZGR 2005, 451 ff.

Hachmeister, Dirk/*Ruthardt*, Frederik/*Lampenius*, Niklas: Unternehmensbewertung im Spiegel der neueren gesellschaftsrechtlichen Rechtsprechung – Bewertungsverfahren, Ertragsprognose, Basiszinssatz und Wachstumsabschlag, WPg 2011, S. 519 ff.

Hanson, Jon/*Yosifon*, David: The Situation: An Introduction to the Situational Character, Critical Realism, Power Economics, and Deep Capture, U. PA. L. Rev. 159 (2003), S. 129 ff.

Häsemeyer, Ludwig: Obstruktion gegen Sanierungen und gesellschaftsrechtliche Treupflichten, ZHR 160 (1996), S. 109 ff.

Häublein, Martin/*Hoffmann-Theinert*, Roland (Hrsg.): Beck'scher Online-Kommentar HGB, 18. Edition (Stand 05.10.2017), München 2017 (zitiert: BeckOK-HGB/*Bearbeiter*, § Rn.).

Heckschen, Heribert: Chancen und Grenzen der Mediation im Gesellschaftsrecht, NotBZ 2002, S. 200 ff.

Heckschen, Heribert/*Heidinger*, Andreas: Die GmbH in der Gestaltungs- und Beratungspraxis, 2. Auflage, Köln 2009 (zitiert: Heckschen/Heidinger/*Bearbeiter*, § Rn.).

Heeg, Volker: Shoot-Out als wirksamer Mechanismus zur Auflösung eines Deadlock – Missbrauch nicht ausgeschlossen (?), BB 2014, S. 470.

Heidel, Thomas/*Schall*, Alexander (Hrsg.): Handelsgesetzbuch, 2. Auflage, Baden-Baden 2015 (zitiert: Heidel/Schall/*Bearbeiter*, § Rn.).

Heidel, Thomas (Hrsg.): Aktienrecht und Kapitalmarktrecht, 3. Auflage, Baden-Baden 2011 (zitiert: Heidel/*Bearbeiter*, § Rn.).

Heinemann, Andreas: Recht, Ökonomie und Realität, in: Waldburger/Sester/Peter/Baer (Hrsg.), Law and Economics: Festschrift für Peter Nobel zum 70. Geburtstag, Bern 2015 (zitiert: Heinemann, FS Nobel, S. 21 ff.).

Henrich, Joseph/*Heine*, Steven J./*Norenzayan*, Ara: The weirdest people in the world?, Behavioral and Brain Science 33 (2010), S. 61 ff.

Hennerkes, Brun-Hagen (Hrsg.): Unternehmenshandbuch Familiengesellschaften, 1. Auflage, Köln 1995 (zitiert: UHdb FamGes/*Bearbeiter*, Kap. S.).

Henrichs, Joachim: Treuepflichten im Aktienrecht – zugleich Überlegungen zur Konkretisierung der Generalklausel des § 242 BGB sowie zur Eigenhaftung des Stimmrechtsvertreters –, AcP 195 (1995), S. 221 ff.

Henssler, Martin: Das Anstellungsverhältnis von Organmitgliedern, RdA 1992, S. 289 ff.

Henssler, Martin/*Strohn*, Lutz (Hrsg.): Kurzkommentar zum Gesellschaftsrecht, 3. Auflage, München 2016 (zitiert: Henssler/Strohn/*Bearbeiter*, § Rn.).

Henssler, Martin/*Willemsen*, Heinz Josef/*Kalb*, Heinz-Jürgen (Hrsg): Arbeitsrechtskommentar, 6. Auflage, Köln 2014 (zitiert: HWK/*Bearbeiter*, § Rn.).

Henze, Hartwig: Die Treuepflicht im Aktienrecht, BB 1996, S. 489 ff.

– : Treupflichten der Gesellschafter im Kapitalgesellschaftsrecht, ZHR 162 (1998), S. 186 ff.

– : Einschränkung und Ausschluss des Abfindungsanspruchs des Personengesellschafters in der Rechtsprechung des BGH, in: Festschrift für Karsten Schmidt, Köln 2009 (zitiert: *Henze*, FS K. Schmidt, S. 619 ff.).

Hewitt, Ian: Hewitt on Joint Ventures, Fifth Edition, London 2011 (zitiert: *Hewitt*, Kap Rn.).

Hey, Thomas/*Forst*, Gerrit (Hrsg.): AGG Allgemeines Gleichbehandlungsgesetz, 2. Auflage, Frankfurt 2015 (zitiert: *Hey/Forst*/Bearbeiter, § Rn.).

Heymann, Ernst (Begr.): Handelsgesetzbuch (zitiert: Heymann/*Bearbeiter*, § Rn.).

– Band 2: Zweites Buch §§105–237 HGB, 2. Auflage, Berlin 1996.

Heyn, Karl: Grenzen der Buchwertabfindung ausscheidender Gesellschafter von Personengesellschaften, in: Lüke/Jauernig (Hrsg.), Festschrift für Gerhard Schiedermair zum 70. Geburtstag, München 1976 (zitiert: *Heyn*, FS Schiedermair, 271 ff.).

Hinderer, Hermann Ali: Management-Beteiligungen bei Kapitalgesellschaften: Der BGH weist den Weg, RNotZ 2005, 416 ff.

Hirte, Heribert/*Mülbert*, Peter O./*Roth*, Markus (Hrsg.): Großkommentar zum Aktiengesetz (zitiert: GroßKomm-AktG/*Bearbeiter*, § Rn.).

– Band 4/1: §§ 76–91, 5. Auflage, Berlin 2015.

Hoefs, Christian/*Rentsch*, Robert: Altersdiskriminierung von Organmitgliedern, DB 2012, S. 2733 ff.

Hofbauer, Peter: Die Kompetenzen des (GmbH-)Beirats, Köln 1996.

Hoffmann-Becking, Michael: Rechtliche Anmerkungen zur Vorstands- und Aufsichtsratsvergütung, ZHR 169 (2005), S. 155 ff.

Hoffmann-Becking, Michael (Hrsg.): Münchener Handbuch des Gesellschaftsrechts, Band 4 Aktiengesellschaft, 5. Auflage, München 2015 (zitiert: MünchHdb GesR IV/*Bearbeiter*, § Rn.).

Hohaus, Benedikt: Aktuelles zu Managementbeteiligungen in Private Equity Transaktionen, BB 2005, S. 1291 ff.

Hohaus, Benedikt/*Inhester*, Michael: Rahmenbedingungen von Management-Beteiligungen, DStR 2003, S. 1765 ff.

Hohaus, Benedikt/*Schulte-Koch*, Barbara: Manager in Private-Equity-Transaktionen, in: Birk (Hrsg.), Transaktionen, Vermögen, Pro Bono: Festschrift zum zehnjährigen Bestehen von P+P Pöllath + Partners, München 2008 (zitiert: *Hohaus/Schulte-Koch*, FS Pöllath, S. 93 ff.).

Hohaus, Benedikt/*Weber*, Christoph: Aktuelle Rechtsprechung zum Gesellschafterausschluss und die Bedeutung für Managementbeteiligungen, NZG 2005, S. 961 ff.

– : Aktuelles zu Managementbeteiligungen in Private Equity Transaktionen, BB 2006, S. 2089 ff.

– : Aktuelles zu Managementbeteiligungen in Private Equity Transaktionen, BB 2007, S. 2582 ff.

Hohenstatt, Klaus-Stefan/*Kuhnke*, Michael: Vergütungsstruktur und variable Vergütungsmodelle für Vorstandsmitlieder nach dem VorstAG, ZIP 2009, S. 1981 ff.

Hohenstatt, Klaus-Stefan/*Naber*, Sebastian: Diskriminierungsschutz für Organmitglieder: Konsequenzen für die Vertragsgestaltung, ZIP 2012, S. 1989 ff.

Holstein, Florian: Gesellschafter und Geschäftsführer im Transaktionskonflikt, Wiesbaden 2016.

Hölters, Wolfgang: Der Beirat in der GmbH & Co. KG, Köln 1979.

Hölters, Wolfgang (Hrsg.): Handbuch des Unternehmens- und Beteiligungskaufs, 6. Auflage, Köln 2005 (zitiert: Hdb UB/Bearbeiter, § Rn.).

– (Hrsg.): Aktiengesetz Kommentar, 2. Auflage, München 2014 (zitiert: Hölters/*Bearbeiter*, § Rn.).

Hueck, Götz: Bemerkungen zum Anstellungsverhältnis von Organmitgliedern, in: Festschrift für Marie Luise Hilger und Hermann Stumpf, München 1983 (zitiert: *G. Hueck*, FS Hilger/Stumpf, S. 369 ff.).

– : Zur arbeitsrechtlichen Stellung des GmbH-Geschäftsführers, ZfA 1985, S. 25 ff.

Hüffer, Uwe: Aktienbezugsrechte als Bestandteil der variablen Vergütung von Vorstandsmitgliedern und Mitarbeitern – gesellschaftsrechtliche Analyse, ZHR 161 (1997), S. 214 ff.

Hüffer, Uwe (Begr.)/*Koch*, Jens: Aktiengesetz, 12. Auflage, München 2016 (zitiert: Hüffer/*Koch*, § Rn.).

Hümmerich, Klaus: Grenzfall des Arbeitsrechts: Kündigung des GmbH-Geschäftsführers, NJW 1995, S. 1177 ff.

Immenga, Ulrich: Die personalistische Kapitalgesellschaft, Bad Homburg 1970 (zitiert: *Immenga*, S.).

– : Entscheidungsunfähigkeit von Gesellschaftsorganen, GmbHR 1971, S. 107 ff.

– : Bindung von Rechtsmacht durch Treuepflichten, in: Lutter/Ulmer/Zöllner (Hrsg.), Festschrift 100 Jahre GmbH-Gesetz, Köln 1992 (zitiert: *Immenga*, FS GmbH-Gesetz, S. 189 ff.).

Jaeger, Georg: Die Auswirkungen des VorstAG auf die Praxis von Aufhebungsvereinbarungen, NZA 2010, S. 128 ff.

– : Zur Problematik der Einbeziehung von „good leaver“-Klauseln in die Regelung der variablen Vorstandsvergütung, in: Reichert/Hoffmann-Becking/Hüffer (Hrsg.), Liber Amicorum für Martin Winter, Köln 2011 (zitiert: *Jaeger*, Liber Amicorum Winter, S. 313 ff.).

Jauernig, Ottmar (Begr.): Bürgerliches Gesetzbuch, 16. Auflage, München 2015 (zitiert: Jauernig/*Bearbeiter*, § Rn.).

Jensen, Michael C./*Meckling*, William H.: Theory of the Firm: Managerial Behaviour, Agency Cost and Ownership Structure, Journal of Financial Economics 4 (1976), S. 305 ff.

Jensen, Michael C./*Murphy*, Kevin J.: Perfomance Pay and Top-Management Incentives, The Journal of Political Economy 98 (1990), S. 225 ff.

Jolls, Christine/*Sunstein*, Cass R./*Thaler*, Richard: A Behavioral Approach to Law and Economics 50 (1998), Stan. L. Rev., S. 1471 ff.

Junker, Abbo: Auswirkungen der neueren EuGH-Rechtsprechung auf das deutsche Arbeitsrecht, NZA 2011, S. 950 ff.

Kahneman, Daniel: New Challenges to the Rationality Assumption, Journal of Institutional and Theoretical Economics 150 (1994), S. 18 ff.

Kahneman, Daniel/*Knetsch*, Jack L./*Thaler*, Richard H.: Fairness and the Assumption of Economics, The Journal of Business 59 (1986) S. 285 ff.

Kahneman, Daniel/*Lovallo*, Dan: Timid Choices and Bold Forecast: A Cognitive Perspective on Risk Taking, Management Science 39 (1993), S. 17 ff.

Kalss, Susanne: Das Prinzip der Selbstverantwortung im Gesellschaftsrecht, in: Riesenhuber (Hrsg.), Selbstverantwortung, Tübingen 2011 (zitiert: *Kalss*, Selbstverantwortung, S.).

– : Regelungen helfen, Gesellschafterkonflikte auszutragen oder nicht entstehen zu lassen, in: Dauner-Lieb/Freudenberg/Werner/Jahn (Hrsg.), Familienunternehmen im Fokus von Wirtschaft und Wissenschaft Festschrift für Mark K. Binz, München 2014 (zitiert: *Kalss*, FS Binz, S. 343 ff.).

Kamanabrou, Sudabeh: Das Anstellungsverhältnis des GmbH-Geschäftsführers im Lichte neuerer Rechtsprechung, DB 2002, S. 146 ff.

– : Die arbeitsrechtlichen Vorschriften des Allgemeinen Gleichbehandlungsgesetzes, RdA 2006, S. 321 ff.

Kästle, Florian/*Heuterkes*, Kaja: Leaver-Klauseln in Verträgen über Management-Beteiligungen im Lichte der neuesten OLG-Rechtsprechung, NZG 2005, S. 289 ff.

Kerber, Marcus: Die Übernahme von Gesellschaften mit beschränkter Haftung im Buy-Out-Verfahren Teil 1, WM 1989, S. 473 ff.

– : Die Übernahme von Gesellschaften mit beschränkter Haftung im Buy-Out-Verfahren Teil 2, WM 1989, S. 513 ff.

Kesselmeier, Barbara: Ausschließungs- und Nachfolgeregelungen in der GmbH-Satzung, Köln 1989.

Kittsteiner, Thomas/*Ockenfels*, Axel/*Thral*, Nadja: Partnership Dissolutions Mechanisms in the Laboratory, 2009, http://www.mikrooekonomie.rwth-aachen.de/workingpaper/Partnership_Dissolution.pdf.

Klasen, Evelyn: Sic-Non-Fälle und Arbeitnehmerstatus, BB 2013, S. 1849 ff.

Kling, Michael: Die Angemessenheit der Vorstandsvergütung gem. § 87 AktG n.F., DZWIR 2010, S. 221 ff.

Knies, Harald: Das Patt zwischen den Gesellschaftern der zweigliedrigen GmbH, Frankfurt 2005.

– : Das Patt in der Gesellschafterversammlung als wichtiger Grund für die Auflösungsklage bei späterer Erwerbsabsicht des Auflösungsklägers, GmbHR 2005, S. 1386 ff.

Koch-Schulte, Barbara: Veräußerungsgewinne aus Managementbeteiligungen sind Einkünfte aus Kapitalvermögen und kein Arbeitslohn, DB 2015, S. 2166 ff.

Kocher, Dirk/*Bednarz*, Liane: Mehrjährigkeit der variablen Vorstandsvergütung im Lichte der Nachhaltigkeit nach dem VorstAG, Der Konzern 2011, S. 77 ff.

Koller, Ingo/*Kindler*, Peter/*Roth*, Wulf-Henning/*Morck*, Winfried: Handelsgesetzbuch, 8. Auflage, München 2015 (zitiert: KKRM/*Bearbeiter*, § Rn.).

Koppensteiner, Hans-Georg: GmbH-rechtliche Probleme des Management Buy Out, ZHR 155 (1991), S. 97 ff.

Kornblum, Udo: Rechtstatsachen zur GmbH aus Würtemberg und den neuen Bundesländern, GmbHR 1994, S. 505 ff.

Kornblum, Udo/*Hampf*, Thorsten/*Haß*, Nicole: Neue württembergische Rechtstatsachen zum Unternehmens- und Gesellschaftsrecht, GmbHR 2000, S. 1240 ff.

Korobkin, Russel B./*Ulen*, Thomas: Law and Behavioral Science: Removing the Rationality Assumption from Law and Economics, Cal. L. Rev. 88 (2000), S. 1051 ff.

Kort, Michael: Zur Treuepflicht des Aktionärs, ZIP 1990, S. 294 ff.

– : Die neuere Entwicklung im Recht der Abfindungsklauseln, DStR 1995, S. 1961 ff.

– : Sind GmbH-Geschäftsführer und Vorstandsmitglieder diskriminierungsschutzrechtlich Arbeitnehmer?, NZG 2013, S. 601 ff.

– : Ungleichbehandlung von Geschäftsleitungsmitgliedern bei AG und GmbH wegen des Alters, WM 2013, S. 1049 ff.

Kowalksi, André/*Bormann*, Michael: (Manager-)Beteiligung auf Zeit – ein Fall der Sittenwidrigkeit?, GmbHR 2004, S. 1438 ff.

König, Doris: Handlungsbedarf bei der Umsetzung des Altersdiskriminierungsverbots?, ZESAR 2005, S. 218 ff.

Krause, Rüdiger: Mitarbeit in Unternehmen: Tätigkeitsverhältnisse im Spannungsfeld von Gesellschafts-, Dienstvertrags- und Arbeitsrecht, Tübingen 2001.

Krause, Nils: Auswirkung des Allgemeinen Gleichbehandlungsgesetzes auf die Organbesetzung, AG 2007, S. 392 ff.

Laibson, David: Golden Eggs and Hyperbolic Discounting, 112 The Quarterly Journal of Economics 112 (1997), S. 443 ff.

Lange, Knut Werner: Corporate Governance in Familienunternehmen, BB 2005, S. 2585 ff.

– : Der Beirat als Element der Corporate Governance in Familienunternehmen, GmbHR 2006, S. 897 ff.

Lange, Knut Werner/*Sabel*, Simon: Steuerung der Gesellschafterstellung in Familienunternehmen, NZG 2015, S. 1249 ff.

Langenfeld, Gerrit: Der Gesetzgeber als Vertragsgestalter im Gesellschaftsrecht – eine Fehlbesetzung, in: Wachter (Hrsg.), Vertragsgestaltung im Zivil- und Steuerrecht Festschrift für Sebastian Spiegelberger zum 70. Geburtstag, Bonn 2009 (zitiert: *Langenfeld*, FS Spiegelberger, S. 809 ff.).

Langevoort, Donald C.: Private Litigation to Enforce Fiduciary Duties in Mutual Funds: Derivative Suits, Desinterested Directors and the Ideology of Investor Sovereignity, Wash. U. L. Q. 83 (2005), S. 1017 ff.

Larenz, Karl/*Canaris*, Claus-Wilhelm: Lehrbuch des Schuldrechts

– Band 1: Schuldrecht Allgemeiner Teil, 12. Auflage, München 1979 (zitiert: *Larenz/Canaris*, Schuldrecht AT, S.).

– : Methodenlehre in der Rechtswissenschaft, 4. Auflage, Berlin 2017 (zitiert: *Larenz/Canaris*, Methodenlehre der Rechtswissenschaft, S.).

Lay, Henrik: Kein Arbeitslohn durch Managementbeteiligung, GWR 2017, S. 87.

Legerlotz, Christoph/*Laber*, Jörg: Arbeitsrechtliche Grundlagen bei betrieblichen Arbeitnehmerbeteiligungen durch Aktienoptionen und Belegschaftsaktien, DStR 1999, S. 1658 ff.

Lembke, Mark: Die Ausgestaltung von Aktienoptionsplänen in arbeitsrechtlicher Hinsicht, BB 2001, S. 1469 ff.

Leopold, Günter/*Frommann*, Holger/*Kühr*, Thomas: Private Equity – Venture Capital, 2. Auflage, München 2003 (zitiert: *Leopold/Frommann/Kühr*, S.).

Lettl, Tobias: Die Anpassung von Personengesellschaftsverträgen (GbR, oHG) aufgrund von Zustimmungspflichten der Gesellschafter – zugleich ein Beitrag über die Wechselseitigkeit von Selbstbedienung und Selbstverantwortung, AcP 202 (2002), S. 3 ff.

Li, Jianpei/*Wolfstetter*, Elmar: Partnership Dissolution, complementary and investment incentives, Oxoford Economic Papers 62 (2010), S. 527 ff.

Lieb, Manfred: Grundfragen der arbeitsrechtlichen Angemessenheitskontrolle gem. §§ 305 ff. BGB nach Aufhebung der Bereichsausnahme, in Dauner-Lieb/Hommelhoff/Jacobs/Kaiser/Weber (Hrsg.), Festschrift für Horst Konzen zum siebzigsten Geburtstag, Tübingen 2006 (zitiert: *Lieb*, FS Konzen, S. 501 ff.).

Lieder, Jan: Die „Hinauskündigung" von Manager- und Mitarbeitergesellschaftern, DZWIR 2006, S. 63 ff.

– : Anmerkung zu OLG Nürnberg, Urt. v. 20.12.2013 – 12U 49/13 –, WuB II. A. § 84 AktG 1.14.

– : Die rechtsgeschäftliche Sukzession: eine methodenpluralistische Grundlagenuntersuchung zum deutschen Zivilrecht und Zivilprozessrecht sowie zum internationalen und europäischen Privatrecht, Tübingen 2015 (zitiert: *Lieder*, Die rechtsgeschäftliche Sukzession, S.)

Lingemann, Stefan/*Diller*, Martin/*Mengel*, Anja: Aktienoptionen im internationalen Konzern – ein arbeitsrechtsfreier Raum?, NZA 2000, S. 1191 ff.

Linsenmaier, Wolfgang: Das Verbot der Diskriminierung wegen des Alters, RdA 2003, Sonderbeilage Heft 5, S. 22 ff.

Loewenstein, George/*Thaler*, Richard H.: Anomalies: Intertemporal Choice, 3 Journal of Economic Perspectives 3 (1989), S. 181 ff.

Loewenstein, George/*O'Donoghue*, Ted/*Rabin*, Matthew: Projection Bias in Predicting Future Utility, The Quarterly Journal of Economics 118 (2003), S. 1209 ff.

Loritz, Karl-Georg: Die Reichweite von Vinkulierungsklauseln in GmbH-Gesellschaftsverträgen, NZG 2007, S. 361 ff.

Löw, Hans-Perter: Urteilsanmerkung zu BGH, Urt. v. 23.04.2012 – II ZR 163/10 –, BB 2012, S. 2078 ff.

Luhmann, Niklas: Rechtssoziologie, 4. Auflage, Wiesbaden 2008 (zitiert: *Luhmann*, Rechtssoziologie, S.).

Lunk, Stefan: Rechtliche und taktische Erwägungen bei Kündigung und Abberufung des GmbH-Geschäftsführers, ZIP 1999, S. 1777 ff.

Lunk, Stefan/*Rodenbusch*, Vincent: Der unionsrechtliche Arbeitnehmerbegriff und seine Auswirkungen auf das deutsche Recht, GmbHR 2012, S. 188 ff.

Lutter, Marcus: Theorie der Mitgliedschaft, AcP 180 (1980), S. 84 ff.

– : Das System der Kapitalgesellschaften, GmbHR 1990, S. 377 ff.

– : Treuepflichten und ihre Anwendungsprobleme, ZHR 162 (1998), S. 164 ff.

– : Anwendbarkeit der Altersbestimmungen des AGG auf Organpersonen, BB 2007, S. 725 ff.

Lutter, Marcus/*Hommelhoff*, Peter (Hrsg.): Kommentar zum GmbH-Gesetz, 19. Auflage, Köln 2016 (zitiert: Lutter/Hommelhoff/*Bearbeiter*, § Rn.).

v. Lutz, Johann: Protokolle der Kommission zur Berathung eines Allgemeinen Deutschen Handelsgesetzbuchs, Würzburg 1858.

Lüdicke, Jochen/*Sistermann*, Christian (Hrsg.): Unternehmenssteuerrecht, 1. Auflage, München 2008 (zititert: Lüdicke/Sistermann/*Bearbeiter*, Unternehmenssteuerrecht, § Rn.).

v. Mangoldt, Maximilian: Der Beirat, Baden-Baden 2011.

Martens, Klaus-Peter: Die GmbH und der Minderheitenschutz, GmbHR 1984, S. 265 ff.

– : Stand und Entwicklung im Recht der Stock Options, in: Habersack/Hommelhoff/Hüffer/K. Schmidt (Hrsg.), Festschrift für Peter Ulmer zum 70. Geburtstag, Berlin 2003 (zitiert: *Martens*, FS Ulmer, S. 399 ff.).

Maunz, Theodor/*Dürig*, Günther (Bgr.): Grundgesetz (zitiert: Maunz/Dürig/*Bearbeiter*, Art. Rn.).

– Band 2: Art. 6–15 GG, 78. Lieferung, München September 2016.

Mayer, Dieter: Der Erwerb einer GmbH nach den Änderungen durch das MoMiG, DNotZ 2008, S. 403 ff.

Mayer, Gerd: Der „Familiengesellschafter wider Willen" – Risiko für das Familienunternehmen, in: Dauner-Lieb/Freudenberg/Werner/Jahn (Hrsg.), Familienunternehmen im Fokus von Wissenschaft und Wirtschaft Festschrit für Mark K. Binz, München 2014 (zitiert: *Mayer*, FS Binz, S. 446 ff.).

McAfee, Preston: Amicable Divorce: Dissolving a Partnership with Simple Mechanisms, Journal of Economic Theory 56 (1992), S. 266 ff.

Means, Benjamin: A Contractual Approach to Shareholder Oppression Law, Fordh. L. Rev. 79 (2010), S. 1161 ff.

Mechlem, Hans-Peter/*Melms*, Christopher: Verfall- und Rückzahlungsklauseln bei Aktienoptionsplänen, DB 2000, S. 1614 ff.

Mecklenbrauck, Dirk: Abfindungsbeschränkungen in Gesellschaftsverträgen, BB 2000, S. 2001 ff.

Meinel, Gernod/*Heyn*, Judith/*Herms*, Sascha: Allgemeines Gleichbehandlungsgesetz, 2. Auflage, München 2010 (zitiert: *Meinel/Heyn/Herms*, § Rn.).

Melot de Beauregard, Paul/*Schwimmbeck*, Andrea/*Gleich*, Christian: Variable Vergütung im Trennungsprozess mit Geschäftsführern und Vorständen, DB 2012, S. 2792 ff.

Menzer, Jörg K.: Carried Interest für GmbH-Geschäftsführer im Rahmen des Corporate Venturing, GmbHR 2001, S. 950 ff.

Merkt, Hanno: US-amerikanisches Gesellschaftsrecht, 3. Auflage, Frankfurt am Main 2013 (zitiert: *Merkt*, US-amerikanisches Gesellschaftsrecht, Rn.).

Mertens, Hans-Joachim: Der Beirat in der GmbH – besonders der mitbestimmten –, in: Lutter/Mertens/Ulmer (Hrsg.), Festschrift für Walter Stimpel zum 68. Geburtstag, Berlin 1985 (zitiert: Mertens, FS Stimpel, S. 417 ff.).

Michalski, Lutz (Begr.): Kommentar zum Gesetz betreffend die Gesellschaften mit beschränkter Haftung (GmbH-Gesetz) (zitiert: Michalski/*Bearbeiter*, § Rn.).

– Band 1: §§ 1–34 GmbHG, 3. Auflage, München 2017.

– Band 2: §§ 35–85 GmbHG, § 1–4 EGGmbHG, 3. Auflage, München 2017.

Miesen, Sebastian: Gesellschaftsrechtliche Hinauskündigungsklauseln in der Rechtsprechung des Bundesgerichtshofs, RNotZ 2006, S. 522 ff.

Miller, Fritz Georg: Der Anstellungsvertrag des GmbH-Geschäftsführers – Rechtliche Einordnung und gesetzliche Mindestkündigungsfrist, BB 1977, S. 723 ff.

Mitchell, Gregory: Taking Behavioralism Too Seriously? The Unwarranted Pessimism oft the New Behavioral Analysis of the Law, Wm & Mary L. Rev. 43 (2002), S. 1907 ff.

Mohr, Jochen: Schutz vor Diskriminierungen im europäischen Arbeitsrecht, Berlin 2004.

– : Die Auswirkungen des arbeitsrechtlichen Verbots von Alterdiskriminierung auf Gesellschaftsorgane, ZHR 178 (2014), S. 326 ff.

Mohr, Randolf: Die Angemessenheit der Gesamtvergütung des GmbH-Geschäftsführers im Gesellschaftsrecht, GmbHR 2011, S. 402 ff.

Moll, Douglas K.: Minority Oppression & the Limited Liability Company: Learning (or not) from Close Corporation History, Wake Forest L. Rev. 40 (2006), S. 883 ff.

Mülbert, Peter O.: Der zukünftige Gesellschafter – stets ein Verbraucher?, in: Häuser/Hammen/Hennrichs/Steinbeck/Siebel/Welter (Hrsg.), Festschrift für Walther Hadding, Berlin 2004 (zitiert: *Mülbert*, FS Hadding, S. 575 ff.).

Müller, Gerd: Die Buchwertklausel – ein Dauerthema, ZIP 1995, S. 1561 ff.

Müller, Welf/*Rödder*, Thomas (Hrsg.): Beck'sches Handbuch der AG, 2. Auflage, München 2009 (zitiert: Beck Hdb-AG/*Bearbeiter*, § Rn.).

Müller-Bonanni, Thomas/*Link*, Jan: Beteiligung von Führungskräften als GmbH-Gesellschafter – Neue Gestaltungsmöglichkeiten, Der Konzern 2006, S. 159 ff.

Müller-Glöge, Rudi/*Preis*, Ulrich/*Schmidt*, Ingrid (Hrsg.): Erfurter Kommentar zum Arbeitsrecht, 18. Auflage, München 2018 (zitiert: ErfK/*Bearbeiter*, § Rn.).

Mülsch, Hanns-William/*Penzel*, Cornelia: Optionen auf Beteiligungen an Personenhandelsgesellschaften und GmbH, ZIP 2004, 1987 ff.

Nathusius, Klaus: Grundlagen der Gründungsfinanzierung: Instrumente – Prozesse – Beispiele, 1. Auflage, Wiesbaden 2001 (zitiert: *K. Nathusius*, S.).

Nebendahl, Matthias: Ansprüche eines GmbH-Geschäftsführers aus betrieblicher Übung?, NZA 1992, S. 289 ff.

O'Neal, F. Hodge: Oppression of Minority Shareholders: Protecting Minority Rights, Clev. St. L. Rev. 35 (1987), S. 121 ff.

Oberthür, Nathalie: Unionsrechtliche Impulse für den Kündigungsschutz von Organvertretern und Arbeitnehmerbegriff, NZA 2011, 253 ff.

Oesterle, Dale A.: Subcurrents in LLC Statutes: Limiting the Discretion of State Courts to Restructure the internal Affairs of small Businesses, Colo. L. Rev. 66 (1995), S. 881 ff.

Oetker, Hartmut (Hrsg.): Kommentar zum Handelsgesetzbuch, 5. Auflage, München 2017 (zitiert: Oetker/*Bearbeiter*, § Rn.).

Omlor, Sebastian/*Spies*, Melanie: Grundfragen der Gesellschafterliste, MittBayNot 2011, S. 353 ff.

Otto, Hans-Jochen: Gesellschafterstreit und Anteilsfungibilität in der gesellschaftsrechtlichen Vertragspraxis, GmbHR 1996, S. 16 f.

Paefgen, Walter G.: Anmerkung zu BGH, Urt. v. 23.4.2012 – II ZR 163/10, ZIP 2012, S. 1296 ff.

Palandt, Otto (Begr.): Bürgerliches Gesetzbuch, 76. Auflage, München 2017 (zitiert: Palandt/*Bearbeiter*, § Rn.).

Pauli, Michael: Russian-Roulette-Klausel grundsätzlich wirksam, GWR 2014, S. 86.

Peltzer, Martin: Steuer- und Rechtsfragen bei der Mitarbeiterbeteiligung und der Einräumung von Aktienoptionen (Stock Options), AG 1996, S. 307 ff.

Picot, Gerhard: Mehrheitsrechte und Minderheitenschutz in der Personengesellschaft, BB 1993, S. 13 ff.

Pillutla, Madan M./*Murnighan*, J. Keith: Unfairness, Anger and Spite: Emotional Rejections of Ultimatum Offers, Organizational Behavior and Human Decision Processes 68 (1990), S. 208 ff.

Posner, Richard A.: Rational Choice, Behavioral Economics, and the Law, Stan. L. Rev. 50 (1998), S. 1551 ff.

– : Economic Analysis of Law, 9. Auflage, New York 2014 (zitiert: *Posner*, Economic Analysis of Law, S.).

Preis, Ulrich/*Sagan*, Adam: Der GmbH-Geschäftsführer in der arbeits- und diskriminierungsrechtlichen Rechtsprechung des EuGH, BGH und BAG, ZGR 2013, S. 26 ff.

Priester, Hans-Joachim: Mehrheitsverhältnisse bei der Änderung von Mehrheitsklauseln, NZG 2013, S. 321 ff.

Priester, Hans-Joachim/*Mayer*, Dieter/*Wicke*, Hartmut: Münchener Handbuch des Gesellschaftsrechts

– Band 3: Gesellschaft mit beschränkter Haftung, 4. Auflage, München 2012 (zitiert: MünchHdb GesR III/*Bearbeiter*, § Rn.).

Prinz, Ulrich/*Hoffmann*, Wolf-Dieter (Hrsg.): Beck'sches Handbuch der Personengesellschaften, 4. Auflage, München 2014 (Beck Hdb-PersGes/*Bearbeiter*, § Rn.).

Prütting, Hanns/*Wegen*, Gerhard/*Weinreich*, Gerd: BGB Kommentar, 11. Auflage, Köln 2016 (zitiert: PWW/*Bearbeiter*, § Rn.).

Pulz, Fabian: Personalbindung mit Aktienoptionen, BB 2004, S. 1107 ff.

Raiser, Thomas/*Veil*, Rüdiger: Recht der Kapitalgesellschaften, 6. Auflage, München 2015 (zitiert: *Raiser*/*Veil*, Recht der Kapitalgesellschaften, § Rn.).

Rasner, Henning: Abfindungsklauseln in OHG- und KG-Verträgen, NJW 1983, S. 2905 ff.

– : Abfindungsklauseln bei Personengesellschaften, ZHR 158 (1994), S. 292 ff.

Rau, Sabine: Wenn es in Familienunternehmen „menschelt" – ein Beitrag über Konfliktmanagement, in: Dauner-Lieb/Freudenberg/Werner/Jahn (Hrsg.), Familienunternehmen im Fokus von Wirtschaft und Wissenschaft Festschrift für Mark K. Binz, München 2014 (zitiert: *Rau*, FS Binz, 536 ff.).

Reichert, Jochem: GmbH & Co. KG, 7. Auflage, München 2015 (zitiert: Reichert/*Bearbeiter*, § Rn.).

Reichold, Hermann/*Hahn*, Oliver/*Heinrich*, Martin: Neuer Anlauf zur Umsetzung der Antidiskriminierungs-Richtlinien: Plädoyer für ein Artikelgesetz, NZA 2005, S. 1270 ff.

Reinfelder, Waldemar: Arbeitnehmer – Gesellschafter – Geschäftsführer, RdA 2016, S. 87 ff.

Reinhard, Barbara/*Bitsch*, Christian: Sind GmbH-Geschäftsführer Arbeitnehmer?, ArbRB 2011, S. 241 ff.

Reißerer, Kerstin: Arbeitnehmerschutz für Geschäftsführer?, DB 2011, S. 2262 ff.

Reufels, Martin/*Molle*, Karl: Diskirminierungsschutz von Organmitgliedern, NZA-RR 2011, S. 281 ff.

Reuter, Dieter: Privatrechtliche Schranken der Perpetuierung von Unternehmen, Frankfurt am Main 1973.

– : Stimmrechtsvereinbarungen bei treuhänderischer Abtretung eines GmbH-Anteils, ZGR 1978, S. 633 ff.

– : Der Beirat der Personengesellschaft, in: Baur/Hopt/Mailänder (Hrsg.), Festschrift für Ernst Steindorff zum 70. Geburtstag, Berlin 1990 (zitiert: Reuter, FS Steindorff, S. 229 ff.).

– Der Beirat der GmbH, in: Lutter/Ulmer/Zöllner (Hrsg.), Festschrift 100 Jahre GmbH-Gesetz, Köln 1992 (zitiert: *Reuter*, FS GmbH-Gesetz, S. 631 ff.).

Rhein, Tilman: Der Interessenkonflikt der Manager beim Management-Buy-Out: zugleich ein Beitrag zu den organschaftlichen Treuebindungen in GmbH und Aktiengesellschaft, München 1996.

Robles y Zepf, Carlos/*Girnth*, Kirsten/*Stumm*, Sven: Der Deadlock beim Equity Joint Venture – Lösungsansätze aus Sicht der Praxis, BB 2016, S. 2947 ff.

Rock, Hermann: Management-Beteiligungen in Private-Equity-Strukturen, M&A Review 2005, S. 64 ff.

Rohleder, Michael: Die Übertragung von Kompetenzen auf GmbH-Beiräte, Köln 1991.

Rolfs, Christian/*Kreikebohm*, Ralf/*Giesen*, Richard/*Udsching*, Peter (Hrsg.): Beck'scher Online-Kommentar Arbeitsrecht, 46. Edition (Stand 01.12.2017), München 2017 (zitiert: BeckOK-ArbR/*Bearbeiter*, § Rn.).

Romano, Roberta: A Comment on Information Overload, Cognitive Illusions, and their Implications for Public Policy, S. Cal. L. Rev. 59 (1986), S. 313 ff.

Rosengarten, Joachim/*Burmeister*, Frank/*Klein*, Martin: Mergers & Acqusitions in Germany, 2. Auflage, München 2016 (zitiert: *Rosengarten*/*Burmeister*/*Klein*, S.).

Roth, Günther H./*Altmeppen*, Holger: Gesetz betreffend die Gesellschaften mit beschränkter Haftung, 8. Auflage, München 2015 (zitiert: Roth/Altmeppen/*Bearbeiter*, § Rn.).

Rowedder, Heinz/*Schmidt-Leithoff*, Christian (Hrsg.): Gesetz betreffend die Gesellschaften mit beschränkter Haftung, 6. Auflage, München 2017 (zitiert: Rowedder/Schmidt-Leithoff/*Bearbeiter*, § Rn.).

Rödder, Thomas/*Herlinghaus*, Andreas/*Neumann*, Ralf (Hrsg.): Körperschaftssteuergesetz, 1. Auflage, Köln 2015 (zitiert: RHN/*Bearbeiter*, § Rn.).

Rödding, Adalbert: Endlich: „Leaver-Regelungen" bei Management-Beteiligungsprogrammen führen nicht zu Einkünften aus selbstständiger Arbeit, DStR 2017, S. 437 ff.

Röder, Gerhard/*Göpfert*, Burkard: Aktien statt Gehalt, BB 2001, S. 2002 ff.

Röhricht, Volker/*Graf v. Westphalen*, Friedrich/*Haas*, Ulrich (Hrsg.): Handelsgesetzbuch, Kommentar zu Handelsstand, Handelsgesellschaften, Handelsgeschäften und besonderen Handelsverträgen (ohne Bilanz-, Transport- und Seerecht), 4. Auflage, Köln 2014 (zitiert: Röhricht/v. Westphalen/Haas/*Bearbeiter*, § Rn.).

Römermann, Volker (Hrsg.): Münchener Anwaltshandbuch GmbH-Recht, 3. Auflage, München 2014 (zitiert: MAHdb GmbH/*Bearbeiter*, § Rn.).

Rust, Ursula/*Falke*, Josef (Hrsg.): AGG Allgemeines Gleichbehandlungsgesetz mit weiterführenden Vorschriften, 1. Auflage, Berlin 2007 (zitiert: Rust/Falke/*Bearbeiter*, § Rn.).

Säcker, Franz Jürgen/*Rixecker*, Roland/*Oetker*, Hartmut/*Limperg*, Bettina (Hrsg.): Münchener Kommentar zum BGB (zitiert: MünchKomm-BGB/*Bearbeiter*, § Rn.)

– Band 1: Allgemeiner Teil, §§ 1–241, 7. Auflage, München 2015.

– Band 2: Schuldrecht – Allgemeiner Teil, §§ 241–432, 7. Auflage, München 2016.

– Band 4: Schuldrecht – Besonderer Teil II, §§ 535–630, HeizkostenV, BetriebskostenV, EFZG, TzBfG, KSchG, 7. Auflage, München 2016.

– Band 5: Schuldrecht – Besonderer Teil III, §§ 705–853, 6. Auflage, München 2013.

– Band 10: Erbrecht, §§ 1922–2385, 7. Auflage, München 2017.

Schanz, Kay-Michael: Mitarbeiterbeteiligungsprogramme, NZA 2000, S. 626 ff.

– : Wandel- und Optionsanleihen – Flexible Finanzierungsinstrumente im Lichte gestiegenen Interesses, BKR 2011, S. 410 ff.

Schaudewet, Manfred/*Paul*, Günther: Die gegenseitigen Treubindungen der GmbH-Gesellschafter, GmbHR 1970, S. 5 ff.

Schäfer, Hans-Bernd/*Ott*, Claus: Lehrbuch der Ökonomischen Analyse des Zivilrechts, 4. Auflage, Berlin 2005 (zitiert: *Schäfer/Ott*, Lehrbuch der ökonomischen Analyse des Zivilrechts, S.).

Schefczyk, Michael: Finanzieren mit Venture Capital und Private Equity, 2. Auflage, Stuttgart 2006 (zitiert: *Schefczyk*, S.).

Schildbach, Thomas: Zur Beurteilung gesetzlicher Abfindung und vertraglicher Buchwertabfindung unter Berücksichtigung einer potentiellen Ertragsschwäche der Unternehmung, BFuP 1984, S. 532 ff.

Schilling, Wolfang: Zur Abfindung bei der Ausschließung ohne wichtigen Grund aus einer Personengesellschaft – Besprechung der Entscheidung des BGH vom 29.05.1978, ZGR 1979, S. 419 ff.

Schippel, Helmut: Die GmbH in der heutigen Rechtspraxis, GmbHR 1992, S. 414 ff.

Schlegelberger, Franz (Begr.): Handelsgesetzbuch (zitiert: Schlegelberger/*Bearbeiter*, § Rn.)

– Band 3: 1. Halbband, §§ 105–160 HGB, 5. Auflage, München 1992.

– Band 3: 2. Halbband, §§ 161–177a, 335–342 HGB, 5. Auflage, München 1992.

Schleusener, Aino/*Suckow*, Jens/*Voigt*, Burkhard: Kommentar zum Allgemeinen Gleichbehandlungsgesetz, 4. Auflage, Neuwied 2008 (zitiert: SSV/*Bearbeiter*, § Rn.).

Schmidt, Karsten: Gesellschaftsrecht, 4. Auflage, Köln 2002 (zitiert: *K. Schmidt*, Gesellschaftsrecht, Kap.).

– : Anteilssteuerung durch Vinkulierungsklauseln, GmbHR 2011, S. 1289 ff.

Schmidt, Karsten (Hrsg.): Münchener Kommentar zum Handelsgesetzbuch (zitiert: MünchKomm-HGB/*Bearbeiter*, § Rn.).

– Band 2: Zweites Buch. Handelsgesellschaften und Stille Gesellschaft. Erster Abschnitt. Offene Handelsgesellschaft, 4. Auflage, München 2016.

Schmidt, Karsten/*Lutter*, Marcus (Hrsg.): Aktiengesetz (zititert: Schmidt/Lutter/*Bearbeiter*, § Rn.).

– Band 1: §§ 1–149, 3. Auflage, Köln 2015.

Schmidt, Karsten/*Uhlenbruck*, Wilhelm (Hrsg.): Die GmbH in Krise, Sanierung und Insolvenz, 5. Auflage, Köln 2016 (zitiert: K. Schmidt/Uhlenbruck/*Bearbeiter*, Rn.).

Schmidt, Reinhard H.: Neue Property Rights-Analysen in der Finanzierungstheorie, in: Budäus/Gerum/Zimmermann (Hrsg.), Betriebswirtschaftslehre und Theorie der Verfügungsrechte, Wiesbaden 1988 (zitiert: *Schmidt*, Betriebswirtschaftslehre und Theorie der Verfügungsrechte, S. 239 ff.).

Schmiedel, Burkhard: Rezension zu Wohlmann, Die Treuepflicht des Aktionärs, ZHR 134 (1970), S, 173 ff.

Schmolke, Klaus Ulrich: Grenzen der Selbstbindung im Privatrecht, Tübingen 2014.

– : „Shoot out"-Klauseln und die Verpflichtung des Vorstands zur Amtsniederlegung, ZIP 2014, S. 857 ff.

Schneider, U.H.: Aktienoptionen als Bestandteil der Vergütung von Vorstandsmitgliedern, ZIP 1996, S. 1769.

Schneider, Tobias/*Wiechers*, Heiko: Zur Zulässigkeit von Vereinbarungen über Rückübertragungen gesellschaftsrechtlicher Beteiligungen von Managern und Mitarbeitern – Anmerkungen zu den BGH-Urteilen vom 19.09.2005 – II ZR 173/04 und II ZR 342/03, DB 2005 S. 2401 und 2404 unter Berücksichtigung von Private-Equity-Beteiligungsgestaltungen, DB 2005, S. 2450 ff.

Schnorbus, York: Die Teilnahme des Scheingesellschafters an Strukturmaßnahmen in der GmbH, ZGR 2004, S. 126 ff.

Schockenhoff, Martin: Die unbefristete Unternehmensbeteiligung des GmbH-Geschäftsführers, ZIP 2005, S. 1009 ff.

Scholz, Franz (Begr.): GmbHG (zitiert Scholz/*Bearbeiter*, § Rn.)

– Band 1: §§ 1–34 GmbHG, 11. Auflage, Köln 2012.

– Band 2: §§ 35–52 GmbHG, 11. Auflage, Köln 2013.

– Band 3: §§ 53–85 GmbHG, 11. Auflage, Köln 2015.

– : Die Zweimann-Gesellschaft, GmbHR 1958, S. 34 ff.

Schroeder, Patrick/*Welpot*, Eva Christian: High Noon in Nürnberg – Neues zum Texan Shoot out, zum Russian Roulette und zu anderen Klauseln der alternativen Streitbeilegung im Gesellschaftsrecht, NZG 2014, S. 609 ff.

Schröder, Ulrich/*Diller*, Martin: Antidiskriminierung bei der Aufnahme als Gesellschafter?, NZG 2006, S. 726 ff.

Schulte, Norbert/*Sieger*, Jürgen: „Russian Roulette" und „Texan Shoot Out" Zur Gestaltung von radikalen Ausstiegsklauseln in Gesellschaftsverträgen von Joint-Venture-Gesellschaften (GmbH und GmbH & Co. KG), NZG 2005, S. 24 ff.

Schulte, Knut/*Schwindt*, Karl-Heinz/*Kuhn*, Christian (Hrsg.): Joint Ventures, 1. Auflage, München 2009 (zitiert: *Schulte/Schwindt/Kuhn*, Kap. Rn.).

Schwerdtfeger, Armin (Hrsg.): Gesellschaftsrecht Kommentar, 2. Auflage, Köln 2015 (zitiert: Schwerdtfeger/*Bearbeiter*, § Rn.).

Seibert, Holger: Das VorstAG – Regelungen zur Angemessenheit der Vorstandsvergütung und zum Aufsichtsrat, WM 2009, S. 1489 ff.

Semler, Johannes/*Volhard*, Rüdiger (Hrsg.): Arbeitshandbuch Unternehmensübernahmen (zitiert: Semler/Volhard/*Bearbeiter*, § Rn.).

– Band 1: Unternehmensübernahme, Vorbereitung, Durchführung, Folgen, 1. Auflage, München 2001.

Seyfahrt, Georg: Vorstandsrecht, 1. Auflage, Köln 2016 (zitiert: *Seyfahrt*, Vorstandsrecht, § Rn.).

Sigle, Walter: Zur Psychologie der Familiengesellschaften, in: Pfeiffer (Hrsg.), Festschrift für Heinz Rowedder zum 75. Geburtstag, München 1994, S. 459 ff. (zitiert: *Sigle*, FS Rowedder, S.).

– : Hinauskündigungsklauseln, in: Geiss/Gerstenmaier/Winkler/Mailänder (Hrsg.), Festschrift für Karl Peter Mailänder, Berlin 2006, S. 365 ff. (zitiert: *Sigle*, FS Mailänder, S.).

Simon, Herbert A.: A Behavioral Model of Rational Choice, The Quarterly Journal of Economics 99 (1955), S. 99 ff.

– : Theories of Decision-Making in Economics and Behavioral Science, The American Economic Review 49 (1959), S. 253 ff.

Slonim, Robert/*Roth*, Alvin: Learning in High Stake Ultimatum Games: An Experiment in the Slovac Republic, Econometrica 66 (1998), S. 569 ff.

Sosnitza, Olaf: Manager- und Mitarbeitermodelle im Recht der GmbH – Zur aktuellen Rechtsprechung im Zusammenhang mit Hinauskündigungsklauseln, DStR 2006, S. 99 ff.

Soergel, Hans Theodor (Begr.): Bürgerliches Gesetzbuch (zitiert: Soergel/*Bearbeiter*, § Rn.)

– Band 2: Allgemeiner Teil 2, §§ 104–240, 13. Auflage, Stuttgart 1999.

– Band 11/1: Schuldrecht 9/1, §§ 705–758, 13. Auflage, Stuttgart 2011.

Sörgel, Michael/*Engelmann*, Tobias: Möglichkeiten der Anpassung von Buchwertabfindungen an den niedrigeren Verkehrswert bei der GmbH, DStR 2003, S. 1260 ff.

Sneirson, Judd F.: Soft Paternalism for Close Corporations: Helping Shareholders Help Themselves, Wis. L. Rev 5 (2008), S. 899 ff.

Spengler, Myriam: Managementbeteiligung im Rahmen von Intitutional Buy-Out Transaktionen: Interessenkonflikt, Strukturierungs-, Finanzierungs- und Minderheitenbeteiligungsaspekte bei GmbH und Ltd., Baden-Baden 2007.

Spindler, Gerald/*Stilz*, Eberhard (Hrsg.): Aktiengesetz (zitiert: Spindler/Stilz/*Bearbeiter*, § Rn.).

– Band 1: §§ 1–149, 3. Auflage, München 2015.

– Band 2: §§ 150–410, 3. Auflage, München 2015.

Staake, Marco: Der Verfall von Aktienoptionen bei Mitarbeiterbeteiligungsprogrammen, NJOZ 2010, S. 2494 ff.

Stagat, Rolf: Risiken und Nebenwirkungen von Geschäftsführer-Anstellungsverträgen, NZA-RR 2011, S. 617 ff.

v. Staudinger, Julius (Begr.): Kommentar zum Bürgerlichen Gesetzbuch (zitiert: Staudinger/*Bearbeiter*, § Rn.)

– Erstes Buch: Allgemeiner Teil, §§ 139–163, Neubarbeitung 2015, Berlin 2015.

– Zweites Buch: Recht der Schuldverhältnisse, §§ 305–310, UKlaG, Neubearbeitung 2013, Berlin 2013.

– Zweites Buch: Recht der Schuldverhältnisse, §§ 611–613, Neubearbeitung 2016, Berlin 2016.

– Zweites Buch: Recht der Schuldverhältnisse, §§ 620–630, Neubearbeitung 2016, Berlin 2016.

– Zweites Buch: Recht der Schuldverhältnisse, §§ 705–740, Neubearbeitung 2003, Berlin 2003.

– Fünftes Buch: Erbrecht (Testament 1), §§ 2064–2196, Neubearbeitung 2012, Berlin 2012.

Stein, Ingrid: Venture Capital-Finanzierungen: Kapitalstruktur und Exitentscheidung, Bad Soden 2005.

Stöber, Michael/*Rafiqpoor*, Parwäz: Die Gestaltung abfindungsbeschränkender Regelungen in GmbH-Verträgen, GmbHR 2003, S. 872 ff.

Stöber, Michael: Die Haftung für existenzvernichtende Eingriffe, ZIP 2013, S. 2295 ff.

Sudhoff, Heinrich: Personengesellschaften, 9. Auflage, München 2005 (zitiert: Sudhoff-PersG/*Bearbeiter*, § Rn.).

Sunstein, Cass R.: Behavioral Analysis of Law, U. Chi. L. Rev. 64 (1997), S. 1175 ff.

Svenson, Ola: Are we all less risky and skillfull than our fellow drivers ?, Acta Psychologica 47 (1981), S. 143 ff.

Teichmann, Arndt: Gestaltungsfreiheit in Gesellschaftsverträgen, München 1970.

Thiele, Philipp J.: Aktuelle Entwicklungen bei der steuerlichen Behandlung von Managementbeteiligungen, BB 2017, S. 983 ff.

Thompson, Robert B.: The Law's Limits in the Contract of a Close Coporation, Journal of Corporate Law 15 (1990), S. 377 ff.

Thümmel, Roderich C.: Möglichkeiten und Grenzen der Kompetenzverlagung auf Beiräte in der Personengesellschaft und in der GmbH, DB 1995, S. 2461 ff.

Thüsing, Gregor: Der Fortschritt des Diskriminierungsschutzes im Europäischen Arbeitsrecht – Anmerkungen zu den Richtlinien 2000/43/EG und 2000/78/EG, ZfA 2001, S. 397 ff.

Thüsing, Gregor/*Granetzny*, Thomas: Zur Abdingbarkeit des BetrAVG bei Organmitgliedern, NZG 2010, S. 449 ff.

Tipke, Klaus/*Lang*, Joachim (Begr.): Steuerrecht, 22. Auflage, Köln 2015 (zitiert: Tipke/Lang/*Bearbeiter*, Steuerrecht, § Rn.).

Traugott, Rainer/*Grün*, Regina: Finanzielle Anreize für Vorstände börsennotierter Aktiengesellschaften bei Private Equity-Transaktionen, AG 2007, S. 761 ff.

Trinkhaus, Hans: Aktuelle Probleme des Rechts der leitenden Angestellten, DB 1968, S. 1756 ff.

Ulen, Thomas: Cognitive Imperfections and the Economic Analysis of the Law, Haml. L. Rev. 12 (1989), S. 385 ff.

Ulmer, Peter: Abfindungsklauseln in Personengesellschafts- und GmbH-Verträgen – Plädoyer für die Ertragswertklausel, in: H.P. Westermann/Rosener (Hrsg.), Festschrift für Karlheinz Quack zum 65. Geburtstag, Berlin 1991 (zitiert: *Ulmer*, FS Quack, S. 477 ff.).

Ulmer, Peter/*Schäfer*, Carsten: Die rechtliche Beurteilung vertraglicher Abfindungsbeschränkungen bei nachträglich eintretendem groben Missverhältnis – Besprechung der Entscheidung BGHZ 123, 281, ZGR 1995, S. 134 ff.

Ulmer, Peter/*Habersack*, Mathias/*Löbbe*, Marc (Hrsg.): GmbHG Großkommentar (zitiert: UHL/*Bearbeiter*, § Rn.).

– Band 1: Einleitung §§ 1–28 GmbHG, 2. Auflage, Tübingen 2013.

– Band 2: §§ 29–52 GmbHG, 1. Auflage, Tübingen 2014.

– Band 3: §§ 53–88 GmbHG sowie EGGmbHG, 1. Auflage, Tübingen 2016.

Utset, Manuel A.: A Theory of Self-Control Problemes and incomplete Contracting: The Case of Shareholder Contracts, Utah L. Rev. (2003), S. 1329 ff.

Valdini, Daniel/*Koch*, Malte: Die missbräuchliche Verwendung von Russian-Roulette-Klauseln, GWR 2016, S. 179 ff.

Voormann, Volker: Der Beirat im Gesellschaftsrecht, 2. Auflage, Köln 1990.

Vollmer, Michael: Vertragspaternalismus im Gesellschaftsrecht? – Neues zu Abfindungsklauseln, DB 1998, S. 2507 ff.

Wachter, Thomas (Hrsg.): Praxis des Handels- und Gesellschaftsrechts, 3. Auflage, Bonn 2015 (zitiert: Wachter/*Bearbeiter*, Teil Kap. Rn.).

Wackerbarth, Ulrich: Anmerkung zu BGH, ZR II 166/05, GmbHR 2007, S. 262 ff.

Wackerbeck, Matthias: Die Grenzen der Zulässigkeit des Gesellschafterausschlusses unter Berücksichtigung freier Hinauskündigungsklauseln, Hamburg 2010 (zitiert: *Wackerbeck*, S.).

Wangler, Clemens: Abfindungsregelungen in Gesellschaftsverträgen, Hamburg 1994.

– : Abfindungsregelungen in Gesellschaftsverträgen: Zum aktuellen Stand in Literatur, Rechtsprechung und Vertragspraxis, DB 2001, S. 1763 ff.

Wank, Rolf: Der Geschäftsführer der GmbH als Arbeitnehmer, in: Wank (Hrsg.) Festschrift für Herbert Wiedemann, München 2002 (zitiert: *Wank*, FS Wiedemann, S. 587 ff.).

Wälzholz, Eckhard: Alternative Regelungen zum Gesellschafterausschluss, GmbH-StB 2007, S. 84 ff.

Weber, Martin: Der Optionsvertrag, JuS 1990, S. 249 ff.

Wedemann, Frauke: Gesellschafterkonflikte in geschlossenen Kapitalgesellschaften, Tübingen 2013.

Weidmann, Matthias: Beilegung von Gesellschafterstreitigkeiten bei zweigliedrigen Gesellschaften mit identischen Beteiligungsverhältnissen, DStR 2014, S. 1500 ff.

Weipert, Lutz/*Oepen*, Klaus: Der Beirat in Organersatzfunktion bei der Kommanditgesellschaft, ZGR 2012, S. 585 ff.

Weinstein, Neil D.: Optimistic Biases about Personal Risks, Science 246 (1989), S. 1232 f.

Weitnauer, Wolfgang (Hrsg.): Management Buy-Out, Handbuch für Recht und Praxis, 2. Auflage, München 2013 (zitiert: Hdb MBO/*Bearbeiter*, Kapitel Rn.).

Weitnauer, Wolfgang (Hrsg.): Handbuch Venture Capital, 5. Auflage, München 2016 (zitiert: Hdb VC/*Bearbeiter*, Teil Rn.).

Weitnauer, Wolfgang/*Grob*, Verena: Bindung von geschäftsführenden Gesellschaftern durch Leaver- bzw. Vesting-Regelungen, GWR 2015, S. 353 ff.

Weller, Marc-Philippe: Corporate Governance in geschlossenen Gesellschaften: Status quo und Anforderungen, ZGR 2012, S. 386 ff.

Wendeling-Schröder, Ulrike: Der Prüfungsmaßstab bei Altersdiskriminierungen, NZA 2007, S. 1399 ff.

v. Werder, Andreas/*Li*, Xianbei: Aktuelle Entwicklungen bei Managementbeteiligungsprogrammen im Rahmen von Leveraged Buy Outs, BB 2013, S. 1736 ff.

Werner, Rüdiger: Zur Hinauskündigung von Gesellschaftergeschäftsführern – Anmerkung zu den Urteilen des BGH v. 19.09.2005, WM 2006, S. 213 ff.

– : Prävention und Lösung von Gesellschafterkonflikten in der GmbH, GmbHR 2005, S. 1415 ff.

– : Kautelarjuristische Strategien zur Trennung zerstrittener Gesellschafter, GmbHR 2005, S. 1554 ff.

Westermann, Harm-Peter: Kautelarjurisprudenz, Rechtsprechung und Gesetzgebung im Spannungsfeld zwischen Gesellschafts- und Wirtschaftsrecht, AcP 175 (1975), S. 375 ff.

Graf v. Westphalen, Friedrich: Die Novelle zum AGB-Gesetz, BB 1996, 2101 ff.

Wicke, Hartmut: Gesetz betreffend die Gesellschaft mit beschränkter Haftung, 3. Auflage, München 2016 (zitiert: *Wicke*, § Rn.).

Wiedemann, Herbert: Die Übertragung und Vererbung von Mitgliedschaftsrechten bei Handelsgesellschaften, München 1965.

– : Gesellschaftsrecht.

  – Band 1: Grundlagen, 1. Auflage, München 1980 (zitiert: *Wiedemann*, Gesellschaftsrecht I, S.).

  – Band 2: Recht der Personengesellschaft, 1. Auflage, München 2004 (zitiert: *Wiedemann*, Gesellschaftrecht II, S.).

– : Rechtsethische Maßstäbe im Unternehmens- und Gesellschaftsrecht, ZGR 1980, S. 147 ff.

Wiedemann, Herbert/*Thüsing*, Gregor: Der Schutz älterer Arbeitnehmer und die Umsetzung der Richtlinie 2000/78/EG, NZA 2002, S. 1234 ff.

Wilhelm, Jan: Kapitalgesellschaftsrecht, 3. Auflage, Berlin 2009 (zitiert: *Wilhelm*, Kapitalgesellschaftsrecht, Rn.).

Wilsing, Hans-Ulrich/*Meyer*, Daniel: Aktuelle Entwicklungen bei der Organberatung, DB 2011, S. 341 ff.

– : Diskriminierungsschutz für Geschäftsführer, NJW 2012, S. 3211 ff.

Winkler, Christoph: Rechtsfragen der Venture Capital-Finanzierung, Berlin 2004.

Winter, Martin: Mitgliedschaftliche Treuebindungen im GmbH-Recht, München 1988.

Wittkowski, Lutz: Haftung und Haftungsvermeidung beim Management Buy-Out einer GmbH, GmbHR 1990, S. 544 ff.

Wolfram, Jens: US-amerikanischer Deadlock und Selbstblockade der GmbH-Organe, Hamburg 1999.

Ziemons, Hildegard: Der Vorstand als Arbeitnehmer, KSzW 2013, S. 19 ff.

Ziemons, Hildegard/*Jaeger*, Carsten (Hrsg.): Beck'scher Onlinekommentar zum GmbHG, 33. Edition (Stand 01.11.2017), München 2017 (zitiert: BeckOK-GmbHG/*Bearbeiter*, § Rn.).

Zimmermann, Friedrich: Zivil- und steuerliche Aspekte zu Management- und Mitarbeiter-Beteiligungsprogrammen, GmbHR 2006, S. 231 ff.

Zöllner, Wolfgang/*Noack*, Ulrich (Hrsg.): Kölner Kommentar zum Aktiengesetz (zitiert: KölnKomm-AktG/*Bearbeiter*, § Rn.).

– Band 2/1: §§ 74–94, 3. Auflage, Köln 2010.

– Band 4/2: § 221, 3. Auflage, Köln 2017.

Forum Unternehmens-, Steuer- und Bilanzrecht

Deutsche, europäische und internationale Rechtsfragen

Herausgegeben von Oliver Fehrenbacher / Michael Stöber

Band 1 Patrick Hoor: Verdeckte Gewinnausschüttung und freigebige Zuwendung einer GmbH. 2016.

Band 2 Stephan Kappes: Ertragsteuerliche Behandlung von Sanierungsgewinnen. 2016.

Band 3 Franziska Stahmann: Sonstige Sonderbetriebseinnahmen im Abkommensrecht. Kapitalgesellschaftsbeteiligungen im notwendigen Sonderbetriebsvermögen II. 2017.

Band 4 Suzanne Wagner: Spekulative Optionsgeschäfte aus vertragsrechtlicher, handelsbilanzrechtlicher und steuerrechtlicher Sicht. 2018.

Band 5 Stephan Randt / Oliver Fehrenbacher: Neue ordentliche Testamentsformen. 2018.

Band 6 Christian Hornung: Leaver-, Vesting und Shoot-Out-Klauseln. 2018.

www.peterlang.com

www.ingramcontent.com/pod-product-compliance
Ingram Content Group UK Ltd.
Pitfield, Milton Keynes, MK11 3LW, UK
UKHW021841290926
8980IPUK00005B/587

9 783631 758182